Grammatik und vieles mehr

Martin Wachtel

Grammatik und vieles mehr
Linguistische Grundlagen und Lernziele
für den Deutschunterricht der Sekundarstufen

3., unveränderte Ausgabe

Bibliografische Information der Deutschen Nationalbibliothek
Die Deutsche Nationalbibliothek verzeichnet diese Publikation
in der Deutschen Nationalbibliografie; detaillierte bibliografische
Daten sind im Internet über http://dnb.d-nb.de abrufbar.

ISBN 978-3-631-66284-7 (Print)
E-ISBN 978-3-653-05477-4 (E-Book)
DOI 10.3726/978-3-653-05477-4

© Peter Lang GmbH
Internationaler Verlag der Wissenschaften
Frankfurt am Main 2004
2., erweiterte Ausgabe 2005
3., unveränderte Ausgabe 2015
Alle Rechte vorbehalten.
Peter Lang Edition ist ein Imprint der Peter Lang GmbH.

Peter Lang – Frankfurt am Main · Bern · Bruxelles ·
New York · Oxford · Warszawa · Wien

Das Werk einschließlich aller seiner Teile ist urheberrechtlich
geschützt. Jede Verwertung außerhalb der engen Grenzen des
Urheberrechtsgesetzes ist ohne Zustimmung des Verlages
unzulässig und strafbar. Das gilt insbesondere für
Vervielfältigungen, Übersetzungen, Mikroverfilmungen und die
Einspeicherung und Verarbeitung in elektronischen Systemen.

Diese Publikation wurde begutachtet.

www.peterlang.com

Für Alexandra

Inhaltsverzeichnis

Einleitung 11

Erstes Kapitel: Kommunikation und der Gebrauch von Zeichen 13

1. Kommunikation 13

2. Zeichen und Zeichengebrauch 16
   2.1. Zeichenrelation und Zeichentypologie 17
   2.2. Die Sprache als System von Zeichen 22
   2.3. Wissensbestände für das Verstehen sprachlicher Zeichen 25

3. Zeichen und Zeichentypologie als Gegenstand des Deutschunterrichts 31

Zweites Kapitel: Sprachliches Handeln 37

1. Der Begriff des sprachlichen Handelns 37

2. Die Struktur sprachlicher Handlungen 39
   2.1. Die Proposition 40
   2.2. Die Illokution 43
   2.3. Die äußeren Zusammenhänge sprachlichen Handelns 46

3. Das Verstehen sprachlicher Handlungen 50
   3.1. Illokutionsindikatoren 50
   3.2. Indirekte Sprechakte 52
   3.3. Gründe für die Verwendung indirekter Sprechakte 58
   3.4. Die Reflexivitätsebenen direkter Kommunikation 61

4. Sprachliches Handeln als Gegenstand des Deutschunterrichts 65
   4.1. Kommunikationsanalyse und sprachliches Handeln 65
   4.2. Sprachliches Handeln und Reflexion über Sprache 73

Drittes Kapitel: Phonem, Morphem, Wort   77

1. Laut, Phonem, Graphem   77
    1.1. Phonologie   77
    1.2. Orthographie: Das phonologische Prinzip   79

2. Das Wort   83
    2.1. Morpheme: Die Wortbausteine   85
    2.2. Wortarten   88
    2.3. Wortbedeutung   102
    2.4. Wortbildung   110

3. Das Wort als Gegenstand des Deutschunterrichts   116
    3.1. Wortbedeutung im Deutschunterricht   116
    3.2. Wortbildung im Deutschunterricht   120
    3.3. Wortarten im Deutschunterricht   127
    3.4. Orthographie: Das morphologische Prinzip   137

Viertes Kapitel: Satz   141

1. Äußerung und Satz   141

2. Satzglieder: Die Bausteine der Sätze   143

3. Grammatische Kategorien: Die Baupläne der Satzglieder   145

4. Die syntaktischen Funktionen der Satzglieder   153
    4.1. Valenz und Satzgliedfunktion   155
    4.2. Subjekt, Objekt und adverbiale Bestimmung   159
    4.3. Syntaktische Funktion und grammatische Form der Satzglieder   163
    4.4. Das Prädikat   167

5. Topologie: Zur Stellung der Satzglieder   171

6. Satzverbindungen   176

7. Nominalphrasen 178
   7.1. Die Linkserweiterung 179
   7.2. Die Rechtserweiterung 182

8. Phrase und Satz als Gegenstände des Deutschunterrichts 184
   8.1. Satzgliedstellung und schriftliche Ausdrucksfähigkeit 185
   8.2. Grammatische Verfahren zur Variation von Satzmustern 190
   8.3. Grammatik und Satzverständlichkeit 193

Fünftes Kapitel: Text 205

1. Textlinguistische Grundlagen 205
   1.1. Die Entwicklung der Textlinguistik 205
   1.2. Textkohäsion 212
   1.3. Textkohärenz 216
   1.4. Text und Textsorte 222
   1.5. Qualitätskriterien guter Texte 231

2. Texte planen, Texte verfassen, Texte überarbeiten 240
   2.1. Der Schreibprozess 240
   2.2. Texte planen: Ziele und Übungsformen 243
   2.3. Texte formulieren: Ziele und Übungsformen 248
   2.4. Texte überarbeiten: Ziele und Übungsformen 266

3. Texte lesen 272
   3.1. Psychologische Grundlagen des Textverstehens 272
   3.2. Wissensbestände und Teilkompetenzen des Textverstehens 276
   3.3. Wortbezogene, satzbezogene und satzübergreifende Lesefertigkeiten: Ziele und Übungsformen 284
   3.4. Die Fähigkeit zu flexiblem Leseverhalten: Ziele und Übungsformen 288

Literaturverzeichnis 301

Einleitung

Das Buch ist vorrangig für Lehrerinnen, Lehrer und Lehramtsstudierende des Faches Deutsch konzipiert. Es verfolgt drei Ziele:

1. Interesse an sprachlichen Phänomenen wecken
Das Buch will einen allgemeinen Einblick in das Phänomen sprachlicher Verständigung bieten und das Interesse der Leserinnen und Leser für diese faszinierende, allein dem Menschen vorbehaltene Fähigkeit gewinnen. Das Buch leistet dies, indem es die Sprachstruktur unter Gebrauchsperspektive betrachtet und dabei aufzeigt, welche Bedeutung die sprachlichen Einheiten Laut, Wort, Satz, sprachliche Handlung und Text für das Ziel der Verständigung und des Verstehens besitzen.

2. Linguistisches Grundwissen vermitteln
Das Buch will Lehrern, Lehrerinnen und Lehramtsstudierenden sprachwissenschaftliche Grundlagen knapp, präzise und übersichtlich präsentieren. Es leistet dies, indem es zu wichtigen sprachwissenschaftlichen Teilbereichen Sachanalysen anbietet, die zur Unterrichtsvorbereitung genutzt werden können. Dabei werden Ziele, Begriffe und Verfahrensweisen der Sprachwissenschaft möglichst anschaulich vorgestellt.

3. Lernzielzusammenhänge aufzeigen
Sprachwissenschaft produziert keine schulischen Lernziele. Sie analysiert, beschreibt und benennt Strukturen und Gebrauchsweisen von Sprache. Diese werden Gegenstand des Deutschunterrichts, wenn mit ihnen Lernziele einer reflexiven, rezeptiven und aktiven Sprachkompetenz verwirklicht werden können. Aus diesem Grund stellt das Buch explizite Bezüge her zwischen den Gegenstandsbereichen der Sprachwissenschaft und möglichen Lernzielzusammenhängen des Deutschunterrichts.

Erstes Kapitel: Kommunikation und der Gebrauch von Zeichen

1. Kommunikation

Kommunikation wird häufig als eine Informationsübertragung zwischen Partnern[1] dargestellt. Diese Vorstellung von Kommunikation geht von der Annahme aus, dass Information gleichsam in einen Container „verpackt" und an Partner weitergereicht wird.

Das Übertragungsmodell stammt ursprünglich aus der Theorie der technischen Übertragung von Information.[2] Gleichwohl wurde es von der Kommunikationswissenschaft als Kommunikationsmodell adaptiert. Mit dieser Übernahme war die Vorstellung verbunden, Kommunikation sei der möglichst unversehrte Transport eines „Containers", der die zu übertragende Information enthält.[3]

Kommunikator	→	Code	→	Medium	→	Code	→	Rezipient
Information		*Einpacken*		*Transport*		*Auspacken*		*Information*

Sätze, Briefe, Reden, Zeitungsartikel oder Romane werden so zu Behältern, die einen kommunikativen Sinn transportieren. Viele Redeweisen belegen, dass diese Vorstellung von Kommunikation weit verbreitet ist.
- Man sagt, dass etwas in einem Brief steht.
- Man wirft jemandem vor, dass der Inhalt einer Fernsehsendung ehrverletzend gewesen ist.
- Man beklagt, dass jemand etwas in einen Text hinein liest, was im Text nicht enthalten ist.

Gegen eine solche Sichtweise von Kommunikation sprechen jedoch wichtige Einwände:[4]
- Die im Kommunikationsprozess „weiter gegebene" bzw. „übertragene" Information bleibt auch dem informierenden Kommunikationspartner erhalten. Daraus folgt: Information wird nicht weiter gereicht.
- Dem könnte man entgegnen, dass nicht Originale, sondern Kopien weiter gereicht werden. Der informierende Partner bliebe dann im Besitz des Originals. Wenn jedoch Kopien von Information weiter gereicht würden, hätte dies folgende Implikationen:

---

[1] Wir verwenden bei solchen unpersönlichen Aussagen über Personengruppen das jeweilige Nomen in der unmarkierten Genusform. Mit dieser Verwendungsweise sind Frauen wie Männer in gleicher Weise gemeint.
[2] Shannon/Weaver, 1949.
[3] Zu diesem Kommunikationsmodell und zu weiteren Modellen vgl. Krippendorff, 1994.
[4] Zur Kritik an der Ansicht, dass Kommunikation etwas mit dem Ein- oder Auspacken von Inhalten zu tun habe vgl. auch Sperber/Wilson, 1986, Kap. 1.

- Das, was in der Kommunikation versandt wird, müsste - als Kopie - identisch empfangen werden.
- Die Information und die Absichten des Kommunikators stünden dem Empfänger der Information immer direkt, also ohne Interpretation, zur Verfügung.
- Zwei oder mehrere Personen, die dieselbe Kopie erhalten, müssten ihr immer den identischen, einzig richtigen Inhalt „entnehmen".

Diese Implikationen sind jedoch nicht zutreffend. Dies zeigt schon unsere alltägliche Erfahrung.
- Sender und Empfänger können den Sinn bzw. den Inhalt einer Botschaft durchaus unterschiedlich beurteilen. Viele Streitigkeiten haben ihre Ursache genau darin, dass Partner ein und dieselbe Äußerung unterschiedlich verstehen.
- Texte bedürfen der Auslegung. Juristen gelangen zu unterschiedlichen Auslegungen eines Gesetzestextes, Literaturwissenschaftler zu unterschiedlichen Auslegungen eines Gedichtes, Religionswissenschaftler zu unterschiedlichen Auslegungen einer Bibelstelle.

Diese Unterschiede im Verstehen kann das „Container-Modell" der Kommunikation nicht erklären. Denn wenn man Botschaften als Behälter für Inhalte versteht, müssen die kommunizierten Inhalte identisch sein sowohl für diejenigen, die sie in den Container legen, als auch für alle Empfänger, die sie dem Container entnehmen.

Wie aber kann man diese Probleme der Container-Vorstellung von Kommunikation umgehen? Wir verdeutlichen dies an einem Beispiel:
A äußert in Anwesenheit von B und C den Satz:
"Heinz ist ein Betrüger."
B und C nehmen den Satz - ohne Störungen – akustisch wahr. Dennoch verstehen sie den geäußerten Satz unterschiedlich.
- B versteht die Äußerung als zutreffende Charakterisierung von Heinz.
- C versteht die Äußerung als Verleumdung.

Wie kommen diese unterschiedlichen Verständnisweisen zustande?
Im gegebenen Beispiel kann das Verständnis der Äußerung z.B. davon abhängen,

- in welcher Beziehung B und C zu Heinz stehen:
  B ist ein geschäftlicher Konkurrent von Heinz.
  C ist mit Heinz befreundet.
- welche Erfahrungen sie mit Heinz gemacht haben:
  B hat einige geschäftliche Aufträge nicht erhalten, weil Heinz ihn im Preis unterboten hat.
  C hat Heinz auf den Familienfeiern immer als freundlichen und großzügigen Menschen erlebt.
- was B und C über Heinz wissen:
  B weiß, dass Heinz - trotz geschäftlicher Probleme - gerade ein neues Haus auf Ibiza gekauft hat.
  C weiß, dass Heinz eine große Erbschaft gemacht hat.
- was B und C über die Beziehung zwischen A und Heinz wissen:
  B weiß, dass A in Geschäften mit Heinz viel Geld verloren und ihn zivilrechtlich verklagt hat.
  C weiß, dass A schon seit Jahren schlecht über Heinz redet, aber bisher noch keinen seiner Vorwürfe hat belegen können.

Das Beispiel zeigt: Kommunikation vollzieht sich unter individuellen Verstehensvoraussetzungen. Zu diesen Voraussetzungen zählen z.B. die sozialen Beziehungen der Partner, aber auch ihre wechselseitigen Annahmen, Erfahrungen und Wissensbestände. Um den geäußerten Satz zu verstehen, greifen die Kommunikationspartner auf diese Verstehensvoraussetzungen zurück. Verstehen ist also das Aufgreifen eines Sinnangebotes - hier des geäußerten Satzes - unter den jeweils spezifischen Verstehensvoraussetzungen.

Es ist daher sinnvoll, zwischen der materiellen Form einer Botschaft - im obigen Beispiel der geäußerte Satz - und der Bedeutung bzw. dem Sinn[5] einer Botschaft zu unterscheiden. Im Kommunikationsprozess wird nur die materielle Form einer Botschaft übertragen. Diese muss der Adressat der Äußerung wahrnehmen und empfangen können.
- Gesprochene Sprache oder das „Heulen" einer Sirene nimmt der Adressat akustisch wahr.
- Geschriebene Sprache oder Bilder nimmt er optisch wahr.
- Fernsehsendungen nimmt er akustisch und optisch wahr.
- Blindenschrift nimmt er taktil wahr.

---

[5] Wir unterscheiden an dieser Stelle noch nicht zwischen „Information", „Bedeutung" und „Sinn". Die Begriffe werden hier also gleichbedeutend verwendet.

Das, was der Adressat wahrnimmt, muss er für sich sinnvoll und bedeutungsvoll machen. Dabei greift er auf seine je eigenen Annahmen und Wissensvoraussetzungen zurück. Unterschiedliche Annahmen und Wissensvoraussetzungen können - trotz identisch wahrgenommener physikalisch-materieller Form einer Botschaft - zu unterschiedlichen Verständnisweisen führen.
Diese Abhängigkeit des Verstehens von individuellen Verstehensvoraussetzungen macht deutlich, dass kommunikativer Sinn bzw. kommunikative Bedeutung niemals identisch in das Bewusstsein unterschiedlicher Kommunikationspartner „eingeführt" werden können, wie dies etwa das Container-Modell suggeriert.

Kommunikation ist also ein sehr voraussetzungsreicher und zugleich riskanter Prozess. Es besteht immer das Risiko des Misslingens. Dennoch machen wir tagtäglich die Erfahrung, dass Kommunikation gelingt. Wir werden daher den Kommunikationsprozess genauer betrachten und uns fragen, unter welchen Bedingungen Kommunikation gelingt bzw. misslingt.
Folgende Aspekte werden wir zunächst erörtern:
- Kommunikation ist der Gebrauch von Zeichen.
- Sprachliche Kommunikation ist der Gebrauch sprachlicher Zeichen.
- Sprachliche Kommunikation setzt ein gemeinsames sprachliches wie nicht-sprachliches Wissen voraus.

2. Zeichen und Zeichengebrauch

Die menschliche Sprache ist ein Zeichensystem. Wenn wir miteinander sprechen (und dabei auch nicht-sprachlich kommunizieren), benutzen wir dieses und andere Zeichensysteme. Kommunikation ist also Zeichengebrauch. Daher ist der Begriff des Zeichens einer der zentralen Grundbegriffe jeder Kommunikationstheorie.

Was ist ein Zeichen?
Wir nutzen Zeichen dazu, Phänomene unserer Welt zum Gegenstand von Kommunikation zu machen, ohne dass diese Phänomene in der Kommunikationssituation physikalisch präsent sein müssen. Zeichen machen also - im weitesten Sinne - die ganze Welt kommunikativ verfügbar. Sie leisten dies, weil sie Stellvertreterfunktion erfüllen.
In einer auf Aristoteles zurückgehenden Definition heißt es:

„Aliquid	stat	pro aliquo."
„Etwas	steht für	etwas Anderes."
„Ein Bezeichnendes	steht für	etwas Bezeichnetes."

Ein Zeichen besteht also aus einem Bezeichnenden und einem Bezeichneten. Diese Beziehung zwischen den zwei Elementen nennt man die Zeichenrelation.[6] Sie lässt sich in einem ersten, einfachen Zeichenmodell wie folgt darstellen:

ZEICHENRELATION

Bezeichnendes *steht für* Bezeichnetes

♂ *steht für* männliches Geschlecht

2.1. Zeichenrelation und Zeichentypologie

Es stellen sich drei Fragen:
- Was alles kann als Bezeichnendes fungieren?
- Was alles kann bezeichnet werden?
- Wie kann man die Zeichenrelation typologisieren?

1. Was alles kann als Bezeichnendes fungieren?
Die aristotelische Definition gibt keine Einschränkung materieller Art. Grundsätzlich kann alles, was akustisch, optisch, taktil oder olfaktorisch wahrnehmbar ist, als Bezeichnendes benutzt werden. Das Bezeichnende ist also die materielle Form der Botschaft. Diese materielle Form fungiert dann als Zeichenelement, wenn ein Adressat eine bedeutungsvolle Beziehung zu einem Bezeichneten herstellen kann.
Wir geben ein Beispiel. Jemand nimmt Rauch am Horizont wahr. Er weiß,
- dass Feuer Rauch verursacht.
- dass in Richtung des Rauchs ein Waldgebiet liegt.
- dass eine lange Trockenperiode vorherrscht.
- dass seit einer Woche vor Waldbrandgefahr gewarnt wird.

Unter diesen Verstehensvoraussetzungen wird der wahrgenommene Rauch (materielle Form) vom Betrachter als Hinweis auf „etwas Anderes" (Waldbrand) genutzt. Er stellt die Zeichenrelation *„Rauch steht für Waldbrand"* her.

---

[6] Philosophen und Sprachgelehrte haben sich schon seit Jahrtausenden mit dem Phänomen „Zeichen" auseinandergesetzt. Dabei haben sich zwei grundlegend verschiedene Zeichenauffassungen herausgebildet. Die eine Seite behauptet, Zeichen „stehen für etwas Anderes". Die andere Seite behauptet, dass diese Stellvertretungsfunktion keine Eigenschaft der Zeichen selbst ist, sondern erst beim Gebrauch der Zeichen von den Zeichenbenutzern „hergestellt" wird. Zeichen sind also Werkzeuge der Kommunikation, die selbst erst in Kommunikation geschaffen werden. Wir werden uns im Folgenden auf diese zweite Auffassung beziehen. Vgl. dazu: Keller, 1995, S. 22-70.

2. Was alles kann bezeichnet werden?
Auch hier formuliert die Definition keine Einschränkungen. Bezeichnet werden können u.a.
- konkrete Sachverhalte: Ein spezifisches Verkehrsschild verweist auf eine Ampel und kündigt diese an.
- Eigenschaften: Die Lautfolge *„unkaputtbar"* kann zusammen mit dem Bild einer Plastikflasche eine Eigenschaft bezeichnen.
- Verhaltensanweisungen: Das Rotlicht einer Ampel verweist auf das Gebot *„Du darfst nicht weiterfahren"*.
- fiktionale Konstrukte: Das Bild eines Einhorns oder der Schriftzug *„Einhorn"* verweisen auf ein mythologisches Wesen.

3. Wie kann man die Zeichenrelation typologisieren?
Anhand der Art und Weise, in der Zeichenbenutzer einen Bezug zwischen Bezeichnendem und Bezeichneten herstellen, lassen sich drei Typen von Zeichen unterscheiden.[7]

Index (Symptom):
Ein Zeichenbenutzer stellt eine indexikalische Zeichenrelation her, indem er das Bezeichnende zur Prämisse einer Schlussfolgerung macht. Das Bezeichnende entfaltet also nur dann seine Zeichenfunktion, wenn es Anlass eines Schlussverfahrens wird. Dieses Schlussverfahren setzt ein bestimmtes Wissen über die Welt voraus.
- Rauch als Bezeichnendes kann genutzt werden, um auf Feuer zu schließen.
- Fieber als Bezeichnendes kann genutzt werden, um auf eine Infektion zu schließen.
- Ein torkelnder Schritt als Bezeichnendes kann Anlass sein, auf Trunkenheit zu schließen.

Indices (indexikalische Zeichen) werden oft auch Anzeichen genannt.
Man sagt: Das Erröten ist ein Anzeichen für Verlegenheit, das Fieber ein Anzeichen für eine Infektion. Indices funktionieren somit als Zeichen, ohne dass ein „Sender" dies beabsichtigen muss. Man sagt: Indices sind nicht-intentional.

Ikon:
Ikone sind Zeichen, die von einem „Sender" intentional als Kommunikationsmittel eingesetzt werden. Zeichen sind dann ikonisch, wenn die Zeichenbenutzer

---

[7] Diese Unterscheidungen werden vor allem von Peirce und seinen Nachfolgern verwendet. Eine gute Darstellung der peirceschen Theorie gibt Nagel, 1992. Keller benutzt sie ebenfalls in seiner Darstellung einer instrumentalistischen Zeichentheorie. Keller, 1994, S. 113ff.

eine Ähnlichkeit zwischen dem Bezeichnenden und dem Bezeichneten erkennen können. Diese Ähnlichkeit kann z.B. optischer (Bilder, Piktogramme etc.) oder lautlicher Natur (Lautmalereien wie „*wauwau*", „*miau*", lautmalerische Lyrik, etc.) sein.
Entscheidend ist: Eine lautliche Äußerung oder eine optische Darstellung kann nur dann als Ikon fungieren, wenn der Wahrnehmende auch in der Lage ist, eine Ähnlichkeit zum Bezeichneten zu erkennen. Die Zeichenbenutzer müssen also wissen, wie Dinge aussehen oder tönen und sich eventuell auch in den Techniken der Abbildung auskennen.

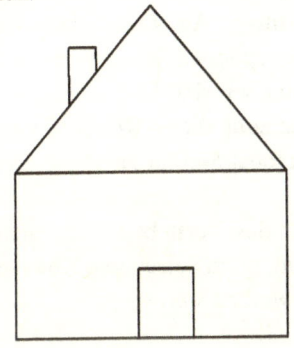

Diese Zeichnung als Abbildung eines Hauses zu erkennen, setzt z.B. das Wissen voraus,
- wie Häuser aussehen.
- dass die Linien Umrisse anzeigen.
- dass die bezeichneten Umrisse eine gewisse Ähnlichkeit mit der Form von Häusern aufweisen.
- dass Häuser Türen haben und dass das kleine Rechteck im größeren Rechteck den Umriss einer Tür bezeichnet.

In Gesellschaften, die traditionell keine Bilder herstellen, können solche Strichzeichnungen nicht ohne weiteres in Bezug gesetzt werden zu den Gegenständen, deren Umrisse sie darstellen. Es gibt also auch eine Art „visuellen" Analphabetentums.

Symbol:
Verbale Zeichen (Wörter, Sätze, etc.) sind in der Regel symbolische Zeichen. Die symbolische Zeichenrelation fußt weder auf Ähnlichkeit noch auf Ursache-Folge-Beziehungen. Der Zusammenhang zwischen Bezeichnendem und Bezeichneten ist willkürlich. In der Schweiz verweisen grüne und in Deutschland blaue Schilder auf die Autobahnen. Diese Farbzuordnung ergibt sich weder aus

einem Ähnlichkeits- noch aus einem Ursache-Folge-Zusammenhang zu dem, was Autobahnen sind. Warum ein Hund z.B. „HUND" heißt, ist völlig willkürlich. Die Lautfolge „HUND" hat nichts an sich, was auf einen Hund schließen lassen könnte. Man hätte genauso gut eine andere Lautfolge verwenden können. Dies lässt sich auch leicht am Wortschatz anderer Sprachen erkennen.

Man sagt daher: Der symbolische Zusammenhang zwischen Bezeichnendem und Bezeichneten ist willkürlich[8] und konventionell.

Wir geben ein Beispiel: Dass in der Schweiz und in Deutschland unterschiedliche Farben auf den Straßentyp „Autobahn" verweisen können, ergibt sich einzig und allein aus einer konventionalisierten Festschreibung dieses willkürlichen Zusammenhanges. Konventionen sind Übereinkünfte, die in einer Gemeinschaft Geltung besitzen. Die Verletzung dieser Konventionen wird sanktioniert. Wer in der Schweiz ein blaues Autobahnschild aufstellt, verletzt die dort gültige Konvention und wird bestraft.

Zentrale Voraussetzung für das Verstehen eines Symbols ist also die Kenntnis der entsprechenden bedeutungszuweisenden Konvention. Diese muss gelernt oder in der Sozialisation erworben werden.

Für jeden Zeichentyp lassen sich zweifelsohne eindeutige, kaum anfechtbare Beispiele nennen. Andererseits kann die Zuordnung eines Zeichens zu einem Zeichentyp auch Probleme bereiten.

1. So gibt es Zeichen, in denen sich ikonische und symbolische Elemente vermischen. Dies betrifft z.B. Grundrisszeichnungen und Baupläne oder die folgende Darstellung einer mathematischen Funktion.

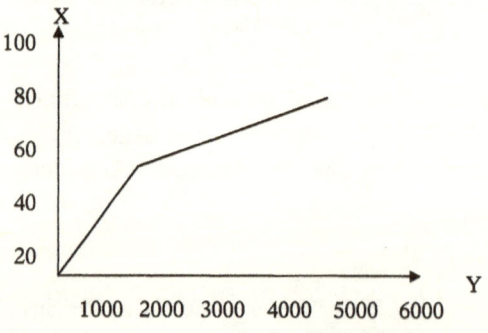

Diese Darstellung ist einerseits ikonisch, andererseits konventionell. Die X-Achse des Koordinatensystems stellt die Leistung eines Motors in KW dar,

---

[8]Oft findet man auch die Begriffe „arbiträr" oder „unmotiviert".

die Y-Achse die Drehzahl des Motors in 1000 Umdrehungen je Minute. Der Kurvenverlauf zeigt, dass die Leistung bis 2000 Umdrehungen steil ansteigt, die Leistung dann ab 2000 Umdrehungen langsamer wächst.
Was ist an dieser Darstellung ikonisch, was symbolisch?
- Ikonisch: Der Anstieg der Kurve signalisiert ansteigende Leistung, der Grad der Steigung zeigt den Grad der steigenden Leistung an. Insofern kann man zwischen optischer Darstellung und bezeichnetem Sachverhalt eine Ähnlichkeitsbeziehung herstellen.
- Konventionell: Der Anstieg der Kurve ist eingezeichnet in ein Koordinatensystem, das durch die zwei Achsen definiert ist. Die Skalierung und die Anordnung der Achsen des Koordinatensystems sind verabredet. Es gibt also eine Konvention, diese so darzustellen.

2. In einer Zeichenmetamorphose kann z.B. ein Ikon zu einem Symbol werden. Man spricht dann von der Symbolifizierung eines Ikons.
- Die Schriftzeichen der Hieroglyphenschrift oder der chinesischen Schrift sind - in den Anfängen der Schrift - Ikone. Im Verlaufe der Schriftentwicklung haben sie ihre Form und z. T. auch ihre Bedeutung verändert und so ihren Abbildcharakter verloren. Sie wurden zu Symbolen.
- Wann z.B. verweist die Darstellung einer Waage auf den Gegenstand „Waage" (ikonisches Zeichen), wann auf den moralischen Wert „Gerechtigkeit" (symbolisches Zeichen)? Entscheidend ist hier offensichtlich der Gebrauch des Zeichens. Wichtige Hinweise auf den Gebrauch gibt der Kontext, in dem das Zeichen steht (z.B. Giebelfront eines Gerichtsgebäudes) oder die Gebrauchssituation (ein Jura-Professor zeigt das Bild einer Waage in seiner Erstsemester-Vorlesung). Zudem muss der Zeichenempfänger um die unterschiedlichen Gebrauchsweisen wissen.[9]

3. Es können Zuordnungsprobleme entstehen, da es unterschiedliche Zeichentypologien gibt. Neben der Unterscheidung in indexikalische, ikonische und symbolische Zeichen kann man Zeichen auch nach anderen Kriterien klassifizieren. Die Kommunikationswissenschaften untersuchen die menschliche Kommunikation. In der menschlichen Verständigung sind allerdings neben den natürlichsprachlich-verbalen Zeichen auch andere als verbale Zeichen von Gewicht.

---

[9] Diese Möglichkeit der Zeichenmetamorphosen ist ein Argument für die Angemessenheit der instrumentalistischen Zeichenauffassung.

Zu unterscheiden sind
- verbale Zeichen: Hierzu zählen z.B. die bedeutungstragenden Einheiten „Morphem" und „Wort", die daraus konstruierten, grammatisch komplexeren Einheiten „Wortgruppe" und „Satz" und die komplexe Einheit „Text".
- paraverbale Zeichen: Dies sind Zeichen nicht verbaler Art, die aber den Gebrauch von Sprache begleiten, da sie unmittelbar mit dem Sprachgebrauch verbunden sind. Hierzu zählen beim mündlichen Sprachgebrauch stimmliche Qualitäten, Intonation, Sprechgeschwindigkeit, im schriftlichen Bereich Layout, Schrifttyp oder Schriftgröße.
- nonverbale Zeichen: Solche Zeichen existieren unabhängig vom Sprachgebrauch. Sie begleiten aber häufig die sprachliche Kommunikation. Zu nennen sind Gestik, Mimik, Blickkontakt oder Körperhaltung.

Man kann Zeichen auch nach der Art ihrer sinnlichen Wahrnehmbarkeit unterscheiden. Dann unterscheidet man optische, akustische, taktile oder olfaktorische Zeichen.

Abschließend geben wir einige Zuordnungsbeispiele:
- Das geschriebene Wort *„Achtung"* ist ein symbolisches, optisches und verbales Zeichen, das auf eine Gefahr hinweisen kann.
- Ein Donnergrollen ist ein akustisches und nonverbales Anzeichen (Index) für ein nahendes Gewitter.
- Eine leise, sehr zögerliche und monotone Vortragsweise kann als indexikalisches, akustisches und paraverbales Zeichen für Schüchternheit verstanden werden.

2.2. Die Sprache als System von Zeichen

Sprachliche Zeichen sind - in aller Regel - symbolische Zeichen. Zur genaueren Kennzeichnung des sprachlichen Zeichens und des sprachlichen Zeichensystems greifen wir auf einige der wichtigen Aspekte zurück, die Ferdinand de Saussure in die Sprachwissenschaft eingeführt hat.[10]

1. Das sprachliche Zeichen: De Saussure wählt für die beiden Seiten eines Zeichens die Bezeichnungen signifiant (Ausdruck/Bezeichnendes) und signifie (Inhalt/Bezeichnetes). Die Relation von Ausdruck und Inhalt verbindet nicht

---

[10] De Saussure hat das Ergebnis seiner Überlegungen in keinem Buch zusammengefasst, sondern in drei Vorlesungen an der Genfer Universität zwischen 1906 und 1911 vorgetragen, die postum veröffentlicht worden sind. De Saussure, 1967. Zu dieser Darstellung vgl. auch Geier, 1998, S. 29ff.

eine Sache und einen Namen miteinander, sondern eine Vorstellung und ein Lautbild. Das Saussure'sche Zeichen ist also rein psychischer Natur.
- Zum Begriff des Lautbildes: Ob das Wort „*Vater*" laut oder leise, deutlich oder undeutlich, schnell oder langsam, mit hoher oder tiefer Stimme artikuliert wird, ist für das Erkennen des Lautbildes „*Vater*" als Wort der deutschen Sprache relativ unbedeutend. Entscheidend ist, dass ein Hörer die unterschiedlichen Artikulationen als Äußerung des entsprechenden Lautbildes, also als Exemplare ein und derselben Spracheinheit identifizieren kann. Das Lautbild ist somit nicht die tatsächlich geäußerte Lautfolge, sondern seine „psychologische Spur".
- Zum Begriff der Vorstellung: Die mit dem Lautbild „*Vater*" verknüpfte Vorstellung ist nicht die Vorstellung einer realen Person. Das Sprachzeichen „*Vater*" ist nämlich kein Eigenname, der wie ein Namensschild einer konkreten Person angeheftet wird, sondern eine intersubjektiv existierende „Vorstellung", über die - bei aller Vielfalt individueller Gebrauchsweisen - eine kollektive Übereinstimmung besteht.

Die Beziehung zwischen Lautbild und Vorstellung ist arbiträr. Es besteht zwischen der Vorstellung und dem entsprechenden Lautbild kein innerer oder notwendiger Zusammenhang.

Der Begriff der Arbitrarität darf jedoch nicht mit individueller Beliebigkeit verwechselt werden, da die jeweilige Zeichenrelation nicht durch freie Wahl der jeweils sprechenden Person hergestellt wird. Die Zeichenrelationen einer Sprache sind kollektiv anerkannte Beziehungen, die von Sprechergeneration zu Sprechergeneration tradiert werden und die sich so sprachgeschichtlich stabilisiert haben.[11] Durch diese Regelhaftigkeit (Konventionalität) entsteht eine gewisse Verlässlichkeit im Gebrauch von Zeichen.

2. „La langue" und „La parole": Dieses Begriffspaar bezeichnet die Tatsache, dass das menschliche Sprechen einerseits individuell, andererseits aber auch sozial bedingt ist. „La parole" ist der Akt der individuellen Sprachverwendung und das Produkt dieses Aktes, also die Äußerung selbst. Um jedoch sprechen zu können, bedarf es der Sprache. Denn jede sprachliche Kommunikation ist ein sozialer Vorgang, der sich nicht in der individuellen sprecherischen Aktivität des Einzelnen erschöpft. Das System, das den vielfältigen sprachlichen Äußerungen zugrunde liegt und das die einzelnen Sprecher einer Sprache verbindet, bezeichnet de Saussure als die „langue". De Saussures Trennung zwischen

---

[11] Natürlich unterliegen die Konventionen einer Sprache auch Veränderungen. Dies zeigt z.B. die Bedeutungserweiterung des Wortes „*Maus*", mit dem man heute auch ein Bedienungsinstrument des Computers bezeichnen kann, oder die Veränderung in der Kasusrektion der Präposition „*wegen*" („*Ich komme wegen des guten Essens/dem guten Essen.*").

„langue" und „parole" wurde von vielen Sprachwissenschaftlern übernommen. Man unterschied zwischen Sprachbau und Sprachgebrauch, Sprachsystem und Sprachverhalten, Code und Mitteilung. Dabei rückte vor allem die „langue" als Sprachsystem in den Mittelpunkt des Interesses. Die Daten, die durch Beobachtung und Beschreibung der „parole" gewonnen werden, dienen als Material, um die Struktur des Sprachsystems zu rekonstruieren.

3. Die Sprache als Zeichensystem: Die menschliche Sprache ist ein Zeichensystem. Der Zeichenvorrat einer Sprache ist somit keine zufällige und unsystematische Ansammlung von Zeichen, sondern er besitzt eine wohl geordnete Struktur. Dies wollen wir am Beispiel des Wortes *„Vater"* exemplarisch verdeutlichen.
- Bedeutung und das System der Bedeutungsbeziehungen: Die Vorstellungen, die unterschiedliche Sprecher mit diesem Wort verbinden, können - je nach familiärer Erfahrung - variieren. Die Bedeutung von *„Vater"* im Sprachsystem ist dennoch relativ genau zu bestimmen, indem wir dieses Wort zu anderen Wörtern in Beziehung setzen und die Bedeutungsdifferenzen betrachten.
  - *„Vater"* grenzt sich von *„Mutter"* ab hinsichtlich des Merkmals „Geschlecht".
  - *„Vater"* grenzt sich von *„Bruder"* ab durch das Merkmal „gleiche/unterschiedliche Generation".
  - *„Vater"* grenzt sich von *„Onkel"* ab durch das Merkmal „Verwandtschaftsgrad".

  Innerhalb des - hier nur angedeuteten - verwandtschaftlichen Bezeichnungssystems gewinnt das Wort *„Vater"* einen bestimmten, eingrenzbaren Bedeutungswert. Denn es ist eingebunden in dieses System von Bedeutungsbeziehungen.
- Lautbild und phonologisches System: Eine Sprache kann als Kommunikationsmittel dienen, weil sie Bedeutungen und Lautformen einander zuordnet. Damit dieses Kommunikationskonzept funktioniert, müssen Sprecher und Hörer ähnliche Lautformen, die sich aber in ihrer Bedeutung unterscheiden, auch lautlich unterscheiden können. Dies gilt z.B. für *„Vater"* und *„Kater"*. Wie aber ist dies möglich, wenn keine zwei jemals geäußerten Laute sich in allen lautlichen Eigenschaften vollkommen gleichen? Die Frage lautet also: In welcher Weise erkennen wir genau die Lautunterschiede, die bedeutungsunterscheidend sind, und wie ignorieren wir die Lautunterschiede (Nasalität, oder Sprachfehler wie „Lispeln" etc.), für die dies nicht gilt. Die Antwort lautet: Ein Sprecher/Hörer des Deutschen kennt das phonologische System seiner Sprache. Er kennt also die Struktur der relevanten lautlichen Unter-

schiede und lässt die Lautunterschiede unbeachtet, die in diesem System nicht bedeutungsunterscheidend sind. Als Sprecher des Deutschen achten wir z.B. darauf, ob ein Verschlusslaut stimmhaft ist oder nicht. Denn dieser Unterschied zwischen /b/ und /p/, /t/ und /d/ oder /g/ und /k/ ist ein bedeutungsunterscheidender lautlicher Unterschied. Dies zeigt sich im Vergleich von „Blatt" und „platt", „Dorf" und „Torf" oder „Gabel" und „Kabel".

2.3. Wissensbestände für das Verstehen sprachlicher Zeichen

Kommunikationspartner können einander nur verstehen, wenn sie über einen Minimalbestand gemeinsamen Wissens verfügen. Erst dieses gemeinsame Wissen gibt ihren Äußerungen Sinn und Zusammenhang. Denn kommunizieren heißt, „den anderen etwas wahrnehmen zu lassen, woraus er zusammen mit seinem übrigen Wissen, seinem Situations- und seinem Weltwissen, erkennen kann, wozu man ihn bringen möchte."[12]

Wenn wir uns sprachlich äußern, benutzen wir die sprachlichen Zeichen unseres Sprachsystems. Um diese Äußerungen verstehen zu können, benötigen Kommunikationspartner zunächst ein gemeinsames sprachliches Wissen und gemeinsame sprachliche Fertigkeiten.

Dieses Wissen und diese Fertigkeiten beziehen sich vor allem auf folgende Teilbereiche:
- das Wissen um die Bedeutung sprachlicher Zeichen
- das Wissen um die Kombinierbarkeit sprachlicher Zeichen
- das Wissen um die situative Verwendbarkeit sprachlicher Zeichen

Kommunikationspartner können sprachliche Äußerungen nicht allein mit Hilfe ihres sprachlichen Wissens verstehen. Sie benötigen - über das sprachliche Wissen hinaus - auch ein allgemeines Welt- und Fachwissen.

Wir erläutern die einzelnen Wissensbereiche.
1. Das Wissen um die Bedeutung sprachlicher Zeichen
   Sprachliche Zeichen haben eine Bedeutung. Kommunikation und Verständigung kann nur gelingen, wenn Kommunikationspartner eine gleiche oder ähnliche Zeichenbedeutung aktualisieren. Was aber ist die Bedeutung eines sprachlichen Zeichens?[13]
   - Die Bedeutung eines Wortes umfasst das, was die Sprecher einer Sprache mit der Verwendung dieses Wortes aussagen können. Die meisten Wörter

---
[12] Keller, 1995, S. 105.
[13] Im dritten Kapitel „Phonem, Morphem, Wort" (2.3.) befassen wir uns detaillierter mit dem Bedeutungsbegriff.

haben daher mehr als eine einzige Bedeutung. Welche Bedeutung im konkreten Gebrauch gemeint ist, ergibt sich oftmals erst aus dem sprachlichen und dem situativen Zusammenhang. Dies zeigen die folgenden Beispiele:
- *„Ich habe mir eine fünftürige Ente gekauft."*
- *„Die Meldung war wohl eine Ente."*
- *„Heute Abend gibt's Ente."*

- Sprachliche Zeichen stehen untereinander in vielfältigen Bedeutungsbeziehungen. Dies verdeutlicht z.B. die Vielfalt der Verben, mittels derer man den Sachverhalt „Aufhören des Lebens" bezeichnen kann.[14] Entsprechende Verben sind u.a.
  - *„sterben",*
  - *„verdursten",*
  - *„verhungern",*
  - *„abkratzen"*
  - *„entschlafen",*
  - *„verenden",*
  - *„eingehen".*

Selbstverständlich ist den Kommunikationspartnern dieses Wissen um die Vielfalt der Bedeutungsbeziehungen und die Vielfalt der möglichen Gebrauchsweisen nicht immer präsent. Wer aber über Bedeutungen reden will oder Bedeutungsprobleme klären will, nutzt dieses Wissen.
Er könnte etwa formulieren:
- *„Verdursten ist ein Sterben aus Wassermangel."*
- *„In diesem Satz bezeichnet das Wort „Ente" eine Falschmeldung."*

Die Bedeutung der Wörter muss gelernt bzw. erworben werden. Dies gilt vor allem für die Bedeutung einfacher Wörter *(„Hund", „Kuchen", Haar",* etc.), aber auch für die Kenntnis sogenannter Phraseologismen (z.B. *„Der ist auf den Hund gekommen.").* Die Bedeutung zusammengesetzter Wörter kann man - zum Teil - aus der Bedeutung der Wortbestandteile ableiten.[15]
- *„Schweineschnitzel: Schnitzel   vom   Schwein"*
- *„Kinderschnitzel: Schnitzel   für   Kinder"*

---

[14] Weisgerber, 1968, S. 184.
[15] Allerdings zeigt dieses Beispiel auch, dass die Bedeutungsbeziehungen *(„Schnitzel für Kinder"* und *„Schnitzel vom Schwein")* zwischen den Wortbausteinen nicht aus der Struktur des zusammengesetzten Wortes *(„Kinderschnitzel"; „Schweineschnitzel")* hervorgehen. Um solche Komposita zu verstehen, benötigt man auch ein gewisses Weltwissen.

Der sprachwissenschaftliche Arbeitsbereich, der sich mit der Bedeutung der sprachlichen Zeichen befasst, heißt Semantik.

2. Das Wissen um die Kombinierbarkeit sprachlicher Zeichen

Zeichen können miteinander zu Zeichenkomplexen verbunden werden. Wir geben ein Beispiel:
- *„Mann"*
- *„Der Mann"*
- *„Der alte Mann"*
- *„Der alte Mann meiner Schwester"*
- *„Der alte Mann meiner jungen Schwester"*
- *„Der alte Mann meiner jungen Schwester läuft einen Marathon."*

Die Untersuchung der Regularitäten in der Kombination sprachlicher Zeichen ist Gegenstand der Grammatik. Sprachliche Verständigung funktioniert auf der Grundlage dieser regelhaften Verknüpfung sprachlicher Zeichen. Deshalb müssen Sprecher und Hörer wissen, wie sie Wörter zu komplexen Äußerungen verbinden können und wie sich die Bedeutung der Sätze aus der Kombination der Wortbedeutungen ergibt. Hierzu benötigen sie grammatisches Wissen. Das grammatische Wissen umfasst u.a. das Wissen um
- die Wortformen: *„essen"*; *„aß"*; *„gegessen"*.
- die Bildung komplexer Wörter: *„fahren"*; *„Fahrt"*; *„Fahrtenschreiber"*; *„Fahrverbotsregelung"*.
- die Abfolge von Wortformen im Satz: *„Ich trinke kühle Limonade."*; **„Ich trinke Limonade kühle."*[16]
- die Verbstellung: *„Er fährt Auto."*; *„Fährt er Auto?"*; *„Dass er Auto fährt."*
- die Satzklammer: *„Er schlägt den Sklaven die Flucht vor."*
- die Varianten der Satzgliedstellung: *„Er fährt täglich Auto."*; *„Auto fährt er täglich."*; *„Täglich fährt er Auto."*
- die Strukturwörter einer Sprache: z.B. Präpositionen oder Konjunktionen.

Die Relevanz des grammatischen Wissens für das Verstehen kann man am folgenden Beispiel verdeutlichen:

Die Zipferlake[17]
Verdaurstig wars, und glasse Wieben
Rotterten gorkicht im Gemank;
Gar elump war der Pluckerwank,
Und die gabben Schweisel frieben.

---

[16] * kennzeichnet eine ungrammatische Äußerung.
[17] Carrol, 1974, S. 27, übersetzt von Enzensberger, zitiert nach Heringer, 1988, S. 21.

Die fett gedruckten Teile dieses Textes sind Zeichen, die eine grammatische Information tragen. Sie bilden das grammatische Gerüst des Textes. Diese grammatische Information ist immerhin so „mächtig", dass sie - trotz der fehlenden lexikalischen Information - ein grammatisch-syntaktisches Verständnis ermöglicht.
Wir erkennen z.B.
- *„verdaurstig"* als Adjektiv. Denn wir wissen, dass die Endung *„–ig"* Adjektive kennzeichnet.
- *„Gemank", „Pluckerwank"* als Substantive. Denn wir wissen, dass Substantive groß geschrieben werden. Zudem wissen wir, dass Substantive von Artikel oder Präpositionen begleitet werden können.
- *„rotterten"* als Verbform, weil wir um die Tempusformen des Verbs wissen.
- syntaktische Funktionen wie Subjekt oder Prädikat. Das Wissen um die Numerus-Kongruenz von Subjekt und Prädikat gibt uns Hinweise darauf, dass *„Wieben"* eine Pluralform ist und die Satzgliedfunktion „Subjekt" erfüllt.
- Satzverbindungen. Die Konjunktion *„und"* zeigt an, dass die damit verbundenen Sätze in der logisch-semantischen Beziehung der Aneinanderreihung stehen.

Trotz dieser grammatischen Informationen bleibt die Textbedeutung letztlich unklar. Denn unser Wissen um die Wortbedeutungen ist auf den Text nicht anwendbar.

3. Das Wissen um die situative Verwendbarkeit sprachlicher Zeichen

Jeder Gebrauch sprachlicher Zeichen ist eingebettet in einen psychischen und sozialen Kontext. Diesen Kontext bezeichnet man auch als die Situation des Zeichengebrauchs.[18] In den jeweiligen Zusammenhängen von Situation und Sprachgebrauch stellen sich oft folgende Fragen:
- Was kann ich sagen?
- Wie kann ich etwas sagen?
- Kann ich meine Ziele in der gegebenen Situation mit dieser Äußerung verwirklichen?
- Versteht mein Partner, was ich meine?
- Was weiß mein Partner bereits über das Gesprächsthema und welches Wissen muss ich ihm erst vermitteln?

---

[18] Ramge, 1978.

Um diese Fragen zu beantworten, nutzen Kommunikationspartner ihr Situationswissen. Das sind die Wissensbestände, die auf die konkrete Kommunikationssituation Bezug nehmen und sich mit dem jeweiligen Stand der Kommunikation stetig verändern. Zum Situationswissen gehört z.B., dass Sprecher wissen oder zu wissen glauben, was ihre Gesprächspartner wissen. Diese Annahmen über das gemeinsame Wissen sind für das Verstehen sprachlicher Äußerungen sehr bedeutsam.

Nehmen wir folgende Beispieläußerung:
A sagt zu B: *„Das Fenster ist auf."*
- Wenn A weiß, dass B weiß, dass A Zugluft nicht mag, kann er diese Äußerung dazu benutzen, um B aufzufordern, das Fenster zu schließen.
- Wenn A weiß, dass B weiß, dass A frische Luft sehr schätzt, kann er diese Äußerung nicht dazu nutzen, um B aufzufordern, das Fenster zu schließen. B verstünde die Äußerung dann als freudige Feststellung eines Zustandes, den A sehr schätzt.

Die Bedeutung des Situationswissens zeigt sich auch darin, dass es eine Vielzahl sprachlicher Mittel gibt, deren Bedeutung sich nur in der konkreten Verwendungssituation erschließt. Was z.B. *„rechts"*, *„ich"*, *„morgen"* oder *„hier"* bedeutet, können Kommunikationspartner nur verstehen, wenn sie diese Wörter auf die konkrete Kommunikationssituation beziehen.

Der sprachwissenschaftliche Arbeitsbereich, der sich mit dem Zusammenhang von Situation und Sprachgebrauch befasst, heißt Pragmatik.

4. Das Welt- und Fachwissen
Dieses Wissen ist - wie der Name besagt - ein Wissen über die Welt, ein themenbezogenes Sach- und Fachwissen, ein Wissen über Wertesysteme, Normen und Praktiken einer Gesellschaft. Es besitzt eine erhebliche Bedeutung für das wechselseitige Verstehen. So kann jemand eine Radioreportage zu einem Fußball- oder Handballspiel nur verstehen, wenn er grundlegende Kenntnisse über die jeweilige Sportart besitzt. Die Relevanz des Welt- und Fachwissens für das Verstehen zeigt auch folgendes Beispiel:
„Ich habe die Grammatik von Paul."
Dieser Satz ist von seiner grammatischen Struktur her zweideutig. Er kann bedeuten,
- (1) dass ich die Grammatik von Paul erhalten habe.
- (2) dass ich eine Grammatik besitze, die Paul geschrieben hat.

Verständnis (2) ist für denjenigen nahe liegend, der über das entsprechende linguistische Fachwissen verfügt und weiß, dass der Sprachwissenschaftler Hermann Paul ein bedeutendes Werk zur deutschen Grammatik verfasst hat. Wenn jemand dies nicht weiß, liegt Verständnis (1) nahe.

Wir halten fest:
Sprachliche Kommunikation ist der Einsatz sprachlicher Zeichen, um dem jeweiligen Partner kommunikative Hinweise zu geben. Diese Hinweise sollen beim Partner einen Prozess in Gang setzen. Dessen Ziel ist das Verstehen der kommunikativen Absichten des Sprechers.
Um sprachliche Zeichen in diesem Sinne benutzen zu können, benötigen beide Partner gemeinsames
- sprachliches Wissen,
- situatives Wissen,
- Weltwissen.

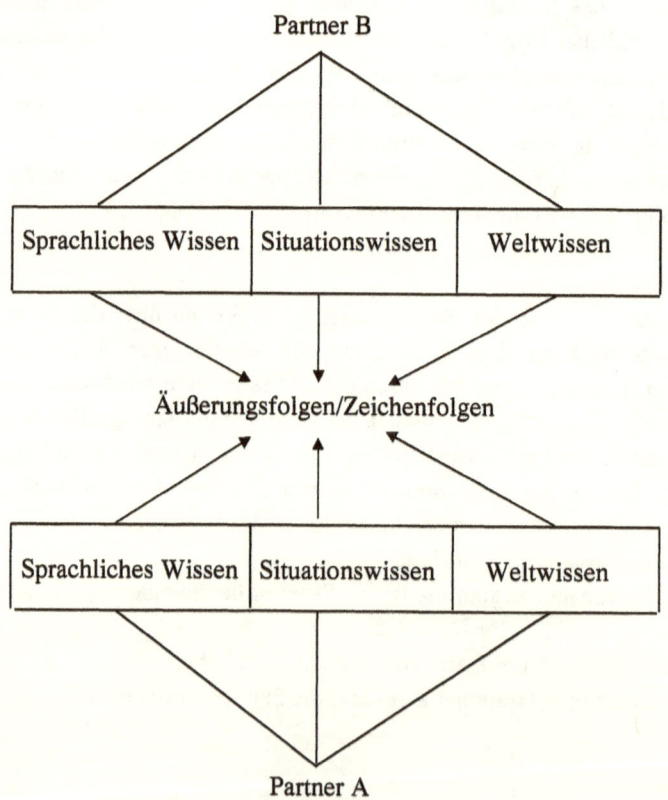

3. Zeichen und Zeichentypologie als Gegenstand des Deutschunterrichts

Ikonische (Abbildungen) und symbolische (Sprache) Zeichen unterscheiden sich in ihrer kommunikativen Leistungsfähigkeit. Aus diesen Unterschieden wollen wir einige didaktische Folgerungen ziehen. Folgende Unterschiede sind bedeutsam:

- Während sprachliche Texte ein bestimmtes sprachliches Können (Hörverstehen, Leseverstehen) voraussetzen, gibt das Bild den Schülern eher die Chance, einen sehr direkten Zugang zu dem visualisierten Geschehen zu finden. Denn das Bild ist eine Lernwelt, die Eigenschaften „echter" Erfahrungsräume ikonisch abbildet. Allerdings darf man nicht übersehen, dass auch das Bildverstehen ein voraussetzungsreicher Prozess ist.
- Bilder sind ikonische Zeichen. Als solche sind sie den äußeren Phänomenen der Welt verhaftet. Sie zeigen äußere Aspekte von Ereignissen, Handlungen und Handlungskontexten, also z.B. was jemand tut oder wie jemand aussieht. Innere Aspekte einer Handlung - wie z.B. Handlungsmotive, Handlungsziele oder Gefühle - sind im Bild nur durch die Abbildung äußerer Handlungsaspekte darstellbar. Sprachliche Zeichen hingegen sind – auf Grund der Arbitrarität ihrer Bedeutungsrelation – recht problemlos in der Lage, auch solche „inneren" Sachverhalte zu benennen. Ein Bild zu verstehen, heißt daher, von äußeren Aspekten der bildlich dargestellten Handlung auf deren innere Aspekte schließen zu können.
- Bilder und Bildfolgen zeigen immer nur einige wenige, ausgewählte Aspekte eines komplexen Handlungszusammenhanges. Die nicht gezeigten „Zwischenschritte" (Voraussetzungen, Folgen, etc.) müssen vom Betrachter der Bildfolge rekonstruiert und erschlossen werden.
- Bilder zeigen nicht nur etwas, sie zeigen es immer auch in einer bestimmten Art und Weise. Für dieses „Wie" der ikonischen Darstellung gibt es vielfältige Konventionen und Gebrauchsweisen. In einzelnen Textsorten (z.B. Bilderbuch, Comic, Film, etc.) haben sich spezifische Darstellungskonventionen herausgebildet. So gibt es typische Darstellungsformen des „Guten", des „Bösen", des „Naiven" oder des „Hinterhältigen".
- Bilder und bildliche Darstellungen verfügen nicht über logische Konnektoren, Tempusformen oder Modi. In natürlichen Sprachen hingegen können Sprecher
    - die logisch-semantischen Beziehungen zwischen Äußerungen und Sätzen z.B. durch Präpositionen *(„wegen")*, Konjunktionen *(„denn")*, Bindeadverbien *(„trotzdem")* und Subjunktionen *(„weil")* anzeigen.

- durch die Tempusformen des Verbs oder Adverbien (*„gestern"*, *„heute"*) den Zeitbezug einer Aussage anzeigen.
- durch Modalpartikeln (*„Er verliert wohl."*) oder die Modi des Verbs (*„Käme er doch."*) den Wirklichkeitsbezug einer Aussage verdeutlichen.

Die kommunikativen Möglichkeiten ikonischer Zeichen sind in diesen Bereichen sehr eingeschränkt.

Ein Bild zu verstehen, heißt daher zu verstehen,
- was dargestellt wird.
- wie etwas dargestellt wird.
- was der gezeigten Handlung vorausgegangen sein könnte und wie sich die dargestellte Handlung weiterentwickeln könnte.
- welche Handlungsabsichten, Ziele und Gefühle die dargestellten Personen bewegen könnten.
- in welchem zeitlichen und/oder logisch-semantischen Bezug ein Bild zu den anderen Bildern steht.

Aus den Unterschieden zwischen ikonischen und symbolisch-sprachlichen Zeichen wollen wir einige Lernzielbereiche für den Deutschunterricht ableiten.
- Es ist für den Deutschunterricht lohnenswert, bild- und filmsprachliche Kategorien des „Wie" der bildlichen Darstellung zum Thema zu machen, etwa Einstellungsgrößen, Einstellungsperspektiven oder Montageformen. Eine solche „visuelle Alphabetisierung" lehrt die Schüler, dass Bilder keine Abbilder von Wirklichkeit, sondern intentional hergestellte Produkte sind. Fotografen, Comic-Zeichner, Filmemacher oder Fernsehregisseure produzieren und zeigen Bilder, um damit kommunikative Ziele zu erreichen. Bilder sollen bewerten, dramatisieren, die Wahrheit von etwas belegen, einen komplexen Zusammenhang bildlich erläutern u. v. m. Das Wissen um die Intentionalität der Bilder und die Fähigkeit, die Machart der Bilder erkennen und beschreiben zu können, ist eine wichtige Voraussetzungen für ein angemessenes und kritisch-autonomes Verstehen von Bildern z.B. in Comics, in Werbung, in Film- und Fernsehen.[19]
- Der beste Impuls für sprachliches Handeln im Unterricht ist oftmals nicht ein Text, sondern ein Bild. Bilder zeigen Dinge, Ereignisse, Handlungen und Handlungsschritte „wie in der unmittelbaren Wahrnehmung von Realität". Sie schaffen so einen sehr unmittelbaren, manchmal auch emotionalen und motivierenden Zugang zum gezeigten Geschehen. Diesen kann man als Im-

---

[19] Eine für schulische und universitäre Zwecke geeignete Einführung in die „Filmsprache" und deren Behandlung im Deutschunterricht bietet Gast, 1993.

puls für sprachliche Handlungen nutzen. Das Bild als Anlass von Erzählungen, Berichten oder Beschreibungen bietet zudem den Vorteil, dass ein Imitieren, Kopieren oder Wiederholen von zugrunde liegenden Texten ausgeschlossen bleibt. Die Anforderung, sich ohne sprachliche Vorlage - nur auf einen bildlichen Impuls hin - sprachlich ausdrücken zu müssen, verlangt die Entwicklung eigenständiger Sprachverwendungen.
- Die Beschäftigung mit Bildern schult die Handlungskompetenz der Schüler. Nehmen wir ein Beispiel: Ein Bild zeigt, wie ein Kind ein anderes schlägt. Was ist das Motiv für den gezeigten Konflikt? Auf dem Boden sieht man ein zerbrochenes Spielzeugauto. Nun kann man anhand dieses „äußeren Merkmals" auf die Motive, die Voraussetzungen und Folgen der Auseinandersetzung schließen. Die dabei notwendige Erkenntnisbewegung verknüpft äußere Aspekte einer Handlung mit inneren Aspekten wie z.B. Motiven, Zielen oder Wünschen. Wenn das Motiv der bildlich dargestellten Auseinandersetzung erkannt ist, können weitere äußere Merkmale in das identifizierte Handlungsmuster eingeordnet und „innerlich" verstanden werden. Der Bildbetrachter nimmt wahr, dass der schlagende Junge weint. Dies lässt darauf schließen, dass das zerbrochene Auto ihm viel bedeutet hat. Man sieht, dass der Junge sehr heftig zuschlägt. Dies lässt auf große Wut schließen. Ein solcher Verstehensprozesses schult das Handlungsverstehen, also die Fähigkeit des Schülers, von den bildlich dargestellten äußeren Aspekten einer Handlung auf innere Aspekte schließen zu können. Diese Fähigkeit ist eine zentrale Voraussetzung für jede Handlungsbewertung.
- In vielen Texten werden Bilder in engem Zusammenhang mit Sprache verwendet. Der Zusammenhang von Bild und Sprache schafft sowohl für das Bild wie für die Sprache neue, erweiterte Verwendungszusammenhänge. Der sprachliche Text nimmt Einfluss auf das Bildverstehen, die Bildelemente beeinflussen das Verstehen des sprachlichen Textes. Dieses Zusammenwirken von sprachlichem Text und bildlichen Textelementen ist für viele Textsorten charakteristisch, etwa für Websites, Comics, Film, Fernsehen oder Werbung, und sollte deshalb im Deutschunterricht Thema werden.[20]

Wir geben einige Beispiele für den Einsatz von Bildern im Unterricht:
1. Bilder als Geschichtengerüst
   Der Grundgedanke besteht darin, dass Schüler ein Einzelbild oder eine Bildfolge nutzen, um ein sprachliches „Geschichtengerüst" zu erstellen. Die Bildfolge kann geordnet oder ungeordnet sein. Im letztgenannten Fall müssen die

---

[20] Eine didaktisch und methodisch aufbereitete Darstellung der Text-Bild-Zusammenhänge in Fernsehnachrichten gibt Muckenhaupt, 2000.

Schüler die Bilder zu einer Bildfolge ordnen und die Plausibilität der Abfolge begründen. Die Handlung eines jeden Bildes wird dann in Form einer Bildunterschrift formuliert. Die Bildunterschriften sollen äußere und innere Aspekte der beschriebenen Handlung verknüpfen und bilden so ein erstes sprachliches Geschichtengerüst. Dieses wird dann Grundlage einer sprachlichen Erzählung. Schüler lernen hierbei
- bildlich repräsentierte Einzelsituationen als Elemente eines Handlungszusammenhanges zu erkennen und die nicht gezeigten Handlungszwischenschritte zu rekonstruieren.
- sich mögliche Situationen und Situationsverknüpfungen (Rekonstruktion und Antizipation) vorzustellen, diese als Bildfolge zu ordnen und ihre Annahmen über den Fortgang einer Geschichte zu begründen.
- von den äußeren Aspekten der gezeigten Handlung auf innere Aspekte zu schließen und so die Motive und Ziele der Handelnden zu verstehen.
- sprachlich komplexe Handlungen erfolgreich zu vollziehen, indem sie die rekonstruierten Zusammenhänge erzählend, berichtend oder beschreibend ausgestalten.

2. Sprachspiele mit Sprech- und Denkblasen[21]
Bilder mit leeren oder gefüllten Sprech- oder Denkblasen sind in vielfältiger Weise im Unterricht zu nutzen. Schüler lernen bei dieser Ausgestaltung von Sprachspielen, Äußerungen zu situieren. Darüber hinaus lernen sie den Aufbau dialogischer Sequenzen kennen, z.B. Vorwurf-Rechtfertigung, Vorwurf-Entschuldigung oder Vorwurf-Gegenvorwurf. Wir geben drei Beispiele für die Verwendung von Sprechblasen-Bildern:
- Wer sagt was: Die Kinder erhalten Bildfolgen mit leeren Sprechblasen. Zudem werden ihnen sprachliche Äußerungen als Inhalte für die Sprechblasen ungeordnet angeboten. Sie sollen diese Äußerungen den Bildern und den dort gezeigten Personen und Handlungssituationen angemessen zuordnen und die Zuordnung begründen.
- Ein verrücktes Gespräch: Die Schüler erhalten Bilder mit falsch ausgefüllten Sprech- oder Denkblasen. Sie sollen die falschen Zuordnungen erkennen und die Äußerungen in eine plausible Abfolge bringen. Die veränderte Zuordnung soll begründet werden.

---

[21] Eine ausführliche und gut verständliche Begründung und Darstellung solcher bildgeleiteter Sprachspiele gibt Scheckel, 1989. Im zweiten Kapitel geben wir eine knappe Darstellung zu den Einsatzmöglichkeiten solcher Sprachspiele in dialogischen Zusammenhängen.

- Sprachspiele gestalten: Leere Sprechblasen einer spezifischen Kommunikationssituation (z. B. Vorwurf-Rechtfertigungsdialog zwischen Vater und Kind, Wegauskunft, Dialog zwischen Fabel-Tieren wie Hase und Igel) sind auszufüllen.

3. Text-Bild-Zusammenhänge gestalten

In Werbeanzeigen, Filmen und vielen anderen Texten stehen Sprache und Bild in enger Wechselwirkung. Daher kann man gerade am Beispiel solcher Textsorten verdeutlichen, wie Bilder das Textverstehen und Texte das Bildverstehen beeinflussen. Es bieten sich vielfältige Möglichkeiten, diese Zusammenhänge zwischen Bildverwendung und sprachlichem Kontext zu verdeutlichen. Man kann z.B. zu Stummfilmszenen witzige, traurige oder provozierende Bildunterschriften formulieren oder zu Werbebildern Werbeheadlines erfinden. Wir geben ein Beispiel für die Verwendung von Werbeanzeigen:

Ein Bild zeigt eine schlanke junge Frau, die einen schmalen Fußweg entlang wandert. Der Weg führt durch eine flache, monotone Wiesenlandschaft bis zum Horizont. In der Ferne sieht man einen allein stehenden Baum.

Die Arbeitsgruppen erhalten dieses Bild. Jede Gruppe soll mit dem Bild ein anderes Produkt bewerben, indem sie eine passende Headline formuliert.

Folgende Headlines sind z.B. möglich:

- Gesundheitswerbung einer Krankenkasse: *„Fit durch Bewegung - jeder Kilometer zählt: 15 Kilokalorien. ... Man sieht's!"* Der Text lenkt die Aufmerksamkeit auf die schlanke, sportliche Figur der Wanderin.
- Tourismus-Werbung für Schleswig-Holstein: *„Wandern bis zum Horizont und weiter? Wo? Natürlich in Schleswig-Holstein!!!"* Der Text lenkt die Aufmerksamkeit auf die flache, unberührte und endlos wirkende Wiesenlandschaft.
- Banken-Werbung: *„Wir machen den Weg frei. Volk- und Raiffeisenbanken."* Das Bild steht metaphorisch für einen hindernisfreien Weg in eine weite und ferne Zukunft.
- Umweltschutz-Werbung: *„Der letzte Baum. Darf er wachsen oder muss auch er noch weichen?"* Der Text lenkt die Aufmerksamkeit auf die Monotonie der Landschaft und den letzten Baum.

Bei dieser Übung lernen die Schüler, dass sprachliche Texte die Aufmerksamkeit auf einzelne Aspekte des im Bild Dargestellten lenken. Die Headline fokussiert das Bildverstehen auf spezifische Details des Abgebildeten. Weitere Details, die sprachlich nicht expliziert werden, geraten in den Hintergrund.

Zweites Kapitel: Sprachliches Handeln

1. Der Begriff des sprachlichen Handelns

Mit Äußerungen verfolgen Kommunikationspartner kommunikative Absichten. Sie wollen z.B. jemanden um etwas bitten, jemanden über etwas informieren, jemanden zu etwas auffordern, jemanden zu etwas überreden.
Der britische Philosoph J. L. Austin lenkte als einer der ersten die Aufmerksamkeit auf diese vielfältigen kommunikativen Funktionen von Äußerungen.[22] Er machte deutlich, dass durch Äußerungen wie z.B.
- *„Ich komme morgen bestimmt."*,
- *„Es tut mir Leid, dass ich dich verletzt habe."*,

kommunikative Handlungen vollzogen werden. Diese Handlungen verändern die zwischenmenschliche Realität.
- *„Es tut mir Leid, dass ich dich verletzt habe."*

Mit dieser Äußerung legt sich der Sprecher darauf fest, dass er eine bestimmte Folge seines Tuns bedauert.
- *„Ich komme morgen."*

Mit dieser Äußerung legt sich der Sprecher darauf fest, dass er am nächsten Tag an einem bestimmten Ort sein wird.

Sprachliche Äußerungen sind also Werkzeuge, die wir benutzen, um Verständigung herzustellen. Indem wir diese sprachlichen Werkzeuge benutzen, handeln wir. Sprachliche Handlungen haben daher auch viele Gemeinsamkeiten mit nicht-sprachlichen, praktischen Handlungen.
Praktische Handlungen sind z.B.
- einen Nagel in die Wand schlagen.
- ein Filetsteak braten, etc.

Folgende Aspekte sind sprachlichen und nicht-sprachlichen Handlungen gemeinsam:
1. Man verfolgt mit ihnen bestimmte Absichten.
    - Sprachliche Handlung: Jemand verwendet den Satz *„Ihr räumt jetzt das Zimmer auf"*. Er verfolgt damit die Absicht, dass der Angesprochene das Zimmer aufräumt.
    - Praktische Handlung: Man benutzt Hammer und Nagel mit der Absicht, ein Bild aufzuhängen.

---

[22] Eine gute Einführung in die Sprechhandlungstheorie als Theorie des Sprachgebrauchs geben Hindelang, 1983 oder Meibauer, 1999. Die „Urschriften", in denen Teilhandlungen des sprachlichen Handelns unterschieden werden, stammen von Austin, 1962 (dt.1972) und Searle 1969 (dt. 1971).

2. Man kann sprachliche und nicht-sprachliche Handlungen nur ausführen, wenn bestimmte Voraussetzungen erfüllt sind.
   - Sprachliche Handlung: Man kann jemandem nur dann mit etwas drohen, wenn der Angesprochene dasjenige nicht schätzt, was Inhalt der Drohung ist. Daraus folgt: Man kann einem Frühaufsteher nicht damit drohen, dass man ihn gegen 6 Uhr morgens weckt.
   - Praktische Handlung: Man kann Eier nur unter der Voraussetzung kochen, dass man Wasser zum Kochen bringt.

3. Man erreicht Handlungsziele, indem man bestimmten Handlungsmustern folgt.
   - Sprachliche Handlung: Man lehrt, was eine Birke ist, indem man Detail für Detail beschreibt, welche besonderen Erkennungsmerkmale sie im Unterschied zu anderen Bäumen aufweist.
   - Praktische Handlung: Man schlägt einen Nagel in die Wand, indem man die Nagelspitze auf die Wand aufsetzt und auf den Nagelkopf mit dem Hammer einschlägt.

4. Handlungen haben typische Folgen/Ergebnisse.
   - Sprachliche Handlung: A wirft B vor, er fahre zu schnell. Als Folge dieser sprachlichen Handlung weiß B, dass der Sprecher A der Ansicht ist, man solle in der gegebenen Situation nicht so schnell fahren. Dieses Wissen von B hat auch Folgen für A. Er kann später an seinen eigenen Maßstäben gemessen werden.
   - Praktische Handlung: Wenn man sehr viel gegessen hat, hat dies zur Folge, dass man satt ist.

Die wichtigste Folge sprachlicher Handlungen ist die Veränderung der Wissensbestände. Nach einer gelungenen sprachlichen Handlung weiß der Adressat mehr über bestimmte Sachverhalte.
   - Nach einer Behauptung weiß er bzw. kann er annehmen zu wissen, was der Sprecher weiß.
   - Nach einer Aufforderung weiß er bzw. kann er annehmen zu wissen, was der Sprecher will.
   - Nach einer Bewertung weiß er bzw. kann er annehmen zu wissen, was der Sprecher für gut hält.

Sprachliche Handlungen können - ebenso wie praktische Handlungen - gelingen oder misslingen. Bei sprachlichen Handlungen muss man zwei Aspekte des Misslingens bzw. des Gelingens unterscheiden:

- Eine sprachliche Handlung ist geglückt, wenn der Kommunikationspartner die kommunikative Absicht des Sprechers verstanden hat.
A will B bitten, ihm das Salz zu geben. A äußert den Satz:
„Geben Sie mir bitte das Salz."
Die mit diesem Satz vollzogene kommunikative Handlung ist geglückt, wenn B die Absicht verstanden hat, wenn er also weiß, worum A ihn gebeten hat.
- Die sprachliche Handlung ist erfolgreich, wenn B die Äußerung nicht nur versteht, sondern sich auch entsprechend verhält. B reicht A das Salz.

2. Die Struktur sprachlicher Handlungen

Beim Vollzug sprachlicher Handlungen kann man folgende Teilhandlungen unterscheiden:
- die Äußerung
- die kommunikative Absicht
- den Inhalt

Wir verdeutlichen diese Teilhandlungen an einem Beispiel.
A sagt zu B: „Ich bitte dich darum, dass du mir morgen die Schuhe putzt."
1. Zur Äußerung: Um eine sprachliche Handlung zu vollziehen, muss A sprachliche Zeichen äußern. Die sprachliche Form unseres Beispiels kann man wie folgt kennzeichnen:
   - Sie ist medial-schriftlich.
   - Sie ist ein Satzgefüge, das aus einem Matrixsatz und einem Nebensatz besteht.
   - Das Prädikat des Matrixsatzes hat die Form „1. Person Singular Indikativ Präsens Aktiv".
   - Der Nebensatz hat die Form eines „dass-Satzes".
   Die Äußerung einer sprachlichen Form nennt man auch den lokutiven Akt bzw. die Lokution. Beim Vollzug dieses Teilaktes kommt vor allem artikulatorisches, lexikalisches und syntaktisches Wissen zum Einsatz.
2. Zur kommunikativen Absicht: Indem ein Sprecher einen lokutionären Akt vollzieht, verfolgt er eine kommunikative Absicht. Die mit der Beispieläußerung verbundene Absicht ist die einer Bitte. Diese ist durch das finite Verb des Matrixsatzes *(„Ich bitte dich darum,...")* explizit benannt. Die mit einer Äußerung konventionell verknüpfte kommunikative Absicht nennt man auch den illokutiven Akt bzw. die Illokution.

3. Zum Inhalt: Der Inhalt unserer Beispielhandlung ist, dass der angesprochene Partner die Schuhe des Sprechers am Tag nach der Äußerung des Satzes putzt. Der Sprecher verdeutlicht diesen Inhalt in der Form eines „dass-Satzes". Der Inhalt einer sprachlichen Handlung wird als propositionaler Akt bzw. als Proposition bezeichnet.

Man kann daher eine sprachliche Handlung in mindestens drei Teilhandlungen aufgliedern:
- den lokutiven Akt
- den illokutiven Akt
- den propositionalen Akt

Diese Teilhandlungen bilden die innere Struktur einer sprachlichen Handlung.

Die äußeren Zusammenhänge sprachlichen Handelns:
Sprachliche Handlungen besitzen nicht nur eine innere Struktur. Sie stehen auch in äußeren Zusammenhängen.
- Auf eine Frage erwartet man eine Antwort.
- Auf einen Vorwurf erwartet man z.B. eine Rechtfertigung oder eine Entschuldigung.

Wenn man diese Abfolgemuster sprachlicher Handlungen untersucht, nimmt man die äußeren Zusammenhänge sprachlichen Handelns in den Blick.

Wir befassen uns zunächst mit dem propositionalen und dem illokutiven Akt.
Im Anschluss daran erörtern wir Aspekte der äußeren Zusammenhänge sprachlicher Handlungen.
Den lokutiven Akt behandeln wir im Kapitel drei (Phonem, Morphem, Wort) und im Kapitel vier (Satz).

2.1. Die Proposition

Den Inhalt einer sprachlichen Äußerung nennt man Proposition. In dem Satz
„Ich bitte dich darum, dass du mir morgen die Schuhe putzt."
ist der Inhalt der Bitte in Form eines „dass-Satzes" formuliert.

Der Inhalt lässt sich wie folgt beschreiben:
- Der Sprecher referiert mit dem Ausdruck *„Du"* auf den angesprochenen Kommunikationspartner.
- Über diesen wird etwas ausgesagt (prädiziert), nämlich *„morgen mir die Schuhe putzen"*.

Die Proposition besteht also aus
- dem referentiellen Akt.
- dem prädikativen Akt.

Zum Begriff der Referenz: Unter Referenz versteht man den Bezug auf etwas in der Welt, den ein Sprecher mittels eines sprachlichen Ausdrucks herstellt.

Zum Begriff der Prädikation: Mit dem Begriff der Prädikation bezeichnet man den Teil der Äußerung, mit dem ein Sprecher einem Referenzobjekt bestimmte Eigenschaften, Handlungen oder Relationen zuschreibt. Die Prädikation kann nur aus einem finiten Verb bestehen.
„*Helga spricht.*"
Eine Prädikation kann aber auch aus einem komplexeren Ausdruck bestehen.
„*Helga überreicht Fritz einen wunderschönen Blumenstrauß.*"
In dieser Prädikation bindet das Verb weitere Argumente an sich. Mit dem gesamten Ausdruck „*überreicht Fritz einen wunderschönen Blumenstrauß*" sagt der Sprecher etwas über sein Referenzobjekt aus.

Durch Referenz und Prädikation können Sprecher sich auf die äußere, empirisch gegebene Welt, auf die innere Welt ihrer Vorstellungen und Wünsche oder auch auf literarische Welten beziehen. Sie können die Sachverhalte dieser „Welten" quasi „in die Sprache hineinholen". Referenz und Prädikation sind also die sprachlichen Teilakte, die eine sprachliche Erfassung der Welt ermöglichen.

Verstehensprobleme auf der Ebene der Proposition
Der Inhalt einer Äußerung ist dann verstanden, wenn der Hörer/Adressat
- die Referenz herzustellen vermag: Es muss die Identifizierung des Referenzobjektes mittels des referentiellen Ausdrucks gelingen.
- die Prädikation versteht: Es muss also die Charakterisierung des Referenzobjektes mittels des prädizierenden Ausdrucks gelingen.

Allerdings kann es beim Verstehen der Proposition Probleme geben. Wir werden auf einige hinweisen:

1. Ein Sprecher kann mit einem Ausdruck auf unterschiedliche Sachverhalte in der Welt referieren. Nehmen wir folgende Beispiele:
„*Der US-amerikanische Präsident*"
„*Der Krimi von Munkell*"

Diese Ausdrücke können sich auf sehr unterschiedliche Personen bzw. unterschiedliche Kriminalromane beziehen. Der erste Ausdruck kann z.B. auf den derzeitigen Präsidenten, aber auch auf den Präsidenten im Jahre 1899 verweisen. Mit dem zweiten Ausdruck kann man auf je einen der fünf Kriminalromane dieses Autors referieren.

2. Man kann mit verschiedenen Ausdrücken auf ein- und denselben Sachverhalt Bezug nehmen. Wir geben ein Beispiel:
In einer Gebrauchsanweisung zu einem Zeichenprogramm (PC-Software) wird die Bildschirmgestaltung dieses Programms erläutert. Dabei werden zur Bezeichnung eines Bildschirmausschnittes drei unterschiedliche Ausdrücke verwendet: *„Dokumentenfenster"*, *„die umrandete weiße Arbeitsfläche"*, *„Zeichenblatt"*. Drei unterschiedliche Begriffe referieren somit auf ein- und denselben Sachverhalt. Dies kann beim Benutzer der Gebrauchsanweisung zu erheblichen Irritationen führen.

3. Es gibt sprachliche Ausdrücke, deren Referenz nur kontextabhängig zu verstehen ist. Nehmen wir folgendes Beispiel: Jemand findet einen Zettel mit der Aufschrift *"Ich war gestern um 12 Uhr hier"*. Auch wenn er alle in diesem Satz verwendeten Wörter kennt und versteht, ist der Inhalt des sprachlichen Ausdrucks für ihn dennoch nicht verständlich. Denn er ist nicht in der Lage zu erkennen, worauf die Ausdrücke *„ich"*, *„hier"*, *„gestern"* referieren. Erst wenn er weiß, wer diesen Zettel wann und wo hinterlegt hat, kann er die Referenz dieser Ausdrücke und damit auch den Inhalt der Äußerung verstehen. Man nennt solche Ausdrücke wie *„ich"*, *„hier"*, *„gestern"* deiktische (zeigende/hinweisende) Ausdrücke. Der Kontext, der für das Verstehen dieser deiktischen Ausdrücke erforderlich ist, kann durch die gemeinsame Situation von Sprecher und Hörer oder durch den sprachlichen Begleittext (Kotext) hergestellt werden.

- Zur gemeinsam geteilten Situation:
A sagt zu B: *„Ich war gestern um 12 Uhr hier."*
A äußert diesen Satz, als er B am 12. Dezember 2003 in Raum B 106 der philosophischen Fakultät trifft. Erst der Bezug der deiktischen Ausdrücke auf die gemeinsam gegebene Situation macht die Referenz von *„ich"*, *„gestern"* und *„hier"* eindeutig.

- Zum sprachlichen Kotext:
„Es waren einmal ein Prinz und eine Prinzessin. Sie hatten sich die Ehe versprochen. Ein großes Fest wurde vorbereitet. Endlich war es soweit. Der Prinz war schön wie nie gewandet. Alle geladenen Gäste waren gekommen. Doch eine fehlte. Niemand konnte sich ihr Fernbleiben

erklären ... . Erst am nächsten Tage, es war um die Mittagszeit, wurde die Prinzessin mit großem Gefolge gesichtet. Der Prinz preschte ihr entgegen. Von weitem schon rief er: Ich war gestern um 12 Uhr hier."
Hier klärt der Kotext der Erzählung die Referenz der deiktischen Ausdrücke. Man spricht in diesem Zusammenhang von der Textdeixis.
Um das Verstehen deiktischer Ausdrücke im Text sicher zu stellen, muss deren Referenz eindeutig sein. Unklarheiten im Bezug textdeiktischer Ausdrücke bereiten oft Verstehensprobleme. Dies verdeutlichen die folgenden zwei Beispiele, in denen die Referenz des Pronomens „er" zweideutig bleibt:
„Mein Mann und mein Freund haben sich gestern das erste Mal ausgesprochen. Er ist jetzt sehr erleichtert."
„Ich habe gestern lange mit deinem Freund gesprochen, der mir den Computer beschafft hat. Er gibt mir immer noch Rätsel auf."

2.2. Die Illokution

Sprecher können unterschiedlichste Absichten verfolgen und unterschiedlichste Arten von kommunikativen Handlungen vollziehen. Folglich gibt es auch eine Vielzahl möglicher illokutionärer Akte. Die Frage, wie sich die vielfältigen Illokutionen in unterschiedliche Kategorien gliedern lassen, hat John Searle, ein Schüler Austins, aufgegriffen. Ziel seiner Einteilung ist es, das Gemeinsame der typologisierten Illokutionen herauszustellen[23] Dieses Gemeinsame ist gewissermaßen der illokutionäre Kern derjenigen Illokutionen, die unter einer gemeinsamen Oberkategorie zusammengefasst sind.
Ein zweiter Aspekt dieser Typologie ist die Anpassungsrichtung „Wort/Satz - Welt". Diese bezieht sich auf Art und Richtung, in der die geäußerten Sätze mit der Welt in Übereinstimmung stehen oder in Übereinstimmung zu bringen sind.

Searle unterscheidet fünf grundlegende Typen:
1. Repräsentativa
   Illokutionärer Kern: Der Sprecher legt sich darauf fest, dass die Proposition wahr ist. Der illokutionäre Zweck besteht also darin, den Sprecher auf die Wahrheit seiner Aussage zu verpflichten. Entsprechende illokutive Akte sind *„versichern"*, *„behaupten"*, *„beschreiben"*, *„abstreiten"*, *„klassifizieren"*, *„erklären"*.
   Anpassungsrichtung „Wort/Satz - Welt": Die geäußerten Sätze sollen der Welt entsprechen (wahr sein).

---
[23] Searle, 1980.

2. Direktiva
Illokutionärer Kern: Der illokutionäre Zweck besteht darin, den Hörer zu etwas (zu einer Handlung oder zur Unterlassung einer Handlung) zu veranlassen. Entsprechende illokutive Akte sind *„bitten"*, *„anweisen"*, *„vorschlagen"*, *„raten"*, *„befehlen"*, *„auffordern"*.
Anpassungsrichtung „Wort/Satz - Welt": Die Welt soll den geäußerten Sätzen angepasst werden, indem der Angesprochene der Direktive folgt.

3. Kommissiva
Illokutionärer Kern: Der Sprecher verpflichtet sich, etwas Bestimmtes zu tun. Entsprechende illokutive Akte sind *„versprechen"*, *„drohen"*, *„anbieten"*, *„sich verpflichten"*, *„garantieren"*.
Anpassungsrichtung „Wort/Satz - Welt": Die Welt soll den geäußerten Sätzen angepasst werden, indem der Sprecher der Verpflichtung nachkommt.

4. Expressiva
Illokutionärer Kern: Der Sprecher drückt seine Haltung gegenüber dem Inhalt der sprachlichen Handlung aus. Entsprechende illokutive Akte sind *„bedauern"*, *„loben"*, *„danken"*, *„willkommen heißen"*, *"Beileid bezeugen"*, *„klagen"*.
Anpassungsrichtung „Wort/Satz - Welt": Die geäußerten Sätze sollen der Welt entsprechen, indem die mit dem Satz ausgedrückte Haltung auch echt und wahr ist.

5. Deklarativa
Illokutionärer Kern: Der Sprecher verändert den Status eines Sachverhaltes, einer Situation oder einer Person durch seine Äußerung. Meistens erfordern solche illokutiven Akte einen institutionellen Rahmen, der durch Kirche, Staat oder Gesetz garantiert wird. Entsprechende Sprechakte sind z.B. *„taufen"*, *„ernennen"*, *„verurteilen"*, *„kündigen"*, *„abdanken"*, *„den Krieg erklären"*.
Anpassungsrichtung „Wort/Satz - Welt": Bei diesen Sprechakten wird die Welt durch die Äußerung des Satzes dem Satz angepasst.

Verben, mit denen man solche Illokutionen ausdrücklich und explizit vollziehen kann, nennt man performative Verben. Verwendet man sie in der 1. Person Präsens Indikativ Aktiv, so vollzieht man mit ihrer Äußerung die jeweilige Illokution.

Wir geben einige Beispiele:
„*Ich verspreche dir hiermit, dass ... .*"
„*Ich befehle dir hiermit, dass ... .*"
„*Ich behaupte hiermit, dass ... .*"
„*Ich danke dir hiermit dafür, dass ... .*"

Verstehensprobleme auf der Ebene der Illokution
Gibt die sprachliche Form eindeutige Hinweise auf die Illokution oder benötigen Sprecher und Hörer weitere Hinweise, um die Illokution zu erkennen? Bei der Beantwortung dieser Fragen werden wir folgende Aspekte behandeln:
- Eine sprachliche Form kann dazu verwendet werden, unterschiedliche Illokutionen zu verwirklichen.
- Unterschiedliche sprachliche Formen können dazu verwendet werden, ein- und dieselbe Illokution zu vollziehen.

1. Eine sprachliche Form kann dazu verwendet werden, unterschiedliche Illokutionen zu verwirklichen.
Wir gehen von folgender Äußerung aus:
A sagt zu B: „*Ich war gestern um 12 Uhr hier.*"
A kann diese Äußerung dazu benutzen, sehr unterschiedliche kommunikative Absichten zu verwirklichen.
Er kann diese Äußerung dazu verwenden,
- B einen Vorwurf machen:
  B hatte zuvor versprochen, um 12 Uhr am verabredeten Treffpunkt zu sein, ist aber nicht gekommen. A hingegen war da.
- einen Vorwurf zurückweisen:
  B hat A den Vorwurf gemacht, um 12 Uhr nicht am verabredeten Treffpunkt gewesen zu sein. A weist diesen Vorwurf zurück, indem er durch die Äußerung des Satzes „*Ich war gestern um 12 Uhr hier.*" genau dies bestreitet.
- eine Behauptung aufstellen:
  B ist Kriminalkommissar. Er bittet A um ein Alibi: Indem A den Satz „*Ich war gestern um 12 Uhr hier.*" äußert, stellt er eine Behauptung auf.
Wir halten fest: Ein und dieselbe sprachliche Form kann dazu verwendet werden, unterschiedliche illokutive Akte zu vollziehen.

2. Unterschiedliche sprachliche Formen können dazu verwendet werden, ein- und dieselbe Illokution zu vollziehen.

Wir geben zwei Beispiele:
- A will B vor einem Hund warnen. Diese Illokution kann er vollziehen, indem er äußert:
  - *„Der Hund ist bissig."*
  - *„Passen Sie auf, der Hund beißt."*
  - *„Achtung, der beißt."*
  - *„Vorsicht! Bissiger Hund."*
- A will B auffordern, das Fenster zu schließen. Dies kann er tun, indem er z.B. folgendes äußert.
  - *„Das Fenster ist auf."*
  - *„Schließen Sie bitte das Fenster."*
  - *„Es zieht."*

Es stehen A unterschiedliche Äußerungen zur Verfügung, um ein und dieselbe kommunikative Absicht zu realisieren.

Wir halten fest: Einerseits kann man mit einer sprachlichen Form unterschiedliche illokutive Akte vollziehen, andererseits kann man eine Illokution durch die Verwendung unterschiedlicher Äußerungen vollziehen. Man sagt daher auch: Die Beziehung zwischen Lokution und Illokution ist mehr-mehrdeutig. Missverständnisse im Verstehen der Illokution einer sprachlichen Handlung haben in dieser Mehr-Mehrdeutigkeit eine ihrer Ursachen.

2.3. Die äußeren Zusammenhänge sprachlichen Handelns

Bisher haben wir uns mit der inneren Struktur einer sprachlichen Handlung befasst und den Rahmen der einzelnen sprachlichen Handlung nicht überschritten. Daraus folgt: Mit den bisher erörterten Begriffen kann man z.B. die Redewechsel und die Abfolge sprachlicher Handlungen im Dialog oder die Abfolge sprachlicher Handlungen in einem Text nicht hinreichend beschreiben. Eine solche Beschreibung ist nur möglich, wenn man die äußeren Zusammenhänge sprachlichen Handelns - so z.B. die Abfolge von Sprechakten - mit in den Blick nimmt.

Ein wichtiger Versuch einer Ausweitung hin auf eine Text- oder Gesprächsanalyse ist die Beschäftigung mit Sprechaktsequenzen. Der Begriff der Sprechaktsequenz bezeichnet die Tatsache, dass die einzelnen sprachlichen Handlungen nicht beliebig miteinander verkettet werden können. Denn der Vollzug eines konkreten Sprechaktes schränkt die Wahlmöglichkeiten für den nachfolgenden

Sprechakt ein. Dies gilt sowohl für monologische wie auch für dialogische Texte. Viele Sprechaktsequenzen beruhen auf Sequenzmustern wie
- etwas behaupten und dann begründen.
- etwas mitteilen und dann bewerten.
- einen Sachverhalt benennen und ihn dann beschreiben.
- ein Thema einführen und dann die Themenbehandlung erläutern.

Bei der Beschreibung von Sprechaktsequenzen unterscheidet man initiierende von reaktiven Sprechakten.
- Mit den initiierenden Akten eröffnet man eine Sprechaktsequenz.
- Die reaktiven Sprechakte sind diejenigen, mit denen man auf den initiierenden Zug reagieren kann.

So bedingt z.B. der initiierende Sprechakt „Vorwurf" kommunikative Anschlusszüge wie z.B. „Entschuldigung", „Rechtfertigung", „Zurückweisung des Vorwurfes" oder „Gegenvorwurf". Jede dieser reaktiven Handlungen eröffnet wiederum spezifische Handlungsalternativen. Da einzelne Handlungszüge immer auch die Wahlmöglichkeiten für die Anschlusszüge bestimmen, kann man die Sequenzierungsalternativen einer Vorwurfskommunikation schematisch darstellen. Ein solches Schema zeigt dann die strategischen Handlungsmöglichkeiten des Kommunikationszusammenhanges auf.

Nehmen wir als Beispiel eine Vorwurfskommunikation:
Ein Sprecher S wirft dem Hörer H vor, dass er die Handlung A vollzogen hat, indem er äußert:
„Du hast für das Hochzeitsgeschenk zuviel Geld ausgegeben."

Mit dieser Äußerung kann der Sprecher nur dann einen Vorwurf erfolgreich vollziehen, wenn folgende Bedingungen erfüllt sind:[24]
- H hat die Handlung A vollzogen.
- H hätte A nicht tun sollen, weil A gegen eine gültige Norm verstößt.
- H ist für die Handlung A verantwortlich.

Der Hörer H kann nun in seiner Reaktion auf diese Bedingungen Bezug nehmen und so Einwände gegen den Vorwurf formulieren.

---

[24] Zu Sprechaktbedingungen vgl. die Ausführungen im Kapitel II.3.2. Indirekte Sprechakte.

Er kann
1. den Vorwurf zurückweisen,   1.1. indem er die Handlung abstreitet.
   „*Das war deine Tochter, nicht ich.*"
   1.2. indem er die Handlung umdeutet.
   „*Das ist nicht nur ein Geschenk zur Hochzeit, sondern auch ein Dank dafür, dass die beiden uns in der Vergangenheit so oft geholfen haben.*"

2. die Verantwortlichkeit bestreiten,   2.1. indem er sich auf höhere Gewalt beruft.
   „*Der Preis für das Geschenk, das ich ausgesucht hatte, ist plötzlich und völlig unerwartet erhöht worden.*"
   2.2. indem er Absichtlichkeit bestreitet.
   „*Ich wusste ja nicht, dass ich nur 20 € ausgeben sollte.*"

3. sich rechtfertigen,   3.1. indem er sich auf eine höhere Norm bezieht.
   „*Alle anderen Gäste haben auch 50 € für das Geschenk ausgegeben.*"
   3.2. indem er die Norm angreift.
   „*Du bist einfach zu geizig.*"

4. sich entschuldigen   4.1. indem er die Folgen der Handlung bedauert.
   „*Es tut mir Leid. Beim nächsten Mal bin ich sparsamer.*"

Natürlich haben Kommunikationspartner noch weitere Reaktionsmöglichkeiten. So kann man einen Vorwurf auch ignorieren. Ein solches ignorantes Verhalten belastet allerdings die aktuelle Kommunikation und die Kommunikationsgeschichte der Partner.

Grundsätzlich kann man davon ausgehen, dass es innerhalb einer Sprachgemeinschaft einen Bestand von relativ konventionalisierten Sequenzmustern gibt. Die Kenntnis und die Beherrschung solcher Muster ist ein wichtiges Element der Kommunikationsfähigkeit.

Ein spezifischer Aspekt der Sequenzierung sind die Beziehungen, die zwischen den Propositionen eines Textes bestehen. Dieser inhaltliche Bezug zwischen sprachlichen Handlungen bestimmt z.B. die thematische Entfaltung eines Textes.[25] Wir nehmen die Textsorten „Bericht" und „Erzählung" als Beispiel: An der Sequenzierung der Propositionen kann man einen Unterschied zwischen diesen zwei Textsorten verdeutlichen.[26]

Zum Bericht:
Der Berichtende entfaltet sein Thema zumeist in der Form einer deskriptiv-chronologischen Verknüpfung der Ereignisfakten. Die Verknüpfung der Propositionen folgt somit dem zeitlichen Ablauf des Geschehens und spiegelt das Ablaufmuster des Geschehens selbst wider. Das Mitzuteilende ist - zumindest in der Wahrnehmung des Berichts durch die Leser - nicht oder kaum an die Erlebnisinstanz des Berichterstatters gebunden. Dies verdeutlicht der folgende Bericht aus der SZ vom 4.10. 2001:
„Die vier deutschen Mitarbeiter der Hilfsorganisation Shelter Now, die in Afghanistan festgehalten wurden, sind gestern frei gelassen worden. Zur Zeit werden sie im Bundeswehrkrankenhaus in Kabul untersucht. Sie leiden offenbar an verschiedenen Krankheiten. Ihre Ankunft in Deutschland wird für den kommenden Dienstag erwartet."

Zur Erzählung:
Die erzählerischen Möglichkeiten der Verknüpfung von Propositionen ergeben sich daraus, dass die Erzählung - in besonderer Weise - an die Vermittlungsinstanz des Erzählers gebunden ist. Die Erzählperspektive resultiert aus der Kombination zweier Merkmale:[27]
- Wer erzählt?
- Welchen Zugang hat der Erzähler zu den Figuren seiner Erzählung?

Dies verdeutlicht der folgende Text:
„Vor zwei Tagen entschloss ich mich, ihm die Wahrheit zu sagen. Und heute frage ich mich, wie ich bloß auf diese Idee kommen konnte. Doch nun ist es wohl zu spät. Oder gibt es noch eine Möglichkeit, diese Dummheit im Nachhinein zu korrigieren? Vorgestern jedenfalls war ich fest entschlossen und sah keine andere Möglichkeit. Nur die Wahrheit - so dachte ich - könnte mir weiterhelfen.

---

[25] In den Ausführungen zur Textlinguistik (Fünftes Kapitel) werden wir uns detaillierter mit der Sequenzierung sprachlicher Handlungen und der Sequenzierung von Textbausteinen auseinandersetzen.
[26] Vgl. Huth, 1977, S. 103-123.
[27] Vgl. Vogt, 1996, S. 287-307.

Jahre vorher hatte es schließlich schon einmal geklappt. Damals war dieser Entschluss die Lösung aller Probleme. Und deshalb hatte ich es wohl erneut versucht. "Vater," habe ich gesagt, "ich..."

In diesem Beispiel ist Art und Verknüpfung der Propositionen deutlich von der Erzählperspektive geprägt. Die Ich-Perspektive und die volle Einsicht des Erzählers in die Gedanken und Gefühle seiner Protagonistin bestimmen Inhalt und Sequenzierung der erzählten Sachverhalte. So nutzt der Erzähler hier die Option, auf unterschiedlichen Zeitebenen zu erzählen, die Chronologie der erzählten Ereignisse zu verlassen und, der Erinnerung der Protagonistin folgend, zwischen Gegenwart und zwei Erinnerungsebenen zu wechseln.

3. Das Verstehen sprachlicher Handlungen

Die Beziehung zwischen sprachlicher Äußerung und kommunikativer Absicht ist mehr-mehrdeutig. Daher stellt sich folgende Frage: Woran können Kommunikationspartner erkennen, welche Absichten ein Sprecher mit seiner Äußerung verfolgt?

3.1. Illokutionsindikatoren

Zunächst können wir uns auf unser sprachliches Wissen stützen. Denn es gibt sprachliche Indizien, also Merkmale der sprachlichen Form, die auf die Illokution hinweisen. Diese sprachlichen Indizien bezeichnet man als Illokutionsindikatoren. Folgende Illokutionsindikatoren sind besonders wichtig:

1. Die performativen Verben[28]
„*Ich warne dich davor, dass der Hund bissig ist.*"
„*Ich verspreche dir, morgen zu kommen.*"
Diese handlungsbeschreibenden Verben nennt man auch performative Verben. In der grammatischen Form der 1. Person Singular/Plural Indikativ Aktiv können sie dazu benutzt werden, die jeweils mit ihnen vollzogene Illokution explizit zu benennen.
Verwendet man diese Verben in der 3. Person Singular oder Plural, dienen sie dazu, eine Äußerung hinsichtlich ihrer kommunikativen Funktion einzuordnen.

---

[28] Von den performativen Verben sind die Sprechaktverben zu unterscheiden. Letztere bezeichnen zwar auch Illokutionen, man kann diese Verben aber nicht dazu nutzen, um mit ihnen die jeweilige Illokution zu vollziehen. Entsprechende Verben sind z.B. lügen, überreden oder verleumden.

„*Er hat mich aufgefordert, dies zu tun.*"
Mit diesem Satz klassifiziert ein Sprecher die Äußerung eines anderen Sprechers als Aufforderung.

2. Die Modalpartikeln
Die Modalpartikeln sind ein weiteres sprachliches Mittel, um Illokutionen anzuzeigen. Man kann mittels Modalpartikeln z.B. deutlich machen,
- dass man jemanden bitten möchte: „*Komm doch bitte her.*"
- dass man etwas rechtfertigen will: „*Warum bist du nicht auf der Baustelle?*" „*Es regnet doch.*"
- dass man eine Vermutung äußern will: „*Er kommt wohl nicht.*"
- dass man eine Drohung formulieren will: „*Komm schon her.*"

3. Die Adverbien
Satzadverbien beziehen sich auf den ganzen Satz und modifizieren so die Satzaussage. Man kann sie nutzen, um die Illokution einer Äußerung anzuzeigen. Adverbien zeigen u.a. an,
- dass man eine Vermutung äußern will: „*Vielleicht ist er krank.*"
- dass man seiner Hoffnung Ausdruck gibt: „*Er kommt hoffentlich bald.*"
- dass man etwas bedauert: „*Leider musste er nach Hause.*"
- dass man sich des Inhalts einer Behauptung sehr sicher ist: „*Er ist ganz gewiss ein Betrüger.*"

4. Die Modalverben
Modalverben können subjektbezogen oder sprecherbezogen[29] gebraucht werden. Im subjektbezogenen Gebrauch können u.a. folgende Illokutionen angezeigt werden:
- Erlaubnis: „*Du kannst/darfst essen.*"
- Aufforderung: „*Du sollst essen.*"
- Absicht: „*Ich will gewinnen.*"

Im sprecherbezogenen Gebrauch drückt der Sprecher aus, wie wahr oder wahrscheinlich das von ihm bezeichnete Geschehen - aus seiner Sicht - ist.
- Der Sprecher kann mittels Modalverben z.B. eine - mehr oder minder sichere - Vermutung äußern: „*Sie muss/soll/dürfte/kann fünf Brote gegessen haben.*"
- Der Sprecher kann behaupten, dass jemand etwas Bestimmtes von sich selbst behauptet hat: „*Sie will fünf Brote gegessen haben.*"

---

[29] Wir folgen hier der Terminologie von Engel, 1988, S. 465/471. Bei anderen Autoren finden sich die Bezeichnungen „subjektive/epistemische" und „objektive/nicht-epistemische" Gebrauchsweise.

5. Die Verbstellung
   Man kann die Illokution einer Äußerung auch mittels Verbstellung anzeigen.
   - Sätze mit Verbzweitstellung kann man dazu nutzen, eine Behauptung anzuzeigen: „Hans _kommt_ heute nicht."
   - Sätze mit Verberststellung werden häufig als Frage- oder als Befehlssätze verwendet. „_Kommt_ Hans noch?" „_Komm_ her."
   - Die Verbletztstellung ist die Nebensatzstellung des finiten Verbs. Man kann sie nutzen, um einen Wunsch zu äußern: „Wenn er doch bald _käme_."

6. Fragepronomen
   Fragepronomen verdeutlichen die Illokution der Frage: „_Woran_ leidest du?"; "_Warum_ lachst du?"

3.2. Indirekte Sprechakte

Allerdings bietet die sprachliche Form häufig keine hinreichenden Hinweise auf die Illokution eines Sprechaktes. Bei manchen sprachlichen Äußerungen weisen die Illokutionsindikatoren sogar in eine falsche Richtung. Wir nehmen folgende Äußerung:
„_Ich verspreche dir, dass ich mir heute Abend deine Hausaufgaben genau anschauen werde._"
Diese Äußerung kann auch als Drohung verstanden werden, obwohl das performative Verb explizit eine andere Illokution anzeigt. Solche sprachlichen Äußerungen, deren sprachliche Form nicht der intendierten Illokution entspricht, bezeichnet man als indirekte Sprechakte. Sie sind dadurch gekennzeichnet, dass Gesagtes (Lokution) und Gemeintes (Illokution) voneinander abweichen.

Indirekte Sprechakte werden z.B. mit folgenden Äußerungen vollzogen:
- „_Ich rate dir, das nicht noch einmal zu tun._"
- „_Ich schlage vor, du hältst dich da raus._"

Beide Äußerungen enthalten klare illokutive Indikatoren. Diese weisen auf die Illokutionen des Ratschlags bzw. des Vorschlags hin.
Dennoch sind beide Äußerungen - in einer entsprechenden Situation - nicht als Ratschlag oder Vorschlag, sondern als Aufforderung oder gar als Drohung zu verstehen.
Wie aber gelingt das Verstehen solcher indirekter Sprechakte?
Wir wollen zwei Aspekte näher betrachten:
- Sprechaktbedingungen und gemeinsames Wissen
- Kooperationsprinzip und konversationelle Implikatur

Sprechaktbedingungen und gemeinsames Wissen
Wir haben bei dem Vergleich von sprachlichen und praktischen Handlungen schon darauf hingewiesen, dass Handlungen nur ausgeführt werden können, wenn bestimmte Voraussetzungen vorliegen. Der Vollzug eines Sprechaktes setzt also voraus, dass spezifische Bedingungen erfüllt sein müssen. Man spricht in diesem Zusammenhang von Sprechaktbedingungen.

Wir gegen einige Beispiele:
- Bei den direktiven Sprechakten der Anweisung und des Befehls muss der Sprecher in der sozialen Position sein, um entsprechende Illokutionen ausführen zu können.
- Die Illokution des Versprechens kann nur gelingen, wenn der Adressat des Versprechens den Inhalt des Versprechens schätzt.
- Die Illokution des Drohens kann nur gelingen, wenn der Adressat der Drohung deren Inhalt nicht schätzt.
- Die deklarativen Sprechakte können nur gelingen, wenn exakt festgelegte, zumeist institutionell geregelte Bedingungen erfüllt sind.

Dies bedeutet:
Die Ausführung eines bestimmten Sprechaktes durch einen Sprecher ist an bestimmte, für diesen Sprechakt typische Bedingungen und Umstände geknüpft. Wenn die Partner wissen, dass diese Bedingungen in der konkreten Situation und bei Ausführung eines konkreten Sprechaktes nicht erfüllt sind, scheitert der Vollzug des sprachlich angezeigten illokutiven Aktes.

Daraus folgt:
Die mit einer Äußerung vollzogene Handlung ist nicht allein Resultat ihrer sprachlichen Form. Äußerungen gewinnen ihre illokutionäre Kraft erst in ihrer konkreten Verwendung.

Wir geben zwei Beispiele:
1. *„Ich verspreche dir, dich am Samstag um 6 Uhr morgens zu wecken."*
   Diese Äußerung kann nur unter folgenden Bedingungen als ein Versprechen verstanden werden:
   - Der Hörer muss wollen, dass der Sprecher ihn morgens um 6 Uhr weckt. Wenn der Hörer dies nicht wünscht, kann er die Äußerung des Satzes *„Ich verspreche dir, dich morgen früh um 6 Uhr zu wecken."* nur als Drohung verstehen.

- Die Partner müssen wissen, dass der Sprecher in der Lage ist, den Inhalt des Versprechens auszuführen. Wenn der Angesprochene z.B. weiß, dass der Sprecher selbst niemals vor 9 Uhr aufsteht, kann er das Versprechen nicht ernst nehmen.

2. *"Würden Sie bitte die Tür öffnen."*
   Diese Äußerung kann nur als Bitte gelten, wenn z. B. folgende Bedingungen erfüllt sind:
   - Die Tür ist geschlossen.
   - Der Hörer ist in der Lage, den Inhalt der Bitte auszuführen.

Der Versuch, indirekte Sprechakte unter Hinweis auf Sprechaktbedingungen und damit unter Hinweis auf den Handlungscharakter von Sprache zu erklären, geht auf Searle zurück.
Er erläutert dies an der Darstellung der Bedingungen für zwei Sprechhandlungstypen. Die Bedingungen beziehen sich einerseits auf den Sprecher S, andererseits auf den Hörer H.[30]

	Direktiv (Bitte, Befehl)	Kommissiv (Versprechen)
Voraus-Bedingungen	H ist in der Lage, Handlung A zu vollziehen	S ist in der Lage, A zu vollziehen. H will, dass S A vollzieht.
Aufrichtigkeits-bedingung	S will, dass H A vollzieht	S beabsichtigt, A zu tun.
Bedingung des propositionalen Inhalts	S sagt eine zukünftige Handlung A von H aus.	S sagt eine zukünftige Handlung A von S aus.

Die direktiven Sprechhandlungen „Bitte" und „Befehl" unterscheiden sich in einer weiteren Voraus-Bedingung. Bei einem Befehl muss der Sprecher S über die Macht oder die Autorität verfügen, H einen Befehl erteilen zu können. Diese Voraus-Bedingung bezieht sich auf die soziale Beziehung von S und H.

Die Allgemeinheit der Sprecher und Hörer kennt und akzeptiert die Sprechaktbedingungen. Daher gilt: Wenn jemand eine bestimmte Illokution sprachlich anzeigt, die Partner aber wissen, dass die entsprechenden Bedingungen nicht gegeben sind, dann ist eine Verwendung der Äußerung als

---

[30] Searle 1973, S. 124f.

indirekter Sprechakt offensichtlich. Die Partner verstehen die Äußerung nicht im Sinne der sprachlichen Illokutionsindikatoren.

Wir geben ein abschließendes Beispiel:
Ein Lehrer sagt zu einem Schüler: *„Sei doch so nett und erkläre uns deine Lösung an der Tafel."*
Die Illokutionsindikatoren der Äußerung weisen auf eine Bitte hin. Der Schüler weiß jedoch, dass in der gegebenen Situation eine Voraus-Bedingung für Aufforderungen gegeben ist. Denn der Lehrer verfügt über die Autorität, die Befolgung der direktiven Sprechhandlung mittels negativer Sanktionen (Noten, Klassenbucheintrag) durchzusetzen. Aus diesem Grund versteht der Schüler die Äußerung von vorneherein nicht als Bitte, sondern als eine Aufforderung, der er sich kaum widersetzen kann.

Kooperationsprinzip und konversationelle Implikatur
Eine weitere Möglichkeit, das Verstehen indirekter Sprechakte zu erklären, stammt von Grice. Er formuliert zunächst ein übergeordnetes Kooperationsprinzip. Dieses besagt:
Kommunikation hat das Ziel, Verständigung (nicht Einverständnis) herzustellen. Wollen Kommunikationspartner dieses Ziel erreichen, ist ein Mindestmaß an Kooperation erforderlich. Diese Kooperation ist auch in konfliktreichen Kommunikationsverläufen unverzichtbar. Denn selbst ein heftiger Streit setzt ein Mindestmaß an Verständigung - etwa hinsichtlich eines gemeinsamen Themas - notwendig voraus.
Da das Kooperationsprinzip recht abstrakt ist, leitet Grice aus diesem Prinzip gesprächskonstituierende Maximen ab.

Diese Maximen lauten:
1. Quantität (Informativität)
   - Mache deinen Beitrag so informativ wie (für die gegebenen Gesprächszwecke) nötig.
   - Mache deinen Beitrag nicht informativer als nötig.
2. Qualität (Wahrheit)
   - Versuche deinen Beitrag so zu machen, dass er wahr ist.
   - Sage nichts, was du für falsch hältst.
   - Sage nichts, wofür dir angemessene Gründe fehlen.
3. Relation (Relevanz)
   - Sei relevant.

4. Modalität (Verständlichkeit)
- Vermeide Dunkelheit des Ausdrucks.
- Vermeide Mehrdeutigkeit.
- Sei kurz (vermeide unnötige Weitschweifigkeit).
- Der Reihe nach.[31]

Grice hat untersucht, welchen Beitrag diese Maximen leisten, um gegenseitiges Verstehen zu ermöglichen. Wir geben ein Beispiel:
Mehrere Freunde - alle Studierende der Germanistik des 1. Semesters - sitzen abends beieinander. Sie haben bis 22 Uhr für die morgige Klausur gelernt. Inzwischen ist es spät geworden. Man unterhält sich angeregt. Thema sind die Spiele der Bundesliga. In eine kurze Gesprächspause hinein sagt der Gastgeber: "Müssen wir nicht morgen um 8 Uhr die Einführungsklausur schreiben?"

Diese Äußerung ist anscheinend ohne Zusammenhang (inkohärent) zum bisherigen Gesprächsverlauf. Dieser Eindruck der Inkohärenz ergibt sich daraus, dass der Gastgeber die Maximen der Relevanz und der Informativität zu verletzen scheint.

- Zur Maxime der Relevanz:
Die Frage, ob eine Klausur geschrieben wird, steht in keinem funktionalen oder thematischen Zusammenhang zum bisherigen Gespräch. Sie erscheint - bezogen auf das Thema „Fußballbundesliga" und den bisherigen Gesprächsverlauf - gänzlich irrelevant.

- Zur Maxime der Informativität:
Der Gastgeber macht etwas zum Thema seiner Frage, von dem er und seine Gäste wissen, dass es ihm selbst und allen anderen bekannt ist. Für Informationsfragen gilt aber gemeinhin: Man fragt nur nach Sachverhalten, von denen man wenig weiß und mehr zu wissen wünscht. Daher scheint diese Frage die Informativitätsmaxime zu verletzen.

Trotz dieser Verletzung der Maximen unterstellen alle Beteiligten, dass der Gastgeber sich mit dieser Äußerung kooperativ verhalten und einen informativen und relevanten Gesprächsbeitrag liefern will. Von dieser Annahme gehen sie aus, weil sie - trotz der Verletzung des Informativitäts- und des Relevanzprinzips - weiterhin von der Geltung des Kooperationsprinzips ausgehen. Daher wird die Äußerung von den Partnern in folgender Weise umgedeutet:

---

[31] Vgl. dazu Grice, 1979, S. 243-265.

- Indem der Gastgeber zu dieser späten Stunde auf die Klausur verweist und damit eine relevante Äußerung zum Thema „Bundesliga" verweigert, teilt er uns implizit mit, dass er zu dem Thema Bundesliga - jetzt und zu dieser späten Stunde - nichts mehr sagen will.
- Indem der Gastgeber dabei auf etwas verweist, was alle betrifft und von dem alle bereits wissen (Klausur um 8 Uhr), nutzt er diesen Hinweis auf allseits Bekanntes zugleich als Begründung für seine Weigerung, über das Thema „Bundesliga" zu sprechen.
- Der Gastgeber stellt somit - so die Implikatur (eine Art von Schlussfolgerung) seiner Freunde - folgenden impliziten Begründungszusammenhang her: Wir schreiben morgen eine wichtige Klausur. Um die Klausur erfolgreich abzuschließen, benötigen wir alle ein Mindestmaß an Schlaf. Ich sage nichts mehr zum Thema „Bundesliga", weil wir das Gespräch mit Blick auf die fortgeschrittene Zeit, die morgige Klausur und den erforderlichen Schlaf beenden und nach Hause gehen sollten.

Mit der Äußerung vollzieht der Gastgeber also folgende sprachlichen Handlungen:
- Er fordert implizit dazu auf, den Abend zu beenden.
- Für diese implizite Aufforderung gibt er zugleich auch eine Begründung.

Einen solchen Prozess der Umdeutung von Äußerungen, die anscheinend eine oder mehrere Konversationsmaximen verletzen, nennt Grice eine konversationelle Implikatur. Mittels einer solchen Implikatur erschließen Kommunikationspartner den impliziten, direkt nicht formulierten Sinn einer Äußerung.
Der Hörer nimmt also die Verletzung einer Maxime als Indiz dafür, dass die Äußerung des Sprechers in einer anderen Weise zu verstehen ist, als es zunächst den Anschein hat. Dies setzt die konversationelle Implikatur in Gang. Die damit verbundenen Schlussfolgerungsprozesse machen die zunächst sinnlose Äußerung sinnvoll.
Es ist offensichtlich, dass der Umdeutungsprozess der konversationellen Implikatur nicht (oder nur sehr selten) so explizit verläuft, wie in dem Beispiel dargestellt. Sprecher wie Hörer beziehen sich meist unbewusst auf die Geltung der Maximen und wenden die Implikatur - bei scheinbarer Verletzung einer Maxime - ganz automatisch an.

Wir geben ein weiteres Beispiel:
Nach einer längeren Auseinandersetzung sagt S zu H: *„Da ist die Tür."*
- Die Illokutionsindikatoren der Äußerung weisen auf einen repräsentativen Sprechakt – etwa eine Feststellung – hin.

- Eine solche sprachliche Handlung ist nur unter der Voraussetzung sinnvoll, dass H nicht weiß, wo sich die Tür befindet. Diese Voraussetzung ist jedoch nicht erfüllt. In der gegebenen Situation kann man davon ausgehen, dass H weiß, wo die Tür ist.
- Folglich verstößt S gegen die Maxime der Informativität. Er sagt etwas, das H bereits bekannt ist.
- Diese offensichtliche Verletzung der Maxime setzt die folgende Implikatur in Gang: Dadurch dass der Sprecher die Lage der Tür anzeigt, verweist er auf die Handlungsmöglichkeit des Hörers H, jetzt den Raum zu verlassen. Damit macht er auch deutlich, dass - aus seiner Sicht - dieser Handlungsmöglichkeit nichts mehr im Wege steht und der Hörer sie deshalb auch nutzen sollte.
- Die Implikatur legt also folgendes Verständnis nahe: S fordert H auf zu gehen, indem er feststellt, wo sich die Tür befindet, indem er sagt: *„Dort ist die Tür."*

3.3. Gründe für die Verwendung indirekter Sprechakte

Aus welchen Gründen wählen Kommunikationspartner den indirekten Weg beim Vollzug ihrer Illokutionen?
Keller[32] gibt auf diese Frage folgende Antwort: Der Sprecher wählt den indirekten Weg genau dann, wenn er ihn als den aussichtsreicheren beurteilt.
Warum aber beurteilen Sprecher den direkten Weg als suboptimal? Die Antwort lautet: Kommunikation hat nicht nur den Zweck eines maximal effektiven Informationsaustausches, sondern auch das Ziel der Selbstdarstellung und der Pflege sozialer Beziehungen.

Wir verdeutlichen dies an einem Beispiel:
Aufforderungen und Befehle sind illokutive Akte, die den Angesprochenen auf ein zukünftiges Verhalten festlegen sollen. Ein Sprecher kann die Handlung der Aufforderung nur vollziehen, wenn Sprecher und Hörer sich in einer asymmetrischen sozialen Situation befinden, wie z.B. bei einem Gespräch zwischen Vorgesetztem und Mitarbeiter. In einer solchen Beziehungsstruktur hat
- der Vorgesetzte das Recht, den Mitarbeiter zu einer Handlung aufzufordern.
- der Mitarbeiter - unter normalen Bedingungen - nicht die Möglichkeit, die Ausführung der Aufforderung abzulehnen.

---

[32] Keller, 1995, S. 218

Ein Vorgesetzter könnte also seinen Mitarbeiter direkt dazu auffordern, die Tür zu schließen, indem er sagt:
- *(1) „Machen Sie sofort die Tür zu!"*

Diese Äußerung ist ein direkter Sprechakt.
- Sie beinhaltet einen starken Appell an den Hörer. Die Verwendung des Imperativs signalisiert dem Mitarbeiter, dass der Vorgesetzte ihm nur geringe Autonomie zugesteht, und rückt so die Formulierung in die Nähe eines Befehls. Aus diesem Grund könnten der Angesprochene und auch die anderen Anwesenden die Äußerung (1) als einen Image bedrohenden Akt auffassen.[33]
- Zugleich beinhaltet die Äußerung auch die Gefahr, dass der Auffordernde als ungeschickter und unhöflicher Kommunikator wahrgenommen wird.

Um dies zu vermeiden und das „Gesicht" des Angesprochenen zu wahren, kann der Vorgesetzte so genannte Höflichkeitsstrategien einsetzen. Der Vorgesetzte könnte sagen:
- *(2) „Machen Sie bitte die Tür zu."*
- *(3) „Können sie die Tür schließen?"*
- *(4) „Hier zieht es aber ganz schrecklich."*

In Äußerung (2) signalisiert das *„Bitte"* - durchaus kontrafaktisch -, dass der Vorgesetzte seinem Mitarbeiter die Autonomie zugesteht, die Aufforderung abzulehnen. Er wahrt so das Image seines Mitarbeiters und zeigt sich als höflicher Gesprächspartner. Der Grund: Eine Bitte unterscheidet sich auf der Ebene der Sprechaktbedingungen von einer Aufforderung u.a. dadurch, dass der Gebetene das Recht hat, die Ausführung der Bitte abzulehnen.

In (3) kennzeichnet der Vorgesetzte seine Äußerung durch Verberststellung und Satzmelodie als Frage. Durch die Verwendung des Modalverbs *„können"* erfragt er, ob der Mitarbeiter sich in der Lage sieht, die Tür zu schließen. Durch die Wahl dieser sprachlichen Form räumt der Vorgesetzte seinem Mitarbeiter - zumindest auf der sprachlichen Oberfläche - das Recht und die Möglichkeit ein, die Frage mit *„Nein"* zu beantworten. Somit unterstreicht diese Frageformulierung - auf sprachlicher Ebene - die Autonomie des Angesprochenen. Sie wahrt sein Gesicht.

---

[33] Es gibt allerdings Situationen, die eine Verwendung der direkten Aufforderung nötig machen und in denen eine solche direkte Aufforderung das Image nicht verletzt. Wenn z.B. jemand die Bürotür öffnet und dadurch ein so starker Durchzug entsteht, dass die Papiere von den Schreibtischen fliegen, kann dies als Notsituation gelten. Diese macht eine direkte Aufforderung notwendig.

In Äußerung (4) nutzt der Sprecher ebenfalls einen indirekten Sprechakt. Die sprachlichen Indikatoren weisen auf einen repräsentativen Sprechakt hin. Der Vorgesetzte beschreibt einen Zustand und kennzeichnet diesen Zustand als unangenehm. Die sprachliche Form erzeugt somit den folgenden kommunikativen Schein: „*Ich als Vorgesetzter überlasse es meinem Mitarbeiter, aus der getroffenen Feststellung die entsprechenden Schlüsse zu ziehen und - wenn er es für richtig hält - die Tür zu schließen*". Wenn der Mitarbeiter dann die Tür schließt, ist dies - auf der Darstellungsebene - Resultat seiner Schlussfolgerungen und seiner Höflichkeit.

Trotz dieser unterschiedlichen Image- und Höflichkeitsstrategien ist dem Mitarbeiter - auf Grund der gegebenen sozialen Situation - immer klar, dass die indirekten Sprechakte als Aufforderung zu verstehen sind. Sollte er nicht im Sinne der indirekten Aufforderung reagieren, kann der Vorgesetzte die Illokution seiner sprachlichen Handlung durchaus expliziter machen, etwa mittels der Formulierung (1).

Wir halten fest:
Die Vorzüge einer klaren und direkten Formulierung sind nicht zu leugnen. Wenn jemand das alleinige Ziel verfolgt, verstanden zu werden, ist die direkte Formulierung der sicherste Weg dahin.
Allerdings ist die ausschließliche Fokussierung auf das „Verstanden-Werden" eine verkürzte Sicht von Kommunikation. Weitere Ziele der Kommunikation sind die eigene Imagepflege, die Höflichkeit und die Ästhetik des Ausdrucks. Ein Sprecher wird immer dann den indirekten Weg wählen, wenn er davon ausgehen kann, dass z.B. eine indirekte und höfliche Formulierung einer Aufforderung für das Verstehen und die Befolgung der Aufforderung hinreicht. Er erreicht dann nicht nur, dass seine Aufforderung ausgeführt wird. Zudem werden noch andere kommunikative Aspekte vermittelt, die zum Gesamtsinn der sprachlichen Handlung beitragen:
- Der Vorgesetzte wird als höflicher, gewandter und geschickter Kommunikator und Chef wahrgenommen.
- Alle anwesenden Personen können erkennen, dass der Vorgesetzte seinen Mitarbeiter schätzt und in der Firma ein angenehmes „Kommunikationsklima" herrscht.
- Der angesprochene Mitarbeiter fühlt sich daher „in seiner Haut" wohler.
Die indirekte Formulierung der Aufforderung ist somit die zweckrational richtige Wahl. Sie ist das sprachliche Mittel, das den intendierten Zwecken am besten gerecht zu werden scheint.

Indirekte Sprechakte und der „Indem-Zusammenhang":
In welcher Beziehung stehen bei indirekten Sprechakten die in der Lokution angezeigte Illokution und die tatsächlich intendierte Illokution?

Nehmen wir die folgende Äußerung als Beispiel:
Der Vorgesetzte sagt zu seinem Mitarbeiter: „Können sie die Tür schließen?"
Wenn der Mitarbeiter diese Äußerung als Frage versteht, versteht er sie nicht völlig falsch. Allerdings reicht sein Verstehen nicht weit genug. Diese unterschiedlich weit reichenden Verständnisweisen der Äußerung (3) kann man als „Indem-Zusammenhang" darstellen:
Der Vorgesetzte
- fordert den Mitarbeiter indirekt auf, die Tür zu schließen,
- indem er ihn fragt, ob er die Tür schließen kann,
- indem er äußert: „Können Sie die Tür schließen?"

Der „Indem-Zusammenhang" hat also folgende Struktur:
- Die erste Stufe formuliert die weitestgehende Verstehensmöglichkeit, hier die indirekte Illokution „Aufforderung".
- Die zweite Stufe formuliert die nächste, allerdings nicht hinreichende Verstehensweise. Wer die Äußerung in dem gegebenen Zusammenhang als Frage versteht, versteht sie also nicht falsch, aber auch nicht hinreichend.
- Die letzte Stufe (im Beispielfall die 3. Stufe) nennt die konkrete Äußerung (Lokution), die der Sprecher tut, um sein kommunikatives Ziel zu verwirklichen.

3.4. Die Reflexivitätsebenen direkter Kommunikation

Kommunikation kann auf der Ebene der sprachlichen Form (lokutiver Akt), auf der Ebene des Inhalts (propositionaler Akt) und auf der Ebene der Funktion (illokutiver Akt) sprachlicher Handlungen scheitern. Daher befassen wir uns abschließend mit folgenden zwei Fragen:
- Welche Möglichkeiten bieten sich Kommunikationspartnern, um zu überprüfen, ob sie zu einem gemeinsamen Verständnis einer Äußerung gelangt sind?
- Wie können Partner erkennen, woran ein wechselseitiges Verstehen gescheitert ist?

Diese Fragen werden wir am Beispiel der Kommunikationsform „Gespräch zwischen anwesenden Partnern" erörtern. Denn im Allgemeinen gilt das Gespräch als Prototyp der Kommunikation.

Zu Beginn einer jeden Kommunikation haben Partner eine mehr oder minder genaue Vorstellung voneinander. Diese Vorstellungen führen
- zu Erwartungen: Was erwarte ich von meinem Partner? Was erwartet mein Partner von mir?
- zu Erwartungserwartungen: Was erwartet mein Partner, das ich von ihm erwarte? Was erwarte ich, das mein Partner von mir erwartet?

Erwartungen und Erwartungserwartungen beziehen sich auf Wissen, Einstellungen, Fähigkeiten, Fertigkeiten, auf Verhaltensweisen u.a.m. Sie bilden eine wichtige Grundlage des kommunikativen Handelns. Wenn jemand erwartet,
- dass sein Partner nur wenig über einen zu erörternden Sachverhalt weiß, stellt er notwendige Informationen explizit zur Verfügung.
- dass sein Partner bestimmte Argumente nicht sehr schätzt, dann berücksichtigt er dies in seiner Argumentation.
- dass sein Partner - wie er selbst - Experte ist, verwendet er zur besseren Verständigung eine fachsprachliche Lexik.

Erwartungen und Erwartungserwartungen können sich im Verlaufe der Kommunikation als richtig, als ergänzungsbedürftig oder auch als falsch erweisen. Wenn Kommunikationspartner von falschen Erwartungen ausgehen und diese im Verlaufe der Kommunikation nicht korrigieren, ist das gemeinsame Verstehen gefährdet. Daher ist es wichtig, eine solche Inkongruenz der Erwartungen zu erkennen. Wie ist dies möglich?

Die direkte interpersonale Kommunikation ist durch soziale, sachliche und zeitliche Reflexivität[34] gekennzeichnet. Diese Reflexivitätsebenen ermöglichen den Kommunikationspartnern eine wechselseitige Kontrolle der Erwartungen und Erwartungserwartungen und bieten zudem die Möglichkeit, Verstehensprobleme zu identifizieren und zu beseitigen. Wir werden diese drei Reflexivitätsebenen vorstellen und in ihrer Bedeutung für gemeinsames Verstehen erläutern:

1. Soziale Reflexivität und die unmittelbare Orientierung am Verhalten des Gegenüber: In direkter Kommunikation teilen Kommunikationspartner Raum und Zeit. Sie befinden sich in einer gemeinsamen sozialen Situation. In dieser gemeinsamen Situation können die Partner wechselseitig wahrnehmen, wie sie vom Gegenüber wahrgenommen werden und wie der jeweilige Kommunikationspartner auf Kommunikationsangebote reagiert. Partner orientieren so ihr kommunikatives Verhalten am Verhalten des Gegenüber. Verhält sich ein Partner anders als erwartet, führt dies zu einer Korrektur der

---

[34] Zum Begriff der Reflexivität vgl.: Luhmann, 1972, S. 51-65; Merten, 1999, S. 54-117.

Erwartungen und Erwartungserwartungen. Soziale Reflexivität ist somit eine wichtige Voraussetzung dafür, dass Kommunikationspartner ihr Kommunikationsverhalten dem jeweiligen Stand eines Gespräches anpassen können.

2. **Sachliche Reflexivität und die Erzeugung von Meta-Aussagen:**[35] Der Begriff der sachlichen Reflexivität bezeichnet die Möglichkeit der Kommunikationspartner, das Verhalten und die sprachlichen Beiträge ihrer Partner zum Thema der Kommunikation machen zu können. Grundsätzlich können dabei alle Aspekte der Kommunikation thematisiert werden.
   - Die Partner können den Inhalt von Beiträgen zum Thema machen und diese unmittelbar bewerten: *„Dein Vorschlag ist wirklich gut durchdacht."*
   - Sie können bei Unverständlichkeit oder Unklarheit den unklaren oder unverständlichen Ausdruck zum Thema machen und direkt nachfragen: *„ Was verstehst Du unter Selbstverantwortung?"*
   - Sie können die sprachliche Ausdrucksweise des Gegenüber thematisieren und kommentieren: *„Musst du eigentlich so gestelzt daherreden?"*
   - Sie können das partnerbezogene Verhalten zum Thema machen und zu verändertem Verhalten auffordern: *„So kannst du mit mir nicht umgehen."*

   Die Ebene der sachlichen Reflexivität schafft bei Verstehensproblemen die Möglichkeit, das wechselseitige Verstehen Schritt für Schritt zu optimieren. Voraussetzung ist allerdings, dass ein Missverstehen oder ein „zum-Teil-nicht-richtig-Verstehen" bemerkt wird. Erst dann kann es metakommunikativ bearbeitet werden.

3. **Zeitliche Reflexivität:** Der Begriff der zeitlichen Reflexivität bezeichnet die Möglichkeit, Erfahrungen aus vergangener Kommunikation für den aktuellen Kommunikationsverlauf zu nutzen. Wie ist dies möglich? Zwischen Kommunikationspartnern bildet sich eine Kommunikationsgeschichte. Man weiß, wie sich der Partner bisher verhalten hat, und nutzt dieses Wissen im weiteren Kommunikationsverlauf. Auf Grund der bisherigen Erfahrungen erwartet man z.B.,
   - dass der Partner vertrauenswürdig oder nicht vertrauenswürdig ist.
   - dass er sich in einem bestimmten Themenbereich gut, weniger gut oder gar nicht auskennt.
   - dass er sich im Gespräch kooperativ oder nicht kooperativ verhält.

---

[35] Wenn Partner die aktuelle Kommunikation (Inhalte, Ziele, Formen oder Verhaltensweisen) zum Gegenstand von Kommunikation machen, bezeichnet man dies auch als Metakommunikation.

Diese kommunikationsgeschichtlich gewachsenen Erwartungen können durch jede weitere kommunikative Erfahrung bestätigt, ergänzt, aber auch revidiert werden. Kommunikation erbringt somit in der Zeitdimension eine strukturgenetische Leistung.

Die aufgeführten reflexiven Strukturen bestimmen in hohem Maße die Leistungsfähigkeit direkter „face-to-face-Kommunikationen". Denn sie bieten vielfältige Möglichkeiten, die Verständnisweisen der Partner sowie den Fortschritt und die Probleme des konkreten Kommunikationsprozesses zu überprüfen.

Im Folgenden zeigen wir auf, wie bedeutsam die Ebenen der sozialen, sachlichen und zeitlichen Reflexivität für die Leistungsfähigkeit einer Kommunikationsform sind. Wir nehmen als Beispiel den Internet-Chat.

1. Soziale Reflexivität: Soziale Reflexivität ist im Chat nur sehr eingeschränkt gegeben. Die Partner können sich wechselseitig nicht wahrnehmen. Grundlage der Kommunikation und der Erwartungsbildung ist ausschließlich das (medial-schriftliche) sprachliche Verhalten.
Die Verwendung von Smileys versucht den Mangel an sozialer Reflexivität - also die fehlende wechselseitige Wahrnehmbarkeit des nicht-verbalen Verhaltens - zu kompensieren. Diese ikonischen, aber konventionalisierten Zeichen erzeugen die Fiktion der unmittelbaren Wahrnehmbarkeit z.B. von Gefühlen oder Stimmungen. Da Smileys aber nicht indexikalisch, sondern ikonisch-symbolisch geäußert werden, besitzen sie einen anderen Grad an Intentionalität als die non-verbalen (Erröten, Lächeln, Transpirieren etc.) und paraverbalen (Intonation, Sprechtempo, etc.) Zeichen der direkten, interpersonalen Kommunikation.

2. Sachliche Reflexivität: Sachliche Reflexivität ist im Chat gewährleistet. Man kann sich metakommunikativ auf die Beiträge der Partner beziehen, sie kommentieren, um Erläuterung bitten, etc. Der Unterschied zum direkten Gespräch ist medial bedingt. Die Sprache wird im Chat optisch-schriftlich, nicht akustisch-mündlich vermittelt. Doch trotz der Verwendung von Schriftsprache besitzt der Chat auf der Ebene der sachlichen Reflexivität einen hohen Grad an Dialogizität. Damit ergibt sich eine in der Geschichte der Kommunikation innovative Kombination von Schriftlichkeit und Dialogizität. Dies führt zu einer Veränderungen der schriftsprachlichen Normen im

Chat (Syntax, Wortbildung, Orthographie, Situationsbezug der Äußerungen, etc.). Man schreibt zwar, aber dennoch gelten in gewissem Umfang die Normen der Mündlichkeit.

3. Zeitliche Reflexivität: Die zeitliche Reflexivität ist im Chat stark eingeschränkt. Zweifelsohne kann sich zwischen Chat-Teilnehmern eine Kommunikationsgeschichte entwickeln, allerdings unter anderen Bedingungen als im direkten Gespräch. Denn Teilnehmer eines Chat können fiktive Identitäten verwenden. Im Schutze dieser fiktiven Identität können sie Gesichtsverlust riskieren, unhöflich sein, andere Partner verletzen oder sie provozieren. Wenn erforderlich, können sie sich aus der Kommunikation zurückziehen. Sie können sogar eine neue Identität annehmen und dann - mit dieser neuen Identität - wieder in den Chat eintreten. Diese Möglichkeit einer „fiktiven Identität" ergibt sich insbesondere aus den Einschränkungen auf der Ebene der sozialen Reflexivität.

Die Analyse macht deutlich: Der Chat ist einerseits eine Kommunikationsform, die eine hohe Annäherung an die interpersonale, direkte Kommunikation erreicht. Andererseits sind die Partner im Chat weitgehend von den sozialen Verpflichtungen und Kontrollen der direkten interpersonalen Kommunikation entlastet. Grund hierfür ist, dass der Chat zwar sachliche Reflexivität ermöglicht, die Kommunikationspartner aber aus den Verpflichtungen entlässt, die sich aus sozialer und zeitlicher Reflexivität ergeben. Wer sich auf einen Chat einlässt und dies mit Erwartungen der „face-to-face-Kommunikation" verknüpft, geht das Risiko ein, erhebliche Enttäuschungen zu erleben.

4. Sprachliches Handeln als Gegenstand des Deutschunterrichts

4.1. Kommunikationsanalyse und sprachliches Handeln

Die Analyse dialogischer Kommunikation als einmalige, nicht wiederholbare Kommunikationsverläufe kann im Sprachunterricht dem Lernziel der Reflexion über Sprache dienen. Darüber hinaus kann die Analyse des dialogischen sprachlichen Handelns auch und vor allem das Lernziel der Kommunikationsfähigkeit verfolgen. Denn die Fähigkeit, Dialoge planen und hinsichtlich ihrer Handlungsalternativen abschätzen zu können, ist ein wichtiger Baustein kommunikativer Kompetenz. Eine darauf zielende Kommunikationsanalyse betrachtet den Dialog nicht nur als individuellen und einmaligen Gesprächsverlauf. Sie unternimmt auch den Versuch, aus der Analyse eines Dialogs die konventionellen

Handlungsmöglichkeiten abzuleiten, die den Dialogpartnern in einem spezifischen Sequenzzusammenhang zur Verfügung stehen.[36]

Das Ziel einer solchen Kommunikationsanalyse besteht darin,
- den Schülern ein Bewusstsein dafür zu vermitteln, dass den Dialogpartnern ein Inventar konventioneller Handlungsalternativen zur Verfügung steht.
- die zur Verfügung stehenden Handlungsalternativen aufzuzeigen, zu beschreiben und zu benennen.
- die Kompetenz der Schüler zu fördern, eine effektive und begründete Wahl zwischen Handlungsalternativen treffen zu können.
- den Schülern durch kommunikatives Probehandeln die Möglichkeit zu eröffnen, die Realitätstauglichkeit und Realitätsnähe der beschriebenen Handlungsalternativen zu erproben.

Wir geben als Beispiel
- eine Dialoganalyse, die konventionelle Handlungsalternativen aufzeigt.
- die Analyse eines Kommunikationszusammenhanges, der das Verstehen indirekter Sprechakte und die Bedeutung konversationeller Implikaturen verdeutlichen kann.

Äußere Zusammenhänge sprachlichen Handelns: Das Sequenzmuster „auf Vorschläge reagieren"

Wir wählen als Beispiel das Handlungsmuster „auf Vorschläge reagieren". Dieses Handlungsmuster ist aus verschiedenen Gründen für didaktische Zwecke geeignet:[37]
- Es betrifft eine kommunikative Fähigkeit, in deren Anwendung sich Schüler aller Altersstufen immer wieder bewähren müssen.
- Innerhalb dieses Musters bietet sich eine Vielfalt von Handlungsalternativen.
- Diese Handlungsalternativen sind relativ gut beschreibbar.

Ein entsprechendes Vorgehen verdeutlichen wir an dem folgenden Beispiel-Dialog:[38]

Mutter: *(1)* *So, und du würdest den Kindern die Eisenbahn aufbauen?*
Vater: *(2)* *Kann ich machen, ja.*
(3) *Aber mit der Bahn können doch nur zwei spielen.*

---

[36] So etwa die Arbeit von Ramge, die als Unterrichtsmaterial für die Sekundarstufe konzipiert ist und Schülern vielfältige Einblicke in Struktur und Verlauf von Alltagsgesprächen ermöglicht. Ramge, 1978.
[37] Andere Handlungsmuster, die diese Bedingungen erfüllen, sind z.B. „vorwerfen - auf einen Vorwurf reagieren" oder „auffordern - auf Aufforderungen reagieren".
[38] Der Dialog stammt aus Fritz/Muckenhaupt, 1981, S.55. Zur besseren Verständlichkeit haben wir ihn der schriftsprachlichen Norm angepasst.

Mutter:	(4)	Ja, das ist bei den anderen Spielen teilweise auch so. Manchmal kann sogar nur einer.
Vater:	(5)	Ja, aber wo soll ich die Eisenbahn denn aufbauen?
	(6)	Die nimmt doch ziemlich viel Platz weg.
Mutter:	(7)	Passt die nicht hier ins Wohnzimmer?
Vater:	(8)	Ich dachte, da sollte gar keiner spielen.
Mutter:	(9)	Schon richtig, aber die Eisenbahnspieler, die sind doch nicht so schlimm, sind bestimmt ziemlich ruhig.
Vater:	(10)	Und ich sitz dann den ganzen Tag an der Eisenbahn, das weiß ich jetzt schon, weil von denen, die da spielen, geht doch keiner mal woanders hin.
Mutter:	(11)	Ja, aber ansonsten muss ich die ganze Zeit mit den Bälgern verbringen.
	(12)	Ich schaff das alleine nicht.
Vater	(13)	Hmm.

Zur Beschreibung des Dialogs:
(1) Die Mutter formuliert einen indirekten Vorschlag.
(2) Der Vater erklärt sich bereit, dem Vorschlag zu folgen.
(3) Er nimmt diese Zustimmung wieder zurück, indem er den Einwand macht, dass nur zwei Kinder mit der Bahn spielen können.
(4) Die Mutter versucht diesen Einwand zu entkräften, indem sie darauf hinweist, dass dieser Einwand auch für die Spiele gilt, die sie betreut.
(5/6) Der Vater scheint dies zu akzeptieren. Denn er formuliert einen neuen Einwand, indem er behauptet, dass es nicht genügend Platz für die Eisenbahn gäbe.
(7) Die Mutter entkräftet den Einwand, indem sie vorschlägt, den Platz im Wohnzimmer zu nutzen.
(8) Der Vater führt gegen den Vorschlag der Mutter einen Einwand ins Feld, indem er auf eine gemeinsame Vereinbarung verweist. Diese besagt, dass im Wohnzimmer nicht gespielt werden soll.
(9) Die Mutter bestätigt diese Vereinbarung. Zugleich macht sie deutlich, dass diese Vereinbarung für den aktuell verhandelten Sachverhalt irrelevant ist. Sie weist den Einwand zurück, indem sie behauptet, das Spiel mit der Eisenbahn sei so ruhig, dass es auch im Wohnzimmer stattfinden könne.

(10)   Der Vater sieht seinen Einwand offensichtlich entkräftet und bringt einen neuen Einwand ins Spiel. Er hält es für unzumutbar, den ganzen Nachmittag mit den Kindern Eisenbahn zu spielen.
(11/12) Die Mutter entkräftet auch diesen Einwand, indem sie darauf hinweist, dass diese Zumutung auch für sie gelte. Damit führt sie dem Vater die Inkonsequenz seines Einwands vor Augen.
(13)   Der Vater scheint dies zu akzeptieren. Er stimmt dem Vorschlag zu.

Welche Grundstrukturen und welche - für Lernziele relevanten - Sequenzmuster sind am Beispiel dieses Dialogs zu erarbeiten? Die Mutter eröffnet den Dialog mit dem initiierenden Sprechakt „Vorschlag". Ein Vorschlag eröffnet dem Angesprochenen eine bestimmte Zahl konventioneller Handlungsalternativen. Einige davon finden sich in dem Dialog. Dieser ist vor allem geprägt von den Einwänden, die der Vater ins Feld führt, und den Versuchen der Mutter, diese Einwände zu entkräften.

Zu den Einwänden des Vaters:
Der Vater wendet sich gegen die Vorschläge der Mutter, indem er Sachverhalte benennt, die – aus seiner Sicht – gegen den Vorschlag der Mutter sprechen. Er vollzieht den Sprechakt des Einwendens, indem er
- in (3) vorbringt, dass nur sehr wenige Kinder mit der Eisenbahn spielen können. Er bezweifelt damit den Sinn des Vorhabens.
- in (5/6) darauf hinweist, dass die Eisenbahn zu viel Platz benötige. Er bestreitet damit die Durchführbarkeit des Vorhabens.
- in (8) darauf hinweist, dass dort, wo die Bahn aufgebaut werden soll, eigentlich nicht gespielt werden dürfe. Er macht damit deutlich, dass der Vorschlag gegen eine gültige Vereinbarung verstößt.
- in (10) darauf hinweist, dass er den ganzen Nachmittag mit den Kindern beschäftigt sei. Er macht damit deutlich, dass mit dem Aufbau der Eisenbahn Konsequenzen verbunden sind, die er für unzumutbar hält.

Zu den Reaktionen der Mutter auf die Einwände:
Die Mutter sucht die Einwände des Vaters zu entkräften, indem sie
- in (4) vorbringt, dass der Einwand nicht nur auf ihren Vorschlag, sondern auch auf andere, vom Vater aber akzeptierte Vorschläge zutrifft. Damit wirft sie dem Vater indirekt Inkonsequenz vor.
- in (7) einen Gegenvorschlag unterbreitet, der den Einwand berücksichtigt.
- in (9) darauf hinweist, dass der Einwand den von ihr unterbreiteten Vorschlag gar nicht betrifft.

- in (11) darauf hinweist, dass die Zurückweisung ihres Vorschlags für sie Konsequenzen hat, die sie zu tragen nicht bereit ist.

Auf der Grundlage einer solchen Dialogbeschreibung kann man nun wichtige Handlungsmöglichkeiten des erörterten Handlungsmusters schematisch darstellen und klassifizieren.

Folgende Handlungsalternativen stehen zur Verfügung, um auf einen Vorschlag zu reagieren: Man kann
- dem Vorschlag zustimmen.
- den Vorschlag kommentarlos ablehnen.
- einen Gegenvorschlag machen.
- einen Einwand formulieren, indem man auf nicht tragbare Konsequenzen hinweist.
- einen Einwand formulieren, indem man den Sinn des Vorschlags in Frage stellt.
- einen Einwand formulieren, indem man die Durchführbarkeit des Vorschlags in Frage stellt.
- einen Einwand formulieren, indem man darauf hinweist, dass der Vorschlag gegen gültige Vereinbarungen oder Normen verstößt.

Folgende Handlungsalternativen stehen u.a. zur Verfügung, um auf Einwände zu reagieren: Man kann
- den Vorschlag zurücknehmen.
- den Einwand ignorieren.
- einen Alternativvorschlag machen, der wichtige Aspekte des Einwandes berücksichtigt.
- den Einwand entkräften, indem man auf Inkonsequenzen hinweist.
- den Einwand entkräften, indem man darauf hinweist, dass er auf den unterbreiteten Vorschlag gar nicht zutrifft.
- den Einwand entkräften, indem man darauf hinweist, dass die Zurückweisung des Vorschlags erhebliche Konsequenzen haben wird.

Diese Übersichtsdarstellung von Handlungsalternativen kann Grundlage eines kommunikativen Probehandelns werden.[39] Ein solcher Umgang mit Sprechaktsequenzen ist in Form von Rollenspielen möglich. Dabei werden klar strukturierte Handlungskonstellationen fingiert. Innerhalb dieser Konstellationen planen und entwerfen die Schüler die Rollen der Kommunikationspartner und

---

[39] Zu den Möglichkeiten des Rollenspiels als Probehandeln vgl. Muth, 2002, S. 29-34.

weisen den Rollen Handlungsmöglichkeiten zu. Die beschriebenen, klassifizierten und den Rollen zugewiesenen Handlungsalternativen werden probehandelnd gespielt, verglichen und auf ihre Realitätsnähe und ihre Realitätstauglichkeit hin überprüft und bewertet.

Die innere Struktur sprachlicher Handlungen: Das Verstehen indirekter Sprechakte
Wir wählen als Beispiel indirekte Aufforderungen. Dieser Sprechakt ist für didaktische Zwecke geeignet, da die indirekte Formulierung von Aufforderungen ein wichtiges Mittel höflichen Sprechens darstellt. Das Beispiel bezieht sich somit auf eine alltägliche kommunikative Praxis und macht diese bewusst. Wir gehen von dem folgenden Kommunikationszusammenhang aus:

Signor Veneranda stand auf seinem Balkon. „He ... Sie ... entschuldigen Sie!" schrie er zu einem Herrn hinunter, der gerade vorbeiging.
Der Herr blieb stehen. „Meinen Sie mich?" fragte der Herr.
„Ja, Sie ....", sagte Signor Veneranda. „Wollen Sie einen Moment heraufkommen?"
„Ich?" fragte der Herr erstaunt.
„Natürlich Sie!" sagte Signor Veneranda.
Der Herr zuckte mit den Achseln, ging ins Haus und stieg die Treppe hinauf bis zur Wohnungstüre des Signor Veneranda, wo dieser auf ihn wartete.
„Da bin ich", sagte der Herr, „was wollen Sie von mir?"
„Ich, gar nichts", sagte Signor Veneranda.
„Wieso gar nichts?" stammelte der Herr, der glaubte, nicht recht gehört zu haben, „warum haben Sie mich dann heraufgerufen?"
„Ich habe Sie heraufgerufen?" sagte Signor Veneranda erstaunt, „ich habe Sie nicht heraufgerufen. Ich habe Sie nur gefragt, ob Sie einen Moment heraufkommen wollen. Wenn Sie heraufgekommen sind, heißt das, dass Sie wollten."[40]

Der Autor Manzoni zeigt in seinem Text, dass ein Satz auf unterschiedliche Weise verstanden werden kann. Welche der beiden Verständnisweisen ist angemessen?[41] Diese Frage können die Schüler beantworten, indem sie
- den Kommunikationszusammenhang beschreiben, der im Text entfaltet wird.
- die zwei Verständnisweisen beschreiben.
- die Verständnisweisen vergleichen und begründet erklären, welche der Verständnisweisen angemessen ist.
- den Witz des Gesprächs erläutern.

---
[40] Manzoni, 1971, S. 14 -16.
[41] Zu dieser Analyse vgl. Fritz/Muckenhaupt, 1981, S. 102-105.

Zum Kommunikationszusammenhang:
Aus dem Kommunikationszusammenhang geht hervor, dass Signor Veneranda und der Herr auf der Straße sich nicht kennen. Der Angesprochene nimmt Signor Veneranda nur deshalb wahr, weil dieser zu ihm Kontakt aufnimmt. Dies zeigen seine überraschten Nachfragen, mit denen er auf die Ansprache von Signor Veneranda reagiert: *„Meinen Sie mich?"...„Ich?"* Daraus ergibt sich auch, dass der Angesprochene nicht die Absicht hatte, zu Herrn Veneranda hinaufzugehen. Eine solche Absicht hätte nur bestehen können, wenn der Angesprochene um die Existenz von Herrn Veneranda gewusst hätte.

Zur Beschreibung der konkurrierenden Verständnisweisen:
Herr Veneranda besteht auf einem „wörtlichen" Verständnis seiner Äußerung. Er geht davon aus, dass ein Satz, der in Frageform formuliert ist, auch nur als Fragesatz verstanden werden darf. Deshalb interpretiert er das Heraufkommen als eine positive Antwort auf seine Frage. *„Wenn Sie heraufgekommen sind, heißt das, dass Sie wollten."*

Der Angesprochene hingegen versteht die Äußerung als Aufforderung. Da er Signor Veneranda nicht kennt, weiß er auch nicht, welche Gründe Signor Veneranda für seine Aufforderung hat. Dies zeigt seine Frage: *„Da bin ich, was wollen Sie von mir?"*

Zur Angemessenheit der Verständnisweisen:
Für die Verständnisweise des Signor Veneranda spricht nur die sprachliche Form der Äußerung. Diese Form weist auf eine Fragehandlung hin.
Gegen die Verständnisweise spricht folgendes:
Signor Veneranda weiß, dass der Angesprochene ihn nicht kennt, und er weiß auch, dass der Angesprochene nicht die Absicht hat, zu ihm heraufzukommen. Da der Angesprochene um dieses Wissen des Signor Veneranda weiß, kann er die Äußerung nicht als Frage verstehen. Denn man fragt nicht, ob jemand eine bestimmte Absicht verfolgt, wenn man bereits weiß, dass er diese Absicht nicht verfolgt. Bezogen auf die Konversationsmaximen kann man sagen: Signor Veneranda verletzt das Informativitätsprinzip. Er fragt nach etwas, von dem beide Partner wissen, dass es bereits bekannt ist. Aus diesem Grund sucht der Angesprochene - durchaus berechtigt - nach einer anderen, weiterführenden Verständnisweise. Er stellt folgenden Zusammenhang her:
„Indem Veneranda auf sich aufmerksam macht und danach fragt, ob ich heraufkommen will, verfolgt er die Absicht einer höflichen Aufforderung."

Die Gründe für diese Aufforderung sind mir zwar nicht bekannt, aber es müssen wohl triftige Gründe vorliegen. Denn ohne triftige Gründe fordert man einen Unbekannten nicht dazu auf."

Zum Witz des Textes:
Der Sprach-Witz der Geschichte resultiert aus der unterschiedlichen Interpretation des Fragesatzes, also aus der Differenz zwischen wörtlicher Bedeutung und kommunikativer Bedeutung einer Äußerung. Signor Veneranda besteht auf der wörtlichen Verständnisweise seiner Äußerung, obwohl ihm bewusst sein muss, dass sie unangemessen ist. Es gelingt ihm dennoch, den Angesprochenen zu irritieren. Er tut so, als wüsste er nicht, warum der Angesprochene nach oben gekommen ist. Zudem scheint dieser nicht in der Lage zu sein, seine durchaus angemessene Verständnisweise zu begründen.

Im Anschluss an eine solche Analyse können die Schüler weitere Kommunikationszusammenhänge konstruieren, in denen man mit der Formulierung eines Fragesatzes eine Aufforderung vollzieht. Entsprechende Formulierungen könnten lauten:
- Ein Unbekannter an der Ampel: *„Können Sie mir sagen, wie spät es ist?"*
- Die Mutter zu ihrem Sohn: *„Musst du nicht allmählich mit deinen Hausaufgaben anfangen?"*
- Die Vorgesetzte zu einem Mitarbeiter: *„Könnten Sie die Tür schließen?"*
- Die Stewardess vor der Landung: *„Darf ich Sie bitten, das Rauchen einzustellen?"*
- Die Lehrerin zu einem Schüler: *„Fritzchen, könntest du aufhören, ständig zu stören?"*

Zu diesen Äußerungen können die Schüler dann eine eigene „Manzoni-Geschichte" verfassen, deren Witz auf dem Missverstehen der Äußerung beruht.

Indem die Schüler das Missverständnis zwischen Veneranda und dem Herrn auf der Straße nachzeichnen und eigene „sprachwitzige" Geschichten entwerfen, lernen sie,
- dass die sprachliche Form einer Äußerung „in die Irre" leiten kann. Die sprachliche Form allein gibt keine hinreichenden Hinweise auf die kommunikative Funktion einer Äußerung.
- dass sprachliche Handlungen - wie z.B. eine Frage - nur vollzogen werden können, wenn bestimmte Voraussetzungen erfüllt sind.

- dass sich deshalb der Sinn einer Äußerung erst aus dem Zusammenhang von Äußerung und Kommunikationssituation ergibt.
- wie man einen solchen Verstehensprozess durch Kommunikationsanalysen detailliert beschreiben kann.

4.2. Sprachliches Handeln und Reflexion über Sprache

Reflexion über Sprache ist Sprachbetrachtung und Nachdenken über Sprache. Boueke[42] gliedert die Sprachbetrachtung in folgende Bereiche:
- Reflexion über Fragen des Sprachsystems.
- Reflexion über Fragen des Sprachgebrauches.

Ist diese Trennung in zwei Arbeitsbereiche sinnvoll? Sprachstrukturen sind immer funktional eingebunden in spezifische Kommunikationszusammenhänge und Kommunikationsformen. Eisenberg/Menzel stellen daher zu Recht den Werkzeugcharakter der Sprache in den Mittelpunkt ihrer „Grammatik-Werkstatt".[43] Unterrichtsziel ist dort nicht nur, dass Schüler Einsicht gewinnen in den Bau und die Struktur der Sprache. Ziel ist es auch, dass sie zugleich Einsicht gewinnen in den Zusammenhang von Sprachstruktur und Sprachfunktion. Einen solchen Zusammenhang zwischen Sprachstruktur, Sprachgebrauch und Kommunikationsform wollen wir am Beispiel der Kommunikationsform „Chat" verdeutlichen.

Das Chatten zählt zu den Lieblingsbeschäftigungen von Schülern. Das spezifisch Neue dieser Form der computervermittelten Kommunikation ist die Kombination medialer Schriftlichkeit mit der grundsätzlichen Möglichkeit, sich sachlich-reflexiv (dialogisch) zu verständigen. Teilnehmer am Chat können unmittelbar auf die Äußerungen ihrer Partner reagieren. Wie beim mündlichen Sprachgebrauch handelt es sich also beim Chat um relativ spontan verfasste Texte, die nicht - wie die meisten schriftlichen Texte - Resultat eines längeren Planungs- und Überarbeitungsprozesses sind. Weil die Chat-Partner den Gesprächscharakter trotz der schriftsprachlichen Form wahren wollen, weist der Chat viele Parallelen zum informellen mündlichen Gespräch auf. Es genügt also nicht, den Chat als schriftliche Kommunikationsform einzustufen und somit einen Chat-Text an schriftsprachlichen Normen zu messen. Täte man dies, liefe man Gefahr, viele der Äußerungen im Chat als massive Verletzung schriftsprachlich-grammatischer Normen zu verurteilen.

---

[42] Boueke, 1984, S. 334-372.
[43] Eisenberg/Menzel, 1995, S. 14-23.

Neben der medialen Einordnung ist daher als zweite Dimension die Konzeptionalität[44] der Kommunikationsform „Chat" wichtig. Dieser Begriff bezeichnet - bezogen auf den Chat - folgendes Phänomen: Chat-Nutzer orientieren sich in der Form ihrer Äußerungen an mündlich-dialogischer Kommunikation, obwohl die Kommunikationsform medial schriftsprachlich ist. Chatter äußern sich also medial schriftlich. Hinter diesen Äußerungen steht aber die konzeptionelle Vorstellung, dass das Chatten eng mit dem mündlichen Sprachgebrauch verwandt ist. Diese konzeptionelle Mündlichkeit der Kommunikationsform Chat führt zu zahlreichen Verletzungen schriftsprachlicher Normen.[45] Die Beschäftigung mit dem Chat als Kommunikationsform kann daher folgende Lernziele in den Blick nehmen:

Die Schüler sollen
- syntaktische, aber auch lexikalische oder orthographische Abweichungen von der schriftsprachlichen Norm erkennen, beschreiben und benennen können.
- Zusammenhänge zwischen der Struktur und der Funktion von Normabweichungen herstellen können.
- erkennen, dass es unterschiedliche Kommunikationsformen (z.B. Chat) gibt und dass die Entscheidung für eine Kommunikationsform immer auch eine gewisse Vorentscheidung hinsichtlich der Form des Sprachgebrauchs ist.
- erkennen, dass die technische Entwicklung neue Formen der Kommunikation ermöglicht.
- erkennen, dass der Erfolg neuer Kommunikationsformen die sprachlichen Normen einer Sprachgemeinschaft verändern kann.

Abschließend geben wir einige Beispiele für Abweichungen von der schriftsprachlichen Norm, die man im Chat finden kann:
Man findet u.a.
- Einwortäußerungen, die als komplette kommunikative Äußerungen fungieren: *„ krankenhaus?"* *„mandeln!"*
- Nebensätze, die oft isoliert vom eigentlichen Hauptsatz bzw. völlig ohne Hauptsatz auftreten: *„auch wenn du jetzt rotflstc";* *„wenn es nicht so weit wäre. "*

---

[44] Vgl. dazu Koch/Oesterreicher, 1994, S. 587-604.
[45] Andererseits ist zu betonen: Es gibt auch Formen des Chats, in denen schriftsprachliche Normen durchaus eingehalten werden, z.B. moderierte Themenchats der Medizin, Politik oder Wissenschaft. Die Ausprägung einer konzeptionellen Mündlichkeit im Chat hängt also von den spezifischen Kommunikationsbedingungen ab, also etwa von Thema, Offizialität oder der Nähe bzw. Distanz der Kommunikationspartner.

- Ellipsen, in denen bekannte oder weniger wichtige Satzglieder ausgelassen sind: „*und selbst?*"; „*noch da?*"; „*keine zeit. schreibe gerade diplomarbeit. bald wieder*"
- Anakoluthe, in denen die Satzkonstruktion plötzlich gewechselt wird und so ein ungrammatischer Ausdruck entsteht: „ *weil wir haben das so gewollt.* "
- Infinitivformen: „*mal ne runde off gehen*"
- Graphostilistische Mittel, um die Prosodie der gesprochenen Sprache nachzuzeichnen: Beispiele hierfür sind
  - Iterationen: „*Neiiiiiiin*"; „*nieeeeeeee*".
  - Zeichensetzung:„*war das nicht!!!!!!!!!!!!*"; „*wie???????????*".
  - Verwendung von Lautwörtern: „*huch*"; *auaaaaaaa*".
  - vollständige Großschreibung: „*NEIIIIIIN*"; „*WAAAAS?*".
- Mittel, um den fehlenden nonverbalen Kanal zu ersetzen: Beispiele hierfür sind
  - Standard-Smileys, die mimisches Verhalten ikonisch abbilden: „ ☺"; „ ☹";„ :-o ".
  - Inflektive, die nicht finit und nicht flektiert sind und oft durch Asteriske markiert und emphasiert sind: „**dahinschweb**"; „ **frechguck**"; „ **träum**".
  - Selbstzuschreibungen von Handlungen und Zuständen: „*calvino macht sich einen kaffee*"; *moni23 ist ganz toll müde*"; „*obstkuchen guckt ganz erschrocken*".

Die innovative Verknüpfung von Schriftlichkeit und Dialogizität im Chat führt also in vielen Chatformen zu einer „Rebellion" gegen die schriftsprachlichen Normen.[46] Indem man die Abweichungen von der schriftsprachlichen Norm beschreibt, klassifiziert und in Bezug setzt zu den Rahmenbedingungen der Kommunikationsform, gerät der Zusammenhang von Struktur und Funktion des Sprachgebrauchs in den Blick der Schüler.

---

[46] Einer solchen Einschätzung liegt natürlich die Annahme zugrunde, dass Verfasser medial schriftlicher Texte spezifische grammatische Normen befolgen sollten. Vgl. dazu Kilian, 2001, S. 55-78.

Drittes Kapitel: Phonem, Morphem, Wort

Im Folgenden werden wir uns mit Aspekten der grammatischen Struktur sprachlicher Äußerungen (Lokution) befassen. Das Erkennen und Verstehen der sprachlich-grammatischen Form einer Äußerung ist eine zentrale Voraussetzung dafür, dass eine sprachliche Handlung glücken und erfolgreich sein kann.

Zu den klassischen Gegenständen der Grammatik zählt die Lehre vom Wort und die Lehre vom Satz. In vielen Grammatiken findet man zudem eine Beschreibung der Laute und der Phoneme einer Sprache.

Wir werden uns in diesem Kapitel mit folgenden grammatischen Einheiten der Sprache befassen:
- Phoneme: Die bedeutungsunterscheidenden Laute einer Sprache
- Morpheme: Die kleinsten bedeutungstragenden Einheiten der Sprache
- Einfache und komplexe Wörter
- Wortformen

1. Laut, Phonem, Graphem

1.1. Phonologie

Sprachliche Laute können in zweierlei Hinsicht beschrieben werden.
- In Hinsicht auf ihre physikalisch-artikulatorischen Eigenschaften: Diese Betrachtungsweise ist die phonetische. Gegenstand der Phonetik ist die Bildung, die Übertragung und die Wahrnehmung der Sprachlaute. Dementsprechend unterscheidet man auch eine artikulatorische, eine akustische und eine auditive Phonetik.[47]
- In Hinsicht auf ihre Funktion innerhalb eines Sprachsystems: Diese Betrachtungsweise nennt man die phonologische. Die Phonologie befasst sich mit der Frage, welche Funktion die Sprachlaute, deren physikalisch-artikulatorische Beschreibung ihr von der Phonetik zur Verfügung gestellt wird, im System der jeweiligen Sprache erfüllen.

Wir befassen uns in diesem Kapitel mit der phonologischen Betrachtungsweise. Wenn ein Mensch oder mehrere Menschen ein- und dasselbe Wort mehrmals aussprechen, sind - fast immer - Unterschiede zwischen den jeweiligen Sprechweisen wahrnehmbar. Trotz dieser artikulatorischen Unterschiede kann ein kompetenter Sprecher/Hörer der jeweiligen Sprache die Äußerungen als

---

[47] Eine knappe und übersichtliche Darstellung der Phonetik bietet Gadler, 1986, S. 24-71.

lautliche Varianten ein- und desselben Wortes identifizieren. Diese Fähigkeit ist ein wichtiger Baustein des Sprachvermögens. Sie beruht darauf, dass kompetente Sprecher/Hörer die unterschiedlichen Laute, die sie in einer Sprache hören, bestimmten Lautkategorien zuordnen können. Diese Lautkategorien nennt man Phoneme.

Das wichtigste Instrument der strukturalistischen Phonologie zur Ermittlung der Phoneme ist die Bildung von Minimalpaaren. Ein Minimalpaar besteht aus zwei bedeutungstragenden, semantisch aber unterschiedlichen Formen, die sich möglichst nur durch ein lautliches Merkmal unterscheiden. So kann man z.B. durch Gegenüberstellung von „_Deich_" und „_Teich_" einen systematischen Kontrast zwischen /d/ und /t/ belegen. Dieser Kontrast besteht darin, dass der Austausch der beiden Laute zu einer Bedeutungsunterscheidung führt. Ein Phonem ist somit eine Lauteinheit, die im jeweiligen Sprachsystem eine bedeutungsunterscheidende Funktion hat.

Weitere Beispiele für Minimalpaare sind:
- „_B_utter – _F_utter"
- „_B_utter – _M_utter"
- „_B_utter – _K_utter"
- „_R_ast – _R_ost"
- "lau_f_en – lau_s_en"

Der Phonembegriff wird wie folgt definiert:
„Wenn zwei Laute genau in derselben Lautstellung vorkommen und nicht miteinander vertauscht werden können, ohne dass sich dabei die Bedeutung der Wörter verändern oder das Wort unkenntlich werden würde, so sind diese zwei Laute phonetische Realisationen zweier verschiedener Phoneme."[48]

Im Hochdeutschen gibt es etwa 40 Kategorien solcher sprachlicher Laute, die eine bedeutungsunterscheidende Funktion erfüllen.[49] Es ist also eine relativ kleine Zahl von Phonemen, die als bedeutungsdifferenzierende Bausteine fungieren.

Phonem und Allophon

In jeder Sprache gibt es unterschiedliche Laute, die zu einem Phonem gehören. Dies gilt z.B. für die p-Laute in „_Spaß_" und in „_Pass_". Sie unterscheiden sich dadurch, dass der erstere unbehaucht (p), der zweite behaucht (p^h) ist. Trotz dieses phonetischen Unterschiedes erfasst man beide p-Laute als Varianten desselben Phonems. Man sagt, die beiden Laute sind Allophone desselben Phonems.

---

[48] Trubetzkoy, [7]1989, S. 44. Zur Geschichte des Phonembegriffs vgl. Kohrt, 1985.
[49] Vgl. dazu Thomé, 1999, S. 67f.

- Freie Variation von Allophonen: Im Deutschen sind „Zungen-„ und „Zäpfchen-r" Allophone eines Phonems. Denn es macht für die Unterscheidung zwischen zwei Wörtern keinen Unterschied, welche Variante ausgesprochen wird. Die beiden - lautlich unterscheidbaren - Varianten stehen in derselben lautlichen Umgebung und können beliebig gegeneinander ausgetauscht werden, ohne dass eine Bedeutungsänderung eintritt. Daher sagt man auch: Sie treten in freier Variation auf.
- Komplementäre Verteilung von Allophonen: Eine andere Situation liegt vor, wenn ein Allophon nur in einer bestimmten lautlichen Umgebung auftritt. So gibt es im Deutschen zwei verschiedene „ch-Laute", die abhängig von der jeweiligen lautlichen Umgebung artikuliert werden. Der so genannte „ich-Laut" wird nach vorderen Vokalen *(„ich", „echt", „schüchtern")*, nach Konsonanten *(Knilch", „manche")* und am Wortanfang *(„Chemie", „China")* gesprochen. Der so genannte „ach-Laut" hingegen steht nach den hinteren Vokalen, wie z.B. in *„ach"* oder *„doch"*. Welcher Laut gesprochen wird, hängt also von der jeweiligen lautlichen Umgebung ab. Diese Allophone stehen somit nicht in freier Variation, sondern in komplementärer Verteilung.

Wir fassen zusammen:
Die unterste Gliederungsebene der Sprachstruktur ist die Ebene der Phoneme. Dies sind die Laute einer Sprache, die zwar selbst keine Bedeutung tragen, aber im jeweiligen Sprachsystem bedeutungsunterscheidend wirken.

1.2. Orthographie: Das phonologische Prinzip

Uta Frith hat 1985 ein Modell des Schriftspracherwerbs vorgestellt.[50]
Sie unterscheidet drei dominierende Strategien:
- die logographische Strategie
- die alphabetische Strategie
- die orthographische Strategie

Diese Strategien zeichnen sich durch folgende Merkmale aus:
- Die logographische Strategie ist im Sinne des Zwei-Wege-Modells[51] eine direkte Strategie. Sie ist nicht phonologisch vermittelt. Logographisches Worterkennen orientiert sich an wenigen einzelnen Buchstaben und anderen visuellen Merkmalen. So können fast alle Vorschulkinder die Schriftzüge

---

[50] Vgl. Frith, 1985. Einen guten Überblick über die Entwicklungsmodelle des Orthographieerwerbs gibt Thomé, 1999, S. 29 – 65.
[51] Coltheart, 1978.

von „*Coca Cola*" oder „*McDonalds*" anhand weniger visueller Merkmale erkennen.
- Die alphabetische Strategie bedient sich hingegen der Graphem-Phonem-Korrespondenzen. Das Lesen erfolgt lautierend, das Schreiben basiert auf einer Phonemanalyse des Wortes und der Zuordnung der entsprechenden Grapheme.
- Die orthographische Strategie ist erneut durch einen direkten Zugriff gekennzeichnet. Schüler entwickeln einen Sichtwortschatz und sind in der Lage, Wörter, Morpheme, Silben oder andere orthographische Regularitäten ganzheitlich zu erkennen.

Wir befassen uns hier mit der alphabetischen Strategie: Auf dieser Ebene entwickeln Schreiblerner die Fähigkeit, Einheiten der Schrift mit lautlichen Einheiten in Verbindung zu bringen. Sie lernen also, den Lautstrom zu segmentieren und den lautlichen Segmenten einzelne Grapheme zuzuordnen.
Auf diese Weise gewinnen Schreiblerner Einsichten in das phonologische Prinzip.[52]

Das phonologische Prinzip
Das Schriftsystem des Deutschen folgt dem phonologischen Prinzip. Eines seiner wichtigsten Charakteristika ist die reguläre Entsprechung zwischen den Graphemen[53] und den Segmenten der phonologischen Struktur.[54] Es besagt: Jedem Phonem entspricht ein Graphem. Allerdings beruhen die Graphem-Phonem-Korrespondenzen, also die Beziehungen zwischen Aussprache und Schreibung, nicht allein auf diesem Prinzip. Dies hat seinen Grund darin, dass viele Sprachen - wie z.B. das Deutsche - eine größere Zahl an Phonemen (ca. 40) besitzen, als die Schrift Buchstaben (26) zur Verfügung stellt. Daher repräsentiert z.B. das Graphem <e> mehrere unterschiedliche Phoneme. Dies macht das Minimalpaar „*beten - betten*" deutlich. Andererseits kann auch ein und dasselbe Phonem durch unterschiedliche Grapheme repräsentiert sein, wie die Beispiele „*Lachse*", „*Kleckse*", „*Kekse*", „*Hexe*" zeigen.

---

[52] Weitere Prinzipien sind z. B. das grammatische und das morphologische Prinzip. Vgl. die Ausführungen zum morphologischen Prinzip in Kap.3.3.4.
[53] Mit der Differenzierung zwischen lautlicher und schriftlicher Ebene ist es sinnvoll, für die systematische Gliederung des Schriftlichen einen Begriff zu wählen, der dem Begriff des Phonems analog ist. Dies ist der Begriff des Graphems. Grapheme sind Buchstaben oder Buchstabenfolgen, die im Schriftsystem ein Phonem repräsentieren. Zur genaueren Unterscheidung in Basis- und Orthographeme vgl. die Ausführungen auf den folgenden Seiten.
[54] Vgl. Bierwisch, 1976.

Diese Inkongruenz von Phonem- und Schriftsystem führt zu einer Vielzahl von Homophonen und Homographen.
- Homophone sind Wörter, die gleich lauten, aber unterschiedlich geschrieben werden: Beispiele sind:
  - „Leere - Lehre"
  - „Moor - Mohr"
  - „Lerche - Lärche"
- Homographe sind Wörter, die gleich geschrieben, aber unterschiedlich ausgesprochen werden. Beispiele sind:
  - „Das Laub wird modern. - Das Haus ist modern."
  - „Die Schindeln des Dachs - Der Dachs als Säugetier."

Die Zuordnung von Elementen des Schrift- und des Phonemsystems kann in beiden Richtungen mehrdeutig sein.
Ein Phonem, z.B. /k/, kann durch unterschiedliche Grapheme repräsentiert werden:
- \<k\> in „kalt"
- \<kk\> in „Mokka"
- \<ck\> in „dick"
- \<q\> in „Quelle"
- \<g\> in "Tag"

Andererseits kann ein Graphem, z.B. \<g\>, unterschiedliche Phoneme repräsentieren:
- /g/ in „Wege"
- /x/ in „heilig"

August[55] und Eisenberg[56] entwerfen daher – mit Blick auf regelmäßige und unregelmäßige Graphem-Phonemkorrespondenzen - zweigliedrige Systeme von Graphemen.
- Die erste Gruppe wird gebildet von den Graphemen, die regelmäßig für ein Phonem stehen. August bezeichnet sie als Basisgrapheme.
- Die zweite Gruppe bilden diejenigen Grapheme, die eher selten für ein Phonem stehen. Sie werden als Orthographeme bezeichnet.

---

[55] Augst, 1984.
[56] Eisenberg, 1988.

Wir geben zwei Beispiele für die Unterscheidung in Basis- und Orthographeme:[57]
Für das Phonem /a:/ wird am häufigsten, also als Basisgraphem, <a> („Tal") geschrieben. Seltener sind die Schreibung durch <ah> („Wahl") oder <aa> („Saat"). Die Grapheme <ah> und <aa> sind daher Orthographeme.
- Für das Phonem /t/ wird recht regelmäßig das Graphem <t> („Tat") geschrieben. Dieses ist ein Basisgraphem. Seltenere Schreibungen und deshalb Orthographeme sind <tt> („statt"), <dt> („Stadt") oder <th> („Methode").
- Das Basisgraphem zum Phonem /f/ ist <f> („fallen"). Orthographeme sind <v> („viele") und <ff> („hoffen").

Auf der Grundlage dieser Unterscheidung kann man im Bereich der Graphem-Phonem-Korrespondenzen zwei systematische Fehlertypen unterscheiden:
- Basisfehler: Ein Schreiber verwendet statt des geforderten Orthographems ein Basisgraphem.

„Sat"   statt   „Saat"
„Zal"   statt   „Zahl"
„fiele"   statt   „viele"
„Raup"   statt   „Raub"

- Übergeneralisierung: Ein Schreiber verwendet statt des geforderten Basisgraphems ein Orthographem.

„Tahl"   statt   „Tal"
„vertig" statt   „fertig"
„Lid"   statt   „Lied"

Die orthographischen Abweichungen von den Basisgraphemen ergeben sich häufig aus einem konkurrierenden Prinzip, dem morphologischen Prinzip. Dieses Prinzip ist dort wirksam, wo die morphologische Zusammengehörigkeit von Wortformen - entgegen dem phonologischen Prinzip - durch die Schreibung deutlich gemacht wird.
Beispiele sind:
- „Rad"   mit <d> wegen „Rades"
- „Lob"   mit <b> wegen „loben"
- „Gämse"   mit <ä> wegen „Gams"
- „aufwändig"   mit <ä> wegen „Aufwand"

---

[57] Zu diesen Beispielen vgl. Thomé, 1999, S. 72.

Übergeneralisierung und die orthographische Strategie:
Der Fehlertyp „Übergeneralisierung" zeigt, dass ein Schreiber orthographische Regelmäßigkeiten aus dem morphologischen Prinzip abzuleiten und in der Schreibung anzuwenden versucht. Dies ist z.B. dann der Fall, wenn er das Morphem „ ver-„ aus „vernehmen", „verordnen" oder „vermeiden" kennt und die orthographemische Schreibung mit <v> auf das Wort „fertig" überträgt, indem er „vertig" schreibt. Der Schreiber befindet sich auf dem Weg hin zur orthographischen Strategie.

Basisfehler und die alphabetische Strategie:
Der Fehlertyp „Basisfehler" weist darauf hin, dass ein Schreiber die alphabetische Stufe des Schriftspracherwerbs sicher beherrscht. Er ist offensichtlich in der Lage, den Schallstrom in Phoneme zu gliedern und den einzelnen Phonemen die entsprechenden Basisgrapheme zuzuordnen. Abweichungen von den Basisgraphemen, die sich z.B. aus dem morphologischen Prinzip ergeben, sind ihm noch nicht zugänglich.

2. Das Wort

Was ist ein Wort?[58] Auf den Ebenen der Schrift, der Bedeutung und der Syntax lässt sich der Wortbegriff wie folgt eingrenzen.
- Ebene der Schrift:
Das Wort ist eine durch Leerzeichen eingerahmte Einheit der Schrift. Im folgenden Satz sind die Wörter durch Leerzeichen getrennt.
„Ich beende die Streitigkeiten."
- Ebene der Bedeutung:
Das Wort ist eine bedeutungstragende Einheit der Sprache, die aus mindestens einem Morphem[59] besteht. Das Wort „ich" hat im oben angeführten Satz die Bedeutung, auf den Sprecher/Schreiber des Satzes zu verweisen. Das Wort „beende" bezeichnet eine bestimmte Handlung. Das Wort „Streitigkeiten" bezeichnet eine konfliktträchtige Auseinandersetzung.

---

[58] Den Ausführungen zum Thema „Wort" liegt folgende Literatur zugrunde:
Heringer, 1988; Heringer, 1989; Chrystal, 1998; Erben, [4]2000; Eichinger, 2000.
[59] Zum Morphembegriff: Das Wort „ich" kann man nicht in weitere bedeutungstragende Bestandteile zerlegen. Das Wort „Streitigkeiten" hingegen enthält – neben anderen Wortbausteinen – auch den bedeutungstragenden Baustein „Streit". Dieser wiederum kann nicht weiter zerlegt werden, ohne dass seine Bedeutung verloren geht. Solche kleinsten bedeutungstragenden Bausteine wie „ich" oder „Streit" nennen wir Morpheme. Der Morphembegriff wird auf den folgenden Seiten detailliert behandelt.

- Ebene der Syntax:
Das Wort ist die kleinste, syntaktisch relativ selbstständige Einheit des Satzes. Dies zeigt sich u.a. daran, dass die Worteinheiten des Satzbeispieles im Satz umgestellt werden können.

„Beende ich die Streitigkeiten?"
„Die Streitigkeiten beende ich.."
„Ich beende die Streitigkeiten."

Zur weiteren Präzisierung des Wortbegriffes unterscheiden wir
- das syntaktische Wort.
- das Lexem.
- den Lexemverband.[60]

1. Das syntaktische Wort: Ein syntaktisches Wort (auch Wortform genannt) ist die grammatische Ausprägung eines Wortes innerhalb eines Syntagmas, also innerhalb einer Wortgruppe oder eines Satzes. Die unterschiedlichen grammatischen Ausprägungen können in der lautlichen oder der graphemischen Gestalt eines Wortes zum Ausdruck kommen. So sind z.B. die Wortformen *„lieben"*, *„liebte"* oder *„geliebt"* unterschiedliche Formen des Lexems *„lieben"*. Jedes dieser syntaktischen Wörter hat eine eigene lautlich-graphemische Gestalt. Allerdings müssen die grammatischen Unterschiede zwischen unterschiedlichen syntaktischen Wörtern nicht immer lautlich oder graphemisch zum Ausdruck kommen. Dies zeigt der folgende Satz:
„Sie leben ein angenehmes Leben."
Das Verb *„leben"* und das Nomen *„Leben"* sind homonym. Sie lauten gleich. Dennoch repräsentieren sie unterschiedliche syntaktische Wörter bzw. Wortformen.
   - *„leben"* ist eine Verbform, gekennzeichnet durch folgende Flexionskategorien: 3. Person Plural Präsens Indikativ Aktiv.
   - *„Leben"* ist ein Nomen, gekennzeichnet durch folgende Flexionskategorien: Akkusativ Singular.

2. Das Lexem: Wörterbücher präsentieren Lexeme. Eine dort eingetragene Grundform des Verbs *„lieben"* umfasst eine bestimmte Menge verschiedener Wortformen, z.B. *„liebte"* und *„geliebt"*. Die Wortformen, die ein Lexem umfasst, sind dadurch gekennzeichnet, dass sie bestimmte wesentliche Eigenschaften gemeinsam haben.

---

[60] Zu diesen Wortbegriffen vgl. Linke et al., ³1996.

Diese sind im vorgenannten Beispiel
- das gemeinsame Morphem „lieb-".
- die gemeinsame Wortartenausprägung „Verb".

Wörterbücher sind Auflistungen solcher Lexeme. Niemand erwartet, für die Wortformen „liebte" und „geliebt" einen eigenen Eintrag im Wörterbuch zu finden. Andererseits ist es selbstverständlich, dass das Nomen „Liebe" und das Verb „lieben" als unterschiedliche Lexeme auch unterschiedliche Einträge im Wörterbuch haben. Lexeme sind also Zusammenfassungen unterschiedlicher Wortformen.

3. Der Lexemverband: Auf der Grundlage von Wortstämmen werden Wortfamilien gebildet. Nehmen wir den Wortstamm „flieg-". Von dessen Basis sind u.a. folgende Lexeme abgeleitet: Das Verb „fliegen", die Nomen „Fliege", „Flug", „Flieger" und das Adverb „flugs".

Bei der weiteren Beschäftigung mit dem Thema „Wort" werden wir uns befassen mit
- den Wortbausteinen: Wie sind Wörter aufgebaut?
- den Wortarten: Welche Wortklassen gibt es und warum gibt es sie?
- der Wortbildung: Wie und warum bilden wir neue Wörter?
- der Wortbedeutung: Wie können wir die Bedeutung von Wörtern klären?
- dem „Wort" als Gegenstand des Deutschunterrichts: In welchen Lernzielzusammenhängen ist eine Beschäftigung mit dem Thema „Wort" sinnvoll?

2.1. Morpheme: Die Wortbausteine

Die kleinsten bedeutungstragenden Einheiten der Sprache nennt man Morpheme. Im Unterschied zum Begriff „Wort" schafft der Begriff „Morphem" die Möglichkeit, bedeutungstragende Bausteine unterhalb der Wortebene zu beschreiben. Morpheme sind somit die minimalen Zeichen einer Sprache. Sie besitzen - im Sinne der Zeichenrelation - eine Ausdrucks- und eine Inhaltsseite.

Wir geben ein Beispiel:
„Die Streitigkeiten nehmen kein Ende."
Das syntaktische Wort „Streitigkeiten" ist ein Nomen.
Als syntaktisches Wort repräsentiert es eine Wortform des Lexems „Streitigkeit".
Die Wortform besteht aus folgenden Morphemen:
„Streit   -ig   -keit   -en"

Als Morpheme müssen diese Einheiten - definitionsgemäß - eine Bedeutung tragen. Welche Bedeutungen sind dies und wie können wir sie klassifizieren? Wir unterscheiden zunächst in lexikalische und grammatische Morpheme.
- Lexikalische Morpheme: Lexikalische Morpheme verweisen mit ihrer Bedeutung auf etwas Außersprachliches. In unserem Beispiel verweist das lexikalische Morphem „*Streit*" auf eine bestimmte Form der Auseinandersetzung. Andere lexikalische Morpheme sind „*Baum*", „ *Haus*", „ *seh-*". Sie verweisen auf eine bestimmte Art von Pflanze, eine bestimmte Form von Gebäude und auf eine bestimmte Form der Sinneswahrnehmung. Lexikalische Morpheme bezeichnet man auch als Stamm- oder Basismorpheme. Sie bilden als Wortstamm die Basis für weitere Wortbildungen wie z.B. „*Haus*", „*häuslich*", *Häuslichkeit*", „*Hausbau*".
- Grammatische Morpheme: Die Bedeutung der grammatischen Morpheme bezieht sich eher auf Innersprachliches. So trägt das Morphem „*-ig*" u.a. die grammatische Bedeutung der Adjektivierung. „*Streit*" wird zu „*streitig*". Das Morphem „*-keit*" hingegen hat die Bedeutung der Substantivierung. Seine Funktion ist es, Substantive zu bilden. Das Morphem „*-en*" in „*Streitigkeiten*" hat ebenfalls eine grammatische Bedeutung. Es bildet eine Wortform des Nomens „*Streitigkeit*", die durch die Flexionskategorien Nominativ und Plural gekennzeichnet ist. Grammatische Morpheme erfüllen somit u.a. die folgenden zwei Funktionen:
 - Als Flexionsmorpheme bilden sie Wortformen. Bei der Flexion unterscheidet man die beiden Großgruppen der Deklination und der Konjugation. Dekliniert werden z.B. Nomen, Adjektive, Pronomen, Artikel, konjugiert werden die Verben.
 - Als Derivationsmorpheme bilden sie neue Wörter. Während die Flexion unterschiedliche Wortformen bildet, werden bei der Derivation neue Lexeme gebildet. Derivationsmorpheme sind z.B. „*-bar*" in „*fruchtbar*", „*-ig*" in „*einig*" oder „*-keit*" in „*Einigkeit*". Das Suffix „*-bar*" leitet von dem Nomen „*Frucht*" das Adjektiv „*fruchtbar*" ab. Das Suffix „*-keit*" nutzen wir dazu, von dem Adjektiv „*fruchtbar*" das Nomen „*Fruchtbarkeit*" abzuleiten. Die Wörter „*Frucht*", „*fruchtbar*" und „*Fruchtbarkeit*" sind keine Wortformen eines zugrunde liegenden Lexems, sondern eigenständige Lexeme. Sie besitzen in Wörterbüchern einen je eigenen Eintrag.

Für viele Derivationssuffixe lässt sich – über die grammatische Bedeutung hinaus – auch ein lexikalischer Bedeutungsaspekt aufzeigen. Wir geben einige Beispiele:[61]
- Das Derivationssuffix „*-bar*" nutzen wir u.a. dazu, von Verben Adjektive abzuleiten. Über diese grammatische Funktion hinaus verleiht dieses Derivationssuffix den abgeleiteten Adjektiven „*trinkbar*", „*essbar*" oder „*veränderbar*" einen gemeinsamen lexikalischen Bedeutungsaspekt. Mit den aus „*Verb+bar*" gebildeten Ableitungen drücken Sprecher aus, dass etwas auf Grund seiner spezifischen Eigenschaften „*geVerb-t*", also „*getrunken*", „*gegessen*" oder „*verändert*" werden kann.
- Das Derivationssuffix „*-er*" bildet aus Verben Substantive. Darüber hinaus tragen Ableitungen wie „*Läufer*", „*Käufer*", „*Sprecher*" oder wie „*Radierer*", „*Staubsauger*" und „*Drucker*" einen gemeinsamen Bedeutungsaspekt: Mit den aus „*Verb+er*" gebildeten Nomen referiert ein Sprecher auf solche Menschen oder Objekte, die zu dem vom Verb bezeichneten Ereignis in einer ursächlichen Beziehung stehen.

Die meisten Derivationssuffixe sind das Ergebnis eines Prozesses, den man Grammatikalisierung nennt. Dieser Begriff bezeichnet einen Sprachwandel, in dem ein ehemals lexikalisches Morphem seine ursprüngliche Wortbedeutung verliert und stattdessen eine eher grammatische Funktion gewinnt.
Dies betrifft z.B. das Derivationssuffix „*–schaft*", das auf die althochdeutsche Form „*scaf*" („*schaffen*") zurückzuführen ist. Als Suffix hat es heute eine eher abstrakte Bedeutung:
- Als Berufsbezeichnung weist es auf ein Kollektiv hin, wie z.B. in „*Ärzteschaft*", „*Studentenschaft*" oder „*Handwerkerschaft*".
- Mit „*Adjektiv+schaft*" referieren Sprecher auf einen Zustand, der durch das Adjektiv näher bezeichnet ist. So bezeichnet das deadjektivische Nomen „*Schwangerschaft*" einen Zustand, in dem jemand schwanger ist.

Wir unterscheiden des Weiteren Morpheme danach, ob sie frei oder gebunden auftreten.
- Freie Morpheme: Das Morphem „*Streit*" ist fähig, allein ein Wort zu bilden. Solche Morpheme nennen wir freie Morpheme. Weitere Beispiele sind „*Haus*", „*Maus*", „*Gast*", „*Mutter*", „*Vater*".
- Gebundene Morpheme: Die Morpheme „*-ig*", „*-keit*", „*-en*" sind als Morpheme nicht wortfähig. Sie sind nicht fähig, eigenständig ein Wort zu bilden.

---

[61] Vgl. dazu Pörings/Schmitz, 1999, 64f.

Solche Morpheme nennen wir gebundene Morpheme. Viele der gebundenen Morpheme sind Affixe. Affixe sind an lexikalische Morpheme gebunden, man sagt affigiert. Je nach Ort der Affigierung unterscheidet man
- Präfixe: „_un_-schön", „_er_-geben", „_ver_-geben".
- Suffixe: „frucht-_bar_", „Dunkel-_heit_", „freund-_lich_".
- Circumfixe: „_ge_-lieb-_t_", „_ge_-koch-_t_".

Lexikalische Morpheme sind eher freie Morpheme, grammatische sind eher gebundene Morpheme. Allerdings gibt es sowohl gebundene, also nicht wortfähige, lexikalische Morpheme (z.B. „Seh" in „Sehhilfe") als auch freie grammatische Morpheme (z.B. Präpositionen, Konjunktionen).

Aufgrund ihrer Morphemstruktur kann man Wörter in drei Klassen einteilen.
- Simplizia: Sie bestehen in ihrer Grundform aus nur einem Kernmorphem und – in flektierter Form – aus einem oder mehreren Flexionsmorphemen. Beispiele sind „Berg", „Berg-es", „Berg-e" oder „Tisch", Tisch-es", „Tisch-e".
- Derivata: Sie enthalten mindestens ein Kern- und ein Ableitungsmorphem. Beispiele sind „ess-bar"; „trink-bar", „lern-bar".
- Komposita: Sie enthalten mindestens zwei Kernmorpheme mit lexikalischer Bedeutung. Beispiele sind „Dampf-schiff", „Tür-blatt", „Blei-stift".

2.2. Wortarten

Wörter sind Bausteine von Sätzen. Weil die Wörter in Sätzen unterschiedliche syntaktische Aufgaben zu erfüllen haben, sind sie für diese unterschiedlichen Aufgaben auch strukturell unterschiedlich ausgestattet. Dies ist ein Grund dafür, dass man Wortarten unterscheiden kann. Wortarten sind Klassen von Wörtern,
- die im Satz bestimmte syntaktische Aufgaben erfüllen können.
- die deshalb bestimmte strukturelle Merkmale gemeinsam haben.

Zu den Klassifikationskriterien der Wortarten:
Grundsätzlich kann man Wörter nach sehr unterschiedlichen Kriterien klassifizieren. Daher finden sich in den Grammatiken unterschiedliche Klassifikationsvorschläge, auch Wortarten-Typologien genannt.[62]

---

[62] Vgl. dazu die Darstellung von Klassifikationskriterien und Wortartentypologien in Sommerfeld/Starke, ³1997, S. 40-52. Am wenigsten umstritten sind die Wortarten „Verb", „Substantiv" und „Adjektiv". Große Unterschiede gibt es in der Klassifikation der Wortarten „Artikel", „Pronomen", „Adverb" und „Partikel". Hier und in anderen Werken wird darauf hingewiesen, dass die Merkmale der Wortarten am Kernbestand der Klasse gewonnen werden. In der Peripherie der einzelnen Wortarten können Probleme der Zuordnung auftreten.

Wir unterscheiden zunächst nach morphologischen Kategorien in
- flektierbare Wörter: Dies sind Wörter, die unterschiedliche Wortformen bilden können.
- nicht flektierbare Wörter: Dies sind Wörter, die nur eine Wortform bilden können.

Die flektierbaren Wortarten
Die flektierbaren Wörter unterscheiden wir nach der Art ihrer Flektierbarkeit.

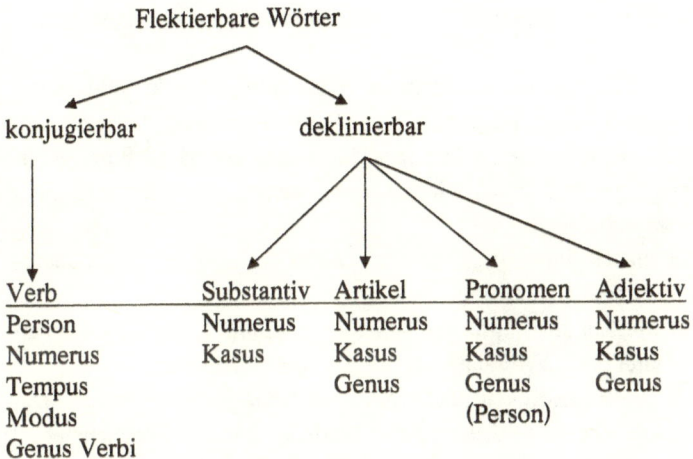

Das Verb
Verben sind die Wörter, die sich konjugieren lassen. Die Konjugation ist eine spezifische Form der Flexion. Grundsätzlich lassen sich beim Verb finite und infinite Verbformen unterscheiden. Als infinite Formen lassen sich bilden
- der Infinitiv:
  Der Infinitiv ist entweder Teil einer Verbalgruppe *(„Er wird siegen. ")* oder satzwertiger Infinitiv *(Er kam, um zu siegen. ")*.
- das Partizip I und II:
  Partizipien *(„siegend", „gesiegt")* sind Teil einer Nominalgruppe *(„Der siegende Sportler")* oder Teil einer Verbalgruppe *(„Er hat gesiegt. ")*.

Die finiten Verbformen sind Teil des Prädikats. Sie flektieren nach Person, Numerus, Tempus, Modus und Genus Verbi.

- Person: Man unterscheidet drei Personalformen.
  - Die 1. Person bezeichnet den Sprecher bzw. den Schreiber.
  - Die 2. Person bezeichnet den angesprochenen bzw. angeschriebenen Kommunikationspartner.
  - Die 3. Person bezeichnet den, die oder das, worüber gesprochen wird.

- Numerus: Beim Numerus unterscheidet man den Singular (Einzahl) und den Plural (Mehrzahl). Die Flexionskategorien des Numerus und der Person geben Hinweise zur Identifizierung der Satzgliedfunktion „Subjekt". Denn das finite Verb und das Subjekt kongruieren hinsichtlich dieser Kategorien.
  „Die Kinder ärgern das Mädchen."   *„Die Kinder ärgert das Mädchen."*

- Tempus: Beim Tempus werden Präsens, Präteritum, Perfekt, Plusquamperfekt, Futur I und Futur II unterschieden. Präsens und Präteritum werden durch eine einfache, die anderen Tempora durch eine komplexe Form gebildet. Die Tempusformen können wir u.a. dazu nutzen, den Zeitbezug einer Aussage zu verdeutlichen.[63]
  - Präsens für die Gegenwart: *„Draußen scheint die Sonne."* Geschehens- und Sprechzeit sind gleichzeitig.
  - Präsens für die Zukunft: *„Morgen scheint die Sonne."* Der Sprecher erwartet, vermutet oder sagt voraus, dass etwas geschehen wird.
  - Präsens für die Zeitlosigkeit: *„Die Sonne scheint jeden Sommer."* Der Sprecher beschreibt ein zeitloses oder sich wiederholendes Geschehen.
  - Präteritum: *„Er kam, sah und siegte."* Das Präteritum ist das typische Tempus für Erzählungen und Berichte. Man drückt aus, dass das Geschehen vor der Sprechzeit liegt, also vergangen ist.
  - Perfekt für die Vergangenheit: Das Perfekt drückt - ähnlich dem Präteritum - Vergangenheit aus. *„Hans Meier hat den Wettbewerb gewonnen."* Darüber hinaus kann es einen impliziten Bezug zur Gegenwart anzeigen. *„Weil er gewonnen hat, erhält er jetzt den Pokal."*
  - Perfekt für die Zukunft: *„Um 12 Uhr hast du die Klausur geschrieben."* Zusammen mit der adverbialen Bestimmung der Zeit zeigt das Perfekt an, dass das Geschehen - aus Sicht des benannten zukünftigen Zeitpunktes - Vergangenheit sein wird.
  - Plusquamperfekt: *„Er hatte den Lauf gewonnen. Danach konnte er sich ausruhen."* Das Plusquamperfekt zeigt an, dass ein Geschehen - auch aus Sicht eines vergangenen Zeitpunktes - bereits Vergangenheit war.

---

[63] Wichtige Hinweise auf den Zeitbezug geben auch Adverbien wie *„gestern"*, *„heute"*, *„bald"*, *„jetzt"*, *morgen"*, etc.

- Futur I für die Zukunft: *„Sie werden den Lauf gewinnen."* Das Futur I drückt aus, dass etwas zukünftig geschehen wird.
- Futur I zur Formulierung einer Vermutung oder eines Befehls: *„Er wird wohl gewinnen." „Du wirst das essen."*
- Futur II: *„Gleich wirst du das verstanden haben."* Der Sprecher drückt aus, dass ein Geschehen zu einem zukünftigen Zeitpunkt beendet sein wird.

- Modus: Die Modi des Verbs sind der Indikativ, der Konjunktiv und der Imperativ. Die Formen der Modi können u.a. dazu verwendet werden, um anzugeben, ob ein Sachverhalt
  - zutrifft: *„Er kommt vor Gericht."*
  - irreal ist: *„Sie tut so, als ob sie krank sei/wäre."*
  - unter Voraussetzungen zutrifft: *„Bei erneutem Diebstahl käme er vor Gericht."*
  - zutreffen soll: *„Steh auf."*
  - Gegenstand einer Redewiedergabe ist: *„Man rechne mit einem Aufschwung, hieß es."*

Eine wichtige Funktion der Modi besteht also darin, den Wirklichkeitsbezug der Satzaussage anzuzeigen.

- Genus Verbi: Die Ausprägungen des Genus Verbi sind Aktiv und Passiv. Sie dienen dazu, um anzuzeigen, ob ein und derselbe Sachverhalt
  - eher auf den Täter bezogen betrachtet wird: *„Wir tranken gestern Abend vier Flaschen Wein."*
  - eher vom Geschehen selbst her betrachtet wird: *„Vier Flaschen Wein wurden gestern Abend getrunken."*

Es gibt Verben, die nicht alle Konjugationsformen bilden können. Trotz dieser Einschränkung besitzt das Verb unter allen flektierbaren Wortarten die größte Formenvielfalt. Insgesamt sind bei
- drei Kategorien der Person,
- zwei Kategorien des Numerus,
- sechs Kategorien des Tempus,
- zwei Kategorien des Modus,
- zwei Kategorien des Genus Verbi

144 (3 x 2 x 6 x 2 x 2) unterschiedliche Verbformen möglich.

Warum besitzt die Wortart Verb eine solche Formenvielfalt?

Finite Verben bilden den Kern des Prädikats. In dieser Funktion haben sie zentrale Bedeutung für die Satzaussage.
- Die Tempusformen können wir nutzen, um Hinweise auf den Zeitbezug einer Aussage zu geben.
- Die Modi können wir nutzen, um Hinweise auf den Wirklichkeitsbezug der Satzaussage zu geben.
- Das Genus Verbi können wir nutzen, um Hinweise auf den Täterbezug zu geben oder zu verschweigen.
- Numerus und Person können wir nutzen, um das Subjekt des Satzes zu identifizieren.

Innerhalb der Wortart werden unterschiedliche Verbklassen unterschieden. Dabei stützt man sich auf syntaktisch-grammatische oder semantische Klassifikationskriterien.

Nach syntaktisch-grammatischen Kriterien unterscheidet man in
- Vollverben: Sie können allein das Prädikat eines Satzes bilden. Beispiele sind „schlafen", „essen", „blühen".
- Kopula-/Hilfsverben: Sie benötigen weitere Verbformen oder Prädikative, um das Prädikat des Satzes bilden zu können. Beispiele sind
    - „sein": „Das Ei ist gekocht."; „Er ist alt."
    - „haben": „Er hat zwei Bier getrunken."
    - „werden": „Er wird arbeiten."; „Er wird alt."
- Modalverben:[64] Beispiele sind „sollen", „müssen", „mögen", „wollen", „dürfen", „können". Sie bilden mit den infiniten Formen anderer Verben das Prädikat. „Er soll lernen."; „Er soll gelernt haben."
- Transitive Verben und intransitive Verben: Transitive (zielende) Verben verlangen ein direktes (Akkusativ-)Objekt und können ein persönliches Passiv bilden. Ein Beispiel ist das Verb „lieben": „Ich liebe dich." „Du wirst von mir geliebt." Ein Beispiel für ein intransitives Verb ist „laufen".

Nach semantischen Kriterien unterscheidet man Verben,
- die eine bestimmte Art des Geschehens bezeichnen. Dies sind
    - Handlungsverben: „bauen", „laufen", „essen"
    - Vorgangsverben: „fallen", „fließen"
    - Zustandsverben: „schlafen", „heißen"

---

[64] Zu den Gebrauchsweisen der Modalverben vgl. die Ausführungen zu Illokutionsindikatoren im zweiten Kapitel.

- die einen bestimmten Ablauf des Geschehens bezeichnen. Dies sind
  - durative Verben: Diese Verben bezeichnen ein fortdauerndes Geschehen wie z.B. *„schlafen"*.
  - punktuelle Verben: Sie bezeichnen ein kurzzeitiges Geschehen, wie z.B. *„treffen", „explodieren"*.
  - resultative Verben: Sie bezeichnen das Ergebnis eines Geschehens wie etwa *„verblühen", „verbrennen"*.
  - inchoative Verben: Sie bezeichnen den Beginn eines Geschehens wie z.B. *„entflammen", „einschlafen"*.

Das Nomen

In vielen Schulbüchern werden die Nomen auch als Substantive bezeichnet. Beide Ausdrücke sind gleichbedeutend.

Nomen sind Wörter, die ein festes Genus haben. Jedes Nomen hat entweder maskulines, feminines oder neutrales Genus. Die meisten Nomen lassen sich nach Numerus und Kasus flektieren. Die folgenden Beispiele zeigen, dass - insbesondere bei den Feminina - die Kasusflexion weitgehend fehlt. Die Kasuskennzeichnung erfolgt dann anhand von begleitenden Wörtern, z.B. den Adjektiven oder den Artikeln.

	Maskulines Genus	**Feminines Genus**	**Neutrales Genus**
Nominativ:	*der junge Mann*	*die junge Frau*	*das junge Kind*
Genitiv:	*des jungen Mannes*	*der jungen Frau*	*des jungen Kindes*
Dativ:	*dem jungen Mann*	*der jungen Frau*	*dem jungen Kind*
Akkusativ:	*den jungen Mann*	*die junge Frau*	*das junge Kind*

Die Nomen bilden die umfangreichste Wortklasse. Der deutsche Wortschatz besteht zu einem erheblichen Teil aus ihnen.[65] Ihre kommunikative Aufgabe besteht darin, Größen zu bezeichnen. Diese Größen können
- gegenständlich und sinnlich wahrnehmbar sein: *„Stuhl", „See", „Wand"*.
- Zustände, Eigenschaften, Vorgänge, u. v. a. m. sein: *„Wut", „Schnelligkeit", „Besiedlung"*.

Man kann Nomen nach semantischen Kriterien unterscheiden in
- Eigennamen: Diese Nomen bezeichnen individuelle Größen. Beispiele sind *Maier, Italien, Hamburg, Ampere, Ohm*.

---

[65] Dies gilt nicht für das Vorkommen von Nomina in Texten. Hier wird die „an sich" eher kleine Klasse der Strukturwörter (Präpositionen, Artikel, Kon- und Subjunktionen, etc.) sehr häufig gebraucht.

- Gattungsnamen: Diese Nomen bezeichnen entweder eine Menge gleichartiger Größen (*„Das Auto ist ein unverzichtbarer Bestandteil jeder mobilen Gesellschaft."*) oder eine konkrete Größe (*„Mein Auto ist recht klein."*).

Man kann Nomen des Weiteren danach unterscheiden, ob sie zählbare oder nicht-zählbare Einheiten bezeichnen:
- Nomen, die zählbare Größen bezeichnen, sind *„Berg"*, *„Wiese"*, *„Tisch"*.
- Nomen, die nicht zählbare Größen bezeichnen, referieren häufig auf eine ungegliederte Masse (*„Reis"*, *„Wolle"*, *„Zucker"*) oder auf ein Kontinuum (*„Fieber"*).

Die von Verben abgeleiteten Nomen kann man unterscheiden in
- Nomina actionis: Sie benennen Vorgänge, wie z.B. *„Befragung"*, *„Sucherei"*.
- Nomina acti: Sie benennen Ergebnisse von Vorgängen, wie z.B. *„Mord"*, *„Riss"*, *„Beschluss"*.
- Nomina agentis: Sie benennen den Urheber einer Handlung, wie z.B. *„Läufer"*, *„Interviewer"*, *„Mörder"*.
- Nomina patientis: Sie benennen Größen, die Gegenstand einer Handlung sind, wie z.B. *„Beschuldigter"*, *„Ermordeter"*, *„Aufkleber"*.

Nomen bilden den Kern von Nominalphrasen (*„das sehr intelligente, aber unruhige Kind"*). Diese Wortgruppen erfüllen im Satz eine Vielzahl von Aufgaben. Sie sind
- Subjekt: *„Das kleine Kind singt ein schönes Lied."*
- Objekt: *„Das kleine Kind singt ein schönes Lied."*
- Adverbiale Bestimmung: *„Er hat die vergangenen Jahre viel gelitten."*
- Prädikativum: *„Er ist ein Lehrer."*
- Attribut: *„Der Vater meiner neuen Freundin ist Lehrer."*

Das Adjektiv
Adjektive bilden eine Klasse von Wörtern, die durch folgende Merkmale ausgezeichnet sind:
- Sie besitzen kein festes Genus.
- Sie können hinsichtlich Kasus und Numerus flektiert werden.
- Sie können gesteigert werden können.

Allerdings genügen nicht alle Adjektive diesen Kriterien. So kann z.B. das Adjektiv *„heutig"* nicht gesteigert werden.

Eine zentrale Aufgabe der Adjektive besteht darin, sprachlich bezeichnete Größen, Vorgänge oder Sachverhalte näher zu bestimmen. Die Adjektive leisten dies, indem sie diesen Einheiten „Qualitäten" zuordnen.
Hinsichtlich dieser „Qualitäten" kann man semantische Subklassen von Adjektiven bilden:
- Quantifizierende Adjektive: Sie quantifizieren die Menge oder die Anzahl. Beispiele sind *„viele Kinder", „wenige Regentropfen"*.
- Referentielle Adjektive: Sie bezeichnen die räumliche Lage oder nehmen eine zeitliche Einordnung vor. Beispiele sind *„das damalige Ereignis", „die obige Anmerkung"*.
- Qualifizierende Adjektive: Sie bezeichnen Eigenschaften und Beschaffenheiten. Beispiele sind *„die alte Oma", „der frische Käse", „der eiserne Wille"*.
- Klassifizierende Adjektive: Sie bezeichnen Merkmale, die der Klassifikation dienen oder eine Klassenzugehörigkeit anzeigen. Beispiele sind *„ärztliche Dienstleistung", „gewerkschaftlicher Streik", „menschliche Intelligenz"*.
- Herkunftsadjektive: Sie bezeichnen die Herkunft oder benennen den Ort des Vorkommens. Beispiele sind *„schottischer Lachs", „baskischer Terror"*.

Adjektive erfüllen sehr unterschiedliche syntaktische Aufgaben.
- Adjektiv als Attribut: Das attributiv gebrauchte Adjektiv bezieht sich auf ein Nomen. Es folgt dem Nomen in Genus, Kasus und Numerus. Beispiele sind *„das laute Kind", „dem lauten Kind"*.
- Adjektiv als adverbiale Bestimmung: Das Adjektiv nimmt auf das Verb Bezug und bestimmt den Sachverhalt näher, der durch das Verb bezeichnet wird. Dabei flektiert das Adjektiv weder nach Kasus noch nach Numerus und Genus. Beispiele sind *„Das Kind schreit laut", „Die Kinder schreien laut"*.
- Adjektiv als Prädikativum: Das Adjektiv bildet zusammen mit einem Kopulaverb das Prädikat. Es bezieht sich zumeist auf das Subjekt des Satzes und flektiert nicht nach Numerus, Kasus und Genus. Beispiele sind *„Das Kind ist laut", „Die Kinder sind laut."*
- Adjektiv in modifizierender Funktion: Das Adjektiv modifiziert einen anderen Ausdruck und flektiert nicht nach Numerus, Genus und Kasus. Der modifizierte Ausdruck ist selbst häufig ein Adjektiv. Beispiele sind *„Das war voll gut.", „Das war außerordentlich gut.", „das entsetzlich laute Lied"; „die entsetzlich lauten Lieder"*.

Der Artikel und die Artikelwörter

Artikel „leben" in enger Nachbarschaft zu den Nomen. Daher nennt man sie auch die Begleiter der Nomen. In dieser Funktion verdeutlichen sie die Substantivdeklination, da die Kasusmarkierungen am Artikelwort besser zu erkennen sind als am Bezugsnomen. Artikelwörter flektieren - ebenso wie Nomen - nach Numerus und Kasus. Zudem besitzen sie ein veränderbares Genus. Im Genus passt sich das Artikelwort seinem Bezugsnomen an.
„*Ich schenke dem Kind den Computer.*"
Die typischen Artikelwörter sind der definite und der indefinite Artikel.
- Der definite Artikel: Der definite Artikel macht deutlich, dass der Sachverhalt, der durch das Nomen bezeichnet wird,
    - in der Redesituation vorhanden ist: „*Gib mir das Salz.*"
    - im Text zuvor eingeführt worden ist: „*Gestern war ein herrlicher Tag. Der Tag fing damit an, dass ... .*"
    - von dem Sprecher/Schreiber als bekannt unterstellt wird: „*Der zweite Irak-Krieg fand 2003 statt.*"
- Der indefinite Artikel: Der indefinite Artikel „*ein*" kann anzeigen, dass ein Redegegenstand neu eingeführt wird.
„*Ich habe mir ein neues Fahrrad gekauft. Das Rad hat 12 Gänge.*"
Er besitzt keine Pluralform. Wenn ein Sprecher/Schreiber deutlich machen will, dass er über eine Mehrzahl unbestimmt sprechen oder schreiben möchte, lässt er den Indefinitartikel weg.
„*Ich habe ein Haus gekauft. Es war nicht sehr teuer.*"
„*Ich habe Häuser gekauft. Sie waren nicht sehr teuer.*"

Definite wie indefinite Artikel kann man verwenden, um zu verallgemeinern. In dieser Gebrauchsweise verdeutlichen sie, dass von einer ganzen Gattung die Rede ist.
„*Der Falke ist ein Greifvogel, die Amsel ein Singvogel.*"
Indefinite Nominalphrasen werden mittels „*kein*" negiert, definite Nominalphrasen mit „*nicht*".
„*Sie ist eine Richterin.*"   „*Sie ist keine Richterin.*"
„*Sie ist die Richterin.*"   „*Sie ist nicht die Richterin.*"

Die Eingrenzung der Artikelwörter ist insgesamt schwierig. Denn es gibt auch andere als die bisher genannten Wörter, die in der Funktion des Begleiters von Nomen verwendet werden können. Hierzu zählen zunächst Wörter wie „*mancher*", „*einige*", „*etliche*", „*irgendein*" oder „*jeder*", die als Begleiter

indefinite Bedeutung haben. Ihnen ist gemeinsam, dass sie den Sachverhalt, der durch das Bezugsnomen bezeichnet wird, recht unbestimmt lassen. Allerdings haben sie darüber hinaus oft auch eine spezifische quantitative Bedeutungskomponente.
- „Einige" bezeichnet eine begrenzte Anzahl. *„Das Spiel hatte einige Zuschauer."*
- „Etliche" hat eine ähnliche Bedeutung wie *„einige"*. Allerdings weist man durch die Verwendung von *„etliche"* darauf hin, dass die bezeichnete begrenzte Menge wohl die zuvor gehegten Erwartungen übertrifft: *„Das Spiel hatte etliche Zuschauer."*
- „Jede" bezeichnet die Gesamtheit der Elemente einer Menge: *„Jeder Zuschauer hat Eintritt zahlen müssen."*

Folgende Wörter haben definite Bedeutung, wenn sie als Begleiter verwendet werden.
- Die Possessivpronomen: Beispiele sind „mein", „dein", „sein/ihr", „unser", „euer" und „ihr". Possessivpronomen sind als Begleiter an ein Bezugsnomen gebunden und folgen diesem in Kasus, Numerus und Genus. Sie kennzeichnen eine Zugehörigkeitsrelation und verweisen situations- oder textorientiert auf den Sprecher/Schreiber, den Hörer/Leser oder auf Dritte, von denen die Rede ist.
„Meine Rede war kurz.", „Deine Rede war kurz.", „Ihre Rede war kurz."
- Die Demonstrativpronomen: Hierzu zählen u.a. „dieser", „jener", „solcher", „diejenige". Mit dem Gebrauch eines Demonstrativpronomens weist man besonders auf den bezeichneten Sachverhalt hin.
„Dieses Buch gehört mir, jenes Buch nicht."
- Die Interrogativpronomen: Hierzu zählen z.B. „welcher", „wessen", „wie viele". Mit diesen Artikelwörtern können Eigenschaften, Mengen oder Merkmale von bezeichneten Sachverhalten erfragt werden.

Das Pronomen
Pronomen verweisen entweder auf andere Ausdrücke im umgebenden Text oder auf Sachverhalte der gegebenen Situation. Sie können daher nur in ihrem Bezug zum jeweiligen Text oder zur jeweiligen Situation vollständig verstanden werden. Ist der Bezug unklar, bleibt auch die Bedeutung unklar.
„Hans hat den Computer von einem Freund installieren lassen. Er arbeitet nicht gut."

Man unterscheidet Pronomen in
- Personalpronomen: Diese bezeichnen die an einer Kommunikation beteiligten Partner. Sie werden nach Numerus, Kasus und Person dekliniert.
  „Ich komme, du gehst, sie bleibt." „Wir kommen, ihr geht, sie bleiben."
  Das Reflexivpronomen ist eine Sonderform des Personalpronomens. Es zeigt den Rückverweis auf das Subjekt an.
  „Ich verirre mich." „Du verirrst dich."
- Interrogativpronomen: Mit dem Interrogativpronomen *„wer"* fragt man nach Personen. Es kann unterschiedliche Kasusformen annehmen.
  Mit dem Interrogativpronomen *„was"* fragt man nach Sachen oder Sachverhalten. Es ist unveränderlich. Weitere Interrogativpronomen sind z.B. *„wo", „wann", „warum", „woher"*. Auch sie sind unflektierbar.
- Possessivpronomen: Die Possessivpronomen *„mein", „dein", „sein", „ihr," unser", „euer", „ihr"* entsprechen den Personalpronomen. Sie werden nach Genus, Kasus und Numerus flektiert.
- Relativpronomen: Die Relativpronomen *„der", „die", „das", „welcher", „welche", „welches"* werden nach Genus, Kasus und Numerus flektiert. Sie leiten Relativsätze ein und haben immer einen Bezugsausdruck im übergeordneten Satz.
  „Das alte Haus, dessen Besitzer ich war, wird heute abgerissen."
  „Den Mann, dem ich gestern begegnet bin, kannte ich aus dem Fernsehen."
- Indefinitpronomen: Die Indefinitpronomen lassen den Sachverhalt, auf den sie verweisen, unbestimmt. Einige dieser Pronomen *(„jemand", „niemand", „keiner")* flektieren hinsichtlich des Kasus, andere hingegen *(„etwas", "nichts", „man ")* sind unflektierbar.

Die nicht flektierbaren Wortarten
Die nicht flektierbaren Wortarten sind nicht veränderbar. Sie verfügen „nur" über eine Wortform. Deshalb werden sie anhand distributionell-syntaktischer Kategorien unterschieden. Dies bedeutet: Man unterscheidet die nicht flektierbaren Wortarten danach, wo sie im Satz oder in Wortgruppen stehen und welche Aufgaben sie im Satz erfüllen können.

Die Präposition
Präpositionen bilden eine sehr überschaubare Klasse von Wörtern. Sie haben fast immer eine Nominalphrase bei sich und legen fest, in welchem Kasus die Nominalphrase steht. Präpositionen regieren also den Kasus der Nominalphrase.

Genitiv: *„Abseits der Straße wird es schlammig."*
Dativ: *„Ich spreche mit meiner Tochter."*
Akkusativ: *„Ich gehe durch den Wald."*

Präpositionen stehen zumeist vor Nomen oder Nominalphrasen.
„Wegen starken Regens fiel das Sportfest aus."
Manche Präpositionen können nachgestellt sein.
„Er handelte meiner Anweisung zuwider."
Gespaltene Präpositionen bestehen aus zwei Teilen. Der erste steht vor, der zweite hinter der Nominalphrase.
„Von Dienstag an gelten die neuen Preise."

Die meisten Präpositionen haben eine klar umrissene Bedeutung. Allerdings verblasst die Bedeutung mancher Präpositionen, wenn sie ein Präpositionalobjekt[66] einleiten. *„Er achtet auf Sauberkeit."*
Präpositionen haben die Aufgabe, sprachliche Elemente miteinander zu verknüpfen und eine bestimmte semantische Beziehung zwischen diesen Elementen anzuzeigen. Sie leisten dies u.a., indem sie
- ein Präpositionalattribut mit dem Bezugsnomen verknüpfen: *„Der Student aus Gießen hatte großen Erfolg."*
- eine adverbiale Bestimmung einleiten: *„Sie arbeitet mit großer Begeisterung."*
- ein Präpositionalobjekt einleiten: *„Er achtet auf Sauberkeit."*

Präpositionen drücken Verhältnisse direktionaler, positionaler, temporaler, instrumentaler, konditionaler, kausaler oder konzessiver Art aus. Wir nennen einige wichtige und häufige Bedeutungen der Präpositionen:

- positionale Bedeutung:		*„Auf dem Gipfel weht ein starker Wind."*
- direktionale Bedeutung:		*„Er schießt den Ball in das Tor."*
- positionale Bedeutung:		*„Er liegt auf dem Bett."*
- temporale Bedeutung:		*„Während des Spiels fiel das Flutlicht aus."*
- kausale Bedeutung:	Ursache	*„Wegen Krankheit bleibt er zu Hause."*
	Motiv	*„Aus Fürsorge besuchte sie ihn."*
	Zweck	*„Zwecks Reinigung ging sie ins Bad."*
- modale Bedeutung:		*„Sie erledigte die Arbeit in aller Ruhe."*

---

[66] Zur Unterscheidung von Adverbialbestimmung und Präpositionalobjekt vgl. die Ausführungen zur Satzgliedfunktion im vierten Kapitel.

- instrumentale Bedeutung: *„Er überredete sie mit vielen guten Worten."*
- konditionale Bedeutung: *„Bei Regen bleibe ich im Haus."*
- Konzessive Bedeutung: *„Trotz des Regens treibe ich Sport."*

Manche Präpositionen haben mehrere Bedeutungen. Diese Bedeutungsunterschiede gehen häufig mit Unterschieden in der Kasusrektion einher.
- Positional: *„Er steht vor der Wand."*
- Direktional: *„Er läuft vor die Wand."*
- Temporal: *„Vor drei Tagen hatte er Prüfung."*
- Kausal: *„Vor Nervosität brachte er kein Wort heraus."*

Konjunktion und Subjunktion
Konjunktionen und Subjunktionen sind Bindewörter.
Zu den Konjunktionen:
Sie verbinden gleichartige und gleichstufige Elemente miteinander. Diese sind
- gleichstufige Hauptsätze: *„Er kam zur Schule, aber er beteiligte sich nicht am Unterricht."*
- gleichstufige Nebensätze: *„Er kam, weil er musste und weil er es wollte."*
- gleichstufige Satzglieder: *„Er schenkte ein Buch und eine CD."*
- gleichstufige Attribute: *„Das kleine, aber geschmackvolle Haus."*
- gleichstufige Wortteile: *„Er sollte das Auto vor- und zurücksetzen."*

Konjunktionen zeigen logisch-semantische Beziehungen zwischen den verbundenen Elementen an. Sie haben z.B.
- aneinanderreihende Bedeutung: *„Helga und Hans teilen eine Wohnung."*
- alternative Bedeutung: *„Du gehst zum Arzt oder du bleibst im Bett."*
- adversative Bedeutung: *„Sie ist alt, aber sehr sportlich."*
- kausale Bedeutung: *„Wir sollten gehen. Denn es ist bereits spät."*

Zu den Subjunktionen:
Ihre syntaktische Hauptaufgabe besteht darin, einen Nebensatz oder einen Infinitivsatz einzuleiten und dessen Bezug zum übergeordneten Satz anzuzeigen. Sie stehen dabei am Anfang des untergeordneten Satzes.
„Sie kauft das Buch, weil sie es Hans schenken will, wenn er Geburtstag hat."
Infinitivsubjunktionen hingegen leiten satzwertige Infinitive ein.
„Er lebte, um zu arbeiten."
Auch die Subjunktionen verdeutlichen logisch-semantische Beziehungen zwischen den verbundenen Sätzen.

Sie haben z.B.
- temporale Bedeutung: *„Sie arbeitete, während er schlief."*
- kausale Bedeutung: *„Da er täglich trainierte, verbesserte er sich stetig."*
- finale Bedeutung: *„Er kam, um am Wettkampf teilzunehmen."*
- konditionale Bedeutung: *„Wenn du bis 12 Uhr kommst, kann ich auf dich warten."*
- konzessive Bedeutung: *„Obwohl es regnet, findet der Ausflug statt."*

Die Partikel

Die Partikeln sind unflektierbare Wörter, die weder satzgliedfähig noch erfragbar sind. Nach ihrer Funktion kann man die Partikeln untergliedern in Grad- und Abtönungspartikeln.
- Die Gradpartikel: Gradpartikeln haben ein Bezugswort. Sie können u.a.
  - die Bezugsgröße hervorheben: *„Sogar Fritz stimmte zu."*
  - die Aussage auf die Bezugsgröße begrenzen: *„Nur Fritz stimmte zu."*
  - die Bezugsgröße anderen Elementen hinzufügen: *„Auch Fritz stimmte zu."*

Da die Gradpartikel sich gewöhnlich auf das nachfolgende Element bezieht, ergeben sich aus Umstellungen erhebliche Bedeutungsunterschiede:
- *„Sogar damals hatte er Glück."*
- *„Damals hatte sogar er Glück."*
- *„Damals hatte er sogar Glück."*

- Die Abtönungspartikel: Abtönungspartikeln nehmen nicht auf ein einzelnes Wort Bezug, sondern beziehen sich auf den ganzen Satz. Mittels der Abtönungspartikeln können Sprecher die kommunikative Absicht verdeutlichen, die sie mit der Äußerung des Satzes verfolgen.
  - Bitte: *„Mach doch das Licht an."*
  - Drohung: *„Mach ja das Licht an."*
  - Aufforderung: *„Mach mal das Licht an."*
  - Vermutung: *„Er macht wohl das Licht an."*

Das Adverb

Adverbien gehören zu den nicht flektierbaren Wortarten. Im Unterschied zu den anderen nicht flektierbaren Wortarten, können Adverbien Satzgliedfunktion erfüllen. Dies erkennt man daran, dass sie allein im Vorfeld eines Satzes, also in der Position vor dem finiten Verb, stehen können.

„*Er trinkt stets Milch.*"   „*Stets trinkt er Milch.*"
„*Er sagt niemals nie.*"   „*Niemals sagt er nie.*"
„*Er ist dennoch fleißig.*"   „*Dennoch ist er fleißig.*"

Adverbien können im Satz sehr unterschiedliche Aufgaben erfüllen. Sie können
- auf den ganzen Satz bzw. das Prädikat bezogen sein.
„*Er bleibt gewiss die ganze Woche.*"
„*Vielleicht hilft er bei der Hausarbeit.*"
„*Stets fand er einen Helfer.*"
„*Er kam oft nach Hause.*"
- auf Adjektive oder Adverbien bezogen sein und diese graduieren.
„*Er war ein stets unterhaltsamer Gesprächspartner.*"
„*Sein unlängst verstorbener Großvater hat einige Immobilien besessen.*"
- als Binde-Adverbien die logisch-semantischen Beziehungen zwischen Sätzen anzeigen.
„*Er war klug. Allerdings machte er wenig daraus.*"
„*Sie arbeitete ein ganzes Jahr an dem Projekt. Dann machte sie einige Wochen Urlaub.*"
„*Er arbeitete ein ganzes Jahr an dem Projekt. Dennoch hatte er keinen Erfolg.*"

2.3. Wortbedeutung

Zeichen tragen eine Bedeutung. Die Fähigkeit zur Zeichenverwendung macht uns die innere wie die äußere Welt kommunikativ verfügbar. Mögliche Gegenstände der Kommunikation sind z.B.
- anwesende und abwesende Personen.
- Erfahrungstatbestände.
- Erdachtes und fiktive Welten.
- Mögliches oder Unmögliches.
- die Sprache selbst.

Der linguistische Arbeitsbereich, der sich mit der sprachlichen Bedeutung befasst, heißt Semantik.
Wir werden uns mit folgenden Aspekten der Bedeutung befassen:
- Konzepte der Wortbedeutung
- Formen der Bedeutungsbeschreibung
- Bedeutungswandel

Konzepte der Wortbedeutung

Welche sprachlichen Ausdrücke haben Bedeutung? Grundsätzlich sind alle sprachlichen Ausdrücke, die mindestens aus einem Morphem bestehen, bedeutungsvoll. Daher muss sich die Semantik vom Grundsatz her mit der Bedeutung von Morphemen, einfachen und komplexen Wörtern, Phrasen, Sätzen, Satzfolgen und Texten befassen.[67] Wir werden hier nur Fragen der lexikalischen Semantik behandeln.

Was aber ist die lexikalische Bedeutung eines Wortes? Wir stellen drei unterschiedliche Konzepte des Bedeutungsbegriffes vor:
- Die Bedeutung eines Wortes ergibt sich aus der Referenz.
- Die Bedeutung eines Wortes ist die Vorstellung, die man mit ihm verbindet.
- Die Bedeutung eines Zeichens ist sein Gebrauch in der Sprache.

1. Die Bedeutung eines Wortes ergibt sich aus seiner Referenz.

Dieser Bedeutungsbegriff geht davon aus, dass Wörter Dinge benennen oder auf sie verweisen. Man sagt auch, dass sprachliche Zeichen auf Dinge der Welt referieren. Diese Konzeption ist weit verbreitet und bereits in Platons Dialog „Kratylos" formuliert. Die Konzeption erscheint zunächst sehr einsichtig, da wir mit dem Wort *„Mensa"* auf eine bestimmte Verköstigungsanstalt und mit dem Wort *„Stuhl"* auf eine konkrete Sitzgelegenheit verweisen können. Allerdings ergeben sich aus dem Referenzkonzept einige Probleme.
- Wir können mit unterschiedlichen Ausdrücken auf denselben Sachverhalt verweisen. Die Ausdrücke *„Todesmauer"* und *„antifaschistischer Schutzwall"* haben - zu Zeiten des geteilten Berlin - auf denselben Sachverhalt referiert, nämlich die Mauer, die damals Berlin geteilt hat. Trotz dieser identischen Referenz sind beide Ausdrücke nicht bedeutungsgleich, denn mit ihnen ist eine unterschiedliche „ideologische" Sichtweise auf dieses Bauwerk verbunden. Die Bedeutung dieser Ausdrücke umfasst also mehr als deren Referenz auf einen bestimmten Sachverhalt. Weitere Beispiele sind *„Terrorist"* und *„Freiheitskämpfer"*, *„Polizist"* und *„Bulle"*, *„Globalisierung"* und *„Turbokapitalismus"*. Diese Wörter sind - bei entsprechendem Gebrauch - referenzidentisch, aber zweifelsohne nicht bedeutungsgleich. Daraus folgt: Bedeutung ist mehr als Referenz.

---

[67] Phrasen, Sätze und Texte sind komplexe, zusammengesetzte Ausdrücke. Eine Semantik, die sich mit diesen Ausdrücken befasst, muss Regeln benennen, nach denen sich die Bedeutung eines komplexen Ausdrucks zusammensetzt. Man spricht daher auch von einer Semantik der Kompositionalität. Das Kompositionalitätsprinzip besagt, dass die Bedeutung eines komplexen Ausdrucks sich aus der Bedeutung der Bauelemente und der Art ihrer Zusammenfügung ergibt. Anstatt vom Kompositionalitätsprinzip spricht man auch vom „Frege-Prinzip", weil der Mathematiker Gottlob Frege Ende des 19. Jahrhunderts erstmals konsequent davon ausgegangen ist. Frege, 1892.

- Es gibt viele Wörter und Ausdrücke, bei denen unklar bleibt, worauf sie referieren. Dies gilt z.B. für die Modalpartikeln *(„Bleib doch hier.")*, für Präpositionen *(„Er achtet auf Sauberkeit.")* oder für Adjektive wie *„schön"* oder *„unsolide"*. Dies zeigt: Es gibt eine beträchtliche Zahl an Wörtern, deren Bedeutung nicht dadurch zu erklären ist, dass man auf ihre Referenz Bezug nimmt.

2. Die Bedeutung eines Wortes ist die Vorstellung, die man mit ihm verbindet.

Dieser Bedeutungsbegriff geht davon aus, dass wir jedem Wort - mit Hilfe unseres Denkens - einen Begriff zuordnen. Ein Begriff ist ein durch Abstraktion gewonnenes gedankliches Konzept. Er ist definiert
- durch die Aufzählung der Objekte, die unter den Begriff fallen. Man spricht auch von der Extension (Bedeutungsumfang) des Begriffes. Die Extension umfasst die Zahl aller Individuen/Objekte, auf die diese Merkmale zutreffen.
- durch die Angabe der spezifischen Merkmale, die diese Individuen/Objekte aufweisen. Man spricht auch von der Intension (Bedeutungsinhalt) eines Begriffs. So ist die Intension des Begriffes „Junggeselle" definiert durch die Merkmale „männlich", „erwachsen", „noch niemals verheiratet".

Eine der bekanntesten Darstellungen dieses Vorstellungskonzeptes ist das „semiotische Dreieck" von Odgen und Richards.[68]

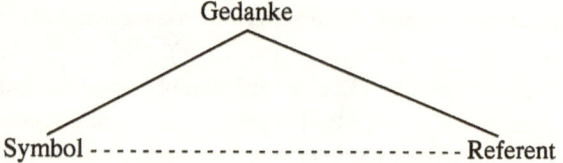

Gegen das Vorstellungskonzept werden vor allem folgende Argumente vorgebracht:
- Es ist bei manchen Begriffen so gut wie unmöglich, sie zu definieren. Was ist z.B. der Bedeutungsumfang oder der Bedeutungsinhalt, der dem Wort *„Liebe"*, dem Wort *„Zuneigung"* oder dem Wort *„doch"* zugrunde liegt?
Dies zeigt: Den Begriff zu definieren, der einem Wort wie z.B. *„Liebe"* zugrunde liegt, ist kaum leichter, als den Sachverhalt zu identifizieren, auf den das Wort referiert.

---

[68] Odgen/Richards, 1923, S. 99. Das folgende Zitat von Hermann Paul verdeutlicht ebenfalls das Konzept der Vorstellung: „Wir verstehen also unter usueller Bedeutung den gesamten Vorstellungsinhalt, der sich für den Angehörigen einer Sprachgenossenschaft mit einem Wort verbindet,...." Paul, 1920, S. 75.

- Die Vorstellungstheorie fasst die Bedeutung eines Wortes als „Bewusstseinsinhalt" bzw. als „mentales" Konzept. Als solche sind sie der unmittelbaren Anschauung nicht zugänglich. Wie ist dann aber gewährleistet, dass ein Wort bei zwei Partnern die gleiche Vorstellung hervorruft?
- Wie kann man Bedeutungsprobleme klären, die darauf beruhen, dass zwei Partner mit einem Wort unterschiedliche Vorstellungen verbinden? Es bleibt nur ein Weg der Bedeutungsklärung. Man muss andere sprachliche Zeichen benutzen, um die Bedeutung des in Frage stehenden Zeichens zu klären. Dies aber führt zu neuen Bedeutungsproblemen, da die Bedeutung der zur Erklärung genutzten Zeichen ebenfalls Bewusstseinsinhalte sind und selbst wieder problematisch werden können.

3. Die Bedeutung eines Zeichens ist sein Gebrauch in der Sprache.[69]
Dieser Ansatz geht von der Annahme aus, dass Kommunizieren im Grundsatz nichts anderes ist als das Spielen z.B. eines Schachspiels. Kommunikation und Schachspiel unterliegen gewissen Spielregeln. Die Bedeutung eines „Springers" im Schach ergibt sich aus den Regeln seines Gebrauchs. So wie Schachspieler die Regeln ihres Spiels beherrschen, müssen auch Sprecher/Hörer die Spielregeln ihrer Sprache kennen. Zu diesen gehören - neben den Regeln für die Form sprachlicher Ausdrücke - auch Regeln für den semantisch angemessenen Gebrauch von Ausdrücken. Die Bedeutung eines Ausdrucks zu kennen, heißt dann: Jemand weiß, wie man den Ausdruck „normalerweise" in einer Sprache verwenden kann und was ein so verwendeter Ausdruck „normalerweise" in dieser Sprache bedeutet. Die Beherrschung der Gebrauchsregeln eignet man sich im Verlaufe des Spracherwerbs an. Ein gelungener Spracherwerb führt zu der Fähigkeit, die Gebrauchsregeln einer Sprache mit großer Routine und unbewusst anwenden zu können. Den Zusammenhang von Bedeutung und Gebrauch eines Wortes kann man deutlich machen, wenn man die folgenden Gebrauchsweisen des Adjektivs „*scharf*" vergleicht.

- „*Ein scharfes Messer*": Eine scharfes Messer ist ein Messer, das gut schneidet.
- „*eine scharfe Kurve*": Eine scharfe Kurve ist eine enge Kurve.
- „*ein scharfer Typ*": Ein scharfer Typ ist ein attraktiver Typ.
- „*ein scharfes Gericht*": Ein scharfes Gericht ist ein stark gewürztes Gericht.

---

[69] Die Auffassung, dass die Bedeutung eines sprachlichen Ausdrucks in seinem normalen Gebrauch innerhalb einer Sprachgemeinschaft besteht, ist ein zentraler Grundgedanke der späten Sprachtheorie Wittgensteins. Wittgenstein, 1984. Eine instrumentalistische Zeichentheorie entwirft Keller, 1995.

Das attributiv gebrauchte Adjektiv „*scharf*" hat also - je nach Gebrauchsweise - eine unterschiedliche Bedeutung. Seine Bedeutung ergibt sich aus dem Kontext des Gebrauchs.
Die Vorteile einer Gebrauchstheorie der Bedeutung werden dort augenfällig, wo das Referenz- und das Vorstellungskonzept Beschreibungsprobleme haben. Dies betrifft z.B. die Bedeutungsbeschreibung von
- Modalverben: „*Er soll eine Gehaltserhöhung erhalten haben.*" - *Er soll eine Gehaltserhöhung erhalten.*"
- Partikeln: „*Komm doch.*" - „*Das ist doch der Hans.*"

Gegen die Gebrauchstheorie der Bedeutung ist vor allem vorgebracht worden, dass bei gebrauchstheoretischen Bedeutungsbeschreibungen die Einheit der Wortbedeutung geopfert wird und die Wortbedeutungen keinen eingrenzbaren begrifflichen Kern mehr besitzen. Der Einwand lautet also: Da es eine Vielzahl von Gebrauchsweisen und Gebrauchskontexten gibt, könne die Bedeutung eines Wortes in eine Vielfalt unterschiedlicher Bedeutungen zerfallen.[70]

Wir werden diese sehr unterschiedlichen theoretischen Konzepte nicht weiter verfolgen, sondern uns mit folgender Frage befassen: Wie lösen wir im Alltag die Bedeutungsprobleme, die bei Gesprächen oder beim Lesen von Texten auftreten?

Verfahren der Bedeutungsbeschreibung
Eine der wichtigsten Grundeinsichten des gebrauchstheoretischen Bedeutungskonzeptes besteht darin, dass Wörter und Wendungen einer Sprache vielfältige, durchaus breit gefächerte Bedeutungen haben können. Diese Vielfalt muss ihr Gegenstück finden in einer angemessenen Vielfalt von Formen und Methoden der Bedeutungsbeschreibung, die wir zur Lösung von Bedeutungsproblemen einsetzen können.
Wir werden im Folgenden einige Verfahren der Bedeutungsbeschreibung vorstellen, die Kommunikationspartner tagtäglich nutzen, um Bedeutungsprobleme zu lösen.

1. Bedeutungsbeziehungen klären
Wie sind die Wörter einer Sprache im mentalen Lexikon der Sprecher/Hörer angeordnet? Gewiss nicht in der Form der alphabetischen Reihenfolge eines Wörterbuches. Denn diese Reihenfolge hat nichts mit den Bedeutungsbeziehungen zu tun, die zwischen den Wörtern einer Sprache bestehen und die ein kompetenter Sprecher/Hörer einer Sprache kennt. Man weiß, dass „*Pflanze*"

---
[70] Zu diesem Atomismuseinwand vgl. Gebauer, 1971. S. 22

ein gemeinsamer Oberbegriff zu „*Blume*" und „*Baum*" ist. Ebenso weiß man, dass die Verben „*ertrinken*" und „*verhungern*" eine Form des Sterbens bezeichnen, beide Formen sich jedoch hinsichtlich der Ursachen unterscheiden, die zum Tode führen. Das Wissen um solche Bedeutungsbeziehungen eröffnet vielfältige Möglichkeiten, Bedeutungsprobleme zu klären.

Welche Bedeutungsbeziehungen können wir dabei nutzen?

- Die Beziehung der Synonymie: Synonymie ist die Beziehung der Bedeutungsgleichheit. Die Lösung von Bedeutungsproblemen mittels Synonymen hat die Grundform: Ausdruck (1) entspricht Ausdruck (2). Allerdings sind echte Synonyme sehr selten. Für sie gilt die Bedingung, dass sie in allen sprachlichen Kontexten gegeneinander austauschbar sein müssen. Ein Beispiel für echte Synonymie ist das Begriffspaar „*Apfelsine*" und „*Orange*". Häufiger sind Quasisynonyme. Diese sind bedeutungsähnlich, weisen jedoch im Gebrauch stilistische, regionale oder andere Unterschiede auf. Dies gilt etwa für „*Junge*", „*Bub*", „*Knabe*".

- Die Beziehung der Antonymie (Kontrarität, Komplementarität): Diese Bedeutungsbeziehung ist eine des Bedeutungsgegensatzes. Man unterscheidet hier zwischen komplementären und konträren Begriffen.
  - Nicht abstufbare Antonyme nennt man komplementär. Beispiele sind die Begriffspaare „*ledig*" und „*verheiratet*", „*männlich*" und „*weiblich*" oder „*tot*" und „*lebendig*". Diese Begriffspaare ermöglichen eine binäre Zuordnung. Denn ein Mensch ist entweder männlich oder weiblich, entweder tot oder lebendig.
  - Abstufbare Antonyme nennt man konträr. Beispiele sind „*groß*" und „*klein*", „*kalt*" und „*heiß*", „*lang*" und „*kurz*". Diese Begriffe beziehen sich auf die Ausprägung einer Eigenschaft und sind daher abstufbar. Ein Getränk kann z.B. sehr kalt sein, weniger kalt, warm, nicht ganz heiß, heiß, sehr heiß.

  Die Bedeutungsbeziehung der Antonymie lässt sich ebenfalls zur Lösung von Bedeutungsproblemen nutzen, da die Nennung von antonymen Begriffen den zu klärenden Ausdruck durch die Nennung einer gegensätzlichen Bedeutung vereindeutigt. „*Ledig ist das Gegenteil von verheiratet*".

- Die Beziehung der Implikation: Diese Bedeutungsbeziehung umfasst sowohl die Beziehung der Über- wie auch der Unterordnung. Sie gliedert den Wortschatz hierarchisch. Übergeordnete Begriffe nennt man Oberbegriffe oder

Hyperonyme. Untergeordnete Begriffe nennt man Unterbegriffe oder Hyponyme. Hyponyme haben im Allgemeinen spezifischere Bedeutungsmerkmale als die Hyperonyme. Eine Zuordnung von Unterbegriffen zu Oberbegriffen findet man in hierarchisch geordneten Begriffssystemen.

Wir geben ein einfaches Beispiel:
Gewässer
Fluss   Bach   Teich   See
Die Kohyponyme „*Fluss*", „*Bach*", „*Teich*" und „*See*" lassen sich recht exakt durch folgende semantische Merkmale voneinander abgrenzen.

Fluss: fließend (+), groß (+)
Bach: fließend (+), groß (-)
See: fließend (-), groß (+)
Teich: fließend (-), groß (-)

Zur Lösung von Bedeutungsproblemen kann man Hyperonyme oder Hyponyme und Kohyponyme nutzen und diese über Bedeutungsmerkmale voneinander abgrenzen.
Man sagt z.B.: „*Ein Teich ist ein stehendes, kleines Gewässer.*" „*Ein Fluss ist ein fließendes Gewässer, aber deutlich größer als ein Bach.*"

- Die Beziehung der Inkompatibilität bzw. der Heteronymie: Diese Bedeutungsbeziehung steht in enger Verwandtschaft zur Implikation. Sie bezeichnet Lexeme, die zu einer gemeinsamen übergeordneten Kategorie zählen, sich aber als Elemente dieser Kategorie gegenseitig ausschließen. Dies gilt etwa für die Tage der Woche oder die Monate des Jahres. Heteronyme Begriffe sind also Elemente einer Reihe. Als solche sind sie weder gegensätzlich (antonym) noch bedeutungsgleich (synonym).

2. Bedeutung paraphrasieren

Bedeutungsparaphrasen sind Bedeutungsumschreibungen. Sie benutzen Oberbegriffe, die dann durch bedeutungsunterscheidende Merkmale eingegrenzt werden. Nehmen wir als Beispiel das Wort „*Ohrfeige*". Um die Bedeutung dieses Begriffes zu klären, kann man sagen: „Eine *Ohrfeige ist ein Schlag ins Gesicht, der mit der flachen Hand ausgeführt wird.*"
In dieser Paraphrase benutzt der Sprecher zunächst den Oberbegriff „*Schlag*". Dieser Oberbegriff wird dann durch die unterscheidenden Merkmale „*mit der flachen Hand*" und „*ins Gesicht*" näher bestimmt. Eine Paraphrase führt also Bedeutungsunterscheidungen ein und nutzt diese, um die Bedeutung des zu klärenden Ausdrucks zu erläutern.

Weitere Beispiele für Paraphrasen sind
- *"Der Mittag ist die Tageszeit, an der die Sonne hoch am Himmel steht."*
- *"Ein Schloss ist ein besonders prachtvolles Wohngebäude, das auch zu repräsentativen Zwecken genutzt wird."*
- *"Surfen ist eine Wassersportart, bei der man - auf einem schmalen Brett stehend - segelt."*

3. Gebrauchsbedingungen aufzeigen

Man kann die Bedeutung eines Wortes klären, indem man Gebrauchsbedingungen nennt. Dieses Verfahren beruht darauf, dass die Bedeutung sprachlicher Ausdrücke sich auch aus ihren Gebrauchsbedingungen ergibt. Nehmen wir als Beispiel das Wort *„ja"*. Es kann - je nach Gebrauch - sehr unterschiedliches bedeuten. Diese unterschiedlichen Bedeutungen kann man verdeutlichen, indem man die Gebrauchskontexte expliziert:
- Als Antwort auf eine Frage bedeutet *„ja"* Zustimmung:
  Frage: *„Kommst du heute?"* Antwort: *„Ja."*
- Als Partikel im Satz kann *„ja"* Überraschung anzeigen: *„Da ist er ja."*
- In Verbindung mit einer Imperativform kann die Partikel *„ja"* eine Drohung kennzeichnen: *„Komm ja nach Hause."*

Bedeutungswandel

Sprachen unterliegen einem ständigen Wandel. Von diesem Wandel sind alle Bereiche der Sprachstruktur betroffen. Ein besonders interessanter und faszinierender Bereich ist der Wandel des Wortschatzes. Dieser zeigt sich zum einen in dem Auftauchen neuer und dem Verschwinden alter Wörter, zum anderen in der Bedeutungsveränderung einzelner Wörter. Dabei kann man fünf Vorgänge der Bedeutungsveränderung unterscheiden.
- Die Bedeutung eines Wortes wird erweitert: Im Mittelhochdeutschen bezog sich das Wort *„frouwe"* nur auf Damen von Adel. Das neuhochdeutsche *„Frau"* hingegen bezeichnet alle Erwachsenen weiblichen Geschlechts. Das Wort *„Karriere"* bezeichnete früher nur die militärische Laufbahn, heute verwendet man das Wort für jede Form des beruflichen Aufstiegs.
- Die Bedeutung eines Wortes wird verengt: Das mittelhochdeutsche Wort *„varn"* hatte die Bedeutung *„sich von einem Ort zu einem anderen bewegen"*. Das heutige Wort *„fahren"* hingegen hat eine engere Bedeutung. Es bezeichnet die Form der Fortbewegung, bei der ein Fahrzeug benutzt wird.
- Die Bedeutung eines Wortes wird verbessert: Das Wort *„Marschall"* (*„Marh-scalc"*) bezeichnete ursprünglich einen Pferdeknecht. Im Verlaufe

der Zeit hat es diese Bedeutung verloren. Im Mittelalter hatte es die Bedeutung *„Hofamt"*, später *„Feldherr"*.
- Die Bedeutung eines Wortes wird verschlechtert: Das Wort *„Magd"* hatte zunächst die Bedeutung von *„Mädchen"* bzw. *„Jungfrau"*. Diese Bedeutung hat sich dann in Richtung *„Dienstmagd"* verändert.
- Die Bedeutung eines Wortes wird „metaphorisch" verschoben: Das Wort *„Maus"* bezeichnet ursprünglich ein Nagetier. Heute verwenden wir es auch, um ein Bedienungselement des Computers zu bezeichnen. Man spricht in diesem Zusammenhang auch von einer Bedeutungsübertragung.

2.4. Wortbildung

Die Wortbildung ist die Form der Erzeugung neuer Wörter, die das vorhandene Morpheminventar einer Sprache nutzt.
Von der Wortbildung sind zu unterscheiden
- die Wortschöpfung: Dies ist eine Schaffung neuer Simplicia, die nicht auf das bereits vorhandene Morpheminventar der Sprache zurückgreift. Beispiele sind das Wort *„Schlumpf"*, mit dem man eine zwergähnliche Kunstfigur des Fernsehens bezeichnet, oder das Wort *„Spunk"*, das die Autorin Astrid Lindgren ihre Heldin Pipi Langstrumpf erfinden lässt.
- die Entlehnung: Bei der Entlehnung werden neue Wörter geschaffen, indem sie aus anderen Sprachen übernommen werden. Wörter, die aus anderen Sprachen in das Deutsche entlehnt wurden, sind z.B. *„Garage"*, *„Manager"* oder *„Toast"*. Wörter, die ins Englische entlehnt wurden, sind *„Rucksack"* oder *„Kindergarten"*.
- die Wortformenbildung: Bei der Wortformenbildung werden keine neuen Wörter geschaffen. Es werden durch Deklination oder Konjugation Wortformen bzw. syntaktische Wörter eines Lexems gebildet, z.B. *„ich fliege"*, *„ich flog"*, *„ich bin geflogen"*.

Die Vorteile der Wortbildung gegenüber Entlehnung und Wortschöpfung beruhen darauf, dass die Bausteine (Morpheme) der Wortbildungskonstrukte bereits in unserer Sprache vorhanden sind. Diese können wir nutzen, um die Bedeutung der neu gebildeten Wörter zu erschließen.

Im Folgenden befassen wir uns zunächst mit den strukturellen Verfahren der Wortbildung und dann mit den Gründen für die Bildung neuer Wörter.

Die Verfahren der Wortbildung
Man unterscheidet als Verfahren der Wortbildung die Komposition, die explizite und die implizite Ableitung, die Konversion, die Kürzung und die Kontamination.

1. Die Komposition

Bei der Komposition wird ein neues Wort gebildet, indem man mindestens zwei lexikalische Morpheme zusammensetzt. Das durch Komposition gebildete Wort nennt man Kompositum. *„Näh"* + *„Nadel"* ergibt *„Nähnadel"*.
- Komposita haben ein Grundwort und ein Bestimmungswort. Das Grundwort steht am Ende des neu gebildeten Wortes. Es legt die Wortartenzugehörigkeit des Kompositums fest. So ist *„Hochhaus"* ein Nomen, *„haushoch"* ein Adjektiv.
- In manchen Komposita finden sich so genannte Fugenelemente. Beispiele sind *„Scheune-n-tor"*, *„Tag-es-zeit"*, *„Säugling-s-pflege"*.
Das Vorkommen dieser Fugenelemente ist zum Teil willkürlich, wie die Parallelität von *„Rindsfilet"*, *„Rinderbraten"* und *„Rindfleisch"* zeigt.
Zum Teil hängt die Setzung von Fugenelementen aber von der Form des Bestimmungswortes ab. So steht das Fugenelement *„-s"* nach den Suffixen *„-ling"* *(„Sperlingsei")*, *„-tum"* *(„Eigentumsdelikt")* und nach dem *„-en"* substantivierter Infinitive *(„Schaffenskraft")*.
In anderen Fällen leitet sich das Fugenelement aus einer Flexionsform des Bestimmungswortes ab, wie z.B. bei *„Hundefutter"* und *„Kälberstall"*.
In manchen Fällen besitzen Komposita mit Fugenelement eine andere Bedeutung als die entsprechenden Komposita ohne Fugenelement, so etwa bei *„Landsmann"* und *„Landmann"*.

2. Die explizite Ableitung

Bei diesem Verfahren der Wortbildung tritt zu mindestens einem lexikalischen Morphem ein grammatisches hinzu. Das lexikalische Morphem bildet die Basis der Ableitung, das grammatische Morphem ist das Ableitungsmorphem. Wir geben zwei Beispiele:
- *„ess"* + *„bar"* ergibt *„essbar"*.
- *„Frucht"* + *„bar"* ergibt *„fruchtbar"*.

Bei der expliziten Ableitung unterscheidet man Prä- und Suffigierung.
- Beispiele für die Präfigierung sind *„un-schön"*, *„er-leben"*, *„Ex-lover"*.
- Beispiele für die Suffigierung sind *„Lenk-ung"*, *„Eigen-schaft"*, *„Kindchen"*, *„halt-bar"*, *„sand-ig"*, *„halb-ieren"*.

Die Suffigierung ist häufig mit einem Wortartenwechsel verbunden. Das Suffix bestimmt die Wortart. Es gibt typische
- Adjektivierungssuffixe: „halt-bar", „grün-lich", räum-lich".
- Substantivierungssuffixe: „Herrlich-keit", „Eigen-tum".
- Verbsuffixe: „halb-ieren", „fest-igen".

3. Die implizite Ableitung

Bei der impliziten Ableitung entsteht ein neues Wort, ohne dass ein Ableitungssuffix hinzu tritt. Mit dieser Form der Ableitung ist ebenfalls ein Wortartenwechsel verbunden. Der Unterschied zur Konversion (vgl. unten) besteht darin, dass das Infinitivmorphem bei der impliziten Ableitung verloren geht:
- „besuchen"   wird zu   „Besuch".
- „vermerken"   wird zu   „Vermerk".

Bei manchen impliziten Ableitungen tritt eine Veränderung des Stammvokals auf:
- „binden"   wird zu   „Band" oder „Bund".
- „trinken"   wird zu   „Trank" oder „Trunk".
- „werfen"   wird zu   „Wurf".

4. Die Konversion

Bei der Konversion geht ein Wort ohne Formveränderung in eine andere Wortart über. „Er liebt es, gut zu essen. Aber ein solches Essen ist teuer."

Weitere, bisher nicht genannte Wortbildungsverfahren sind u.a.
- die Kürzung: „Kraftfahrzeug" wird zu „Kfz", „Oberkellner" zu „Ober", „Professor" zu „Prof".
- die Kontamination: „Ja" und „Nein" werden zu „Jein", „fog" und „smoke" werden zu „Smog", „Stagnation" und „Inflation" werden zu „Stagflation".

Wortbildungsverfahren sind rekursiv. Dies bedeutet,
- dass auf die Wortbildungsprodukte der Ableitung (Derivation) das Verfahren der Ableitung erneut angewandt werden kann. „Frucht" wird zu „fruchtbar" und dieses abgeleitete Wort wird zur Basis für „Fruchtbarkeit".
- dass auf Wortbildungskonstrukte der Komposition das Verfahren der Komposition erneut angewandt werden kann. „Auto" wird zu „Autobahn" und dieses Kompositum ist Basis für das erweiterte Kompositum „Autobahnkreuz".

Die Verfahren der Ableitung und Komposition sind auf alle Hauptwortarten anwendbar. Man unterscheidet bei der Komposition und der Ableitung
- Substantivmuster.
- Verbmuster.
- Adjektivmuster.

Bei den Substantivmustern ist das neu gebildete Wort ein Substantiv.
- Komposition: Nomen + Nomen *„Feuerstein"*
  Adjektiv + Nomen *„Hochhaus"*
  Verb + Nomen *„Schlagstock"*
  Präposition + Nomen *„Zwischenstation"*
- Ableitung: Nomen aus Adjektiv *„Grausamkeit"*
  Nomen aus Verb *„Gang"*
  Nomen aus Nomen *„Kindheit"*

Bei den Verbmustern ist das neu gebildete Wort ein Verb.
- Komposition: Adjektiv + Verb *„frohlocken"*
  Nomen + Verb *„sonnenbaden"*
  Präposition + Verb *„ausschlafen"*
- Ableitung: Verb aus Verb *„verbleiben"*
  Verb aus Adjektiv *„blondieren"*
  Verb aus Nomen *„kreuzigen"*

Bei den Adjektivmustern ist das neu gebildete Wort ein Adjektiv.
- Komposition: Adjektiv + Adjektiv *„lauwarm"*
  Nomen + Adjektiv *„butterweich"*
  Verb + Adjektiv *„röstfrisch"*
- Ableitung: Adjektiv aus Adjektiv *„grünlich"*
  Adjektiv aus Nomen *„heldenhaft"*
  Adjektiv aus Verb *„tragbar"*
  Adjektiv aus Adverb *„heutig"*

Gründe für die Bildung neuer Wörter
Wir nutzen die Verfahren der Wortbildung dazu, den Wortschatz unserer Sprache den jeweiligen kommunikativen Bedürfnissen anzupassen. Welche kommunikativen Bedürfnisse aber sind es, derentwegen wir neue Wörter bilden? Wir unterscheiden vier Wortbildungsmotive.[71]

---

[71] Eine ausführlichere Darstellung der Gründe der Wortbildung findet sich bei Erben, [5]2000.

1. Objektive Gründe

Die Welt ändert sich oder wird verändert. Dies hat auch Konsequenzen für den Bezeichnungsbedarf. Denn wenn man über die neuen oder veränderten Sachverhalte sprechen will, benötigt man neue Bezeichnungen. Dieses Wortbildungsmotiv kann man an den vielfältigen Wortbildungen der Computertechnologie verdeutlichen:

„Benutzeroberfläche", „Laufwerk", „Festplatte", „Bildschirmmenü", „Netzwerkanschluss", „Netzwerkkabel", „Netzwerkbetrieb", „Bildschirmarbeitsplatz", „LAN", „ISDN", „Scanner", „scannen" „Betriebssystem", „Mauslernprogramm", „Hardwareproblem", „E-Mail", „mailen".

Diese relativ neuen Wörter wurden erforderlich, weil die Entwicklung der Computertechnologie neue Geräte geschaffen und die Welt der Freizeit, der Arbeit und der Kommunikation fundamental verändert hat. Um über diese neuen Sachverhalte reden zu können, hat die Sprachgemeinschaft u.a. die Wortbildungsverfahren genutzt und neue Bezeichnungen geschaffen.

2. Subjektive Gründe

Wenn ein neu gebildetes Wort eine spezifische, zumeist auch wertende Perspektive auf den bezeichneten Sachverhalt einführt, spricht man von einer Wortbildung aus subjektiven Gründen.

Nehmen wir folgendes Beispiel:

Ein Kämpfer der PLO wird von den Israelis als *„Terrorist"*, von den Palästinensern hingegen als *„Freiheitskämpfer"* bezeichnet. Beide Bezeichnungen referieren auf dieselbe Person. Dennoch sind beide Wörter nicht bedeutungsgleich.

Durch die Wahl der jeweiligen Bezeichnung signalisiert der Sprecher, welche Bedeutung er der bezeichneten Person, ihren Intentionen und Handlungen zuweist.

- Als *„Terrorist"* bezeichnet man jemanden, der durch Gewaltakte Angst und Schrecken verbreitet.
- Als *„Freiheitskämpfer"* bezeichnet man jemanden, der sich kämpfend für seine oder die Freiheit anderer einsetzt.

„Terrorist" und *„Freiheitskämpfer"* haben also eine identische Referenz, aber unterschiedliche Bedeutung.

Dies gilt auch für die folgenden Beispiele, mit denen man - trotz unterschiedlicher Bedeutung - auf identische Sachverhalte referieren kann:

- *„Putzfrau"* und *„Raumpflegerin"*
- *„Mülldeponie"* und *„Entsorgungspark"*
- *„Verteidigungsministerium"* und *„Kriegsministerium"*

- *„Seniorenresidenz"* und *„Altersheim"*
- *„Sozialabbau"* und *„Sozialstaatsreform"*
- *„Psychiater"* und *„Seelenklemptner"*

Subjektive Wortbildungsmotive sind z.B. in der Werbung wirksam und führen dort zu vielfältigen Gelegenheitsbildungen.[72] Deren kommunikative Funktion besteht darin, das bezeichnete Produkt mit Eigenschaften zu verknüpfen, die von der jeweiligen Zielgruppe geschätzt werden und deshalb dazu geeignet sind, das Produkt positiv zu bewerten. Dies zeigen folgende Beispiele:
- *„Rauchzarte Versuchung"* für Geschmack und Duft eines Whiskeys
- *„Frischeflirt"* für die Duft- und Reinigungswirkung eines Waschmittels
- *„Magenzärtlich"* für die Wirkung eines Magenbitters

Über die positive Attribuierung des Produktes hinaus besitzen viele dieser Wortbildungen auch einen Neuigkeits- und Überraschungswert. Dieser weckt die Aufmerksamkeit potentieller Konsumenten und unterstützt die Erinnerbarkeit und Unterscheidbarkeit des Produktes.

3. Sprachstrukturelle Gründe

Ein weiteres Motiv für die Bildung von Wörtern besteht darin, den Wortstamm eines Wortes grammatisch-syntaktisch möglichst vielfältig einsetzen können. Dies kann man erreichen, indem man aus einem Wortstamm neue Wörter mit unterschiedlicher Wortartenzugehörigkeit ableitet. Dies zeigen die folgenden Ableitungen:
- *„Blut", „blut- en", „blut- ig"*
- *„Imker", „imker –n", „Imker –ei"*
- *„Skandal", „skandal-ös", „skandal-isieren"*

In diesen Beispielen ist mit jeder Wortbildung auch ein Wortartenwechsel verbunden. Das Kernmorphem *„blut"* ist Element eines Nomens, eines Adjektivs und eines Verbs. Diese unterschiedlichen Wortarten können in Sätzen unterschiedliche syntaktische Aufgaben erfüllen. Somit ermöglicht jeder Wortartenwechsel zugleich auch einen syntaktisch vielfältigen Einsatz des Kernmorphems *„blut"*.
- *„Er besitzt blaues Blut"*: Das Nomen *„Blut"* ist Kopf einer Nominalphrase. Die Nominalphrase hat die syntaktische Funktion „Akkusativobjekt".
- *„Er blutet heftig"*: Die Verbform *„blutet"* bildet als finites Verb das Prädikat des Satzes.

---

[72] Als Gelegenheitsbildungen bezeichnet man solche Wortbildungen, die nicht lexikalisiert sind und daher (noch) keinen Eingang ins Wörterbuch gefunden haben.

- *„Das blutige Hemd kommt in die Wäsche":* Die Adjektivform *„blutige"* hat attributive Funktion.
- *„Das Zusammentreffen endete blutig. ":* Das Adjektiv *„blutig"* hat die Funktion einer adverbialen Bestimmung.

4. Sprachökonomische Gründe

Wir kürzen Wörter, um sprachökonomisch kommunizieren zu können.

„CI"	steht für	*„Corporate Identity".*
„Ober"	steht für	*„Oberkellner".*
„ECTS"	steht für	*„Europaen Credit Transfer System ".*
„Prof"	steht für	*„Professor".*
„LAN"	steht für	*„Local Area Network".*

Diese Wortbildungen sind durch Kürzung entstanden und stehen für komplexere Wörter oder komplexe Phrasen. Daher sind sie sprachökonomisch begründet.

3. Das Wort als Gegenstand des Deutschunterrichts

Wir werden für folgende Gegenstandsbereiche des Deutschunterrichts Lernzielzusammenhänge erörtern:
- Wortbedeutung
- Wortbildung
- Wortarten
- Morphologie und Orthographie

3.1 Wortbedeutung im Deutschunterricht

Zwei Lernzielbereiche werden behandelt. Schüler sollen
- Bedeutungsprobleme erkennen, beschreiben und lösen können.
- einen thematischen Wortschatz erweitern, gliedern und kommunikativ nutzen können

Bedeutungsprobleme lösen

Bedeutungsprobleme sind Probleme alltäglicher Art.
- Sie treten beim Lesen unbekannter oder schwieriger Texte auf.
- Sie erschweren die Kommunikation zwischen Fachleuten und Laien (Gericht, Arztpraxis, technische Gebrauchsanweisung).
- In der Politik und der politischen Kommunikation (z.B. bei der Wahlwerbung oder in Talkshows) lassen Politiker die Bedeutung wichtiger politischer Hochwert-Wörter *(„Freiheit", „Gleichheit", „Globalisierung", „soziale*

Verantwortung") bewusst vage, um möglichst wenige Wähler/Bürger durch die Begriffswahl auszugrenzen.

Bedeutungsprobleme erkennen und lösen zu können, ist somit ein wichtiger Teilschritt auf dem Weg hin zu einer entwickelten Kommunikationsfähigkeit.[73] Aus diesen Gründen erscheint es außerordentlich sinnvoll, die oben erläuterten Verfahren zur Lösung von Bedeutungsproblemen im Deutschunterricht systematisch zu üben. Allerdings sollte dies nicht abstrakt geschehen, sondern am Beispiel konkret auftretender Probleme. Schüler können z.b. unbekannte oder schwierige Wörter eines Textes
- markieren.
- Wörterbücher[74] zur Klärung dieser Begriffe nutzen.
- die unterschiedlichen Bedeutungserklärungen der Wörterbücher sammeln.
- die Bedeutungserklärungen, die man in den Wörterbüchern findet, beschreiben, klassifizieren und ordnen.
- eigene Bedeutungserklärungen formulieren.

Ein so aufgebautes Übungsinventar hat folgende Lernziele:
- die problematischen Lexeme eines Textes identifizieren können.
- die Bedeutungserklärungen in Wörterbüchern nutzen können.
- wichtige Verfahren der Bedeutungsbeschreibung identifizieren, beschreiben und klassifizieren können.[75]
- Bedeutungsbeschreibungen zur Klärung von Bedeutungsproblemen produktiv nutzen können.

Die Bewusstmachung und Einübung der Verfahren, die Bedeutungsprobleme lösen helfen, ist ein erstes Lernziel. Die Fähigkeit, diese Verfahren unbewusst und routiniert anwenden zu können, ein weiteres.
Diese Lernziele kann man auch im alltäglichen Unterrichtsgespräch weiter verfolgen. Wenn dort aus Sicht eines Schülers ein Bedeutungsproblem auftritt, wird eine metakommunikative[76] Klärungsphase eingeschaltet, in der die Bedeutung des in Frage stehenden Lexems umschrieben und geklärt wird.

---

[73] Im zweiten Kapitel haben wir gezeigt, dass die soziale, sachliche und zeitliche Reflexivität der direkten Kommunikation Möglichkeiten eröffnet, Bedeutungsprobleme erkennen und lösen zu können.
[74] Zur Bedeutung von Wörterbüchern für den Sprachunterricht vgl. Baurmann/Eisenberg/Kempcke, 2001, S. 4-13.
[75] Als wichtige Verfahren haben wir genannt: Bedeutungsbeziehungen nutzen, paraphrasieren, Gebrauchsbedingungen nennen und beschreiben.
[76] Der Begriff "Metakommunikation" bezeichnet die Kommunikation über Kommunikation. Metakommunikation ist also eine Form der Kommunikation, die Kommunikation zum Thema hat.

Eine weitere Möglichkeit bieten semantische Tagebücher. Schüler erfassen in einem solchen Tagebuch an ausgewählten Tagen schwierige oder unbekannte Lexeme, die ihnen im schulischen oder außerschulischen Bereich begegnen. Die Bedeutung dieser Begriffe gilt es dann zu klären.

Bedeutungsbeziehungen und gegliederter Wortschatz
Ein weiterer wichtiger Lernzielbereich ist der Bereich der Bedeutungsbeziehungen. Die Beschäftigung mit Bedeutungsbeziehungen zielt auf die Gegliedertheit des aktiven wie auch des passiven Wortschatzes. Diesen zu erweitern und die Fähigkeit einer inhaltlich, situativ und stilistisch angemessenen Wortwahl zu fördern, sind wichtige Lernziele des Sprachunterrichts.

Eine Möglichkeit der Wortschatzarbeit besteht darin, dass Schülerinnen und Schüler zu einem gerade relevanten Thema einen Sachwortschatz assoziativ zusammenstellen oder aus einem entsprechenden Text exzerpieren.
Entsprechende Wortsammlungen können sich semasiologisch[77] auf das Bedeutungsfeld eines vorgegebenen Wortes oder onomasiologisch auf einen Sachverhaltsbereich beziehen.

- Semasiologisch kann man z.B. nach der Bedeutung des Adjektivs *„stolz"* fragen. Die Schüler sollen dann die unterschiedlichen Verfahren der Bedeutungsbeschreibung dazu nutzen, die Bedeutung zu klären. Sie könnten z.B.
    - bedeutungsverwandte Adjektive nennen wie *„selbstsicher", „selbstbewusst"; „hochmütig", „anmaßend", „hochnäsig", „herrisch", „gebieterisch", „unnahbar"*.
    - Gebrauchsbedingungen benennen und den jeweiligen Gebrauch des Adjektivs mit einer Paraphrase umschreiben: *„Ein stolzer Mensch ist jemand, der sehr selbstbewusst auftritt, weil er Besonderes geleistet hat."* *„Ein stolzer Preis ist ein sehr hoher Preis, der nicht gerechtfertigt ist."*

- Onomasiologisch kann man z.B. den Sachverhaltsbereich „Lebewesen" oder den Sachverhaltsbereich „Aufhören des Lebens" vorgeben und danach fragen, mit welchen Wörtern man diesen Sachverhaltsbereich bezeichnen kann. Die den Bereichen zugeordneten Wörter können dann gegliedert und systematisch geordnet werden.

---

[77] Die semasiologische Betrachtungsweise geht von der Ausdrucksseite eines Zeichens/eines Wortes aus und fragt nach der Bedeutung des Wortes. Die onomasiologische Betrachtungsweise geht von einem „außersprachlichen" Sachverhaltsbereich aus und fragt danach, wie dieser Sachverhaltsbereich sprachlich bezeichnet werden kann.

Sachverhaltsbereich „Lebewesen":

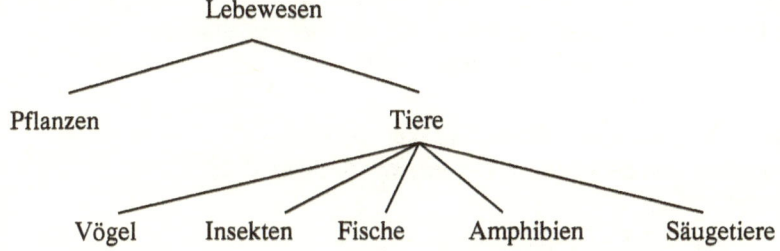

Sachverhaltsbereich „Aufhören des Lebens":
- Betroffener
  Tier: *„verenden"*
  Pflanze: *„eingehen"*
  Mensch: *„sterben"*

- Ursache
  Zu wenig Nahrung: *„verhungern"*
  Zu kalt: *„erfrieren"*
  Zu wenig Flüssigkeit: *„verdursten"*
  Zu wenig Luft: *„ersticken"*

- Gefühlsmäßige Einstellung
  Religiös: *„heim gehen", „zum Herrn gehen"*
  Rücksichtsvoll: *„entschlafen", entschlummern", verscheiden"*
  Drastisch/respektlos: *„abkratzen", „verrecken"*

Die Aufgabe der Schüler besteht also darin,
- Wörter sachverhalts- oder bedeutungsbezogen zu sammeln.
- die so erstellten Wortlisten zu ordnen.
- die dabei verwendeten Ordnungsprinzipien explizit zu benennen.

Ein solches Verfahren erweitert und gliedert thematische Wortschätze. Es schult einerseits das Wissen um Bedeutungsbeziehungen, zum anderen hilft es dabei, einen konkreten Sachwortschatz aufzubauen.

Solche Wortlisten, die Sachgebiete oder bedeutungsähnliche Begriffe gliedern, sind für all jene zweckmäßig, die sich beruflich oder in der Freizeit mit Sprache befassen müssen oder befassen wollen. Dies sind z.B. Schriftsteller, Aufsatzschreiber, Übersetzer oder Liebhaber von Kreuzworträtseln.

3.2. Wortbildung im Deutschunterricht

Die Motive der Wortbildung bieten zahlreiche, auf die Funktion der Wortbildung bezogene Anknüpfungspunkte für die Behandlung des Themas im Sprachunterricht. Wir geben Hinweise zu folgenden schulisch interessanten Arbeits- und Lernzielbereichen:
- Gelegenheitsbildung und Aufmerksamkeit
- Wortbildung und die implizite Wertung von Sachverhalten
- Wortbildung und Verständlichkeit
- Wortbildung und Sprachspiele
- Wortbildung und Sprachwandel

Die Funktion kreativer Gelegenheitsbildungen

Manche Wortbildungen werden lexikalisiert. Man findet sie dann in den Wörterbüchern einer Sprache. Beispiele sind
- *„Eisenbahn"*.
- *„Entsorgungspark"*.
- *„Umweltschutz"*.

Viele Neubildungen jedoch werden nicht lexikalisiert. Sie bleiben Gelegenheitsbildungen wie z.B.
- *„magenzärtlich"*   für einen Magenbitter.
- *„kussfrisch"*   für eine Zahnpasta.
- *„Frischeflirt"*   für ein Waschmittel.
- *„unkaputtbar"*   für eine Mehrwegflasche.
- *„Turbokapitalismus"*   für Globalisierung.

Häufig bleibt die Verwendung solcher Gelegenheitsbildungen auf den einen singulären Kontext beschränkt und findet nie den Weg in die Lexika einer Sprache. Solche unvertrauten Gelegenheitsbildungen können - wenn sie gut gelungen sind - mit gesteigerter Aufmerksamkeit und mit hohen Erinnerungs- und Unterscheidungswerten rechnen. Werbeleute, Politiker, PR-Spezialisten, Journalisten machen sich dies zunutze.

Eine gute Möglichkeit, solche okkasionellen Wortbildungen zu untersuchen, bietet die Sprachverwendung in der Werbung, in PR-Texten oder in der Politik. Die Schüler können dabei folgende Aspekte in den Blick nehmen:
- Die Struktur der Wortbildung: Welche Wortbildungsverfahren werden benutzt?
- Die Bedeutung der Gelegenheitsbildungen: Welche Bedeutung haben die neu gebildeten Wörter?

- Die kommunikative Funktion im Text: Welche kommunikativen Absichten werden mit der Verwendung einer Gelegenheitsbildung verfolgt?

Dabei kann man wie folgt vorgehen:
- Die Schüler sammeln Gelegenheitsbildungen, etwa der Werbung, in einem semantischen Tagebuch. Wichtig ist, dass nicht nur das einzelne Wort, sondern auch der Kontext aufgezeichnet wird.
- Die Schüler beschreiben die Wortbildungsmuster. Die Werbung nutzt die Möglichkeiten der Gelegenheitsbildungen relativ häufig. Allgemein wird das Wortbildungsmuster der Komposition *("nassreißfest", "Vitaminversprechen", "durchschnupfsicher")* bevorzugt. Ableitungen sind eher selten, finden sich aber auch *("unkaputtbar", "frischwärts")*.
- Die Schüler beschreiben die Bedeutung der Wörter durch die systematische Nutzung der Verfahren der Bedeutungsbeschreibung (Paraphrase, Synonyme, Antonyme, Ober- und Unterbegriffe) und klären den Informationswert der Wörter. Dabei wird sich zeigen, dass die Bedeutung vieler Gelegenheitsbildungen *("Biodynamik", "streicheljung", "bitterfrisch")* nicht oder nur unter großen Schwierigkeiten durch Paraphrasen, Synonyme, Antonyme oder bedeutungsverwandte Wörter beschrieben werden kann. Dies ergibt sich u.a. daraus, dass die Wortbildungselemente keinen „echten" logischen Bezug zueinander aufweisen.
- Die Schüler untersuchen die kommunikative Funktion der Wortbildungen. Wichtige Funktionen z.B. der Werbung sind
  - die Aufwertung des Produktes: Die Funktion vieler Gelegenheitsbildungen zielt darauf, die positiven Bedeutungsaspekte der Wortbildungselemente wie z.B. Modernität *("biodynamische Zell-Revitalisierung")*, Jugendlichkeit *("streicheljunge Haut")*, Erlebnis *("das erlebnisoffene Cabriolet")* auf das beworbene Produkt zu übertragen.
  - der Aufmerksamkeitseffekt ungewöhnlicher Wortbildungen: Wichtige Verfahren zur Gewinnung von Aufmerksamkeit sind die Zusammenrückung von nicht zusammenpassenden Wörtern *("magenzärtlich", "Frischeflirt")*, die Kürzung ganzer Sätze zu Komposita *("durchschnupfsicher")*, der Austausch einzelner lexikalischer Morpheme innerhalb eines Kompositums *("Badewonne in der Badewanne")*, die Abweichung von Wortbildungsmustern der Ableitung *("die unkaputtbare Mehrwegflasche", "frischwärts ziehen")*, die abweichende Verwendung von Flexionsmustern *("das überallste Girokonto")* und die Verknüpfung fremd- und fachsprachlicher Wortbestandteile *("hydrophil", "aminofunktionell", biodynamisch")*.

Wortbildung und implizite Wertung von Sachverhalten

Die Bedeutung eines Wortes erschöpft sich nicht in seiner Referenz. Daher kann man „geschickt" gebildete Wörter dazu nutzen, einen Sachverhalt implizit zu bewerten und eine eher positive oder negative Sichtweise auf diesen Sachverhalt zu eröffnen.

Beispiele aus der Politik sind
- *„Leitkultur"* zur Bezeichnung der Kultur der Einheimischen.
- *„Turbokapitalismus"* als Begriff für Globalisierung.
- *„Schattenwirtschaft"* als Bezeichnung für den Erwerb nicht versteuerter Einkommen
- *„Besserwessi"* als Bezeichnung für die Bürger der alten Bunde Bundesländer.

Beispiele aus der Werbung sind
- *„Kompaktcar"* als Bezeichnung eines Kleinwagens.
- *„Keraloge"* als Bezeichnung für einen Frisör.
- *„Erlebniswelt Bahn"* als Bezeichnung für einen Bahnhof.

Viele Wortbildungen werden dazu verwendet, die bezeichneten Sachverhalte positiv zu bewerten und die Welt sprachlich zu „verfreundlichen".[78] Die Begriffe, die man dabei benutzt, nennt man Euphemismen. In diesem Streben nach sprachlicher „Verschönerung" der bezeichneten Sachverhalte sind sich viele einig. Daher wird eine Vielzahl der „verschönernden" Begriffe - weil häufig gebraucht - schon gar nicht mehr als „verschönernd" wahrgenommen.

Wir geben einige Beispiele:
- *„Verteidigungsfall"* statt *„Krieg"*
- *„Verschlankung"* oder *„Freisetzung"* statt *„Entlassung"*
- *„finaler Rettungsschuss"* statt *„Todesschuss"*
- *„Seniorenresidenz"* statt *„Altersheim"*
- *„Sonderschule"* statt *„Hilfsschule"*
- *„Vollzugsbeamter"* statt *„Gefängniswärter"*
- *„Straftäter"* statt *„Verbrecher"*
- *„Prozesskostenhilfe"* statt *„Armenrecht"*
- *„Verkaufsberater"* statt *„Verkäufer"*
- *„Suchtkranker"* statt *„Rauschgiftsüchtiger"*

Die sprachliche „Verfreundlichung" funktioniert u.a. dadurch, dass bei der Wortbildung nur solche lexikalischen Morpheme Verwendung finden, die einen

---

[78] Vgl. dazu Zimmer, 1997, S. 105-181.

positiv bewerteten Sachverhalt bezeichnen. Nehmen wir als Beispiel das abgeleitete Wort „*Verschlankung*": Das Morphem „*schlank*" bezeichnet einen Sachverhalt, der in unserer Gesellschaft - ganz überwiegend - positiv bewertet wird. Mit „*schlank*" assoziiert man „*sportlich*", „*beweglich*", „*gesund*", „*jugendlich*", „*fit*". Diese semantischen Zusammenhänge werden dazu genutzt, einen negativ bewerteten Sachverhalt - die Entlassung von Arbeitskräften oder die Schließung und den Verkauf einer Betriebsstätte - in ein sprachlich günstigeres Licht zu rücken. Dabei entsteht etwa folgender Bedeutungszusammenhang:

Das Unternehmen war bisher zu schwerfällig, weil übergewichtig. Durch die geplanten Maßnahmen wird es nun schlanker. Dies hat zur Folge: Es wird am Markt beweglicher, es wird wirtschaftlich gesünder und im Wettbewerb sportlicher, also wettbewerbsfähiger. In dieser - sprachlich vermittelten - Sichtweise dienen die geplanten Maßnahmen der „*Verschlankung*" also ausschließlich positiven, wünschenswerten Unternehmenszwecken. Die negativen Begleiteffekte (Entlassung, Arbeitslosigkeit, etc.) geraten nicht in den Blick.

Häufig sind es konventionalisierte Wortbildungsmuster, die euphemistisch genutzt werden. Dies gilt z.B. für das Grundwort „*Kultur*" in
„*Streitkultur*", „*Unternehmenskultur*", „*Wohnkultur*", „*Esskultur*", „*Gartenkultur*" oder „*Gesprächskultur*".
„*Kultur*" fungiert in diesem Wortbildungsmuster nicht mehr als eigenständiges Wort mit einer bestimmten Bedeutung, sondern als eine Markierung, die Beliebiges und Alltägliches als wertvoll und erstrebenswert auszeichnen soll. Man könnte es daher als Wortbildungssuffix einstufen.

Welche Aufgaben und Ziele kann der Deutschunterricht in der Bearbeitung dieses Themas verfolgen? In diesem Bereich der impliziten Wertung durch Wortbildung können Schüler
- implizit wertende Begriffe in einem semantischen Tagebuch sammeln.
- die Zusammenhänge, in denen diese Begriffe gebraucht werden, beschreiben.
- die gesammelten Begriffe thematisch gliedern.
- die Bedeutung der Begriffe beschreiben.
- die Wortbildungsmuster herausarbeiten.
- die „Komposition" der wertenden Bedeutung nachzeichnen.
- Gegenbegriffe und bedeutungsverwandte Wörter suchen, deren Bedeutung beschreiben und mit den gesammelten Begriffen vergleichen.
- Wortbildungen für eigene strategische Zwecke nutzen.

Wortbildung und kreative Sprachspiele
Gelegenheitsbildungen oder von der Norm abweichende Bildungen können z.B. überraschen, Aufmerksamkeit wecken oder belustigen.
All diese Aspekte sollten nicht nur analytisch-kritisch betrachtet werden. Zur kommunikativen Kompetenz zählt auch, diese Möglichkeiten der Wortbildung für die eigenen Zwecke nutzen zu können.
Indem Schüler in Texten Komposita oder Derivata durch Norm verletzende Wortbildungen ersetzen oder zu lexikalisierten Komposita Antonyme oder Synonyme komponieren, können sie Freude am spielerischen, experimentellen, ästhetischen oder rhetorischen Umgang mit Sprache gewinnen.

Wir geben einige Beispiele für spielerische und kreative Verfahren.
- Kinder bilden Antonyme, indem sie analog vorgehen:[79]
  „Ich habe keinen Überschuss, eher einen Unterschuss."
  „Normalerweise haben Züge Verspätung, dieser hier hatte eine Verfrühung."
  „Nachdem er sich gesetzeswidrig bereichert hatte, hat ihn das Gericht nachhaltig entreichert."
- Kinder suchen Komposita mit zweierlei Bedeutung:
  „Tauwerk": Ein Werk, das Seile herstellt, oder das Tauwerk eines Segelschiffes.
  „Barhocker": Jemand, der immer in Bars hockt, oder eine Sitzgelegenheit an einer Bar.
  „Trampelpfad": Ein Pfad, den überwiegend „grobmotorisch veranlagte" Menschen benutzen, oder ein schlecht befestigter Fußweg.
- Schüler bilden Kompositaketten, in denen sich die Beziehung zwischen den Kompositionselementen überraschend ändert, und beschreiben die Bedeutungsbeziehungen der Kompositionselemente:
  „Schweineschnitzel", „Kalbschnitzel", „Jägerschnitzel", „Kinderschnitzel".
  „Buttermilch", „Büchsenmilch", „Magermilch", „Muttermilch".
  „Nusskuchen", „Baumkuchen", „Hefekuchen", „Hundekuchen", „Mutterkuchen".
- Schüler erfinden neue Gebrauchswerte für Gegenstände des Alltags:
  „Ein waschstabiles Hemd", „eine dunkelheitserprobte Lampe", „ein vielverzweckliches Werkzeug".

---

[79] Vgl. Heringer, 1989, S. 194ff.

Wortbildung und Verständlichkeit

Die Wortbildungsverfahren sind rekursiv. Dies bedeutet, dass alle Verfahren der Wortbildung aufeinander anwendbar sind und daher außerordentlich komplexe Wörter gebildet werden können. In dem folgenden Beispiel finden sich sowohl die Verfahren der Komposition als auch die der Ableitung rekursiv (aufeinander) angewandt. Komposita bilden die Basis für die Bildung komplexerer Kompositia, Derivata bilden die Grundlage für weitere Ableitungen.

Beispiel 1: Straßenlärmbegrenzungsverordnung

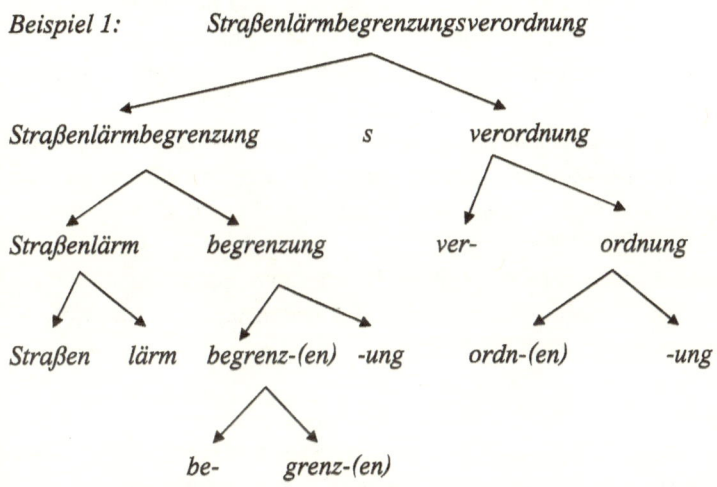

Solche Wortbildungen sind - trotz ihrer Komplexität - Mittel der Sprachökonomie. Sie können Sachverhalte kürzer bezeichnen als eine Beschreibung dieser Sachverhalte in Form komplexer Phrasen. Da es grammatische Regeln für die Neubildung von Wörtern gibt, kann ein kompetenter Leser die Wortart, die Struktur der Wortbildung und zum Teil auch die Bedeutung der neuen Wörter erschließen. Allerdings ergibt sich die Bedeutungsbeziehung der Wortbildungselemente nicht immer eindeutig aus der Struktur der Wortbildungskonstrukte. Daher ist mit diesem sprachökonomischen Aspekt auch ein Verständlichkeitsrisiko verknüpft. Denn die Bedeutung neu gebildeter Wörter ist mehr als die Summe ihrer Teile. Deshalb können Wortneubildungen Verständnisschwierigkeiten verursachen, obwohl die Einzelelemente des neu gebildeten Wortes bekannt sind. Die folgenden Wortbildungen folgen alle dem gleichen Muster. Dennoch sind die Bedeutungsbeziehungen zwischen den Wortbildungselementen sehr unterschiedlich:

- *„Schweineschnitzel"*   ist ein Schnitzel vom Schwein.
- *„Wienerschnitzel"*   ist ein Schnitzel, zubereitet wie in Wien.
- *„Jägerschnitzel"*   ist ein Schnitzel, zubereitet nach Jägerart.
- *„Kinderschnitzel"*   ist Schnitzel für Kinder.

Die Bedeutungsbeziehung zwischen den Bauelementen der Komposita ergibt sich also nicht allein aus der Struktur des neu gebildeten Wortes. Man sagt: Komposita sind semantisch unterdeterminiert, da ihre Bedeutung nicht allein aus den Kompositionselementen ableitbar ist. Wir geben weitere Beispiele:
- *„Risikokommunikation"*: Dieses Kompositum kann einerseits als eine mit Risiken behaftete Kommunikation, andererseits eine Kommunikation über Risiken bezeichnen.
- *„Hochspannungsdruckluftschnellschalter"*: Dies kann entweder ein Schnellschalter für Hochspannungsdruckluft sein oder ein Schnellschalter für Druckluft, der nur unter hoher elektrischer Spannung arbeitet (also ein Druckluftschnellschalter für Hochspannung).
- *„Sofortaufnahmetimeranzeige"*: Dieses Kompositum könnte eine Sofortanzeige für den Aufnahmetimer oder eine Timeranzeige für eine Sofortaufnahme bezeichnen.

Mit „Wortungetümen" und komplexen Wortbildungen sind also - trotz der Bekanntheit des Wortbildungsmaterials - erhebliche Verständlichkeitsrisiken verbunden. Schüler sollten daher lernen, die Bedeutungsbeziehungen zwischen den Wortbildungselementen explizit beschreiben und benennen zu können.

Wir geben ein Textbeispiel aus der Verwaltungssprache, das Gegenstand und Anlass entsprechender Übungen sein kann.
„Die Versackung der Wertbeutel im Wertsack
In Dienstanfängerkreisen kommen immer wieder Verwechselungen der Begriffe Wertsack, Wertbeutel, Versackbeutel und Wertpaketsack vor. Um diesem Übel abzuhelfen, ist das folgende Merkblatt dem § 49 der ADA vorzuheften.
Der Wertsack ist ein Beutel, der auf Grund seiner besonderen Verwendung im Postbeförderungsdienst nicht Wertbeutel, sondern Wertsack genannt wird, weil sein Inhalt aus mehreren Wertbeuteln besteht, die in den Wertsack nicht verbeutelt, sondern versackt werden.
Nach seiner Entleerung wird der Wertsack wieder zu einem Beutel. Er ist auch bei der Beutelzählung nicht als Sack, sondern als Beutel zu zählen."[80]

---

[80] Dieser Text ist eine gekürzte Fassung eines Textes von Heringer, 1987, S. 106.

An diesem Text kann man verschiedene Aspekte der Wortbildung behandeln. Der erste Aspekt ist der grammatische. Schüler können also beschreiben, wie die Wörter dieses Textes gebildet worden sind.
- Kürzung: „ADA"
- Ableitung: „verbeuteln", „versacken", „Versackung"
- Komposition: „Beutel", „Wertbeutel", „Wertpaketesack"

Der zweite Aspekt ist ein fachsprachlicher und ein semantischer zugleich. In diesem Text dient die Wortbildung der Schaffung einer Terminologie. Innerhalb dieser Terminologie ist die Bedeutung der einzelnen Begriffe fest verankert. Die Schüler können daher lernen, die Bedeutung der einzelnen Wortbildungskonstrukte zu paraphrasieren und den terminologischen Zusammenhang zwischen den Fachbegriffen darzustellen.

Wortbildung und Sprachwandel
Wir bilden neue Wörter, weil sich der Bezeichnungsbedarf verändert. Diese Wortbildungen sind zunächst individuelle Gelegenheitsbildungen, können aber mit der Zeit in den Wortschatz einer Sprachgemeinschaft Eingang finden. Dieses Phänomen des „Auftauchens" neuer Wörter ist ein sehr auffälliger Teilaspekt des geschichtlichen Wandels einer Sprache. Auf der Ebene der lexikalisierten Wortbildungen kann man daher die Entwicklung und Veränderung der Sprache recht anschaulich machen.
So können Schüler anhand von Wörterbüchern verfolgen und nachzeichnen, wann sich einzelne Wortbildungen oder Gruppen von Wortbildungen als Folge gesellschaftlicher und/oder technischer Entwicklungen etabliert und Aufnahme in die Wörterbücher gefunden haben. Wann hat sich z.B. der Wortschatz der nachfolgenden Themenbereiche herausgebildet?
- Umweltschutz
- Computer-Technologie
- Public Relations und Unternehmenskommunikation
- Globalisierung

3.3. Wortarten im Deutschunterricht
Wir werden zwei Lernzielbereiche erörtern:
- Der Zusammenhang von Struktur und syntaktischer Funktion einer Wortart
- Der Zusammenhang von Wortart und Stil

Struktur und syntaktische Funktion einer Wortart
Wortarten sind kein „überflüssiger (struktureller) Luxus", den sich unsere Sprachgemeinschaft leistet. Wir benötigen sie, weil Wörter unterschiedliche Aufgaben im Satz (syntaktische Aufgaben) zu erfüllen haben. Die unterschiedliche strukturelle Ausstattung der Wortarten mit Flexionskategorien spiegelt die unterschiedlichen Aufgaben wider, die die Wortarten im Satz erfüllen können. So erfüllen Verben andere syntaktische Aufgaben als Adjektive und Nomen andere Aufgaben als Präpositionen. Diesen Zusammenhang zwischen Funktion und struktureller Ausstattung sollten Schüler kennen lernen. Am Beispiel der Wortarten „Verb" und „Adjektiv" wollen wir diesen Zusammenhang verdeutlichen.

1. Das Adjektiv
Adjektive können vielfältige syntaktischen Funktionen erfüllen.
- Attributiver Gebrauch: Wenn Adjektive attributiv verwendet werden, sind sie Bestandteile einer Nominalphrase und beziehen sich auf ein Nomen. In dieser Funktion stehen sie zumeist vor ihrem Bezugsnomen. Das Bezugsnomen regiert sie hinsichtlich Kasus, Numerus, Genus. Diese Flexionskategorien haben daher die Aufgabe, den Bezug des Attributes zum Nomen anzuzeigen. Das folgende Beispiel macht dies deutlich.
„Ein seit gestern flüchtiger, von verschiedenen Passanten an verschiedenen Orten gesehener und deshalb wieder gefasster Dieb ist erneut entkommen."
Die Adjektivform *„flüchtiger"* ist Attribut zum Nomen *„Dieb"*. Dies wird durch die Flexionsform deutlich. Steht das Adjektiv in nicht-flektierter Form, verändert sich seine syntaktische Funktion und - als Folge davon - auch die Bedeutung des gesamten Ausdrucks.
„Ein seit gestern flüchtig von verschiedenen Passanten an verschiedenen Orten gesehener und deshalb wieder gefasster Dieb ist erneut entkommen."
In diesem Satz bezieht sich das nicht-flektierte Adjektiv *„flüchtig"* modifizierend auf das Partizip *„gesehener"*.
- Prädikativer Gebrauch: Prädikativ gebrauchte Adjektive bilden zusammen mit einer finiten Verbform das Prädikat eines Satzes. Sie werden in dieser Funktion nicht flektiert. Ihre Aufgabe besteht darin, etwas über das Subjekt auszusagen. Die Kongruenz zum Subjekt wird durch die finite Verbform hergestellt.
„Die Frau ist jung."; „Die Frauen sind jung."
- Adverbialer Gebrauch: Adverbial gebrauchte Adjektive beziehen sich auf das Prädikat. Sie werden in dieser Gebrauchsweise nicht flektiert. Ihre Aufgabe

im Satz besteht darin, etwas über die verbal bezeichnete Handlung auszusagen.
„Der Sturm trieb ständig Gischt über das Vordeck."
- Modifizierender Gebrauch: Adjektive können modifizierend gebraucht werden. Dabei beziehen sie sich z.B. auf ein weiteres Adjektiv.
„Wir erlebten eine extrem raue See."
Hier wird das Bezugswort *„raue"* (ein attributiv gebrauchtes Adjektiv) durch das Adjektiv *„extrem"* näher bestimmt.
- Komparativer Gebrauch: Adjektive können in ihren unterschiedlichen Verwendungsweisen gesteigert werden. Ein komparativer Gebrauch ist prädikativ *(„Sie ist älter als ich.")*, adverbial *(„Sie singt lauter als ich.")*, attributiv *(„die schönere Bucht")* und modifizierend *(„ein schneller rostendes Auto")* möglich.

2. Das Verb

Jeder vollständige Satz benötigt eine finite Verbform. Sie bildet entweder – ohne weiteren Zusatz - das Prädikat oder ist Teil eines komplexen Prädikats.
- Jede finite Verbform flektiert hinsichtlich Numerus und Person. In diesen Kategorien kongruiert es mit dem Subjekt und erleichtert so dessen Identifikation.
„Beide Männer lieben Helga."   *„Beide Männer liebt Helga."*
- Jede finite Verbform besitzt ein Tempus. Mittels der Tempusformen kann der Sprecher/Schreiber den Zeitbezug seiner Aussage verdeutlichen. Dieser Zeitbezug ist relativ zur Sprechzeit. Die Tempusformen erlauben es, ein Geschehen - bezogen auf die Sprechzeit - als vergangen, als gegenwärtig oder als zukünftig darzustellen.

Zudem kann man die Tempusformen dazu nutzen, die Zeitenfolge, also die zeitliche Beziehung zweier Aussagen anzuzeigen.
- Vorzeitigkeit: *„Wenn ich die Zähne geputzt habe, gehe ich ins Bett."*
- Gleichzeitigkeit: *„Einige aßen, andere tranken."*
- Nachzeitigkeit: *„Wenn er sich zum Examen meldet, habe ich meine Pr meine Prüfungen schon abgeschlossen."*
- Jede finite Verbform steht in einem Modus. Die Modi kann ein Sprecher z.B. dazu nutzen, um den Wahrheits- oder Wahrscheinlichkeitsanspruch seiner Aussage oder seine Einstellung zum Gesagten auszudrücken.
  - Behauptung: *„Sie steht an der Spitze der Firma."*
  - Wunsch: *„Stünde sie doch an der Spitze der Firma."*
  - Aufforderung: *„Stell dich an die Spitze der Firma."*

- Jede finite Verbform steht entweder im Aktiv oder im Passiv. Passivformen bieten dem Sprecher u.a. die Möglichkeit, nicht den Handelnden selbst, sondern andere Sachverhalte als Subjekt des Satzes in den Mittelpunkt der Aussage zu stellen.
  - *„August von Meden gründete 1902 den Deutschen Tennis Bund."*
  - *„Der Deutsche Tennis Bund wurde 1902 gegründet."*

Die strukturelle Ausstattung der Wortart Verb mit den Flexionskategorien „Person", „Numerus", „Tempus", „Modus" und „Genus Verbi" gibt dem Sprachbenutzer also die Möglichkeit, die Satzaussage in vielfältiger Weise zu variieren und so seinen Intentionen anzupassen.

Wir halten fest:
Die strukturelle Ausstattung der Wortarten „Verb" und „Adjektiv" steht im Dienst der syntaktischen Funktionen, die diese Wortarten im Satz zu erfüllen haben. Aus diesem Grund ist es auch sinnvoll, in der schulischen Beschäftigung mit den Wortarten zunächst von deren Funktionen im Satz auszugehen und dann erst die strukturellen Aspekte in den Blick zu nehmen.

Wir geben ein Beispiel für die Wortart „Adjektiv". Schüler sollen in konkreten Texten die Funktionen des Adjektivs entdecken, beschreiben und benennen. Indem sie z.B. beschreiben, wo die Wörter einer Wortart in den Sätzen eines Textes stehen und welche Aufgaben sie dort erfüllen, entdecken und beschreiben sie die syntaktische Leistungsfähigkeit einer Wortart. Erst wenn dies getan ist, sollte man die strukturelle Ausstattung der Wortart in den Blick nehmen.

Ein Textbeispiel:
„Das Wetter war stürmisch. Dunkle Wolken sammelten sich bedrohlich am Horizont. Die extrem raue See trieb ständig eine eisig kalte Gischt über das Deck. Hätten wir doch einen sicheren Hafen in der Nähe oder eine sichere Bucht. Ein Hafen wäre allerdings sicherer."

Die Adjektive des Textes sind unterstrichen. Eine Arbeitsanweisung zu diesem Text könnte lauten: Untersuche die unterstrichenen Wörter. Beantworte dabei folgende Fragen:
- Wo stehen die unterstrichenen Wörter?
- Auf welche anderen Wörter beziehen sie sich?
- Was sagen sie über die Wörter aus, auf die sie sich beziehen?

Die Beantwortung dieser Fragen führt zu einer ersten Bestimmung der Aufgaben, die Adjektive in diesem Text erfüllen. Die Antworten könnten lauten:
- Einige der unterstrichenen Wörter stehen vor Nomen. Sie beziehen sich auf diese *("sichere Bucht", "raue See")* und weisen den Sachverhalten, die von den Nomen bezeichnet werden, Eigenschaften zu.
- Einige der unterstrichenen Wörter stehen bei Verben oder beziehen sich auf diese. Dabei sagen die Adjektive etwas aus über die Handlung oder das Geschehen, das die Verben bezeichnen *("trieb ständig....", "sammelten sich bedrohlich...")*.
- Eines der unterstrichenen Wörter wird dazu genutzt, um *"Hafen"* und *"Bucht"* hinsichtlich der Eigenschaft *"sicher"* zu vergleichen.
- Einige der unterstrichenen Wörter stehen vor einem anderen unterstrichenen Wort *("extrem raue See"; "eisig kalte Gischt")*. Das voran stehende Wort bezieht sich dabei auf das nachstehende. Es hat die Aufgabe, das nachstehende Bezugswort genauer zu bestimmen.

Diese Antworten ergeben eine erste, gut brauchbare Leistungscharakteristik der Wortart. Sobald eine solche Leistungscharakteristik erarbeitet ist, kann der Lehrer für die untersuchten und beschriebenen Wörter den Wortartenbegriff „Adjektiv" einführen. Abschließend können dann Strukturmerkmale der Wortart vorgestellt werden. Am Ende eines solchen Vorgehens steht dann eine übersichtliche Darstellung des Zusammenhanges von syntaktischer Funktion und strukturell-grammatischer Form:
- Attributive Funktion: Adjektive stehen vor Nomen und bilden mit ihnen eine Einheit. Die attributiv gebrauchten Adjektive werden dekliniert und haben das gleiche Genus und den gleichen Kasus wie das Bezugsnomen.
„Ein schöner Blumenstrauß"; Ein schönes Geschenk"; Eine schöne Blume".
Ihre kommunikative Aufgabe besteht darin, den Sachverhalt näher zu bestimmen und zu erläutern, den das Nomen bezeichnet.
- Prädikative Funktion: Das Adjektiv gehört hier zum flektierten Verb und bezieht sich auf das Subjekt des Satzes. Es bildet zusammen mit den Verben *„sein", „werden", „heißen", „scheinen"* das Prädikat. In dieser Gebrauchsweise wird das Adjektiv nicht dekliniert.
„Der Blumenstrauß ist schön."; „Die Blumensträuße sind schön."
„Der Mann scheint alt."; „Die Männer scheinen alt."
Die Aufgabe des prädikativ gebrauchten Adjektivs besteht darin, etwas über das Subjekt auszusagen.

- Adverbiale Funktion: Das adverbial gebrauchte Adjektiv bezieht sich auf das Prädikat des Satzes. Es wird nicht dekliniert.
  „Hans hat gestern fleißig gearbeitet."; „Ich rufe dich täglich an.."
  Die Aufgabe des Adjektivs besteht darin, den Vorgang, den Zustand oder die Handlung näher zu bestimmen, die das Prädikat bezeichnet.
- Modifizierende Funktion: Das Adjektiv modifiziert Wörter einer anderen oder einer gleichen Wortart. Man unterscheidet die Modifikation eines Adjektivs (*„Er ist extrem alt."*) von der Modifikation eines Adverbs (*„Er sitzt weit hinten."*).

Der Zusammenhang von Wortart und Stil

Wenn sich ein Autor dazu entscheidet, eine Wortart in seinem Text häufig und wiederholt zu verwenden, hat diese Entscheidung Auswirkungen auf den Text. Man spricht in diesem Zusammenhang z.B. vom Nominalstil, vom Adjektivstil oder vom Verbalstil.[81] Die kommunikativen Chancen und Risiken dieser Stilvarianten erkennen und nutzen zu können, ist ein wichtiges Lernziel, das bei schulischer Beschäftigung mit dem Thema „Wortart" behandelt werden kann. Wir werden diesen Zusammenhang von Wortart und Stil am Beispiel der Wortarten „Nomen" und „Adjektiv" erörtern.

1. Zum Stilwert der Adjektive: sachlicher und ornamentaler Stil

Adjektive sind Wörter, die grammatisch oftmals nicht notwendig sind. Als Begleitwörter von Nomen (attributiver Gebrauch) und Verben (adverbialer Gebrauch) kann ein Sprecher/Schreiber entscheiden, ob er ein Adjektiv benutzen will oder nicht. Wenn er auf das Adjektiv verzichtet, wird der Satz in der Regel nicht ungrammatisch.
„Das alte Auto fährt schnell." „Das Auto fährt."

Dennoch sind Adjektive von enormer kommunikativer Bedeutung. Sie können vielfältige kommunikative Aufgaben erfüllen, z.B.
- quantifizieren: *viele Menschen, die drei Freunde.*
- identifizieren und die Referenz des Bezugswortes vereindeutigen: *„die linksseitige Schlaufe", „meine damalige Freundin".*
- klassifizieren: *„die kommunalen, regionalen und nationalen Parlamente".*

---

[81] Vgl. hierzu Sowinski, 1983, S. 121 ff. Als Stil eines Textes bezeichnet er die spezifische Ausdrucksweise eines Textes. Der Stil resultiert aus der spezifischen Kombination stilistischer Mittel. Heinemann/Heinemann nennen in diesem Zusammenhang die Verwendung spezifischer Vertextungsmuster, syntaktischer Muster, rhetorischer Figuren, Wortbildungsmuster, etc. Heinemann/Heinemann, 2002, S. 130-132. Eine ausführliche Darstellung der Stilistik gibt Sandig, 1986.

- Herkunft und Ort angeben: *„der sibirische Winter", „mein norwegischer Freund".*
- Eigenschaften und Beschaffenheiten zuweisen: *„das frische Brot", „der hölzerne Löffel".*
- werten: *„ein böser Mensch", „eine unsolide Finanzierung".*

Insbesondere bei Beschreibungen, Charakterisierungen und Schilderungen kommt den Adjektiven eine große kommunikative Bedeutung zu. In dieser Funktion können sie einerseits den sachbezogenen Stil eines Textes unterstreichen, andererseits aber auch einen Text „ornamental" ausschmücken.

- Der sachbezogene Stil: Adjektive als Mittel sprachlicher Genauigkeit[82]
  Der folgende Text gehört zur Textsorte der Gebrauchsanweisungen. Er beschreibt die Funktionsweise einer Schwimmweste und soll zu sachgemäßem Gebrauch anleiten.
  „Bedienungsanleitung für aufblasbare Schwimmwesten:
  Die Rettungsweste wird mit dem verstellbaren Hüftgurt am Körper des Trägers befestigt. Nach Anlegen der Schwimmweste erfolgt die Aufblasung der Schwimmweste selbsttätig und die leuchtend orangefarbene Innenseite des Schwimmkörpers wird sichtbar. Zudem besitzt der Schwimmkörper linksseitig ein arretierbares Rückschlagventil für Mundaufblasung."

Wenn Schüler den Adjektivgebrauch dieses oder eines ähnlichen Textes untersuchen, können sie die kommunikativen Aufgaben der Adjektive in Gebrauchsanweisungen exakt bestimmen. Die Adjektive erfüllen im Wesentlichen zwei kommunikative Aufgaben:
- identifizieren: Die Adjektive geben dem Leser Hilfen, die einzelnen Bestandteile der Schwimmweste zu identifizieren. Zum einen benennen sie deutlich sichtbare Merkmale (*„leuchtend orangefarbene Innenseite"*). Zum anderen geben sie eindeutige orientierende Hinweise (*„linksseitig"*), die die Identifikation erleichtern.
- Funktionen benennen: Die Adjektive benennen wichtige Funktionen, die einzelne Teile der Schwimmweste auszeichnen. Sie kennzeichnen den Hüftgurt als *„verstellbar"*, das Rückschlagventil als *„arretierbar"* und machen deutlich, dass die Aufblasung *„selbsttätig"* erfolgt.

Indem die Adjektive einzelne Bestandteile der Schwimmweste identifizieren helfen und diese Bestandteile in ihrer Funktion vereindeutigen, sind sie sprachliche Mittel der Genauigkeit.

---

[82] Die folgenden zwei Textbeispiele stammen aus Heringer, 1989, S. 107/108.

- Die dekorative, ornamentale und klischeebezogene Adjektivverwendung
Diesen Gebrauch von Adjektiven können Schüler am Beispiel des folgenden Textes beschreiben und erkennen:
„Mit geschmeidigen, weichen Bewegungen schritt Ariane über den trockenen, lockeren Heideboden. Sie wirkte jung, schmal, fast zerbrechlich in ihrem weißen, luftigen Kleid, das ihre biegsame, hoch gewachsene Gestalt sanft umschmeichelte. Ihr golden blondes, leicht gekräuseltes Haar wehte im linden Wind wie ein langer, schwebender Schleier hinter ihr her und auf ihrem schönen, blassen Gesicht lag ein Ausdruck von tiefer Trauer."
In diesem Text dienen die Adjektive - wie auch in dem vorangegangenen Textbeispiel - der Beschreibung. Ihre Aufgabe besteht darin, eine Romanfigur durch die Beschreibung äußerer Merkmale näher zu charakterisieren. In ihrer Häufung besitzen sie zudem einen dekorativen, ornamentalen Stilwert, der über die Funktion der Personencharakterisierung hinausweist. Indem die Adjektive ein konventionalisiertes Inventar von äußeren Merkmalen und Eigenschaften bezeichnen *(„jung", „blond", „schön", „schmal" „biegsam", „zerbrechlich", „blass")* und diese der Romanfigur zuweisen, entwerfen sie ein spezifisches Klischee einer typischen Figur des Kitschromans.

2. Zum Stilwert der Nomen: Nominalstil[83]

Um über Sachverhalte der Welt reden zu können, müssen wir diese zunächst benennen. Sobald sie als Kommunikationsgegenstände benannt sind, können wir über sie sprechen und weitere Informationen austauschen. Nomen liefern uns solche Benennungen für die Phänomene der Welt. Wer den Nominalstil verwendet, kann sich diese Funktion der Nomen zunutze machen, um Sachverhalte präzise benennen und gliedern zu können.

Mit Nomen benennen wir u.a.
- individuelle Größen: *„Bern"*
- Einzelgegenstände: *„Berg"*
- Kollektiva: *„Leute"*
- Materielles/Konkretes: *„Duft"*
- Abstraktes: *„Hoffnung"*
- Belebtes: *„Mensch"*
- Unbelebtes: *„Wand"*
- Natürliches: *„Gras"*

---

[83]Der Nominalstil ist eine Schreib- oder Redeweise, in der gehäuft Nomen bzw. Nominalausdrücke verwendet werden. Im Kapitel zur Satzgrammatik wird dieses Thema erneut aufgegriffen und unter der Fragestellung der Verständlichkeit genauer erörtert. Vgl. dazu die Ausführungen zu Satz- und Phrasenstrukturen im vierten Kapitel.

- Künstliches: „Motor"
- Vorgänge: „Befragung"
- Ergebnisse: „Gemälde"
- Urheber: „Schreiber"

Indem wir diese Sachverhalte mit Nomen bezeichnen, gliedern wir auch die jeweiligen Gegenstandsbereiche und bringen so Ordnung in die Welt der bezeichneten Dinge. Die folgenden Nomen strukturieren und gliedern einen Gegenstandsbereich.

Sitzgelegenheiten
Hocker   Stuhl   Sessel   Bank   Couch

- Hocker, Stuhl und Sessel bieten jeweils nur einer Person eine Sitzgelegenheit.
- Auf Bank und Couch können mindestens zwei Personen sitzend Platz nehmen.
- Eine Couch ist gepolstert, eine Bank ist ungepolstert.
- Ein Hocker hat weder Lehne noch Armstützen, ein Stuhl besitzt zumindest eine Lehne.
- Ein Sessel unterscheidet sich vom Stuhl in seiner Polsterung.

Besonders deutlich wird die ordnende und strukturierende Funktion der Nomen in Fachsprachen. Viele Fachgebiete (Technik, Ökonomie, Jura, Kommunikationswissenschaft, Sprachwissenschaft, etc.) haben eigenständige Fachterminologien entwickelt. Die Begriffe dieser Terminologien sind zumeist Nomen. Ihre Aufgabe besteht vor allem darin, den jeweiligen fachlichen Gegenstandsbereich begrifflich exakt zu strukturieren. Nehmen wir als Beispiel den sprachwissenschaftlichen Gegenstandsbereich der Wortarten.

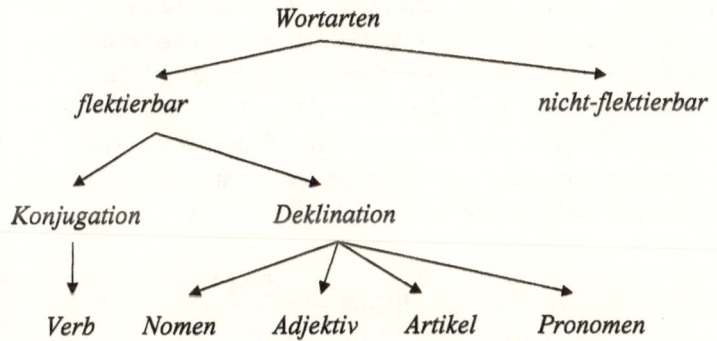

Diese Systematik gliedert den Gegenstandsbereich zunächst - nach strukturell-grammatischen Eigenschaften - in die flektierbaren und die nicht-flektierbaren Wortarten. Innerhalb der flektierbaren Wortarten werden Konjugation und Deklination unterschieden. Die Wortart, die konjugiert wird, heißt „Verb". Die Wortarten, die dekliniert werden, heißen „Nomen", „Artikel", „Pronomen" und „Adjektiv". Diese Bezeichnungen sind somit Begriffe einer linguistischen Fachterminologie.

Der Nominalstil macht sich diese Ordnungsfunktion der Nomen zunutze. Er bietet Chancen und Risiken.
- Die Chancen liegen in der begrifflichen und referentiellen Genauigkeit und in der Möglichkeit, Sachverhalte kurz und präzise bezeichnen zu können.
- Die Risiken liegen in einer zu großen Informationsverdichtung und in einer zu komplexen Syntax der Nominalausdrücke.

Wir geben zwei Beispiele für Texte und Textbausteine, die durch Nominalstil gekennzeichnet sind.
- Der Nominalstil in fachsprachlichen Texten: Im folgenden Textbeispiel nutzt ein Autor Nomen (Fachbegriffe), um die Gegenstandsbereiche eines Buches in der Form einer kurzen und präzisen Aufzählung vorzustellen. Der Text orientiert den Leser hinsichtlich Struktur und Gliederung eines Fachbuchs.
„Nach einer grundlegenden Darstellung kommunikativer Prozesse werden zunächst aktuelle kommunikationswissenschaftliche Modelle, Methoden und Ergebnisse vorgestellt. Weitere wichtige Themen sind dann die Voraussetzungen der Kommunikation, die Wirklichkeitskonstruktion durch Medien, die Entwicklung, Organisation und Ökonomie der Medien, die Medientechnik, der Journalismus und die Perspektiven der Entwicklung der Mediengesellschaft."
Allerdings birgt die Häufung und Komplexität nominaler Ausdrücke auch die Gefahr mangelnder Verständlichkeit. Dies zeigt der folgende Textausschnitt:
„Ausgangspunkt der vertikalen Gliederung des Systems der Fachsprachen ist die Annahme der Existenz verschiedener Kommunikationsbereiche innerhalb einzelner Fächer, die sich im Hinblick auf das Allgemeine und das Besondere der Gegenstände und Sachverhalte des betreffenden Faches unterscheiden."
In diesem Textausschnitt sind die Nomen zu sehr komplexen Nominalausdrücken vertextet, die große Verstehensprobleme bereiten können.

- Der Nominalstil in journalistischen Schlagzeilen und Überschriften: Die kommunikative Funktion der Nomen, Sachverhalte knapp zu benennen, kann man sehr schön am Beispiel von Schlagzeilen und Überschriften verdeutlichen:

„Ausraster auf der Mattscheibe"
„In der Champions League der Oper"
„Fallobst für den Magier"

Die Nomen haben hier die Funktion, Stichwort zu sein. Sie benennen wichtige Kommunikationsgegenstände des nachfolgenden Textes. Da die nominale Ausdrucksweise der Schlagzeile jedoch keine weiteren Informationen zur Verfügung stellt, weckt sie die Neugier der Leser. Sie wollen erfahren, was im nachfolgenden Text über die bezeichneten Gegenstandsbereiche gesagt wird oder gesagt werden könnte.

3.4. Orthographie: Das morphologische Prinzip

Frith hat 1985 ein Modell des Schriftspracherwerbs vorgestellt.[84]
Sie unterscheidet drei dominierende Strategien:
- die logographische Strategie
- die alphabetische Strategie
- die orthographische Strategie

Diese Strategien zeichnen sich durch folgende Merkmale aus:
- Die logographische Strategie ist im Sinne des Zwei-Wege-Modells[85] eine direkte Strategie. Sie ist nicht phonologisch vermittelt. Logographisches Worterkennen orientiert sich an wenigen einzelnen Buchstaben und anderen visuellen Merkmalen. So können fast alle Vorschulkinder die Schriftzüge von *„Coca Cola"* oder *„McDonalds"* anhand weniger visueller Merkmale erkennen.
- Die alphabetische Strategie bedient sich hingegen der Graphem-Phonem-Korrespondenzen. Das Lesen erfolgt lautierend, das Schreiben basiert auf einer Phonemanalyse des Wortes und der Zuordnung der entsprechenden Grapheme.
- Die orthographische Strategie ist erneut durch einen direkten Zugriff gekennzeichnet. Schüler entwickeln einen Sichtwortschatz und sind in der Lage, Wörter, Morpheme, Silben oder andere orthographische Regularitäten ganzheitlich zu erkennen.

---

[84] Vgl. Frith, 1985. Einen guten Überblick über die Entwicklungsmodelle des Orthographieerwerbs gibt Thomé, 1999, S. 29 – 65.
[85] Coltheart, 1978.

Das morphologische Prinzip

Kinder, die die Ebene der orthographischen Strategie erreichen wollen, müssen Einsicht gewinnen in das morphologische Prinzip der Schreibung.

Dieses besagt: Morpheme werden trotz unterschiedlicher Lautung gleich oder ähnlich, also wieder erkennbar, geschrieben. Eisenberg definiert dieses Prinzip wie folgt: „Dort, wo die Schrift sich entwickelt, hinkt sie nun nicht dem Lautwandel hinterher, sondern sie bezieht sich mehr und mehr auf eine andere sprachliche Ebene, eben die morphologische. (...) An die Stelle des Strebens nach Lauttreue ist als Prinzip das Sichtbarmachen von morphologischen Zusammenhängen getreten."[86]

Wir geben Beispiele für die Bedeutung des morphologischen Prinzips:
- Umlautschreibung und die Auslautverhärtung: Hierbei wird eine gleiche oder ähnliche Schreibweise gewahrt, auch wenn verschiedene Phoneme gesprochen werden.
  - Flexion und Auslautverhärtung: „Rad - Räder", „Hund - Hunde"
  - Flexion und Umlautschreibung: „Haus - Häuser", „Baum - Bäume"
  - Komparation und Umlautschreibung: „arm - ärmer"
  - Wortbildung und Umlautschreibung: „Band - Bändchen", „Lauf - Läufe Läufer"
  - Wortbildung und Auslautverhärtung: „Hand - behände"

- Die Schreibung von Komposita: Aus dem morphologischen Prinzip sind auch solche Schreibungen abzuleiten, in denen die Schreibung der einzelnen Morpheme eines zusammengesetzten Wortes voll und ganz erhalten bleibt.
  - „sich zieren -   Zierrat"
  - „roh   Rohheit"
  - „Schiff   Schifffahrt"
  - „Zoo   -   Zooorchester"

- Die Bedeutung der Derivationssuffixe: Für das Erreichen der orthographischen Strategie sind auch Hinweise auf die Schreibung und die Funktion von Derivationssuffixen hilfreich.
  - Spezifische Derivationssuffixe kennzeichnen die Wortart „Nomen". Das Erkennen dieser Derivationsmorpheme erleichtert die Identifizierung der Nomen und ist Hilfe für eine korrekte Großschreibung. Die wichtigsten Substantivsuffixe sind -e („Bleiche"), -ei („Bücherei"), -el („Deckel"), -ler („Sportler"), -heit („Freiheit"), -keit („Herrlichkeit"), -igkeit („Helligkeit"), -ling („Prüfling"), -nis („Erlebnis"), -schaft (Erbschaft"),

---

[86] Eisenberg, 1983, S. 41-68.

-tum *(„Eigentum")*, -ung *(„Erhebung")*, -chen *(„Kindchen")*, -lein *(„Zweiglein")*.
Wichtige Fremdsuffixe sind *–erie („Lotterie"),* -ion *(„Rebellion"),* -ität *(„Solidität"),* -eur *(„Dompteur"),* -ismus *(„Terrorismus")*
- Spezifische Derivationssuffixe kennzeichnen Adjektive. Entsprechende Adjektivierungsmorpheme sind *-bar („begehbar"),* -lich *(„erblich"),* -sam *(„unterhaltsam"),* -rn *(„hölzern"),* -haft *(„jungenhaft"),* -ig *(„giftig"),* -isch *(„sklavisch")*.
Die Schreibung dieser Adjektivsuffixe ist nicht allein durch das Lautprinzip begründbar. Hier kann das automatisierte Erkennen dieser Suffixe Fehlschreibungen vermeiden helfen, z.B. bei *-ig* oder *-lich*.

Wir fassen zusammen: Durch Instruktion und Auseinandersetzung mit der Morphemstruktur von Lernwörtern können Kinder, die schreiben lernen, Einblicke in die orthographische Struktur der Wörter gewinnen. Sie erreichen die Ebene der orthographischen Strategie u.a. dadurch, dass sie wichtige, auf die Morphem- und Wortstruktur zielende Kompetenzen aufbauen und nutzen. Zu diesen Kompetenzen zählen
- das Wissen um den Morphemaufbau der Wörter,
- die Kenntnis von Wortstämmen,[87]
- die Kenntnis der häufig vorkommenden Flexionsmorpheme,
- die Kenntnis wichtiger Derivationssuffixe.

---

[87] Wie wichtig die Kenntnis von Wortstämmen ist, zeigt sich an folgenden Zahlen: Das Deutsche verfügt etwa über 9000 einfache Wortstämme. Rechtschreibwörterbücher umfassen ca. 100 000 Wörter, das Wörterbuch der Brüder Grimm ca. 400 000 Wörter.

Viertes Kapitel: Satz

1. Äußerung und Satz

Beim Sprechen oder Schreiben stellt die Ordnung des Satzes den grammatischen Zusammenhang her, der den Wörtern konkrete Bedeutung zuweist. Bei isolierten Einzelzeichen ist es oft nicht möglich, deren konkrete Bedeutung zu bestimmen.
Was ist z. B. mit *„Bulle"* gemeint? Ein Tier, ein Polizist oder ein Schriftstück?
In den folgenden Sätzen wird die Bedeutung durch den jeweiligen Satzzusammenhang vereindeutigt:
- *„Die Bullen wurden zur Schlachtbank geführt. "*
- *„Die Bullen haben mich wegen einer Geschwindigkeitsübertretung abkassiert. "*
- *„Die Goldene Bulle Kaiser Karls IV. von 1356 war die wichtigste der Goldenen Bullen und zugleich das wichtigste Reichsgrundgesetz des Heiligen Römischen Reiches. "*

Was ist ein Satz?[88]
Jeder Sprecher hat wohl eine Vorstellung davon, was ein Satz ist. Als Einheiten des Schreibens, aber auch des Sprechens sind Sätze allgegenwärtig.
In der Grammatik verursacht die Definition dessen, was ein Satz ist, allerdings Schwierigkeiten.
Sätze gelten als kommunikativ selbstständige Einheiten der Sprache. Das entscheidende Kriterium für kommunikative Selbstständigkeit ist, dass mit einem Satz ein vollständiger Sprechakt vollzogen werden kann.
Allerdings gibt es eine Vielzahl kommunikativ selbstständiger Äußerungen, die keine Sätze sind. Die folgenden Beispiele geben Hinweise darauf, wie vielfältig sprachlich-kommunikative Einheiten aussehen können, die im Rahmen eines Dialogs geäußert werden:
(1) „Wo bleibst du?"
(2) „Komme schon."
(3) „Wann?"
(4) „In einer Minute."
(5) „Bringst du das Buch mit?"
(6) „Nein."
(7) „Warum nicht?"
(8) „Habe es in der Uni liegen gelassen."

---

[88] Den Ausführungen zur Syntax liegt folgende Literatur zugrunde: Heringer, 1988; Heringer, 1989; Engel, ²1991; Eisenberg, ³1994; Wöllstein-Leisten et al., 1997.

Nach den Maßstäben einer schriftsprachlich-orientierten Grammatik müssen die Einheiten (2), (3), (4), (6), (7) und (8) als unvollständig gelten. Sie sind keine Sätze „im engeren Sinne". Dennoch sind sie verständlich und haben eine eindeutige kommunikative Funktion. Es gibt also - gerade in mündlicher Kommunikation - eine Vielzahl kommunikativ vollständiger Einheiten, die keine Sätze sind.

Was also macht einen Satz aus? Welche Bestandteile muss er aufweisen?
Wir gehen von einem sehr weit reichenden Kriterium aus, das der Sprachlogik entstammt. Nach diesem Kriterium umfasst ein Satz folgende sprachlogische Operationen:
- Der Sprecher eines Satzes nimmt auf etwas (den Satzgegenstand) Bezug. Er referiert auf etwas.
- Der Sprecher eines Satzes sagt etwas aus über diesen Satzgegenstand. Er verknüpft den Sachverhalt mit „etwas", wobei dieses „etwas" ein Vorgang, eine Handlung, ein Zustand, eine Relation oder eine Qualität sein kann.

Wir geben zwei Beispiele:
„Meine Kinder spielen mit großer Freude Baseball."
- Referenz auf den Satzgegenstand: „Meine Kinder"
- Aussage über den Satzgegenstand: „spielen mit großer Freude Baseball."

„Unser erstes Kind ist zwölf Jahre älter unser jüngstes Kind."
- Referenz auf den Satzgegenstand: „Unser erstes Kind"
- Aussage über den Satzgegenstand: „ist zwölf Jahre älter als unser jüngstes Kind."

Folgt man diesem - sehr weit gefassten – Kriterium, sind die nicht-satzförmigen Äußerungen des Dialogs verkürzte Sätze. Die Kommunikationspartner des Beispieldialogs sagen offensichtlich nur das, was wirklich nötig ist. Die zu ergänzenden Satzteile fehlen deshalb, weil die Gesprächspartner davon ausgehen, dass deren Informationen als bekannt unterstellt werden können.
Äußerungen, die syntaktische Strukturen - z.B. aus sprachökonomischen Gründen – „einsparen", nennt man auch Ellipsen. Um sie zu verstehen, muss der Hörer die fehlenden Strukturen unter Zuhilfenahme von Kontext und Wissen ergänzen. Die Ellipsen des Dialogbeispiels können - wie folgt - zu ganzen Sätzen erweitert werden:
(1) „Wo bleibst du?"
(2) „(Ich) Komme schon."
(3) „Wann (kommst du)?"

(4) „(Ich komme) In einer Minute."
(5) „Bringst du das Buch mit?"
(6) „Nein, (ich bringe es nicht mit)."
(7) „Warum (bringst du es) nicht (mit)?"
(8) „(Ich) Habe es in der Uni liegen gelassen."

Wichtig sind somit folgende Unterscheidungen:
- Äußerungen sind kommunikativ selbstständige Einheiten.
- Sätze sind Äußerungen, die bestimmten strukturellen Restriktionen unterliegen. Zu diesen zählen die sprachlich-explizite Referenz auf einen Sachverhalt und die Aussage über den Sachverhalt.[89]
- Ellipsen sind sprachliche Äußerungen, in denen syntaktische Strukturen „eingespart" sind. Um diese Äußerungen zu verstehen, müssen Hörer die Leerstellen der Ellipse aus Kontext und/oder eigenem Wissen erschließen.

2. Satzglieder: Die Bausteine der Sätze

Aus welchen Bausteinen sind Sätze aufgebaut? Wir gehen von dem folgenden Beispielsatz aus:
„Die kompetente Beraterin verhilft der alten Frau äußerst unbürokratisch zu einer Rente."
Am Beispiel dieses Satzes werden wir zwei wichtige Verfahren vorstellen, mit deren Hilfe man die Satzbausteine ermitteln kann.

1. Der Spitzenstellungstest

Dieser Test zeigt, welche Wörter oder Wortgruppen in der Position vor dem finiten Verb („*verhilft*") stehen können. Satzbeispiel:
- „*Der alten Frau* <u>verhilft</u> die kompetente Beraterin äußerst unbürokratisch zu einer Rente."
- „*Zu einer Rente* <u>verhilft</u> die kompetente Beraterin der alten Frau äußerst unbürokratisch."
- „*Äußerst unbürokratisch* <u>verhilft</u> die kompetente Beraterin der alten Frau zu einer Rente."
- * „*Unbürokratisch* <u>verhilft</u> die Beraterin kompetente äußerst der alten Frau zu einer Rente."[90]
- * „*Die kompetente Beraterin* <u>verhilft</u> äußerst unbürokratisch der Frau alten zu einer Rente."

---

[89] In vielen Aufforderungen, wie z.B. dem Satz „*Komm her*" bleibt der referentielle Akt allerdings implizit.
[90] * kennzeichnet eine ungrammatische Struktur.

Der Test erbringt folgendes Ergebnis:
- Bestimmte Wörter können ihre Position im Satz nur gemeinsam verändern. Dies sind die Wortgruppen *„der alten Frau", „ die kompetente Beraterin", „äußerst unbürokratisch"* und *„ zu einer Rente. "*
- Diese Wortgruppen können die Position vor dem finiten Verb *„verhilft"* besetzen.
- Die Wortfolge innerhalb der Wortgruppen muss erhalten bleiben. Eine Auflösung der Wortgruppe ergibt einen ungrammatischen Ausdruck

Die Wortgruppen, für die dies gilt, sind die Bausteine des Satzes. Wir nennen sie Satzglieder.

Mit Hilfe des Spitzenstellungstests kann man auch zeigen, dass bestimmte Satzelemente keinen Satzgliedstatus haben. Sie können nicht in der Position vor dem finiten Verb stehen. Dies sind z.B.
- Modalpartikeln:
  „Das ist ja ein starkes Stück. "; *„Ja ist das ein starkes Stück. "*
  „Komm doch nach Hause. "; *Doch komm nach Hause. "*
- Konjunktionen:
  „Er kam nicht. Denn er war schwer erkrankt. "
  „Er kam nicht. Denn war er schwer erkrankt. "

2. Die Ersatzprobe

Bei der Ersatzprobe unternehmen wir den Versuch, die aus mehreren Wörtern bestehenden Satzglieder möglichst durch ein Wort zu ersetzen.

| „ (Die kompetente Beraterin) | (verhilft) | (der alten Frau) |
| „ (Sie) | (verhilft) | (ihr) |

| (äußerst unbürokratisch) | (zu einer Rente). " |
| (so) | (dazu). " |

Die Probe zeigt: Komplexe Satzglieder, die aus einer Wortgruppe bestehen, können durch ein einziges Wort ersetzt werden. Die Satzbausteine, die wir Satzglieder nennen, können also aus einer komplexen Wortgruppe, aber auch aus einer einzigen Wortform bestehen.

3. Grammatische Kategorien: Die Baupläne der Satzglieder

Spitzenstellungstest und Ersatzprobe machen deutlich:
- Sätze bestehen aus Satzgliedern.
- Satzglieder können aus einer einzelnen Wortform, aber auch aus einer komplexen Wortgruppe bestehen. Die grammatische Form eines Satzgliedes kann also mehr oder minder komplex sein.

In den folgenden Sätzen besteht das Satzglied, das in der Spitzenposition vor dem finiten Verb steht, zunächst nur aus einer Wortform und wird dann schrittweise zu einer grammatisch sehr komplexen Wortgruppe erweitert:

„Autos *rosten."*
„Alte Autos *rosten."*
„Die außerordentlich alten Autos *rosten."*
„Die außerordentlich alten Autos meines Freundes *rosten."*
„Die außerordentlich alten Autos meines Freundes in Gießen *rosten."*

Solche Wortgruppen – wir nennen sie Phrasen – sind Zwischenglieder zwischen der einzelnen Wortform und dem Satz.

Wenn wir Phrasen bilden, folgen wir bestimmten Bauplänen. Um diese Baupläne beschreiben und klassifizieren zu können, benötigen wir die folgenden grammatischen Kategorien:
- Wortarten- und Flexionskategorien: Die unterste Ebene der Phrasen bilden einzelne Wortformen. Deshalb benötigen wir für die grammatische Analyse Kategorien, mit denen wir Wortformen grammatisch beschreiben können. Dies sind die Wortarten- und Flexionskategorien.[91]
- Phrasenkategorien: Wortformen verbinden sich zu Phrasen (Wortgruppen). Um diese einordnen und klassifizieren zu können, benötigen wir Phrasenkategorien. Entsprechende Kategorien sind z.B. Nominalphrase, Verbalphrase oder Adjektivphrase.

Wortarten- und Flexionskategorien
Da wir bereits ausführlich auf Struktur und Funktion der Einheit „Wort" eingegangen sind, geben wir hier nur einige kurze Hinweise.
Zur grammatischen Beschreibung und Kategorisierung der Wortformen benötigen wir Wortartenkategorien und Flexionskategorien. Bei den Wortarten unterscheidet man - anhand morphologischer Kategorien - zunächst in flektierbare

---
[91] Vgl. dazu die Ausführungen im dritten Kapitel zur Wortart und zur Wortformenbildung.

und nicht flektierbare Wortarten. Die nicht flektierbaren Wortarten sind nicht veränderbar. Sie verfügen „nur" über eine Wortform. Deshalb werden sie anhand distributionell-syntaktischer Kategorien unterschieden.

Wir geben einige Beispiele:
- Präpositionen („*auf*", „*unter*", „*wegen*") sind mit Nomen kombinierbar. Sie leiten Nominalphrasen ein und regieren diese hinsichtlich des Kasus.
- Subjunktionen („*weil*", „*obwohl*", „*wenn*") leiten Nebensätze ein.
- Konjunktionen („*und*", „*aber*", „*denn*") verbinden gleichartige und gleichrangige Elemente. Sie sind nicht vorfeldfähig, können also kein Satzglied sein.
- Adverbien („*dort*", „*manchmal*", „*selten*", „*trotzdem*") sind vorfeldfähig. Sie besitzen daher Satzgliedstatus. Adverbien sind durch W-Fragen erfragbar.
- Partikeln („*doch*", „*eben*", „*wohl*", „*sogar*") sind nicht vorfeldfähig und können nicht erfragt werden.

Die flektierbaren Wortarten können - je nach Ausstattung mit Flexionskategorien - eine bestimmte Zahl unterschiedlicher Wortformen annehmen. Zu den flektierbaren Wortarten gehören das Verb, das Nomen, der Artikel, das Pronomen und das Adjektiv.

Phrasenkategorien
Phrasenkategorien dienen zur Klassifikation von Wortgruppen.[92]

1. Wie entstehen Phrasen?
Phrasen lassen sich als Erweiterungen eines zentralen Kopfelementes betrachten. Dieses Kopfelement nennt man den Kopf oder Kern der Phrase. Die folgende Phrase ist z.B. eine Wortgruppe, die durch Erweiterung des Kopfelementes „*Autos*" gebildet wurde.

„*Autos*	rosten.*"
„*Die Autos*	rosten.*"
„*Die großen Autos*	rosten.*"
„*Die außerordentlich großen Autos*	rosten.*"
„*Die außerordentlich großen Autos in der Garage*	rosten.*"

---

[92] Eine Phrase kann aus nur einer Wortform (etwa einem Pronomen) bestehen. Dies haben wir anhand der Ersatzprobe nachgewiesen. Eine solche Phrase bezeichnet man als minimale Phrase.

2. Was ist der Kopf einer Phrase?
Wir gehen von folgendem Beispielsatz aus:
„Der dicke August trinkt sehr gerne Weizenbier."
Die Phrase *„Der dicke August"* hat als Kopf das Nomen *„August"*. Sie wird deshalb Nominalphrase (NP) genannt. Nun besteht diese NP aber nicht nur aus einem Nomen, sondern aus einem Artikel, einem Adjektiv und einem Nomen. Warum also bezeichnet man das Nomen als Kopf der Phrase? Ein Grund ist, dass die anderen Phrasenelemente (Artikel und Adjektiv) vom Nomen hinsichtlich Kasus, Genus und Numerus regiert werden. Man sagt: Das Nomen übt auf die anderen Elemente der Phrase eine Kasusrektion aus. Wenn man z.B. *„August"* durch *„Helga"* ersetzt, ändert sich die Form des Artikels.
„Die dicke Helga trinkt sehr gerne Weizenbier."
Daher kann man begründet davon sprechen, dass das Nomen der Kopf der Phrase ist.

3. Wie können wir die Struktur komplexer Phrasen beschreiben?
Nominalphrasen können sehr komplex gebaut sein. Dies zeigt der folgende Beispielsatz:
„Der an Pfunden übergewichtige August trinkt sehr gerne Weizenbier."
Die Phrase *„Der an Pfunden übergewichtige August"* ist eine Nominalphrase. Ihr Kopf ist das Nomen *„August"*. Die Phrase ist jedoch komplexer strukturiert als die Phrase *„der dicke August"*.
- Worin besteht die größere Komplexität?
  Die Nominalphrase besteht aus Artikel und Nomen. Diese bilden gewissermaßen einen Rahmen, in den nicht nur ein Adjektiv, sondern die Wortgruppe *„an Pfunden übergewichtige"* eingebettet ist. Diese bezieht sich als Ganze auf den Kopf der übergeordneten Nominalphrase. Die übergeordnete Nominalphrase beinhaltet somit eine untergeordnete Phrase. Dies zeigt: Phrasen bestehen nicht nur aus Wortformen. Übergeordnete Phrasen können aus untergeordneten Phrasen bestehen.

- Welches Wort ist der Kopf der Phrase *„an Pfunden übergewichtige"*?
  Eine Antwort könnte lauten: Das Adjektiv *„übergewichtige"*.
  Welche Gründe sprechen für diese Antwort? Wir nutzen den Tilgungstest und tilgen die Wortgruppe *„an Pfunden"*.

Die so verkürzte Phrase ist in dem gegebenen Satz ein grammatisch korrekter Ausdruck. *„Der übergewichtige August trinkt sehr gerne Weizenbier."*

Wir tilgen nun die Adjektivform „*übergewichtige*". Dies ergibt den ungrammatischen Ausdruck „*Der an Pfunden August*". Daraus folgt: Das Vorkommen der Wortgruppe „*an Pfunden*"' ist abhängig vom Vorkommen des Adjektivs „*übergewichtige*".

Daher kann man sagen, dass das Adjektiv „*übergewichtige*" der Kopf der untergeordneten Phrase „*an Pfunden übergewichtige*" und damit auch ihr Namensgeber ist. Die Phrase ist eine Adjektivphrase.

- Bleibt abschließend die Wortgruppe „*an Pfunden*". Sie besteht aus der Präposition „*an*" und dem Nomen „*Pfunden*". Phrasen, in denen Präpositionen ein Nomen oder auch eine Nominalphrase einleiten, bezeichnet man als Präpositionalphrase. Die Präposition gilt als Kopf der Phrase, weil sie den Kasus der nachfolgenden Nominalphrase oder des nachfolgenden Nomens bestimmt.

Wir halten fest:
- Phrasen besitzen einen Kopf. Die Wortartenzugehörigkeit des Kopfelementes ist der Namensgeber der Phrase.
- Komplexe Phrasen können untergeordnete Phrasen beinhalten.

Die Struktur der komplexen Phrase können wir nun wie folgt darstellen:[93]

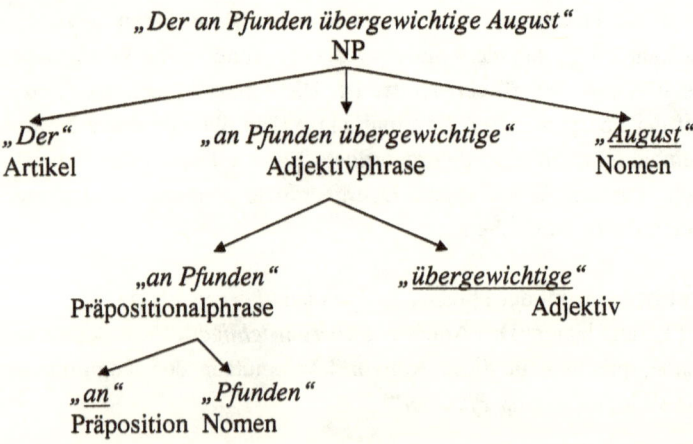

---

[93] Das Wort, das Kopf der jeweiligen Phrase ist, haben wir unterstrichen.

Welche Phrasen kann man unterscheiden?
Wir werden die wichtigsten Phrasenkategorien vorstellen.

1. Die Nominalphrase (NP)[94]
Nominalphrasen haben ein Nomen als Kopfelement. Jede Nominalphrase hat einen Kasus.
„*Der an Jahren junge Student   schreibt eine Klausur.*"
„*Dem an Jahren jungen Studenten   missfällt die Klausur.*"
Nominalphrasen können links und rechts des Kopfelementes erweitert werden. Man spricht daher von Links- und Rechtserweiterungen einer Nominalphrase.
- Zur Linkserweiterung:
  Normalerweise eröffnet ein Artikelwort die Nominalphrase. Der Artikel und der Kopf der Nominalphrase bilden einen Rahmen, in den linkserweiternde Elemente eingesetzt werden können. Als Linkserweiterungen fungieren häufig attributiv gebrauchte Adjektive und Adjektivphrasen.
  - „*Das kleine Kind*"
  - „*Das kleine, aber selbstbewusste Kind*"
- Zur Rechtserweiterung:
  Als Rechtserweiterungen fungieren oftmals untergeordnete Nominalphrasen im Genitiv, Präpositionalphrasen oder Relativsätze.
  - „*Der Vater*"
  - „*Der Vater der Schülerin*"
  - „*Der Vater aus Gießen*"
  - „*Der Vater, dessen Tochter in Gießen zur Schule geht*"

2. Die Präpositionalphrase (PP)
Präpositionalphrasen bestehen aus einer Präposition und - zumeist - einer Nominalphrase. Man bezeichnet die Präposition als den Kopf der Phrase, weil sie den Kasus der nachfolgenden Nominalphrase bestimmt. Dies zeigen folgende Beispiele.
- „*Ich lege etwas unter das Sofa.*"
- „*Etwas liegt neben dem Sofa.*"
- „*Ich habe Ärger wegen des Sofas.*"
- „*Die Maus steckt in dem Sofa.*"

---

[94] Zur Struktur der NP vgl. im vierten Kapitel den Unterpunkt „Nominalphrasen."

Die meisten Präpositionen stehen vor der Nominalphrase. Einige können jedoch nachgestellt sein.
- „Dem Mann gegenüber saß eine alte Frau."
- „Seiner Unordentlichkeit wegen musste er zu Hause bleiben."

In manchen Fällen kann die Präposition mit der Endung des bestimmten Artikels verschmelzen:
- „Am (an dem) gestrigen Tag regnete es."
- „Er klopfte ans (an das) Tor."

3. Die Adjektivphrase (AdjP)

Adjektivphrasen haben ein Adjektiv als Kopfelement. Adjektive können auf unterschiedliche Art zu Adjektivphrasen erweitert werden:
- Modifizierung: Ein Adjektiv wird durch ein anderes Adjektiv modifiziert. Das modifizierende Adjektiv ist dem modifizierten Adjektiv untergeordnet und wird nicht flektiert.
  - „Die Feier war außerordentlich gut."
  - „Er wurde schön rot."
  - „Er genoss den unglaublich großen Erfolg."
- Graduierung: Ein Adjektiv wird durch ein Adverb graduiert. Das Adverb ist dem modifizierten Adjektiv untergeordnet.
  - „Sie war gewiss schön."
  - „Er war ein ziemlich gefürchteter Pauker."
- Adjektivphrasen können durch Nominal- oder Präpositionalphrasen erweitert werden.
  - „Die an Berufserfahrung reiche Frau hat Erfolg."
  - „Die 49 Jahre alte Frau hat Erfolg."

4. Die Adverbphrase (AdvP)

Der Kopf dieser Phrasen ist ein Adverb. Insgesamt sind Adverbien nur begrenzt erweiterungsfähig. Beispiele für Erweiterungen sind:
- „immer wieder"
- „nur heute"
- „knapp dahinter"
- „ungefähr hier"

Adverbphrasen fungieren oft auch als erweiternde Bausteine von Adjektivphrasen.
- „Der eben deshalb berühmte Sänger tritt ab."
- „Die immer wieder begeisternde Sängerin tritt ab."

5. Die Verbalphrase (VP)
Verbalphrasen haben als Kopfelement ein Verb. Sie bestehen entweder nur aus einem Verb oder umfassen weitere Elemente.
Ist der Kopf der Verbalphrase ein finites Verb, spricht man von einer finiten Verbalphrase *("Er hat gegessen. ")*, ist der Kopf ein infinites Verb von einer infiniten Verbalphrase *("Er kam, um zu essen. ")*. Finite Verbalphrasen sind Prädikate. In dieser Funktion bilden komplexe Verbalphrasen oft eine diskontinuierliche Phrase.[95]
- *"Das Kind hat den Kindergarten um 12 Uhr verlassen. "*

Wenn die Verbalphrase mehrere verbale Elemente umfasst, regiert das Kernverb unterschiedliche Verbformen. Je nach regierter Verbform unterscheidet man
- Partizipialphrasen: *"Ich habe dich gesehen. "*
- Infinitivphrasen: *"Du kannst morgen ausschlafen. "*
- zu-Phrasen: *"Er hat den Befehl zu befolgen. "*

Verbalphrasen können also eine sehr komplexe Struktur besitzen:
- *"Er sieht das"*
- *"Er hat dies gesehen. "*
- *"Er hätte dies sehen müssen. "*
- *"Er hätte dies gesehen haben müssen. "*

6. Nebensätze und Infinitivklauseln
Über die bisher erörterten Phrasen hinaus können auch Nebensätze und Infinitivklauseln die Funktion eines Satzglieds erfüllen.[96] Dies zeigt der Spitzenstellungstest.
- *"Er hofft, dass sie kommt. "*   *"Dass sie kommt, hofft er. "*
- *"Er isst, weil er hungrig ist. "*   *"Weil er hungrig ist, isst er. "*
- *"Er vergaß, mich zu informieren. "*   *"Mich zu informieren, vergaß er. "*

Nebensätze sind grammatisch vollständige Sätze, denn sie enthalten - als Minimalbestand - Subjekt und Prädikat. Dennoch unterscheiden sie sich von Hauptsätzen.
- Das finite Verb steht in Endstellung:
  "Er schreibt die Hausarbeit, weil er den Leistungsnachweis benötigt. "
- Sie werden oft durch eine Subjunktion eingeleitet:
  "Weil er viel arbeitet, verdient er gut. "

Infinitivklauseln haben als Prädikat immer einen Infinitiv. Dies gilt auch für mehrteilige Prädikate. Der Infinitiv ist durch die Partikel *"zu"* eingeleitet.
"Eine Sprache entwickelt zu haben, zeichnet den Menschen aus. "

---
[95] Vgl. zum Prädikat und zur Satzklammer den Unterpunkt 3.4. in diesem vierten Kapitel.
[96] Zur Struktur von Satzgefügen vgl. im vierten Kapitel den Unterpunkt „Satzverbindungen".

Flexions-, Wortarten- und Phrasenkategorien als Mittel der Satzanalyse

Wir nutzen nun die erörterten Flexions-, Wortarten- und Phrasenkategorien dazu, die Satzglieder eines Beispielsatzes in ihren Bauplänen zu beschreiben und zu klassifizieren. Wir gehen in folgender Weise vor:
- Der Satz wird zunächst in seine Satzglieder zerlegt.
- Diese Satzglieder werden mittels Phrasenkategorien klassifiziert.
- Satzglieder werden als übergeordnete Phrasen in ihre untergeordneten Phrasen und Wortformen zerlegt.
- Die Wortformen werden mittels Wortarten- und Flexionskategorien klassifiziert.

Der Beispielsatz lautet:

„Der Berater verhilft dem Kranken zu einer Rente."

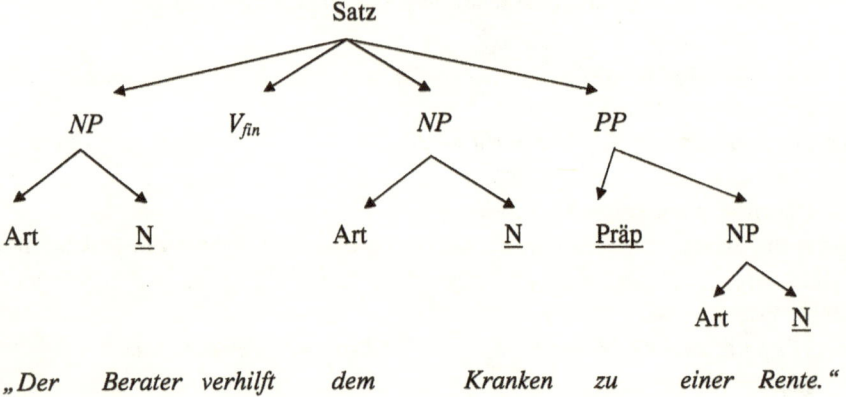

Welchen Vorteil erbringt eine solche Analyse, die die Phrasen, Wortarten und Wortformen mittels grammatischer Kategorien klassifiziert?

Durch die grammatische Klassifizierung der Phrasenstrukturen gelangt die Satzanalyse zu einer abstrakten Strukturbeschreibung eines Satzes. Diese abstrakte Struktur ist mehr als nur die Beschreibung des konkreten Satzes. Sie ist die Beschreibung eines Satzmusters.

Dieses nutzen die Sprecher einer Sprache, um vielfältige konkrete Sätze zu formulieren. Die vorgestellte Satzanalyse macht also Strukturmuster deutscher Sätze sichtbar.

Wir geben ein Beispiel:

„Die Katze schläft sehr gern auf dem Sofa"

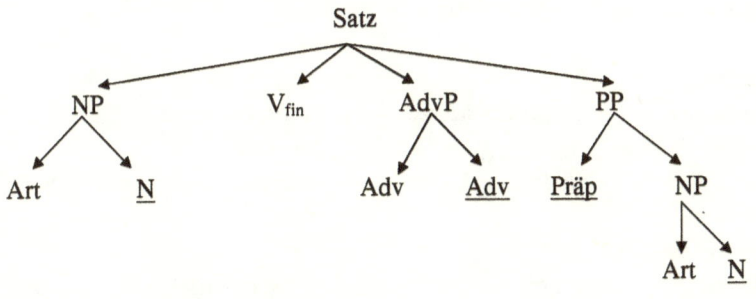

„Die	Katze	schläft	sehr	gern	auf	dem	Sofa"
Nom.	Nom.	3. Pers.				Dat.	Dat.
Sg.	Sg.	Sg. Ind.				Sg.	Sg.
Fem.		Präs. Akt.					Neutr.

Die folgenden Sätze entsprechen diesem Satzmuster:
„Die Oma	fährt	fast immer	auf dem Motorrad."
„Die Wurst	verschwindet	immer wieder	von dem Tablett."
„Die Verdächtige	mordet	sehr oft	mit dem Halstuch."
„Die Tanzmaus	versagt	täglich	im dem Laufrad."
„Die Frau	speist	immer montags	in dem Restaurant."

4. Die syntaktischen Funktionen der Satzglieder

Wir haben die Satzglieder eines Satzes ermittelt und ihre Baupläne mit Hilfe grammatischer Kategorien (Flexions-, Wortarten- und Phrasenkategorien) beschrieben. Nun gehen wir der Frage nach, welche syntaktischen Aufgaben - man spricht auch von syntaktischen Funktionen - die einzelnen Satzglieder im Satz erfüllen. Zu diesem Zweck werden wir zunächst den Unterschied zwischen syntaktischer Funktion und grammatischer Kategorie verdeutlichen. Wir gehen von folgenden zwei Sätzen aus:

(1) „Sie haben   die letzten Jahre   genossen."
(2) „Sie haben   die letzten Jahre   viele Veränderungen erlebt."

Beide Sätze beinhalten die grammatisch identische Nominalphrase *„die letzten Jahre"*. Diese - in ihrer grammatischen Form - identischen Nominalphrasen erfüllen in den Sätzen (1) und (2) unterschiedliche syntaktische Aufgaben. Dies zeigen die Tilgungs- und die Ersatzprobe.

Tilgungsprobe:
(1) *„Sie haben   die letzten Jahre   genossen."*
    * *„Sie haben   genossen."*
(2) *„Sie haben   die letzten Jahre   viele Veränderungen erlebt."*
    „Sie haben   viele Veränderungen erlebt."

Die Tilgungsprobe zeigt,
- dass der Ausdruck *„die letzten Jahre"* in Satz (1) grammatisch notwendig ist. Tilgt man die Nominalphrase, wird der Satz ungrammatisch.
- dass der Ausdruck *„die letzten Jahre"* in Satz (2) grammatisch nicht notwendig ist. Tilgt man die Nominalphrase, bleibt der Satz dennoch ein grammatisch korrekter Satz.

Ersatzprobe:
(1) *„Sie haben   die letzten Jahre   genossen."*
    „Sie haben   etwas   genossen."
    **„Sie haben   in den letzten Jahren   genossen."*
(2) *„Sie haben   die letzten Jahre   viele Veränderungen erlebt."*
    **„Sie haben   etwas   viele Veränderungen erlebt."*
    „Sie haben   in den letzten Jahren   viele Änderungen erlebt."

Die Ersatzprobe zeigt,
- dass wir in (1) den Ausdruck *„die letzten Jahre"* durch das Indefinitpronomen *„etwas"*, nicht aber durch die Präpositionalphrase *„in den letzten Jahren"* ersetzen können.
- dass es in (2) möglich ist, den Ausdruck *„die letzten Jahre"* durch die Präpositionalphrase *„in den letzten Jahren"*, aber nicht durch das Indefinitpronomen *„etwas"* zu ersetzen.

Wir halten fest:
- Die Nominalphrasen in (1) und (2) besitzen einen identischen grammatischen Bauplan.
- Die Nominalphrase *„die letzten Jahre"* ist in (1) ein grammatisch notwendiges Satzglied, in (2) hingegen nicht.
- Die Nominalphrasen können in (1) und (2) durch unterschiedliche Ausdrücke ersetzt werden.

Dies legt folgende Vermutung nahe: Die grammatisch identischen Nominalphrasen erfüllen in (1) und (2) unterschiedliche syntaktische Funktionen. Diese unterschiedlichen Funktionen lassen sich nicht aus der grammatischen Form der Phrasen ableiten, denn beide Nominalphrasen folgen demselben grammatischen Bauplan. Daher gehen wir von der Annahme aus, dass sich die Unterschiede aus der Beziehung der jeweiligen Phrase zum umgebenden Satz ableiten lassen.

4.1. Valenz und Satzgliedfunktion

Wie können wir die Beziehung zwischen Phrase und Satz genauer untersuchen? Um diese Frage zu beantworten, führen wir den Begriff der Valenz ein. Das von diesem Begriff geprägte Grammatikmodell nennt man auch Valenz- oder Dependenzgrammatik.[97] Die Besonderheit dieses Grammatikmodells besteht in der Annahme, dass das Prädikat das Zentrum des Satzes ist.

Wir nehmen als Beispiel folgenden Satz:
„*Der Berater verhilft der Frau zu ihrer Rente.*"
Die Struktur dieses Satzes sieht in der Darstellung der Valenzgrammatik folgendermaßen aus:

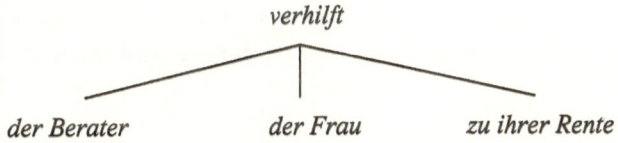

Diese Darstellung zeigt die Phrasen „*der Berater*", „*der Frau*" und „*zu ihrer Rente*" als Satzglieder, die vom Prädikat „*verhilft*" abhängig sind. Diese zentrale Stellung des Prädikates „*verhilft*" dokumentiert sich u.a. darin, dass es die Satzglieder „*der Berater*", „*der Frau*" und „*zu ihrer Rente*" als strukturell notwendig fordert. Wenn nur eines der Satzglieder fehlt, wird der Satz ungrammatisch.
- *„*Der Berater verhilft der Frau.*"
- *„*Der Berater verhilft zu ihrer Rente.*"

---

[97] Die Konzeption der Valenzgrammatik wurde von Tesnière für die Syntax der französischen Sprache entwickelt. Sie geht davon aus, dass das Prädikat (bzw. Teile des Prädikats) die übrigen Satzglieder regiert, sie also in Form und Funktion bestimmt. Tesnière, 1980. Eine Valenzgrammatik der deutschen Sprache ist die Grammatik von Engel, 1988.

Diese Kraft des Prädikates, Satzglieder als strukturell notwendige Ergänzungen zu fordern, bezeichnet man als Valenz.

Die Valenz zeigt sich
- als quantitative Valenz: Prädikate fordern eine bestimmte Anzahl von Ergänzungen.
  - Das Verb „*sprechen*" ist ein einwertiges Verb, weil es nur ein zusätzliches Satzelement fordert. „*Er spricht.*"
  - Das Verb „*sagen*" ist zweiwertig, weil es zwei Elemente fordert. „*Sie sagt etwas.*"
  - Das Verben „*befähigen*" ist dreiwertig, weil es drei Elemente fordert. „*Sie befähigt ihn zu etwas.*"
- als qualitative Valenz: Die Valenz eines Prädikats legt nicht nur die Zahl der notwendigen Satzglieder fest, sondern beeinflusst auch deren grammatische Form.
  - Das Verb „*erwarten*" fordert eine Ergänzung im Akkusativ. „*Ich erwarte etwas.*"
  - Das Verb „*warten*" fordert als Ergänzung eine Präpositionalphrase. „*Ich warte auf etwas.*"

Die von einem Prädikat geforderten, grammatisch notwendigen Satzglieder nennt man Ergänzungen (E).[98] Sie werden nach ihrer grammatischen Form nummeriert.
- E1: Nominativ-Ergänzung
- E2: Genitiv-Ergänzung
- E3: Dativ-Ergänzung
- E4: Akkusativ-Ergänzung
- E5: Präpositional-Ergänzung.

Prädikate, die eine unterschiedliche Zahl oder eine unterschiedliche grammatische Form der Satzglieder fordern, gehören unterschiedlichen Valenzklassen an. Je nach Valenzklasse legen sie unterschiedliche Satzstrukturmuster fest. Diese Satzstrukturmuster sind die Kernsätze des Deutschen.

---

[98] Ergänzungen, die ein Prädikat fordert, können zum Teil auch weggelassen werden, z.B. dann, wenn sie aus dem Kontext zu erschließen sind. Nehmen wir als Beispiel das Verb „*warten*". Dieses Verb ist zweiwertig. Es fordert als spezifische Ergänzungen eine Ergänzung im Nominativ und eine Präpositionalergänzung. In bestimmten Kontexten kann man die Präpositionalergänzung weglassen („*Ich warte.*").

Wir geben Beispiele für die wichtigsten Kernsätze.

- E1 - V: „Der Mensch spricht."
„Der Mensch ist klug."
Weitere einwertige Valenzträger sind die Verben „regnen", „lachen", „bluten" oder das Adjektiv „witzig".

- E1 - V - E2: „Er gedachte ihrer."
„Er ist der Sache überdrüssig."
Ein weiterer Valenzträger, der diesen Kernsatztyp bildet, ist z.B. das Verb „bedürfen".

- E1 - V - E4: „Wir schreiben einen Brief."
Weitere Valenzträger dieses Satzstrukturmusters sind die Verben „schreiben", „sagen", „binden", „vermuten", „wissen".

- E1 - V - E3: „Ich helfe dir."
„Der Mann ist dir ähnlich."
Weitere Valenzträger dieses Satzstrukturmusters sind die Verben „schaden", „danken", „vertrauen" oder die Adjektive „fremd", „nützlich".

- E1 - V - E3 - E4: „Er schenkt dem Kind ein Bilderbuch."
Weitere Valenzträger dieses Satzstrukturmusters sind die Verben „bieten", „bringen", „erlauben", „zeigen".

- E1 - V - E3 - E5: „Er verhilft dem Kranken zu einer Rente."
Weitere Valenzträger dieses Satzstrukturmusters sind die Verben „danken für", „gratulieren zu".

- E1 - V - E5: „Der Mann achtet auf Sauberkeit."
„Der Mann ist frei von Sorgen."
Weitere Valenzträger dieses Satzstrukturmusters sind die Verben „warten auf", „anfangen mit" oder das Adjektiv „glücklich über".

- E1 - V - E4 - E5: „Die Frau stellt die Tassen in den Schrank."
Weitere Valenzträger dieses Satzstrukturmusters sind die Verben „verführen zu", „abhalten von", „verbinden mit" oder „zwingen zu".

Kernsätze können durch grammatisch nicht notwendige Satzglieder erweitert werden. Der Satz „*Er schenkt dem Kind ein Bilderbuch.* " hat die Valenzstruktur „E1 - V - E3 - E4".
Er kann - über diese Kernsatzstruktur hinaus - erheblich erweitert werden.
„*Er schenkt dem Kind <u>aus guten Gründen</u> <u>täglich</u> <u>mit großer Freude</u> ein Bilderbuch.* "
Die erweiternden Satzglieder sind von der Valenz des Verbs „*schenken*" nicht gefordert, können aber in den Satz eingefügt werden, ohne dass der Satz unkorrekt wird. Dies zeigt: Es gibt
- valenznotwendige Satzglieder, die von der Valenz des Prädikats gefordert werden.
- nicht-valenzunabhängige Satzglieder, die in den Satz eingefügt werden können, obwohl sie von der Valenz des Prädikats nicht gefordert werden, also valenzunabhängig sind.

1. Valenznotwendige Satzglieder

Ein Satzglied ist valenznotwendig, wenn es vom Valenzträger gefordert wird.
Die valenznotwendigen Satzglieder kann man unterscheiden in
- valenznotwendige, nicht tilgbare Ergänzungen. Dies sind Ergänzungen, deren Tilgung immer zu grammatisch unkorrekten Sätzen führt.
 „*Sie achtet auf Sauberkeit.* " vs. *„*Sie achtet*"
- valenznotwendige, tilgbare Ergänzungen. Dies sind Ergänzungen, die zwar von der Valenz des Prädikats gefordert sind, aber dennoch getilgt werden können. Die Tilgung ist dann möglich, wenn der Informationsgehalt einer Ergänzung als bereits bekannt unterstellt werden kann. Die Abhängigkeit vom Valenzträger erkennt man daran, dass solche Ergänzungen in ihrer grammatischen Form weitgehend festgelegt sind.
 „*Helga wartet auf Hans.* " „*Helga wartet.* "
 „*Sie ärgert sich über ihn.* " „*Sie ärgert sich.* "
 „*Sie gibt die Karten.* " „*Sie gibt.* "

2. Valenzunabhängige Satzglieder

Dies sind Satzglieder, die - unabhängig vom Valenzträger - in jeden Satz eingefügt werden können. Man bezeichnet sie auch als Angaben. Angaben sind somit Satzerweiterungen. Sie sind grammatisch nicht notwendig, aber - je nach Mitteilungsabsicht - kommunikativ sehr bedeutsam. Die Valenzunabhängigkeit erkennt man auch daran, dass die grammatische Form der Angaben nicht festgelegt ist.

„*Sie bestellt <u>aus diesem Grund</u> <u>mit großer Freude</u> <u>an jedem Abend</u> eine Currywurst.*"
„*Er baut <u>aus diesem Grund</u> <u>mit großer Freude</u> <u>an jedem Abend</u> an seinem Haus.*"
„*Er trinkt aus diesem Grund mit großer Freude an jedem Abend einen Bordeaux.*"

4.2. Subjekt, Objekt und adverbiale Bestimmung

Die traditionelle Einteilung der Satzglieder unterscheidet
- Subjekt,
- Objekte,
- adverbiale Bestimmungen.

Mit Hilfe des Valenz-Begriffes können wir diese Satzgliedfunktionen nun genauer bestimmen.
- Subjekt und Objekte sind valenznotwendige Satzglieder. Sie sind von der Valenz des Prädikates gefordert.
- Adverbiale Bestimmungen sind ein Satzglieder, die von der Valenz des Prädikats nicht gefordert sind. Die meisten adverbialen Bestimmungen sind valenzunabhängig.

1. Das Subjekt

Das Subjekt ist die von allen Prädikaten geforderte Ergänzung (E1), die als Nominalphrase im Nominativ steht. Das Subjekt ist somit das syntaktisch obligatorische Satzglied, das zusammen mit dem finiten Verb den Minimalbestand eines jeden Satzes bildet. Bei der Frageprobe gibt es für „belebte" Rollen die Antwort auf die Frage „Wer", für „unbelebte" Rollen die Antwort auf die Frage „Was".
- „*Der Mensch spricht.*":
    Wer spricht? „*Der Mensch.*"
- „*Das Brot liegt auf dem Tisch.*"
    Was liegt auf dem Tisch? „*Das Brot.*"

Das Subjekt kongruiert in Numerus und Person mit dem finiten Verb.
- „*Der Mensch spricht.*"   „*Die Menschen sprechen.*"
- „*Du sprichst.*"   „*Ihr sprecht.*"

Das Subjekt kann verschiedene semantische Rollen bezeichnen.
- Handelnder: „*Der Mann radelt*"
- Ursache: „*Der Regen löscht das Feuer.*"

- Instrument: *„Das Messer schneidet gut."*
- Nutznießer: *„Die Kinder bekommen Taschengeld."*
- Betroffenes: *„Das Brot wird geschnitten."*
- Merkmalsträger: *„Der Winter ist kalt."*
- Semantisch „leeres" Subjekt: *„Es schneit."*

2. Die Objekte

Die Satzgliedfunktion „Objekt" bezeichnet ebenfalls valenznotwendige Satzglieder.

- Das Akkusativobjekt

Die vom Verb/Prädikativ geforderte Ergänzung, die als Nominalphrase im Akkusativ steht, hat die Funktion des Akkusativobjekts. Wenn man den Satz in die Passivform transformiert, wird aus dem Akkusativobjekt durch Kasuskonversion das Subjekt.

„Ich esse das Brot."   *„Das Brot wird gegessen."*

Das Akkusativ-Objekt kann u.a. folgende semantische Rollen bezeichnen:
- Betroffenes: *„Die Kinder verschmieren das Bild"*
- Geschaffenes: *„Der Künstler formt die Plastik."*
- Inhalt: *„Die Frau kennt den Witz."*
- Ziel: *„Die Karawane verfehlte die Oase."*
- Ort: *„Der Läufer übersprang das Hindernis."*
- Maß: *„Der Mann trank zwei Liter."*

- Das Dativobjekt

Die von einem Prädikat geforderte Ergänzung, die als Nominalphrase im Dativ steht, hat die Funktion des Dativobjekts.

„Hans hat dem Kind ein Stofftier geschenkt."

Das Dativ-Objekt kann u.a. folgende semantische Rollen bezeichnen:
- Empfänger: *„Sie gaben der Frau das Geld."*
- Besitzer: *„Das Geld gehört ihm."*
- Nutznießer/Geschädigter: *„Viel Fleisch schadet ihm."*
- Adressat: *„Ich erzähle meinem Kind gern Geschichten."*
- Empfindungsträger: *„Mir ist Angst und Bange."*

Von den Dativobjekten sind die freien Dative zu unterscheiden. Dies sind Dativ-Ausdrücke, die tilgbar sind.

„Er öffnet <u>mir</u> die Tür."
„Die Tasse fällt <u>ihm</u> auf den Boden."
„Er schneidet <u>ihr</u> die Haare."

- Das Genitivobjekt
  Die vom Prädikat geforderte Ergänzung, die als Nominalphrase im Genitiv steht, hat die Funktion des Genitivobjekts.
  „Hans erinnert sich des Vorfalls."
  Genitivobjekte werden in der Gegenwartssprache immer häufiger durch eine einen Präpositionalausdruck ersetzt.
  „Hans erinnert sich an den Vorfall."
  Wichtige semantische Rollen des Genitivobjektes sind u.a.
  - Tatbestand: *„Er wurde des Diebstahls angeklagt."*
  - Betroffenes: *„Er nahm sich des Mannes an."*
  - Fehlendes: *„Er bedarf der Pflege."*

- Das Präpositionalobjekt
  Das Präpositionalobjekt ist nicht durch einen bestimmten Kasus gekennzeichnet, sondern durch die Verwendung einer Präposition. Eine Präpositionalphrase erfüllt dann die Funktion eines Präpositionalobjektes, wenn die Valenz des Prädikates einen festen präpositionalen Anschluss fordert.
  - *„Sie achtet auf etwas."*
  - *„Sie besteht auf etwas."*
  - *„Sie ist interessiert an etwas."*
  - *„Sie streben nach etwas."*
  - *„Er wundert sich über etwas."*

  Diese von der Valenz geforderten Präpositionen bleiben oft ohne erkennbare Semantik. So hat z.B. die Präposition *„auf"* in den oben angeführten Beispielen nicht die Bedeutung der positionalen oder direktionalen Bestimmung wie etwa in dem Satz,
  „Er trifft seinen Freund auf dem Schiffenberg."
  Semantische Rollen des Präpositionalobjekts sind z.B.
  - Ziel: *„Sie streben nach Erfolg."*
  - Material: *„Wein besteht zu 90 % aus Wasser."*

3. Die adverbialen Bestimmungen
   Adverbiale Bestimmungen sind Satzglieder, die entweder nicht von der Valenz des Prädikats gefordert oder in ihrer grammatischen Form nicht durch die Valenz des Prädikats festgelegt sind.
   „Mutter hat   heute/am gestrigen Tag/täglich/immer wieder   Kuchen gebacken."

Inhaltlich kann man folgende Adverbialbestimmungen unterscheiden:
- Lokal: „*Ich schlafe im Bett/neben dir/auf der Luftmatratze.*"
- Modal: „*Ich arbeitete mit großen Eifer/eifrig.*"
- Instrumental: „*Er schrieb die Hausarbeit mit/an einem PC.*"
- Temporal: „*Ich kam erst am Abend/abends nach Hause.*"
- Kausal: „*Wegen Krankheit/aus Krankheitsgründen blieb ich zu Hause.*"
- Konzessiv: „*Ich kam trotz des Regens.*"
- Konditional: „*Bei Schnee wird es glatt.*"

Von den Satzgliedern sind Satzelemente zu unterscheiden, die keinen Satzgliedstatus besitzen.

1. Das Attribut als Teil eines Satzglieds[99]

   Attribute haben keine Satzgliedfunktion. Als erweiternde Elemente von Nominalphrasen sind sie Teil eines Satzgliedes. Sie können rechts oder links ihres Bezugsnomens stehen.
   - Attribut als Teil eines Subjekts
   „*Das <u>kleine</u> Kind spielt Ball.*"
   „*Das Kind <u>meiner Schwester</u> spielt Ball.*"
   - Attribut als Teil eines Objektes
   „*Er fährt ein <u>schnelles</u> Auto.*"
   „*Er fährt das Auto <u>seines Bruders</u>.*"
   - Attribut als Teil einer adverbialen Bestimmung
   „*Er kam am <u>gestrigen</u> Abend.*"
   „*Er kam am Abend <u>des Vortages</u>.*"

2. Modalpartikel und Reflexivpronomen
   Zu den Reflexivpronomen:
   Zunächst sind die echten von den unechten reflexiven Verben zu unterscheiden. Die Reflexivpronomen der unechten reflexiven Verben haben Satzgliedstatus. Sie können in die Spitzenposition verschoben und durch andere Ausdrücke - etwa Nominalphrasen - ersetzt werden. Daher haben sie die syntaktische Funktion des Objekts.

---

[99] Zu Form und Funktion von Attributen vgl. die Ausführungen dieses Kapitels zum Thema „Nominalphrase".

- „Der Mann wäscht sich."
- „Der Mann wäscht das Auto."
- „Sich wäscht der Mann."

Bei echten reflexiven Verben versagt diese Ersatzprobe. Zudem zeigt der Spitzenstellungstest, dass das „echte" Reflexivpronomen nicht in die Position vor das finite Verb bewegt werden kann.
- „Sie befindet   sich zu Hause."
- *„Sie befindet   ihn zu Hause."
- *„Sich befindet   sie zu Hause."

Diese Pronomen haben folglich keinen Satzgliedstatus. Wegen ihrer engen Bindung an das Verb bezeichnet man sie als Prädikatsteil.

Zu den Partikeln:
Man unterscheidet Grad- und Abtönungspartikeln. Die graduierenden Partikeln haben ein Bezugswort. Daher sind sie – zusammen mit ihrem Bezugswort – Teil eines Satzglieds. Dies zeigt auch der Spitzenstellungstest.
- „Er trägt nur die weißen Hosen."
- „Nur die weißen Hosen trägt er."
- „Er trägt die nur weißen Hosen."
- „Die nur weißen Hosen trägt er."

Die Abtönungspartikeln beziehen sich nicht auf einzelne Wörter. Sie dienen dazu, die Satzaussage zu modalisieren.
- Überraschung: „Da ist er ja."
- Drohung: „Komm ja nach Hause!"
- Vermutung: „Er ist wohl zu Hause."

Der Spitzenstellungstest zeigt, dass auch diese Partikeln keinen Satzgliedstatus besitzen.
- *„Ja ist er da."
- *„Ja komm nach Hause."
- *„Wohl ist er zu Hause."

4.3. Syntaktische Funktion und grammatische Form der Satzglieder

Wir haben Satzglieder bisher aus zwei Perspektiven betrachtet.
- Aus der Perspektive der grammatischen Kategorien: Dabei haben wir die Baupläne der Satzglieder mit Hilfe von Flexions-, Wortarten- und Phrasenkategorien beschrieben und klassifiziert.
- Aus der Perspektive der syntaktischen Funktionen: Wir haben die syntaktische Funktion der Satzglieder in ihrer Relation zum Valenzträger „Prädikat" bestimmt. Anschließend haben wir die Satzgliedfunktionen „Subjekt",

„Objekt", „adverbiale Bestimmung" und die Satzgliedteilfunktion „Attribut" erörtert.

Abschließend wollen wir beide Perspektiven zusammenführen. Dabei soll folgende Frage beantwortet werden: Nach welchen grammatischen Bauplänen können die bisher erörterten Satzgliedfunktionen realisiert werden?

Die typische grammatische Form der valenznotwendigen Ergänzungen ist die Nominalphrase oder - bei Präpositionalobjekten - die Präpositionalphrase. Allerdings können Ausdrücke, die diese syntaktischen Funktionen erfüllen, auch andere grammatische Strukturen besitzen.

1. Das Subjekt
Subjekt-Ausdrücke können die folgenden grammatischen Formen aufweisen:
- Subjekt als minimale Nominalphrase
  „Wir lösen die Aufgabe."
- Subjekt als komplexe Nominalphrase
  „Diese sehr wichtige Aufgabe findet keine Lösung."
- Subjekt als Nebensatz
  „Dass wir die Aufgabe lösen konnten, macht mich froh."
- Subjekt als Infinitivklausel
  „Die Aufgabe zu lösen, bereitet mir keine Schwierigkeit."

2. Das Akkusativobjekt
Das Akkusativobjekt kann folgende grammatische Formen aufweisen:
- Akkusativobjekt als minimale Nominalphrase
  „Das Meerschweinchen mag das."
- Akkusativobjekt als komplexe Nominalphrase
  „Das Meerschweinchen mag frisch gepflückten Löwenzahn."
- Akkusativobjekt als Nebensatz
  „Ich verspreche dir, dass ich morgen komme."
- Akkusativobjekt als Infinitivklausel
  „Ich erlaube dir, das Zimmer zu verlassen."

3. Das Dativobjekt
Das Dativobjekt kann in folgenden grammatischen Formen gebildet werden:
- Dativobjekt als minimale Nominalphrase
  „Das Meerschweinchen gehört ihm."

- Dativobjekt als komplexe Nominalphrase
  „Alle Freunde schenken dem stets freundlichen Kollegen etwas."
- Dativobjekt als Nebensatz
  „Ich gebe es, wem ich will."

4. Das Genitivobjekt
Das Genitivobjekt kann in folgenden grammatischen Formen auftreten:
- Genitivobjekt als minimale Nominalphrase
  „Wir vergewissern uns dessen."
- Genitivobjekt als komplexe Nominalphrase
  „Wir vergewissern uns seiner uneingeschränkt gültigen Loyalität."
- Genitivobjekt als Nebensatz
  „Ich gedenke, wessen ich will."

5. Das Präpositionalobjekt
Das Präpositionalobjekt kann in den folgenden grammatischen Formen formuliert werden:
- Präpositionalobjekt als Präpositionalphrase
  „Das Unternehmen scheiterte an seiner Unfähigkeit."
  „Die Menschen achten auf ihn."
- Präpositionalobjekt als Adverbialpronomen
  „Er achtet darauf."
  „Er war daran interessiert."
- Präpositionalobjekt als Nebensatz
  „Ich freue mich (darauf), dass du kommst."
- Präpositionalobjekt als Infinitivklausel
  „Er war interessiert, Linguistik zu studieren."

6. Die adverbiale Bestimmung
Die adverbialen Bestimmungen können vielfältige grammatische Formen annehmen:
- Adverbiale Bestimmung als Präpositionalphrase
  „Bei Sonnenaufgang frühstückten wir."
- Adverbiale Bestimmung als Adjektiv oder Adjektivphrase
  „Er lief schnell."   „Er lief außerordentlich schnell."
- Adverbiale Bestimmung als Adverb oder Adverbphrase
  „Sie schläft hier."   „Er schläft stets hier."
- Adverbiale Bestimmung als Nominalphrase
  „Dieser Tage machten wir eine Wanderung."

- Adverbiale Bestimmung als Nebensatz
  „Als die Sonne aufging, waren wir schon unterwegs."
- Adverbiale Bestimmung als Infinitivklausel
  „Um nichts zu vergessen, machte ich einen Knoten ins Taschentuch."

Die Beispiele zeigen: Die grammatische Form eines Ausdrucks gibt keine eindeutigen Hinweise darauf, welche syntaktische Funktion dieser Ausdruck im Satz erfüllt. Insbesondere bei Infinitivklauseln oder Nebensätzen bleibt häufig unklar, welche syntaktische Funktion vorliegt.

In solchen Fällen kann die Beantwortung folgender Fragen die nötige Klarheit verschaffen:
- Spitzenstellungstest: Ist der Ausdruck ein Satzglied?
- Tilgungsprobe: Ist das Satzglied valenznotwendig oder nicht?
- Ersatzprobe: Durch welchen Ausdruck kann der in Frage stehende Ausdruck ersetzt werden. Geben die ersetzenden Ausdrücke klarere Hinweise auf die Satzgliedfunktion?

Wir geben drei Beispiele:
1. *„Dich zu sehen, bereitet mir Freude."*
- Spitzenstellungstest: Der Infinitivausdruck steht in der Spitzenposition vor dem finiten Verb. Er hat also Satzgliedstatus.
- Tilgungsprobe: Bei Tilgung des Ausdrucks wird der Satz ungrammatisch. Der Ausdruck ist also valenznotwendig. Daraus folgt, dass der Ausdruck entweder Subjekt- oder Objektfunktion erfüllt.
- Substitutionsprobe: Der Ausdruck ist durch eine Nominalphrase bzw. ein Pronomen zu ersetzen.

  „Dich zu sehen,   bereitet mir Freude."
  „Dein Anblick   bereitet mir Freude."
  „Das   bereitet mir Freude."

Die ersetzende Nominalphrase steht im Nominativ und kongruiert im Numerus mit dem finiten Verb des Satzes. Dies weist darauf hin, dass der Infinitivausdruck *„dich zu sehen"* die Satzgliedfunktion „Subjekt" erfüllt.

2. *„Ich blieb, weil du mir dazu geraten hast."*
- Spitzenstellungstest: *„Weil du mir dazu geraten hast, blieb ich."*
  Der Nebensatz kann in die Spitzenposition vor dem finiten Verb verschoben werden. Er hat also Satzgliedstatus.

- Tilgungsprobe: Bei Tilgung bleibt der Satz grammatisch korrekt. Der Nebensatz ist also nicht valenznotwendig. Dies weist darauf hin, dass der Nebensatz die Satzgliedfunktion einer adverbialen Bestimmung erfüllt.
- Substitutionsprobe: Der Ausdruck ist durch eine Präpositionalphrase ersetzbar. *„Ich blieb wegen deines Ratschlags."*
Die Präposition verdeutlicht - wie auch die Subjunktion *„weil"* - die semantische Rolle der adverbialen Bestimmung als Kausalbestimmung.

3. *„Er vertrieb den Bettler, der vor dem Kaufhaus saß."*
- Spitzenstellungstest: **„Der vor dem Kaufhaus saß, vertrieb er den Bettler."*
Der Nebensatz kann nicht in der Spitzenposition stehen. Er besitzt somit keinen Satzgliedstatus. Allerdings ist folgende Umstellung möglich:
„Den Bettler, der vor dem Kaufhaus saß, vertrieb er."
Dies zeigt, dass der Nebensatz Teil eines Ausdrucks ist, der insgesamt Satzgliedstatus besitzt.
- Tilgungsprobe: **"Er vertrieb."*
Die komplexe Nominalphrase *„den Bettler, der vor dem Kaufhaus sitzt."* darf nicht getilgt werden. Bei Tilgung dieses Ausdrucks wird der Satz ungrammatisch. Die Nominalphrase ist also valenznotwendig. Dies und der Kasus der Nominalphrase weisen auf deren Funktion als Akkusativobjekt hin. Der Nebensatz ist somit Teil des Akkusativobjekts. Er ist Attribut.

4.4. Das Prädikat

Das Prädikat ist das verbale Satzglied. Es besteht mindestens aus einer finiten Verbform. Prädikate besitzen jedoch eine beträchtliche Formenvielfalt. Man kann folgende Prädikatformen unterscheiden:
- Das Prädikat als einfache finite Verbform: In seiner einfachsten Form besteht das Prädikat aus einer flektierten Verbform.
„Er spricht."
- Zusammengesetzte Prädikatformen: Viele Prädikate sind mehrteilig. Mehrteilige Prädikate bilden häufig ein diskontinuierliches Satzglied. Die Teile dieser komplexen Prädikate bilden eine Satzklammer.[100] Das von der Satzklammer eingerahmte Feld nennt man Mittelfeld. In diesem können mehrere andere Satzglieder stehen.
„Diese Entdeckung hat die Therapiemöglichkeiten grundlegend verändert."

---

[100] Vgl. dazu die Ausführungen zum Thema „Topologie" in diesem Kapitel.

Mehrteilige Prädikate können verschiedene Formen aufweisen.

1. Das mehrteilige Prädikat als zusammengesetzte Verbform

Solche Prädikate bestehen ausschließlich aus Verbformen. Dies betrifft die zusammengesetzten Tempora, Prädikate mit Modalverben und die Passivformen.

- Die zusammengesetzten Tempora:[101] Das Deutsche hat sechs Tempora, von denen nur zwei durch einfache Verbformen gebildet werden. Die übrigen vier bilden komplexe Prädikatformen. Zum einen sind dies Formen mit einem Partizip (Perfekt, Plusquamperfekt), zum anderen Formen mit mindestens einem Infinitiv (Futur I, Futur II).
    - Perfekt: *„Hans hat lange gesprochen."*
    - Plusquamperfekt: *„Hans hatte lange gesprochen."*
    - Futur I: *„Hans wird lange sprechen."*
    - Futur II: *„Hans wird morgen gegen 8 Uhr 12 Stunden geschlafen haben."*

- Modalverb und Infinitiv: Modale Prädikate werden mit den Modalverben „müssen", „sollen", „können", „wollen", „dürfen", „mögen" gebildet. Alle Modalverben fordern den Infinitiv. Sie können subjektbezogen oder sprecherbezogen gebraucht werden. Im subjektbezogenen Gebrauch wird die Art der Beziehung zwischen dem Subjekt des Satzes und dem ausgedrückten Geschehen angezeigt:
    - Möglichkeit: *„Er kann kommen."*
    - Fähigkeit: *„Er kann sehr schnell schwimmen."*
    - Verbindlichkeit: *„Er soll kommen."*
    - Notwendigkeit: *„Er muss kommen."*
    - Erlaubnis: *„Er darf kommen."*

Im sprecherbezogenen Gebrauch drückt der Sprecher aus, wie wahr oder wahrscheinlich das von ihm bezeichnete Geschehen ist.
- Der Sprecher kann verdeutlichen, dass ihm die Aussage von einem Dritten zugetragen worden ist: *„Sie soll fünf Brote gegessen haben."*
- Der Sprecher äußert eine - mehr oder minder sichere - Vermutung: *„Sie muss/soll/dürfte/kann fünf Brote gegessen haben."*
- Der Sprecher berichtet, was jemand von sich selbst behauptet hat: *„Sie will fünf Brote gegessen haben."*

- Passivformen: Im Kontrast zum Aktiv bietet das Passiv die Möglichkeit, den Täterbezug zu „verschweigen". Die besondere Funktion des Passiv besteht somit darin, den „Täter" nicht zu benennen und stattdessen den Bezug zum „Betroffenen" in den Mittelpunkt zu rücken. Da auch der Passivsatz ein

---

[101] Zur Funktion der Tempusformen vgl. die Ausführungen zur Wortart „Verb" im dritten Kapitel.

Subjekt benötigt, wird das Akkusativobjekt zum Subjekt. Daher kann man Passivformen nur mit transitiven Verben bilden.
- *„Die Skatbrüder tranken gestern 5 Flaschen Wein."*
- *„Fünf Flaschen Wein wurden gestern getrunken."*

Fehlt ein Akkusativobjekt, wird ein unpersönliches Passiv gebildet.
- *„Wir spielten gestern."*
- *„Gestern wurde gespielt."*
- *„Es wurde gestern gespielt."*

Man unterscheidet das Vorgangs- und das Zustandspassiv. Das Vorgangspassiv wird gebildet aus einer Form des Hilfsverbs *„werden"* und dem Partizip II, das Zustandspassiv mit einer Form des Hilfsverbs *„sein"* und dem Partizip II.
- Vorgang: *„Das Brot wird gegessen/wurde gegessen/ist gegessen worden."*
- Zustand: *„Das Brot ist jetzt gebacken"*.

2. Finites Verb und Prädikativum

Eine weitere Form des Prädikats ist die Bildung mit einem Prädikativ. Prädikative sind nicht-verbale Ausdrücke, die in vielen Grammatiken als Teil des Prädikats betrachtet werden. Sie stehen nach den Verben *„sein"*, *„werden"*, *„heißen"*, *„scheinen"* und beziehen sich zumeist auf das Subjekt.[102]

Prädikative können sein
- Adjektive und Adjektivphrasen
  „Das Wetter ist winterlich."
  „Das Wetter scheint winterlich."
  „Das Wetter ist außerordentlich winterlich."
  „Das Wetter bleibt außerordentlich ungemütlich."
- Nomen und Nominalphrasen
  „Der Mann ist Schriftsteller."
  „Der Mann heißt Helmut."
  „Der Mann ist ein sehr berühmter Schriftsteller."
- Präpositionalphrasen
  „Der Stoff ist von bester Qualität."
- Adverbien und Adverbphrasen:
  „Das Konzert war schnell vorbei."
- Nebensätze oder Infinitivklauseln
  „Ihre Aufgabe war, ihn zu pflegen."
  „Ihre Aufgabe war, dass sie ihn pflegte."

---

[102] Es gibt auch Prädikative, die sich auf das Objekt eines Satzes beziehen: *„Fritz nennt Paul <u>seinen besten Freund</u>."*

3. Funktionsverbgefüge

Funktionsverbgefüge enthalten als verbales Element ein „bedeutungsschwaches" Funktionsverb. Man spricht auch von einem Verbalabstraktum. Als weitere Elemente treten Nominal- oder Präpositionalphrasen hinzu:
- „Er <u>brachte</u> das Thema <u>zur Sprache</u>."
- „Der Zauberer <u>brachte</u> seine Assistentin <u>zum Verschwinden</u>."
- „Er <u>bringt</u> seinen Ärger <u>zum Ausdruck</u>."
- „Er <u>gibt</u> seiner Verwunderung <u>Ausdruck</u>."
- „Die Krankheit SARS <u>nahm</u> in Asien <u>ihren Ausgang</u>."

Die Beispiele zeigen, dass die Verben der Funktionsverbgefüge nur eine recht allgemeine, unspezifische Bedeutung besitzen. Die Bedeutung des Funktionsverbgefüges wird wesentlich durch das nominale Element bestimmt. Die gesamte Fügung hat Prädikatfunktion. Das zeigt die Substitutionsprobe. Denn die Funktionsverbgefüge können durch einfachere Prädikate ersetzt werden. Diese werden durch Verbalisierung der nominalen Elemente gebildet.
- „Sie kam zu Hilfe"   „Sie half."
- „Der Verkehr geriet ins Stocken."   „Der Verkehr stockte."

Manche Funktionsverbgefüge besitzen eine andere Bedeutung als die einfachen Verbformen.
- Sie können die Aktionsart der Satzaussage bezeichnen:
    - Beginn: „Der Verkehr geriet ins Stocken."
    - Dauer: „Wir stehen in Verbindung."
- Sie können das Passiv ersetzen:
    - „Das Werk erfuhr seine Vollendung/wurde vollendet."
    - „Das Medikament kommt zur Anwendung/wird angewendet."
- Sie schaffen die Möglichkeit, das nominale Element der Fügung an das Satzende zu stellen. Dort steht es in einer besonders betonten Position:
    - „Er willigte ein."
    - „Er gab seine Einwilligung."
- Sie schließen Lücken im Verbalsystem. Deshalb werden sie dort verwendet, wo es keine einfachen verbalen Entsprechungen gibt:
    - „Jemand gerät in Misskredit."
    - „Ich stelle das in Abrede."

4. Prädikate aus Verben mit trennbarem Zusatz

Es gibt Präfixe, die fest mit dem Verb verschmolzen sind wie z.B. „entkommen", „verlieben", „beseitigen". Diese Präfixe trennen sich nicht vom finiten Verb: „Er entkommt seinen Peinigern."

Andere Präfixe lösen sich vom Wortstamm und bilden eine Satzklammer. Dies gilt z.B. für *"überleiten"*: *"Er leitet zu einem neuen Thema über."*

5. Prädikate mit Reflexivpronomen
Die echt-reflexiven Verben benötigen ein Reflexivpronomen zur Prädikatsbildung. Dieses bezieht sich auf das Subjekt des Satzes:
- *"Das Kind schämt sich seiner Tränen."*
- *"Das Kind befindet sich im Urlaub."*

5. Topologie: Zur Stellung der Satzglieder
Zur syntaktischen Struktur von Sätzen gehört die Reihenfolgebeziehung der Satzglieder. Diese hat nicht nur formal-grammatischen, sondern auch einen erheblichen kommunikativen Wert. Die Abfolge der Satzglieder im Satz stützt sich daher nicht nur auf syntaktisch-hierarchische, sondern auch auf kommunikativ-pragmatische Grundsätze.

Die Feldgliederung des Satzes:
Anhand der Position des finiten Verbs unterscheidet man drei Stellungsmuster des deutschen Satzes.

- Verbzweitstellung
  "Helmut raucht täglich zwanzig Zigaretten."
- Verberststellung
  "Raucht Helmut täglich zwanzig Zigaretten?"
- Verbendstellung
  "... dass Helmut täglich zwanzig Zigaretten raucht."

Die Stellungsmuster der Verbzweit- und Verberststellung werden häufig als Aussage-, Frage- und Aufforderungssatz bezeichnet. Diese Redeweise ist unkorrekt, da sie grammatisch-strukturelle und kommunikative Kategorien in unzulässiger Weise vermischt.

Die folgenden Beispiele zeigen, dass die Verbzweitstellung durchaus dazu genutzt werden kann, die kommunikative Handlung einer Frage oder Aufforderung zu vollziehen:
- Aussage: *"Er will sich das Rauchen abgewöhnen."*
- Frage: *"Sie wollen sich das Rauchen abgewöhnen?"*
- Aufforderung: *"Sie werden sich endlich das Rauchen abgewöhnen."*

Die Zweitstellung des finiten Verbs bezeichnet man als das Grundmuster. Bei komplexen Prädikaten bilden das finite Verb und die infiniten Prädikatsbestandteile die Satzklammer, auch Satzrahmen genannt.

„Hans *hat* seiner Mutter einen wunderschönen Blumenstrauß *geschenkt*."

Die Satzklammer ist Grundgerüst und Besonderheit des deutschen Satzes. Sie ist eine Abweichung vom „üblichen" Sprachprinzip, dass alles, was zusammengehört, auch nahe beieinander steht.

In der Felderanalyse des deutschen Satzes werden – unter Bezug auf die Satzklammer - folgende Felder unterschieden:
- Vorfeld
- linke Satzklammer
- Hauptfeld (Mittelfeld)
- rechte Satzklammer
- Nachfeld

Die Satzklammer hat - je nach Stellung des finiten Verbs - unterschiedliche Erscheinungsformen. In Verberst- und Verbzweitstellung umspannt die Satzklammer das gesamte Hauptfeld (Mittelfeld). Das finite Verb steht vor dem Hauptfeld, der Prädikatsrest schließt es ab. Bei der Verbletztstellung schließt das Prädikat das Hauptfeld ab. Finites Verb und die weiteren Prädikatelemente stehen also am Ende des Hauptfeldes.

Wir geben einen Überblick über die Feldgliederung des deutschen Satzes:

SATZFELD	Vorfeld	Linke Satzklammer	Hauptfeld	Rechte Satzklammer	Nachfeld
Verb-zweitstellung	Er	*hat*	Brote	*gegessen*	*gestern.*
Verb-erststellung	(Nicht besetzt)	*Hat*	er Brote	*gegessen*	*gestern?*
Verb-letztstellung	Dass	(Nicht besetzt)	er Brote	*gegessen hat*	*gestern.*

Die Stellung der Satzglieder im Satzfeld

Innerhalb dieser Feldgliederung eröffnet die deutsche Sprache ihren Benutzern – was die Satzgliedstellung betrifft – große Freiheiten. Die Satzglieder können im Satz verschoben werden und unterschiedliche Positionen einnehmen.

Wir geben einige Beispiele:
- *„Er hat mir aus Anlass meines Geburtstages einen Brief geschrieben."*
- *„Aus Anlass meines Geburtstages hat er mir einen Brief geschrieben."*
- *„Mir hat er aus Anlass meines Geburtstages einen Brief geschrieben."*
- *„Einen Brief hat er mir aus Anlass meines Geburtstages geschrieben."*
- *„Aus Anlass meines Geburtstages hat er mir geschrieben, einen Brief."*
- *„Einen Brief hat er mir geschrieben, aus Anlass meines Geburtstages."*

Angesichts der Vielzahl dieser Varianten stellen sich folgende Fragen: Gibt es eine Grundreihenfolge[103] der Satzgliedstellung? Wie kann man von dieser Grundreihenfolge abweichen? Zur Beantwortung dieser Frage werden wir die Stellungsmodalitäten innerhalb der einzelnen Satzfelder erörtern.

1. Das Vorfeld[104]

Die Grundreihenfolge im Vorfeld ergibt sich zunächst aus der syntaktischen Funktion der Satzglieder. Vor dem finiten Verb stehen im Normalfall
- das Subjekt: *„Meine Mutter hat gestern ihren Geburtstag gefeiert."*
- eine adverbiale Bestimmung der Zeit: *„Am Montag hat meine Mutter ihren Geburtstag gefeiert."*
- eine adverbiale Bestimmung des Ortes: *„In Frankfurt trinkt man Apfelwein."*

Eine weitere Grundreihenfolge ergibt sich aus dem Informationswert eines Satzglieds. So haben die im Vorfeld platzierten Satzglieder oft die Funktion, etwas aufzunehmen, wovon zuvor schon die Rede war. Aus diesem Grund enthält das Vorfeld häufig sprachliche Ausdrücke, die einen Anschluss an das zuvor Gesagte herstellen.
- *„Er kaufte Petunien. Diese Balkonpflanzen kann man zur Zeit preiswert bekommen."*

Abweichend von dieser grammatisch oder kommunikativ-pragmatisch begründeten Grundreihenfolge kann die Position im Vorfeld dazu genutzt werden, um einen Kontrast zum Vorsatz zu betonen und ein Satzglied mit hohem Mitteilungswert in den Aufmerksamkeitshorizont des Lesers zu rücken.
- *„Hans war nicht sehr praktisch veranlagt. Phantastische Ideen hatte er viele. Konkrete Pläne machte er nur wenige. Konkrete Taten ließ er gänzlich vermissen."*
- *„Behindert ist man nicht. Behindert wird man."*
- *„Wir bauen Legenden. Einfach nur Autos bauen wir nicht."*

---

[103] Der Begriff der Grundreihenfolge bezeichnet eine - aus kommunikativer Sicht - neutrale, unmarkierte, „normale" Abfolge der Satzglieder im Satz.
[104] Topologische Fragen – etwa die Thema-Rhema-Struktur - erörtern wir in diesem Kapitel unter der Überschrift „Satzgliedstellung und schriftliche Ausdrucksfähigkeit".

2. Das Hauptfeld

Das Hauptfeld trägt die Hauptlast der Information und umfasst oftmals mehr als ein Satzglied. Welchen Prinzipien regeln die Grundreihenfolge im Hauptfeld? Man kann – wie im Vorfeld – eine grammatisch und eine kommunikativ-pragmatisch begründete Grundreihenfolge unterscheiden.

Zur grammatisch begründeten Grundreihenfolge:
- Am Anfang des Hauptfeldes stehen das Subjekt sowie temporale und lokale Adverbialbestimmungen, allerdings nur, wenn sie nicht schon im Vorfeld stehen:
  „*Mit der ganzen Familie hat die Großmutter auf Sylt ihren Geburtstag gefeiert.*"
- Den adverbialen Bestimmungen folgen dann die Objekte:
  „*Er hat am vergangenen Dienstag die erst am Montag geschiedene Frau geheiratet.*"

  Die Grundreihenfolge der Objekte lautet
  - Dativobjekt vor Akkusativobjekt:
    „*Der Buchhändler schenkt dem Kind das Buch.*"
  - Akkusativobjekt vor Genitivobjekt:
    „*Der Staatsanwalt klagt den Mann des Mordes an.*"
  - Kasusobjekt vor Präpositionalobjekt:
    „*Der Lehrer fragt den Schüler nach der Formel.*"
    „*Der Schüler antwortet dem Lehrer auf die Frage.*"

Zur kommunikativ-pragmatisch begründeten Grundreihenfolge:
Bei der Abfolge der Satzglieder im Hauptfeld spielt auch der Informationswert der Satzglieder eine wichtige Rolle.
Man unterscheidet
- undeterminierte Satzglieder: Dies sind Nomen bzw. Nominalphrasen ohne Artikel oder mit unbestimmtem Artikel wie z.B. „*ein Haus*", „*Häuser*". Sie haben den höchsten Mitteilungswert und weisen darauf hin, dass von etwas „Neuem" die Rede ist.
- determinierte Satzglieder: Dies sind Nomen bzw. Nominalphrasen mit einem bestimmten Artikel, einem Demonstrativ- oder einem Possessivpronomen wie z.B. „*das Haus*", „*dieses Haus*", „*mein Haus*".
- signalisierte Satzglieder: Dies sind Satzglieder, die aus einem Personalpronomen oder einem Demonstrativpronomen bestehen wie z.B. „*es*", „*das*", „*dieses*".

Diese Satzglieder haben den geringsten Mitteilungswert. Sie werden zumeist anaphorisch gebraucht und verweisen dann auf ein zuvor schon eingeführtes, also bereits bekanntes Textelement.[105]

Bei ungleichem Determinierungsgrad gilt folgende Grundreihenfolge: Satzglieder mit höherem Determinierungsgrad (also geringerem Mitteilungswert) stehen vor solchen mit geringerem Determinierungsgrad (also höherem Mitteilungswert).
- *„Der Buchhändler schenkt dem Kunden ein Buch."*
- *„Der Buchhändler schenkt es dem Kunden."*
- *„Der Buchhändler schenkt ihm das Buch."*

Wenn sowohl das Akkusativ- als auch das Dativobjekt als signalisierte Satzglieder formuliert sind, ändert sich die Grundreihenfolge „Dativobjekt vor Akkusativobjekt". Dann steht das Akkusativobjekt vor dem Dativobjekt:
- *„Sie schenkt dem Mann das Buch."; „Sie schenkt es ihm."*

Abweichungen von der Grundreihenfolge führen zu einer besonderen Hervorhebung einzelner Satzglieder. Wir geben einige Beispiele:
- In der Grundreihenfolge steht das Kasusobjekt vor dem Präpositionalobjekt. Steht das Präpositionalobjekt vor dem Kasusobjekt, wird letzteres dadurch betont.
  „Der Schüler antwortet dem Lehrer auf die Frage."
  „Der Schüler antwortet auf die Frage <u>dem Lehrer</u> (und nicht dem Mitschüler)."
- In der Grundreihenfolge steht das Dativobjekt vor dem Akkusativobjekt. Steht das Akkusativobjekt vor dem Dativobjekt, wird dadurch das Dativobjekt betont.
  „Wir wollten der Schulleitung das Problem erläutern."
  „Wir wollten das Problem <u>der Schulleitung</u> erläutern, (und nicht dem Klassenlehrer)."
- In der Grundreihenfolge steht das determinierte Satzglied vor dem undeterminierten. Bei Abweichung wird das undeterminierte Satzglied betont.
  „Wir wollten das Problem einem Experten darlegen."
  „Wir wollten <u>einem Experten</u> das Problem darlegen."

---

[105] Daher findet man signalisierte Satzglieder auch häufig im Vorfeld. *„Meine Mutter hat einen Computer gekauft. Er wird gerade angeschlossen."*

3. Das Nachfeld

Wenn zu viele oder zu komplexe Satzglieder im Hauptfeld stehen, besteht die Gefahr, dass die Satzklammer „überdehnt" wird. Dieser Gefahr kann man entgehen, indem man Satzglieder ausklammert und in das Nachfeld stellt. Wir nennen einige Gründe für Ausklammerungen:
- Satzglieder sind zu lang für das Hauptfeld:
  „Sie hat Fotos gemacht für alle, die heute – aus welchen Gründen auch immer - nicht dabei sein konnten."
- Das ausgeklammerte Satzglied soll besonders betont werden. Weil die zuletzt gehörten oder gelesenen Wörter am besten „haften" bleiben, setzen Autoren oft dasjenige ins Nachfeld, was als besonders wissenswert oder beachtenswert gilt:
  „Du solltest mit dem Rauchen aufhören, so schnell wie möglich.
  „Sie hat ihn geliebt, trotz all seiner Schwächen."

Folgende Satzglieder werden häufig ausgeklammert:
- Vergleichsformeln: *„Er ist heute so schnell gelaufen wie kein anderer Mensch jemals zuvor."*
- Nebensätze: *„Er hat das Rennen gewonnen, weil er am besten vorbereitet war."*
- Infinitivklauseln: *„Er hat nicht einmal versucht, sein Verhalten zu erklären."*
- Komplexe Präpositionalphrasen: *„Er hat mich aufgeklärt über diese wirklich fatale Nebenwirkung des Medikaments."*

Zusammenfassung zu Topologie:
Die Grundreihenfolge ist grammatisch oder kommunikativ-pragmatisch begründet. Wenn man Satzglieder aus der Grundreihenfolge heraus bewegt, ändert sich nicht die grundsätzliche Satzbedeutung. Allerdings ändern sich die Rangverhältnisse zwischen den Satzgliedern. Dies führt zu einer neuen Akzentsetzung. Einzelne Satzglieder werden besonders betont und in den Aufmerksamkeitshorizont des Lesers „bewegt".

6. Satzverbindungen

Durch die Kombination zweier oder mehrerer Teilsätze entstehen Satzverbindungen. Man unterscheidet Satzreihen und Satzgefüge.
- Satzgefüge sind Satzverbindungen, in denen die Teilsätze einander über- und untergeordnet sind.
- In Satzreihen sind grammatisch gleichwertige Sätze miteinander verbunden.

1. Das Satzgefüge

Viele Nebensätze sind Satzglieder eines übergeordneten Satzes. Eine solche Form der Satzverbindung nennen wir Satzgefüge. Den übergeordneten Satz nennt man Trägersatz.

- Der Trägersatz kann ein Hauptsatz sein. Im dem folgenden Beispiel erfüllt der Nebensatz die syntaktische Funktion des Akkusativobjekts: *„Ich hoffe, dass du kommst."*
- Der Trägersatz kann ein Nebensatz sein. In dem folgenden Beispiel ist der erste Nebensatz im übergeordneten Hauptsatz Akkusativobjekt. Zugleich ist dieser Nebensatz auch Träger eines ihm untergeordneten Nebensatzes. Letzterer erfüllt in ihm die syntaktische Funktion der adverbialen Bestimmung. Die hierarchische Ordnung eines solchen Satzgefüges kann man als Treppendiagramm darstellen:

„Ich hoffe,
    dass das Wetter,   *besser wird."*
        während wir in Urlaub fahren,

Man klassifiziert Nebensätze anhand der syntaktischen Funktion, die sie im Trägersatz erfüllen.

- Subjektsätze erfüllen die Subjektfunktion:
  „Wer das sagt, lügt."
  „Dass die Eisdecke schmilzt, wundert mich nicht."

- Objektsätze erfüllen Objektfunktion.
  - Akkusativobjekt: *„Ich weiß, dass es viele Sätze gibt."*
  - Dativobjekt: *„Ich schenke das Buch, wem ich will."*
  - Präpositionalobjekt: *„Ich achte, worauf zu achten ist."*

- Adverbialsätze sind Nebensätze in der syntaktischen Funktion der adverbialen Bestimmung. Adverbialsätze sind also valenzunabhängig.
  - *„Weil es regnet, bleibe ich im Haus."*
  - *„Obwohl es regnet, fahre ich Rad."*
  - *„Kommt einer von rechts, hat er Vorfahrt."*

- Attributsätze erfüllen Attributfunktion. Der Nebensatz ist Teil eines Satzgliedes.
  „Ich habe das Buch gefunden, das ich gestern verloren habe."
  „Alles, was sie gekauft hat, gefällt ihm."

2. Die Satzreihe

Eine zweite Art der Satzverbindung ist die Satzreihe. In Satzreihen stehen grammatisch vollständige Sätze gleichgeordnet nebeneinander. Oftmals sind sie durch Konjunktionen verbunden, die ihr inhaltliches Verhältnis zueinander ausdrücken.
- *„Ich fahre Ski und du bleibst zu Hause."*
- *„Du hast Geburtstag, aber ich komme nicht."*

Untergeordnete Sätze können ebenfalls Satzreihen bilden:
- *„Er kam, obwohl es regnete und weil er es versprochen hatte."*

In dieser Satzverbindung stehen zwei Nebensätze auf gleicher Ebene. Sie sind durch eine Konjunktion verbunden und bilden eine Satzreihe. Zugleich sind sie als Nebensätze dem Trägersatz untergeordnet.

7. Nominalphrasen

Nominalphrasen sind Ausdrücke, deren Kopfelement ein Nomen ist. Sie können in vielfältiger Weise erweitert werden.
- *„Eine Regelverletzung ist untersagt."*
- *„Eine Regelverletzung durch unsportliches Verhalten eines Spielers gegenüber einem Mitspieler der gegnerischen Mannschaft ist untersagt."*

Nominalphrasen erfüllen im Satz unterschiedliche syntaktische Funktionen.
Sie sind
- Subjekt: *„Der alte, aber noch rüstige Mann läuft täglich 10 Kilometer."*
- Objekt: *„Sie hilft dem alten, aber noch rüstigen Mann."*
- Adverbiale Bestimmung: *„Er hatte die letzten Jahre viel Pech."*
- Prädikativum: *„Mein Vater ist ein alter, aber noch rüstiger Mann."*
- Attribut: *„Der Mann meiner besten Freundin läuft 10 Kilometer."*

Jede Nominalphrase enthält als Minimalbestand ein Nomen als Kern, z.B. *„Autos"*.
Dieser Kern kann mittels unterschiedlicher Satelliten erweitert werden. Zunächst können Nomen durch Determinative erweitert werden. Determinative sind z.B. Artikel, Possessivpronomen oder Demonstrativpronomen:
„die Autos"; „diese Autos"; „deine Autos"
Zu Nomen und Determinativ können weitere Satelliten hinzutreten. Diese weiteren Satelliten nennen wir Attribute.

- Linkserweiterung: Stehen diese Attribute links vom Kopf der Nominalphrase, dann sprechen wir von einer Linkserweiterung. Linkserweiternde Attribute sind sehr häufig Adjektive, Adjektivphrasen, Partizipien oder Partizipialphrasen.
  „die alten Autos"; „die technisch alten Autos"; „das verkaufte Auto"; „das heute verkaufte Auto"
- Rechtserweiterung: Stehen die Satelliten rechts vom Kopf der Phrase, sprechen wir von einer Rechtserweiterung. Rechtserweiternde Attribute haben häufig die Form von Nominalphrasen, Präpositionalphrasen, Nebensätzen oder Infinitivklauseln.
  „das Haus meiner Freundin"; „der Ärger mit Anton"; „das Vertrauen, das ich in ihn setze"; „das Wagnis, ihm zu vertrauen"

Der häufige Gebrauch von Nominalphrasen ist Stil prägend. Man spricht daher auch vom Nominalstil. Dieser ist charakteristisch für Fachsprachen. Die Vielseitigkeit wie auch die Komplexität der Nominalphrasen verursachen oft Verständlichkeitsprobleme.
- *„Der Bürgermeister teilte das Scheitern der Gespräche über die Verkehrsberuhigungsmaßnahmen in der Innenstadt mit."*
  Geht es hier um Verkehrsberuhigungsmaßnahmen in der Innenstadt oder ist die Innenstadt Ort, an dem der Bürgermeister über das Scheitern berichtet?
- *„Die große Freude der Besitzerin des siegreichen Pferdes aus Gießen."*
  Stammt das Pferd oder die Besitzerin des Pferdes aus Gießen?

7.1. Die Linkserweiterung

Links vom Kopf der Nominalphrase stehen - neben dem Artikel - zumeist Adjektive, Adjektivphrasen, Partizipien oder Partizipialphrasen.
- Adjektiv: *„das teure Auto"*
- Adjektivphrase: *„das außerordentlich teuer Auto"*
- Partizip: *„das reparierte Auto"*
- Partizipialphrase: *„das von meinem Vater reparierte Auto"*

Man unterscheidet folgende Strukturmuster der Linkserweiterung:
- Koordination
- Graduierung
- Modifikation

1. Die Koordination

Die Koordination verbindet Attribute, die sich gemeinsam - also gleich geordnet - auf den Kopf der Phrase beziehen. Attributiv gebrauchte Adjektive und Partizipien sind flektiert und stimmen mit ihrem Bezugsnomen in Kasus und Numerus überein. Die Koordination zweier Attribute ist leicht zu erkennen, wenn sie durch Konjunktionen verknüpft sind. Wir geben drei Beispiele:
- „ein seit Jahren bekanntes, aber nicht gelöstes Problem"
- „eine erfahrene und stets selbstsichere Frau"
- „ein vernünftiger oder unvernünftiger Gedanke"

Allerdings gibt es auch koordinierte Attribute, die nicht durch Konjunktionen verbunden sind. Hinweise auf eine solche koordinative Beziehung gibt dann die Zeichensetzung: „andere, bedenkenswerte Überlegungen".

Fehlt das Komma zwischen den Attributen, verändert sich die Bedeutung der Nominalphrase, da sich „andere" dann nicht mehr auf das Nomen „Überlegungen", sondern auf das Attribut „bedenkenswerte" bezieht: "andere bedenkenswerte Überlegungen".

Die Bedeutung dieses Ausdrucks kann man wie folgt umschreiben: Diese und die vorgenannten Überlegungen sind allesamt bedenkenswert.

2. Die Graduierung

Viele Adjektive können durch die Flexion graduiert werden: „schöne Ferien - schönere Ferien - die schönsten Ferien". Eine andere Möglichkeit ist die Graduierung eines Adjektivs durch Adverbien oder Partikeln. Beispiele sind
- „der überaus langweilige Vortrag",
- „ein ziemlich kluger Gedanke",
- „der stets korrekte Geschäftspartner",
- „ein besonders starker Mensch",
- „eine allzu unverschämte Bemerkung".

Die Adverbien und Partikeln beziehen sich auf das Adjektiv, graduieren es und bilden mit ihm zusammen eine Adjektivphrase, die als Attribut fungiert. Diese Form der Graduierung erweitert ein Adjektiv zu einer Adjektivphrase.

3. Die Modifikation

Adjektive können durch vorangestellte Adjektive modifiziert werden:
- „ein erfreulich kreativer Gedanke"
- „ein hoch intelligenter Mensch"

Die modifizierenden Adjektive „erfreulich" und „hoch" beziehen sich auf die attributiv gebrauchten Adjektive, modifizieren diese und bilden zusammen mit ihnen eine Adjektivphrase, die als Attribut fungiert. Der modifizierende

Gebrauch eines Adjektivs ist daran zu erkennen, dass es vorangestellt ist und nicht flektiert wird. Ein attributiv gebrauchtes Adjektive hingegen wird flektiert. Der Kopf der Nominalphrase regiert es hinsichtlich Numerus, Kasus und Genus. Die Unterscheidung zwischen Koordination und Modifikation ist für das angemessene Verständnis einer Nominalphrase sehr wichtig. Es ergeben sich nämlich erhebliche Bedeutungsunterschiede.

- Koordination: *„ein großartiger, angekündigter Vortrag"*
  Bedeutungsparaphrase: Ein Vortrag, der großartig war und zuvor angekündigt worden ist.
- Modifikation: *„ein großartig angekündigter Vortrag"*
  Bedeutungsparaphrase: Ein Vortrag, der großartig angekündigt worden ist.

Es gibt Zweifelsfälle, in denen die Flexion keine Hinweise darauf gibt, ob eine Modifikation oder eine Koordination vorliegt. Lediglich die Zeichensetzung ermöglicht eine Unterscheidung.

- Modifikation: *„die Verabschiedung weniger wirksamer Sozialreformen"*
  Bedeutungsparaphrase: Es wurden (im Parlament) Sozialreformen verabschiedet, die weniger wirksam sind als andere.
- Koordination: *„die Verabschiedung weniger, wirksamer Sozialreformen"*
  Bedeutungsparaphrase: Es wurden wenige, aber wirksame Sozial-Reformen verabschiedet.

Koordination, Modifikation und Graduierung können miteinander kombiniert werden: *„die von vielen Studierenden besuchte, außerordentlich lehrreiche, gut verständliche und sehr vergnügliche Vorlesung"*

4. Ergänzende Anmerkungen zur Linkserweiterung

Zumeist bilden Partizipien und Partizipialphrasen oder Adjektive und Adjektivphrasen die Attribute der Linkserweiterung. Allerdings können auch Nominalphrasen eingefügt werden.

- Genitivus subjectivus: *„Frau Müllers Antrag"*
  Bei einer Umformung der Nominalphrase in einen Satz wird der Genitiv-Ausdruck zum Subjekt: *„Frau Müller stellt den Antrag."*
- Genitivus objectivus. *„Herberts Entlassung"*
  Bei einer Umformung der Nominalphrase in einen Satz wird der Genitiv-Ausdruck zum Objekt: *„Jemand hat Herbert entlassen."*

- Genitivus possessivus: *„Vaters Fahrrad"*
  Bei einer Umformulierung in einen Satz wird die Zugehörigkeitsrelation explizit benannt: *„Das Fahrrad gehört dem Vater."*

7.2. Die Rechtserweiterung

Rechtserweiternde Attribute sind häufig Nominal- oder Präpositionalphrasen. Sie beziehen sich auf das Nomen, das den Kopf der übergeordneten Nominalphrase bildet.
- Genitivattribut: *„Autos deutscher Produktion"*
- Präpositionalattribut: *„ein Verlust an Vertrauen"*

Genitiv- oder Präpositionalattribute können wiederum durch Attribute erweitert werden.
- *„der Kreditantrag des Mannes aus Gießen"*
- *„der Mann aus Gießen an der Lahn"*

Bei der Rechtserweiterung unterscheidet man daher folgende Strukturmuster:
- Attribut-Treppen
- Gleichstufige Attribute
- Mischformen

1. Attribut-Treppen
„die Bearbeitung des Antrags auf Kindergeld"
Die Genitivphrase und die Präpositionalphrase sind hier nicht gleich geordnet. Die Genitivphrase ist Attribut erster Ordnung. Sie bezieht sich auf den Kopf der übergeordneten Nominalphrase. Die Präpositionalphrase ist Attribut zweiter Ordnung. Sie bezieht sich attributiv auf das Nomen der Genitivphrase. Diese Form der Unterordnung stellen wir als Treppendiagramm dar.

Kopf: *„die Bearbeitung*
Stufe 1:   *des Antrags*
Stufe 2:   *auf Kindergeld"*

2. Gleichstufige Attribute
„der Verkauf der Eigentumswohnung durch einen Makler"
Genitivphrase und Präpositionalphrase sind gleichstufig. Sie beziehen sich gemeinsam auf das Nomen *„Verkauf"*. Dieses Nomen ist der Kopf der übergeordneten Nominalphrase. Die Gleichstufigkeit stellen wir als Treppendiagramm dar.

Kopf: „der Verkauf
Stufe 1:   der Eigentumswohnung   durch einen Makler "

3. Mischformen

Gleichstufige Nominalattribute und Attributtreppen können Mischformen bilden. Die Struktur solcher Mischformen kann sehr komplex sein und Verständlichkeitsprobleme bereiten.

Wir geben ein Beispiel:
„Der Versuch der Analyse einer komplexen Rechtserweiterung einer Nominalphrase mit dem Ziel der Entwicklung einer systematischen Klassifikation der Über- und Unterordnungsverhältnisse ... . "

In dieser komplexen Nominalphrase findet man gleichgeordnete und untergeordnete Attribute. Als Treppendiagramm stellt sich die Struktur folgendermaßen dar:

Kopf: Der Versuch
Stufe 1:   der Analyse   mit dem Ziel
Stufe 2:   einer Rechtserweiterung   der Entwicklung
Stufe 3:   einer Nominalphrase   einer Klassifikation
Stufe 4:   der Über- und Unterordnungsverhältnisse

Das Diagramm zeigt: Das Nominalattribut *„der Analyse"* und das Präpositionalattribut *„mit dem Ziel"* sind gleichgeordnet. Beide beziehen sich auf den Kopf der übergeordneten Nominalphrase. Diesen gleichgeordneten Attributen sind jeweils weitere Genitivattribute in Form einer Attributtreppe untergeordnet.

4. Ergänzende Anmerkungen zur Rechtserweiterung

Rechtserweiterungen von Nominalphrasen können auch aus untergeordneten Nebensätzen oder Infinitivklauseln bestehen.
„Das Ziel, dieses Spiel zu gewinnen, kann erreicht werden. "
„Ich billige die Meinung des Präsidenten der USA, die gestern vom Pressesprecher bekannt gegeben wurde. "
Im letztgenannten Beispiel hat der Relativsatz die Funktion eines Attributs. Er ist dem Genitivattribut *„des Präsidenten"* gleich geordnet. Beide Attribute

beziehen sich auf den Kopf der Nominalphrase. Das Treppendiagramm verdeutlicht diese Struktur:
Kopf: *Die Meinung*
Stufe 1: *des Präsidenten* *die gestern... bekannt gegeben wurde.*
Stufe 2: *der USA,*
In der Rechtserweiterung können auch Adjektive und Adjektivphrasen stehen. Sie sind dann mit einem vorangehenden Verweiselement *(„so")* oder einem nachfolgenden Vergleichselement *(„wie")* verbunden.
„Ein Klang, so schneidend, dass ich ihn kaum ertragen konnte, ..."
„Eine Lampe, hell wie das Tageslicht, ..."

8. Phrase und Satz als Gegenstände des Deutschunterrichts

Wer grammatisch korrekt, verständlich und abwechslungsreich schreiben will, benötigt grammatische Kenntnisse.
- Um grammatisch korrekt schreiben zu können, muss man die Baupläne der Sätze und Satzglieder kennen.
- Um wirkungsvoll schreiben zu können, muss man die topologischen Möglichkeiten des Deutschen kennen.
- Um abwechslungsreich schreiben zu können, muss man Satzmuster variieren können.
- Um verständlich schreiben zu können, muss man grammatisch verursachte Verständlichkeitsprobleme identifizieren und beheben können.

Wegen dieses engen Zusammenhangs von satzgrammatischer Kompetenz und Schreibkompetenz werden wir in diesem Kapitel folgende Lernzielzusammenhänge erläutern:
- Satzgliedstellung und schriftliche Ausdrucksfähigkeit: Hier befassen wir uns mit den Bereichen „Satzgliedstellung und Wissensaufbau" sowie „Topologie als Mittel sprachlicher Ästhetik".
- Grammatische Verfahren zur Variation von Satzmustern: Texte, in denen Satzmuster kaum variiert werden, wirken monoton und langweilig. Daher stellen wir fünf Verfahren vor, die Schreiber nutzen können, um Satzmuster zu variieren.
- Grammatik und Satzverständlichkeit: Wir befassen uns mit den Bereichen „Nominalphrasen, Nominalstil und Verständlichkeit", „Satzklammer und Verständlichkeit", „Satzstruktur und strukturelle Mehrdeutigkeit" sowie „Schachtelsatzstruktur und Verständlichkeit".

8.1. Satzgliedstellung und schriftliche Ausdrucksfähigkeit

Beim Schreiben kann man nicht betonen wie beim Sprechen. Um diesen Mangel zu kompensieren, kann der Autor eines Textes u.a. auf die Möglichkeiten der Satzgliedstellung zurückgreifen. Daher ist die Fähigkeit, die topologischen Möglichkeiten des Deutschen nutzen zu können, ein wichtiger Baustein schriftlicher Ausdrucksfähigkeit.[106] Wer über diese Fähigkeit verfügt, kann vielfältige stilistische Chancen nutzen, um seine kommunikativen Ziele effektiver zu erreichen und attraktiver zu formulieren.

Sehr häufig wird die Bedeutung der Satzgliedstellung an isolierten Einzelsätzen demonstriert. Normalerweise jedoch stehen Sätze nicht isoliert, sondern in einem sprachlichen Kontext. Wir werden daher in den folgenden Beispielen die Frage der Satzgliedstellung immer anhand von Texten und nicht anhand isolierter Sätze erörtern. Indem Schüler die Satzgliedstellung in Satzzusammenhängen planen und gestalten, müssen sie mindestens folgende Aspekte in ihre Überlegungen einbeziehen:
- den Informationswert der Satzglieder
- den kommunikativ-sinnvollen Anschluss an die Vorsätze
- den Zusammenhang zum nachfolgenden Satz
- die Betonung kommunikativ bedeutsamer Inhalte

Wir werden dies an zwei Aspekten der Satzgliedstellung verdeutlichen:
- Satzgliedstellung und Wissensaufbau
- Satzgliedstellung als Mittel sprachlicher Ästhetik

Satzgliedstellung und Wissensaufbau

Autoren können die Satzgliedstellung dazu nutzen, ihre Leser möglichst effektiv zu informieren. Die Satzgliedfolge hat dann die Funktion, den Wissensaufbau des Textes deutlich zu machen. Wie kann dies geschehen?

Wenn man Äußerungen oder Sätze nach ihrem Mitteilungswert gliedert, bezeichnet man die Beziehung „Bekanntes - nicht Bekanntes" als Thema-Rhema-Gliederung eines Satzes.[107]
- Das Thema ist dasjenige, wovon bereits die Rede war oder was als bekannt unterstellt werden kann. Thematische Satzglieder haben also einen geringen Mitteilungswert.

---

[106] Die Fähigkeit, topologische Möglichkeiten nutzen zu können, ist ein wichtiger Baustein der Schreibkompetenz. Daher werden wir diesen Zusammenhang im fünften Kapitel unter der Überschrift „Texte verfassen" ausführlich behandeln.
[107] Vgl. Engel, 1988, S. 72-74.

- Das Rhema hingegen ist der noch unbekannte Kern der Satzaussage. Rhematische Satzelemente zeichnen sich also durch einen höheren Mitteilungswert aus.

Das Thema (das Bekannte) steht tendenziell im Vorfeld des Satzes. Das Rhema - also das, was über das Thema neu ausgesagt wird - steht tendenziell gegen Ende der Äußerung. Wir geben ein Beispiel für diese Form der Satzgliedstellung:

„*Es war einmal eine wunderschöne Prinzessin. <u>Die</u> lebte in einem fernen Land. <u>Dort</u> gab es einen riesigen Drachen. <u>Dieser Drache</u> war ein verzauberter Prinz. <u>Er</u> ....* "

Die Satzglieder des Vorfeldes *(„Die", „Dort", „Dieser Drache", „Er")* verweisen jeweils auf Sachverhalte, die im vorangehenden Satz eingeführt worden sind.

In Sach- und Informationstexten, z.B. in Zeitungsberichten, ist diese Satzgliedfolge ein wichtiger Aspekt des Wissensaufbaus. Das Satzglied im Vorfeld sichert das gemeinsame Ausgangswissen. In der weiteren Satzgliedfolge werden dann neue, bisher nicht bekannte Informationen präsentiert. Schüler können diese topologischen Regularitäten entdecken,
- indem sie Textvarianten vergleichen.
- die Unterschiede der Satzgliedstellung beschreiben und benennen.
- die Effekte dieser Unterschiede besprechen und bewerten.
- eigene Textvarianten verfassen.

Wir geben ein Beispiel[108]:

„Florenz will Eintrittsgeld (1)
Wer mit dem Auto nach Florenz möchte, soll künftig 3 € Eintritt zahlen. In der gestrigen Ratssitzung stellte Verkehrsrat Giani diese Forderung auf. Mit großer Mehrheit wird das Stadtparlament dem Antrag zustimmen. Die steigende Luftverschmutzung will man mit dieser Maßnahme senken. Täglich über 50 000 Autos quälen

„Florenz will Eintrittsgeld (2)
Wer mit dem Auto nach Florenz möchte, soll künftig 3 € Eintritt zahlen. <u>Diese Forderung</u> stellte Verkehrsstadtrat Giani in der gestrigen Ratssitzung auf. <u>Das Stadtparlament</u> wird dem Antrag mit großer Mehrheit zustimmen. <u>Mit dieser Maßnahme</u> will man die steigende Luftverschmutzung senken. <u>Durch die Kunstmetropole</u>

---

[108] Der Zeitungstext ist eine abgewandelte Fassung eines Textes aus Menzel, 1995, S. 51-57.

sich durch die Kunstmetropole Florenz. Zur Sanierung der öffentlichen Verkehrsbetriebe wäre das geplante Eintrittsgeld auch ein willkommener Beitrag."	<u>Florenz</u> quälen sich täglich über 50 000 Autos. <u>Das geplante Eintrittsgeld</u> wäre auch ein willkommener Beitrag zur Sanierung der öffentlichen Verkehrsbetriebe."

Textvariante (1) folgt nicht der Thema-Rhema-Gliederung der Informationstexte. Im Vorfeld der Sätze werden Sachverhalte benannt, die dem Leser noch nicht bekannt sein können. Dies stört einen geordneten Wissensaufbau. In (2) hingegen nehmen die Satzglieder des Vorfeldes Bezug auf Sachverhalte, die den Lesern entweder schon bekannt sind oder im Text zuvor behandelt wurden.

Schüler sollten zunächst die Unterschiede zwischen den zwei Textvarianten herausarbeiten.
Dazu könnten folgende Fragen anleiten:
- Welcher Text ist verständlicher?
- Warum ist er verständlicher?
- Welcher Text ist flüssiger zu lesen?
- Warum ist er flüssiger zu lesen?
- Welchen Text wirst du wahrscheinlich in der Zeitung finden?

Nach Beschreibung und Bewertung der Textvarianten sollte das Thema-Rhema-Prinzip und seine Bedeutung für den Wissensaufbau erarbeitet und begrifflich gefasst werden. Im Anschluss daran können Schüler - z.B. aus den folgenden Satzbausteinen - einen Bericht formen und die erarbeiteten Textvarianten - unter dem Blickwinkel eines geordneten Wissensaufbaus - miteinander und mit dem Originaltext vergleichen und bewerten.

„Ehemalige CDU-Schatzmeisterin will Buch schreiben.
1. will veröffentlichen
  ein Buch
  über ihre Rolle im Parteispendenskandal
  die frühere Schatzmeisterin der CDU, Brigitte Baumeister
2. soll erscheinen
  es
  im kommenden Frühjahr

3. *will behandeln*
   darin auch
   die ehemalige parlamentarische Geschäftsführerin
   die Übergabe einer 100 000-DM-Spende im Herbst 1994
4. *hatten abgegeben*
   Baumeister und der ehemalige CDU-Chef Schäuble
   widersprechende Versionen der Geldübergabe
   in eidesstattlichen Erklärungen
5. *kostete*
   diese in keinem Rechenschaftsbericht auftauchende Parteispende
   Baumeister
   ihren Posten als parlamentarische Geschäftsführerin"

Der Originaltext[109] lautet:
„**Ehemalige CDU-Schatzmeisterin will Buch schreiben.**
Die frühere Schatzmeisterin der CDU, Brigitte Baumeister, will ein Buch über ihre Rolle im Parteispendenskandal veröffentlichen. Es soll im kommenden Frühjahr erscheinen. Die ehemalige parlamentarische Geschäftsführerin will darin auch die Übergabe einer 100 000-DM-Spende im Herbst 1994 beschreiben. Baumeister und der ehemalige CDU-Chef Schäuble hatten in eidesstattlichen Erklärungen widersprechende Versionen der Geldübergabe abgegeben. Baumeister kostete diese in keinem Rechenschaftsbericht auftauchende Parteispende ihren Posten als parlamentarische Geschäftsführerin."

Topologie als Mittel der sprachlichen Ästhetik
Die Variation der Satzgliedstellung kann ein Mittel sprachlicher Ästhetik sein. Gerade das lyrische Sprechen nutzt Abweichungen von der Grundreihenfolge, um eine besondere Ausdrucksstärke zu erlangen. Das folgende Gedicht gewinnt seine strukturelle Besonderheit und seine kommunikative Bedeutung fast ausschließlich aus der gezielten Abwandlung des Grundmusters. Somit eignet sich die Beschäftigung mit diesem Gedicht dazu, zu klären,
- was eine unmarkierte, normale oder neutrale Grundreihenfolge der Satzgliedstellung ist?
- was eine „markierte", also abweichende Satzgliedstellung ist?
- warum markierte Abweichungen vom neutralen Muster eine besondere Wirkung haben?
- welche Wirkungen solche Abweichungen haben können?

---

[109] DIE WELT vom 23. 12. 2003

Zugleich wird deutlich, dass es bei der Stellung der Satzglieder im Satz nicht „um trockene Grammatik" geht, sondern um den Zusammenhang von Inhalt und Ausdruck.

„Der Erzogene dankt seinem Erzieher
(1) Du hast viel an mir getan.
(2) Viel hast du an mir getan.
(3) An mir hast du viel getan.
(4) Getan hast du viel an mir.
(5) Hast du viel an mir getan?
(6) Hast du an mir viel getan?
(7) Du hast mir viel angetan.

Harald Frommer"[110]

Die Wirkung dieses Gedichtes beruht ganz wesentlich auf topologischen Phänomenen. Diese „Effekte" wollen wir kurz erläutern:
- Zunächst überrascht die (in Verbindung mit dem Verb „*tun*") abweichende Verwendung der Präposition „*an*". Dieser präpositionale Anschluss ist eher für unbelebtes als für Belebtes/Menschliches üblich: „*Ich tue etwas an meinem Haus."* vs. *„*Ich tue etwas an meiner Mutter."*
- Die ersten vier Zeilen betonen die unterschiedlichen Satzglieder *(„du", „viel", „an mir", „getan")* durch wechselnde Positionierung im Vorfeld. Bis zur Zeile vier sind alle Varianten der Verbzweitstellung ausgenutzt. Alle Satzglieder stehen je ein Mal in der Vorfeld-Position. Dadurch entsteht folgender Eindruck: Der Autor wirkt unsicher. Er scheint nicht genau zu wissen, was er sagen will und wie er es sagen soll. Daher ringt er um die treffende Formulierung. Die Umstellungen sind Symptom dieses Ringens um die angemessene Aussage und die treffende Formulierung.
- In (5) und (6) wählt der Verfasser die Verberststellung und formuliert zwei Fragen. Er scheint unzufrieden mit dem Ergebnis seiner bisherigen Formulierungsbemühungen und stellt alles bisher Gesagte in Frage. Zudem variiert er die Satzgliedstellung im Mittelfeld *(„Hast du viel an mir getan?"* vs. *„Hast du an mir viel getan?").* Diese Variation rückt abwechselnd das *„an mir"* und das *„viel"* in den Fokus der Frage.
- In der Abschluss-Zeile findet das „lyrische Ich" dann eine Antwort auf seine Fragen. Die Antwort fällt überraschend aus und die Überraschung ist grammatisch-syntaktisch verursacht. Der Autor verwendet statt des Verbs

---

[110] Zitiert nach Heringer, 1989, S. 291.

„an jemandem etwas tun" das Verb „jemandem etwas antun". Die Präfigierung führt zu einer Valenz-Änderung. Durch diese Valenz-Änderung des Verbs verändert sich das Satzmuster und folglich auch die Bedeutung des Satzes. Denn derjenige, dem viel **an**getan wurde, hat etwas erlitten oder erduldet. Dies zeigt auch die folgende Verwendung des Verbs „antun":
- „Er hat mir ein Leid angetan."
- *"Er hat mir eine Freude angetan."

Am Ende seines sprachlichen Ringens gelangt der Erzogene also zu einer eindeutigen Antwort auf seine Frage. Der Erzieher war ein Täter, dem nicht viel Gutes gelungen ist.

8.2. Grammatische Verfahren zur Variation von Satzmustern.

Jeder Satz, den wir verwenden, entspricht einem Satzmuster. Unser Wissen um den typischen Verlauf der Satzmuster steuert unsere Lese-Erwartung. Satzmuster erleichtern so dem Leser die Sinnerschließung. Andererseits aber wirken Texte, in denen Satzmuster kaum variiert werden, monoton und langweilig. Die Variation der Satzgliedstellung und der Satzmuster kann daher
- einem Text eine klare Kontur geben.
- ihn attraktiver machen.
- den Leser an den Text binden.

Die Wahl und die Variation der Satzmuster ist also ein wichtiges stilistisches Merkmal von Texten. Im Grammatikunterricht des 4. Schuljahres werden die so genannten Umstellproben durchgeführt. Sie stehen am Anfang der Lehre von den Satzgliedern. Zudem erfahren die Schüler durch diese Verschiebeprobe, dass die Reihenfolge der Satzglieder im Satz veränderbar ist.

Die folgenden Ausführungen sollen zeigen, dass es - neben dem Verfahren der Verschiebeprobe - vielfältige weitere Möglichkeiten gibt, die Satzmuster eines Textes zu variieren und den Text durch eine solche Variation attraktiver und effektiver zu gestalten.

Schüler sollten mindestens folgende Verfahren kennen und nutzen lernen:
- Valenz-Änderung
- Einfügen weiterer Satzglieder
- Verwendung von Satzverknüpfungen
- Umformulierung der Satzglieder
- Umstellung der Satzglieder

Wir gehen von dem folgenden Beispieltext aus:
„Der 5. Mai war der Beginn der Hannover-Messe. Diese Messe war ein Signal des Aufbruchs. Die große Zahl der Aussteller weckte neue Hoffnungen. Die Besucherzahl bestätigte diese Hoffnungen. Die allgemeine wirtschaftliche Situation rechtfertigte noch keine optimistischen Erwartungen. Die Auftragseingänge nach der Messe zeigten ein beachtliches Wachstum. Wir erwarten einen wirtschaftlichen Aufschwung. Ein Wirtschaftswachstum von 3,5% ist 2003 realistisch."

Dieser Text wirkt außerordentlich monoton, da er nur zwei Satzmuster verwendet. Das erste Satzmuster besteht aus einer Ergänzung im Nominativ, einem finiten Kopulaverb und einem Prädikativum:

E1	V	Prädikativ
„Der 5. Mai	*war*	*der Beginn der Hannover-Messe."*
„Die Messe....	*war*	*ein Signal des Aufbruchs."*
„Ein Wirtschaftswachstum	*ist*	*realistisch."*

Das zweite Satzmuster besteht aus einer Ergänzung im Nominativ (Subjekt) und einer im Akkusativ (Objekt):

E1	V	E4
„Die Auftragseingänge	*zeigten*	*ein beachtliches Wachstum."*
„Die Besucherzahl	*bestätigte*	*diese Hoffnungen."*
„Die .... Situation	*rechtfertigte*	*keine optimistischen Erwartungen."*

Wie kann diese Monotonie der Satzgliedstellung aufgelöst werden?

Variation des Satzmusters durch Valenz-Änderung

Man kann Satzmuster variieren, indem man Verben mit anderer Valenz einsetzt. Die veränderte Valenz führt zu veränderten Satzmustern.
- Alt: E1 - V - Prädikativum
  „Der 5. Mai war der Beginn der Hannover-Messe."
- Neu: E1 - V - E4
  „Am 5. Mai begann die Hannover-Messe."

- Alt: E1 - V - E4
  „Diese Messe gab ein Signal des Aufbruchs."
- Neu: E5 - V - E1
  „Von dieser Messe ging ein Signal des Aufbruchs aus."

- Alt: E1 - V - E4
  "Die Auftragseingänge zeigten ein beachtliches Wachstum."
- Neu: E1 - V - A
  "Die Auftragseingänge wuchsen in beachtlichem Umfang."

Variation des Satzmusters durch Einfügen weiterer Satzglieder
Adverbiale Bestimmungen sind Satzglieder, die nicht valenznotwendig sind. Sie können daher zusätzlich zu den valenznotwendigen Satzgliedern eingefügt werden.
- Alt: E1 - V - E4
  "Die Situation rechtfertigte noch keine optimistischen Erwartungen."
- Neu: E1 - V - A - E4
  "Die Situation rechtfertigte damals noch keine optimistischen Erwartungen."

- Alt: E1 - V - E4
  "Wir erwarten einen wirtschaftlichen Aufschwung."
- Neu: E1 - V - A - E4
  "Wir erwarten endlich wieder einen wirtschaftlichen Aufschwung."

Einfügen von Satzverknüpfungen
Eine dritte Möglichkeit ergibt sich daraus, dass man Kohäsionsmittel, also z.B. verknüpfende Konjunktionen oder Bindeadverbien, einfügt, um die logisch-semantischen Beziehungen zwischen den Sätzen anzuzeigen.
- Alt: Ohne Satzverknüpfung
  "Wir erwarten einen wirtschaftlichen Aufschwung. Ein Wirtschaftswachstum von 3,5% ist 2003 durchaus realistisch."
- Neu: Satzverknüpfung durch eine Konjunktion
  "Wir erwarten einen wirtschaftlichen Aufschwung. Denn ein Wirtschaftswachstum von 3,5% ist 2003 durchaus realistisch."

- Alt: Ohne Satzverknüpfung
  "Die allgemeine wirtschaftliche Situation rechtfertigte noch keine optimistischen Erwartungen. Die Auftragseingänge nach der Messe zeigten ein beachtliches Wachstum."
- Neu: Satzverknüpfung durch ein Adverb
  "Die allgemeine wirtschaftliche Situation rechtfertigte noch keine optimistischen Erwartungen. Die Auftragseingänge nach der Messe zeigten allerdings ein beachtliches Wachstum."

Variation der Satzgliedstellung
Eine vierte Möglichkeit ergibt sich aus der Variation der Satzgliedstellung. Wenn wir die Thema-Rhema-Struktur auf den Beispieltext anwenden, ist folgende Textvariante möglich.
- Alt: *„Diese Messe war ein Signal des Aufbruchs. Die große Zahl der Aussteller weckte neue Hoffnungen."*
- Neu: *„Diese Messe war ein Signal des Aufbruchs. Neue Hoffnungen weckte vor allem die große Zahl der Aussteller."*

Die Nominalphrase *„neue Hoffnungen"* nimmt das Rhema des vorhergehenden Satzes (*„ein Signal des Aufbruchs"*) wieder auf.

Umformulierung der Satzglieder
Satzglieder können in unterschiedlicher grammatischer Form formuliert werden. So können nominale Satzglieder z.B. durch Nebensätze oder Infinitive ersetzt werden.
- Alt: *„Wir erwarten einen wirtschaftlichen Aufschwung."*
- Neu: *„Wir erwarten, dass es wirtschaftlich aufwärts geht."*

- Alt: *„Neue Hoffnungen weckte vor allem die große Zahl der Aussteller. Die große Zahl der Besucher bestätigte diese Hoffnungen."*
- Neu: *„Neue Hoffnungen weckte vor allem die große Zahl der Aussteller. Die überraschend hohe Besucherzahl bestätigte diese Hoffnungen."*

Ein optimierter Text könnte lauten:
„Am 5. Mai begann die Hannover-Messe. Von dieser Messe ging ein Signal des Aufbruchs auf. Neue Hoffnungen weckte zunächst die große Zahl der Aussteller. Die überraschend hohe Besucherzahl bestätigte diese Hoffnungen. Allerdings rechtfertigte die wirtschaftliche Situation damals noch keine allzu optimistischen Erwartungen. Nach Abschluss der Messe jedoch wuchsen die Auftragseingänge in beachtlichem Umfang. Daher erwarten wir jetzt, dass es wirtschaftlich aufwärts geht. Ein Wirtschaftswachstum von 3,5% ist 2004 durchaus realistisch."

8.3. Grammatik und Satzverständlichkeit

Unverständliche oder schwer verständliche Äußerungen begegnen uns in Bedienungsanleitungen, Beipackzetteln, Zeitungsberichten oder Zeitungskommentaren, in Verwaltungs- oder Wissenschaftstexten. Es ist nicht nur schwierig, solche Texte zu verstehen; noch schwieriger ist es, eigene Texte verständlich zu formulieren. Um diese produktive Seite des Verständlichkeitsproblems geht es

im Folgenden.[111] Schüler sollten also lernen, grammatisch verursachte Verständlichkeitsrisiken zu erkennen, zu benennen und zu beheben. Wir werden folgende Problembereiche behandeln:
- Nominalphrasen, Nominalstil und Verständlichkeit
- Satzklammer und Verständlichkeit
- Satzgliedstruktur und Verständlichkeit
- Schachtelsatzstruktur und Verständlichkeit

1. Nominalphrasen, Nominalstil und Verständlichkeit

Die Häufung von Nominalisierungen bezeichnet man auch als Nominalstil. Er ist u.a. charakteristisch für Textsorten der Wissenschaft, der Legislative, der Justiz oder der Bürokratie.

Wie entsteht ein Nominalstil?
Nominalstil entsteht
- durch häufige Verwendung von Funktionsverbgefügen:
  „Er sprach darüber."
  „Er brachte das Thema zur Sprache."
- durch die Nominalisierung von Nebensätzen:
  „Die Minister fordern, dass die Richter an den Amtsgerichten die Gesetze strenger anwenden."
  „Die Minister fordern eine strengere Anwendung der Gesetze durch die Richter an den Amtsgerichten."
- durch die Nominalisierung von Infinitiven:
  „Aus Sicherheitsgründen wird es empfohlen, den Luftdruck regelmäßig zu prüfen."
  „Aus Sicherheitsgründen wird eine regelmäßige Prüfung des Luftdruckes empfohlen."

Welche kommunikativen Funktionen erfüllen Nominalisierungen?
1. Nominalisierungen sind einerseits sprachliche Mittel der Informationsverdichtung, der ökonomischen Kürze und der sprachlichen Präzision. Dies ergibt sich aus der kommunikativen Funktion der Nomen. Nomen liefern uns Bezeichnungen, damit wir über Sachverhalte der Welt (Dinge, Lebewesen, Handlungen, Vorgänge, Zustände, Gefühle, Gedanken, Gattungen, etc.) reden können. Wir benutzen Nomen, um diese Sachverhalte durch kurze Bennenung

---

[111] Kenntnisse über den Zusammenhang von Grammatik und Verständlichkeit sind für das Formulieren und Überarbeiten von Texten von großer Bedeutung. Daher werden wir diese Problematik im fünften Kapitel unter der Überschrift „Qualitätskriterien guter Texte" weiter erörtern.

zum Gegenstand der Rede zu machen. Die Aufmerksamkeit des Lesers oder Hörers wird auf den entsprechenden Sachverhalt gelenkt. Er erwartet nun, mehr zu erfahren. Dies gilt z.B. für die Verwendung von Nominalisierungen in Thema-Formulierungen und Zeitungsüberschriften.
- *„Unter Korruptionsverdacht"*
- *„CDU: Knatsch zwischen Merkel und Merz"*
- *„Steuerreform-Debatte: Unionsfraktionschefin mit deutlicher Kritik an ihrem Stellvertreter"*
- *„Mythos Eigenheimzulage"*

Diese Nominalisierungen dienen dem sprachökonomischen Prinzip der Kürze.

2. Andererseits gilt: Ein Autor, der dem Ideal der Kürze eine zu große Bedeutung beimisst, kann die Prinzipien der Verständlichkeit und der Vollständigkeit der Information verletzen. Denn mit der Nominalisierung von Sätzen geht oftmals auch ein Verlust an Information und eine Zunahme an Vagheit und Ungenauigkeit einher. Dies zeigt die folgende Nominalphrase:
- *„die Förderung der beruflichen Fortbildung in den Hochschulen"*

Diese Phrase kann zwei Bedeutungen besitzen:
- *„In den Hochschulen wird die berufliche Fortbildung gefördert."*
- *„Die berufliche Fortbildung in den Hochschulen wird gefördert."*

3. Zudem führt die Komprimierung von Sätzen oft zu sehr komplexen Nominal- und Präpositionalphrasen. Unübersichtliche Über- und Unterordnungsverhältnisse der einzelnen Nominalattribute erschweren das Verstehen. Dies zeigt die folgende Nominalphrase:

„Der Vorstandsvorsitzende der Karstadt AG kommentiert die Entscheidung des 1. Senats des Oberlandesgerichts Frankfurt über die Vereinbarkeit des Sonderverkaufes von Bekleidungswaren durch die Karstadt AG mit dem Gesetz über den unlauteren Wettbewerb."

Die Verwendung von Nominalisierungen bietet somit Chancen und Risiken zugleich. Schüler sollten daher lernen,
- wann es sinnvoll ist, Nominalisierungen aufzulösen und in Sätze umzuformulieren.
- wie man solche Umformulierungen vornimmt.
- wann es sinnvoll ist, Nominalisierungen einzusetzen.

Wann sollten Nominalisierungen vermieden werden?
1. Man sollte Nominalisierungen auflösen, wenn ihre Struktur sehr komplex ist und deshalb Verstehensprobleme bereitet. Eine komplexe Nominal- oder Präpositionalphrase erkennt man daran, dass sie mehrere Attribute umfasst und die Stufung der Attribute nur schwer erkennbar ist.
- „Der Versuch der Vereinfachung der Struktur der Nominalphrase seitens der Studenten mit dem Ziel einer besseren Verständlichkeit war erfolgreich."
- „Die Studenten haben versucht, die Struktur der Nominalphrase zu vereinfachen. Ziel war eine bessere Verständlichkeit. Sie waren erfolgreich."

2. Eine Auflösung ist sinnvoll, wenn die Nominalisierung gar nicht die Funktion hat, einen Nebensatz oder eine Infinitivklausel zu verdichten. Dies betrifft viele Nominalisierung in den Funktionsverbgefügen.
- „Im März 2003 nahm die SARS-Epidemie ihren für uns alle überraschenden Beginn in China."
- „Die SARS-Epidemie begann für uns alle überraschend im März 2003 in China."

3. Eine Umformulierung ist sinnvoll, wenn die Nominalisierung zu komplizierten und stilistisch „unschönen" Komposita führt.
- „Das Hausarbeitschreiben in der Germanistik ist nicht gerade einfach."
- „Es ist nicht gerade einfach, in der Germanistik Hausarbeiten zu schreiben."

4. Eine Umformulierung ist sinnvoll, wenn die Nominalisierung in ihrer Bedeutung vage und ungenau ist.
- „Das Ministerium schlägt eine Erarbeitung von Grundsätzen für die Entwicklung der Hochschulen in den Bundesländern vor."
Die Bedeutung dieser Nominalphrase ist ungenau und vage. Denn sie lässt zwei Verständnisweisen zu.
- „Das Ministerium schlägt vor, dass die Bundesländer die Grundsätze für die Entwicklung der Hochschulen erarbeiten."
- „Das Ministerium schlägt vor, dass Grundsätze erarbeitet werden müssen, die die Entwicklung der Hochschulen in den Ländern betreffen."

Wie werden vermeidbare Nominalisierungen in Nebensätze umformuliert?
Bei der Umformulierung muss man zunächst erkennen, welche Satzgliedfunktion die Nominalisierung im Satz hat.
1. Ist die Nominalisierung Subjekt oder Objekt, wird sie zu einem dass-Satz oder einer Infinitivklausel.

- „Wichtig ist die Wahl eines geeigneten Berufs."
- „..., dass man einen geeigneten Beruf wählt."
- „..., einen geeigneten Beruf zu wählen."
- „Der Student verlangt eine Überprüfung der Notengebung durch das Prüfungsamt."
- „..., dass das Prüfungsamt die Notengebung überprüft."
- „..., die Notengebung zu überprüfen."

2. Nominalisierungen in der syntaktischen Funktion einer adverbialen Bestimmung sind meist Präpositionalphrasen. Auch sie können als Nebensätze formuliert werden. Dabei gilt es zu beachten, dass die einleitende Subjunktion eine ähnliche logisch-semantische Beziehung zum Ausdruck bringt wie die einleitende Präposition.
- „Wegen der sehr unsachlichen Behandlung des Themas entbrannte ein heftiger Streit."
- „Weil das Thema sehr unsachlich behandelt wurde, entbrannte ein heftiger Streit."
- „Nach Fertigstellung des Daches durch die Firma X wurde gefeiert."
- „Nachdem die Firma X das Dach fertig gestellt hatte, wurde gefeiert."

3. Der substantivische Kern der Nominalisierung wird zum Prädikat des Nebensatzes.
- „Unsere Bemühungen zielen auf den Erhalt der Flusslandschaft."
- „Unsere Bemühungen zielen darauf, dass die Flusslandschaft erhalten bleibt."

4. Je nach Valenz des verbalisierten Nomens werden die Genitiv- und Präpositionalattribute der Nominalisierung zu Satzgliedern des Nebensatzes. Die mit „durch" eingeleiteten Präpositionalattribute werden zum Subjekt.
- „Die Veröffentlichung der Akten durch die Presse ist nicht zu rechtfertigen."
- „Dass die Presse die Akten veröffentlicht hat, ist nicht zu rechtfertigen."

5. Wenn dem Kopf der Nominalisierung ein Possessiv-Pronomen voran steht, leitet sich aus dem Pronomen das Subjekt des Nebensatzes ab.
- „Sein Engagement für die Kinderhilfe ist lobenswert."
- „Dass er sich für die Kinderhilfe engagiert, ist lobenswert."
- „Dein Engagement für die Kinderhilfe ist lobenswert."
- „Dass Du dich für die Kinderhilfe engagierst, ist lobenswert."

6. Attributiv gebrauchte Adjektive werden im Nebensatz zur adverbialen Bestimmung.
- *„Sein tägliches Engagement für die Kinderhilfe ist lobenswert."*
- *„Dass er sich täglich für die Kinderhilfe engagiert, ist lobenswert."*

Wann sind Nominalisierungen sinnvoll?
Ein Satzgefüge aus Nebensatz und Hauptsatz ist in der Regel länger als ein komprimierter Hauptsatz, dessen Satzglieder die Form von Präpositional- oder Nominalphrasen haben. Daher ist es zweifelsohne sinnvoll, informationsreiche und strukturell komplexe Nominalisierungen in ein Satzgefüge umzuwandeln.
Andererseits aber gilt: Nominalisierungen sind ein Mittel sprachlicher Ökonomie und Kürze. Wenn man mit Nominalisierungen einen Sachverhalt klar und kurz benennen kann, ist die längere Form des Satzgefüges nicht erforderlich.
Dies zeigt der folgende Textvergleich:
(1) *„95 % aller jung Verheirateten glauben, dass ihre Ehepartner in der künftigen Beziehung ehrlich, tolerant und zuverlässig sein werden. Wenn 15 Ehejahre vergangen sind, ist dieses Vertrauen in 40 % der Ehen nachhaltig erschüttert. Bevor das 20. Ehejahr erreicht wird, sind bereits 30 % aller Ehen geschieden. In dem gerichtlichen Verfahren, das bei jeder Scheidung zwingend erforderlich ist, ergibt sich die Notwendigkeit, dass sich die Noch-Eheleute anwaltlich vertreten lassen. Wenn dann vor Gericht verhandelt wird, haben die Parteien einen Anspruch darauf, dass sie von ihren Anwälten so kompetent und seriös vertreten werden, wie es die schwierige Lage erfordert."*
(2) *„95 % aller jung Verheirateten glauben an die Ehrlichkeit, Zuverlässigkeit und Toleranz ihrer Partner. Nach 15 Ehejahren ist dieses Vertrauen in 40 % der Ehen nachhaltig erschüttert. Vor Erreichen des 20. Ehejahres sind 30 % aller Ehen bereits geschieden. In dem dann erforderlichen Scheidungsverfahren müssen sich die Noch-Eheleute anwaltlich vertreten lassen. In der gerichtlichen Verhandlung haben sie einen Anspruch darauf, dass sie mit der notwendigen Kompetenz und Seriosität anwaltlich vertreten werden."*

Der Text (1) verwendet Satzgefüge. Seine Länge und Langatmigkeit ergibt sich daraus, dass die Nebensätze eine einleitende Subjunktion, eine komplexe Verbalphrase und mindestens ein Subjekt als weiteres Satzglied fordern. Diese Satzbausteine sind zwar strukturell notwendig, für den Informationszweck des konkreten Textes sind sie eher unbedeutend.
Der Text (2) verwendet Nominalisierungen. Diese Nominalisierungen bringen die relevanten Sachverhalte kurz und knapp auf den Begriff. Die zweite

Textfassung ist deshalb kürzer, prägnanter und klarer. Ein Vergleich von Satzgefüge und Nominalisierung kann dies verdeutlichen:
- Satzgefüge
„*Sie glauben, dass ihre Ehepartner in der künftigen Beziehung ehrlich, tolerant und zuverlässig sein werden.*"
- Nominalisierung
„Sie *glauben an die Ehrlichkeit, Zuverlässigkeit und Toleranz ihrer Partner.*"
- Satzgefüge
„*Wenn 15 Ehejahre vergangen sind, ist dieses Vertrauen nachhaltig erschüttert.*"
- Nominalisierung
„*Nach 15 Ehejahren ist dieses Vertrauen nachhaltig erschüttert.*"
- Satzgefüge
„*Bevor das 20. Ehejahr erreicht wird, sind 30% aller Ehen bereits geschieden.*"
- Nominalisierung
„*Vor Erreichen des 20. Ehejahres sind 30% aller Ehen bereits geschieden.*"
- Satzgefüge
„*Sie haben einen Anspruch darauf, dass sie von ihren Anwälten so kompetent und seriös vertreten werden, wie es die schwierige Lage erfordert.*"
- Nominalisierung
„*Sie haben einen Anspruch darauf, dass sie mit der notwendigen Kompetenz und Seriosität anwaltlich vertreten werden.*"

Nominalisierungen sind also Mittel der sprachlichen Kürze. Darüber hinaus sind sie auch ein Mittel der sprachlichen Präzision. Indem Nomen einzelne Sachverhalte bezeichnen, grenzen sie diese von anderen Sachverhalten ab und strukturieren so einen ganzen Sachverhaltsbereich. Dies gilt vor allem für Fachsprachen und Wissenschaftssprachen, in denen die Bedeutung der Fachbegriffe relativ klar gegeneinander abgegrenzt ist.

Wir fassen zusammen:
Nominalisierungen sind kommunikativ angemessen, wenn sie dazu dienen,
- einen Sachverhaltsbereich durch exakte Fachbegriffe zu strukturieren.
- wichtige Aspekte eines Sachverhaltes aufzuzählen.
- eine ausführlichere Erläuterung zusammenzufassen.
- den thematischen Gegenstand eines Textes in der Überschrift oder in Teilüberschriften zu benennen.

Wie werden Nebensätze nominalisiert?
1. Subjekt- oder Objektsätze werden zu nominalen Subjekten oder Objekten.
- „Dass du kommst, freut mich."
- „Dein Kommen freut mich."

2. Adverbialsätze werden zu adverbialen Bestimmungen. Sie haben zumeist die Form von Präpositionalphrasen. Dabei ist zu beachten, dass die Präposition eine äquivalente semantisch-logische Relation anzeigt wie die Subjunktion des Nebensatzes.
- „Obwohl ich krank bin, komme ich."
- „Trotz Krankheit komme ich."

3. Das Prädikat des Nebensatzes wird zum substantivischen Kern der Nominalisierung.
- „Wenn es regnet, bleiben wir hier."
- „Bei Regen bleiben wir hier."

4. Das Subjekt des Nebensatzes wird zum Genitiv- oder Präpositionalattribut.
- „Dass die Straße ausgebaut wird, ist beschlossen."
- „Der Ausbau der Straße ist beschlossen."

2. Satzklammer und Verständlichkeit
Die Satzklammer ist eine typische Erscheinung der deutschen Sprache. Der Satz gliedert sich in drei Felder:
- Vorfeld
- rechte Satzklammer
- Mittelfeld/Hauptfeld
- linke Satzklammer
- Nachfeld

Verständlichkeitsprobleme treten insbesondere dann auf, wenn das Mittelfeld sehr viele oder sehr komplexe Satzglieder umfasst. Dadurch stehen die Prädikatsteile der linken und rechten Satzklammer sehr weit voneinander entfernt. Leser orientieren sich zunächst an dem ersten Prädikatsteil und gehen dabei möglicherweise in eine Verstehensfalle.
„Die übrigen Familienmitglieder _schlugen_ den Erben nach der Verlesung des Testamentes und noch in Gegenwart des Testamentvollstreckers einen Vergleich _vor_."

Das Prädikat „schlugen ... vor" bildet die Satzklammer. Das finite Verb „schlugen" legt zunächst ein falsches Verständnis nahe. In dieser Verständnisweise ist die Nominalphrase „den Erben" Akkusativobjekt im Singular. Der Leser bildet folgende Verstehenshypothese: „Jemand schlug den Erben."
Erst das trennbare Präfix „vor", das die rechte Satzklammer bildet, gibt Hinweise auf die intendierte grammatische Struktur. Die Nominalphrase „den Erben" wird nun als Dativobjekt erkannt. Mit dieser veränderten syntaktischen Funktion ist auch eine Bedeutungsänderung verbunden. Um solche Verständlichkeitsprobleme zu vermeiden, sollten Schüler Verfahren kennen und nutzen lernen, mittels derer sie das Mittelfeld des Satzes entlasten und Verständlichkeitsprobleme der Satzklammer vermeiden können.

Vier Verfahren sind zielführend:

1. Man kann ein komplexes Satzglied ins Vorfeld bewegen.
- *Die übrigen Familienmitglieder schlugen den Erben nach der Verlesung des Testamentes und noch in Gegenwart des Testamentvollstreckers einen Vergleich vor."*
- *„Nach der Verlesung des Testamentes und noch in Gegenwart des Testamentvollstreckers schlugen die übrigen Familienmitglieder den Erben einen Vergleich vor."*

2. Man kann Satzglieder ausklammern und ins Nachfeld bewegen. Dies gilt insbesondere für Präpositionalphrasen und Nebensätze.
- *„Sie waren trotz vielfältiger Mahnungen seitens der Eltern dieser Kinder auf solche Unfälle nicht eingerichtet."*
- *Sie waren auf solche Unfälle nicht eingerichtet, trotz vielfältiger Mahnungen seitens der Eltern dieser Kinder."*

3. Man kann ein Satzglied in einen neuen Satz einbringen.
- *"Die Ministerin musste vor dem Untersuchungsausschuss zur Frage der Kosten für die Renovierung ihrer zweiten Dienstwohnung aussagen."*
- *„Die Ministerin musste vor dem Untersuchungsausschuss aussagen. Thema waren die Kosten für die Renovierung ihrer zweiten Dienstwohnung."*

4. Man kann die Satzklammer vermeiden, indem man mehrteilige Prädikate durch ein einfaches, einteiliges Prädikat ersetzt.
„80 Polizisten suchten stundenlang die Ortschaft und die Umgebung nach den Vermissten ab."
„80 Polizisten durchkämmten die Ortschaft und die Umgebung auf der Suche nach den Vermissten."

3. Strukturelle Mehrdeutigkeit und Verständlichkeit
Eine weitere Ursache für Verständlichkeitsprobleme ist die Unklarheit darüber, welche Wortgruppen ein Satzglied bilden und welche Wortgruppen nur Teil eines Satzglieds sind. Man spricht in diesem Zusammenhang auch von einer strukturellen Mehrdeutigkeit eines Satzes.

- *„Er überreichte das Geschenk der Frau."*
- *„Hans trifft den Mann mit der Axt."*
- *„Der Großwildjäger begegnete einem Löwen ohne Waffen."*
- *„Gestern wurde der Vortrag von Helmut scharf kritisiert."*

Diese Sätze sind strukturell mehrdeutig. Denn es ist unklar, welche Satzgliedstrukturen vom Sprecher intendiert sind.
- Zum einen können die Ausdrücke *„das Geschenk der Frau"*, *„den Mann mit der Axt"*, *„einem Löwen ohne Waffen"* und *„der Vortrag von Helmut"* eigenständige Satzglieder sein. Die Nominalphrase *„der Frau"* ist dann Genitivattribut, die Präpositionalphrasen sind Präpositionalattribute.
- Zum anderen können die komplexen Nominalphrasen in jeweils zwei Satzglieder aufgeteilt werden. In diesem Fall sind
  - die Nominalphrasen *„den Mann"*, und *„das Geschenk"* Akkusativobjekte, die Nominalphrase *„einem Löwen"* Dativobjekt und *„der Vortrag"* Subjekt.
  - die Präpositionalphrasen *„mit der Axt"*, *„ohne Waffen"* und *„von Helmut"* adverbiale Bestimmungen, die Nominalphrase *„der Frau"* Dativobjekt.

Eine Umstellung der Wortgruppen kann diese strukturelle Mehrdeutigkeit der Sätze sichtbar machen und vermeiden helfen:
„Mit der Axt trifft Max den Mann."
„Den Mann mit der Axt trifft Max."

„Der Frau überreichte er das Geschenk."
„Das Geschenk der Frau überreichte er."

„Ohne Waffen begegneteder Großwildjäger einem Löwen."
„Einem Löwen ohne Waffen begegnete der Großwildjäger."

„Von Helmut wurde der Vortrag gestern scharf kritisiert."
„Der Vortrag von Helmut wurde gestern scharf kritisiert."

Schüler sollten daher lernen,
- strukturelle Mehrdeutigkeit als Problem zu erkennen.
- den Spitzenstellungstest zu nutzen, um die strukturelle Mehrdeutigkeit von Sätzen zu vermeiden.

4. Schachtelsatzstruktur und Verständlichkeit

Einen weiteren Problembereich der Satzverständlichkeit bilden Schachtelsatzstrukturen. Was sind Schachtelsätze?
In Satzgefügen können Satzglieder oder Attribute als satzwertige Infinitive oder Nebensätze formuliert sein. Schachtelsätze entstehen dann, wenn diese Nebensätze in den Trägersatz „hineingeschachtelt" werden. Wir geben ein Beispiel aus einer Gebrauchsanweisung für ein Textverarbeitungsprogramm:
„*Das Fenster, das unter dem Fenster, das zu dem Diskettensymbol gehört, liegt, müssen Sie schließen.* "
Ein Treppendiagramm kann die Schachtelsatzstruktur verdeutlichen:
„*Das Fenster,*   *müssen Sie schließen.* "
    das unter dem Fenster,   *liegt,*
        das zu dem Diskettensymbol gehört,

Sätze mit solchen „eingeschachtelten" Nebensätzen bereiten größere Verstehensprobleme als Satzgefüge, deren Unterordnungen treppenartig angeordnet sind:
„*Wer kennt den Autor,*
    der das Buch geschrieben hat,
        das wir heute im Seminar besprechen. "

Besonders schwer sind Satzgefüge zu verstehen, in denen die Unter- und Überordnungen Aufwärts- und Abwärtstreppen bilden: „ *Wenn ein Student, wenn er Aufgaben hat, diese, obwohl sie wichtig sind, stets vergisst, wird er scheitern.* "
Dieser Satz hat folgende Treppenstruktur:
                                                          wird er scheitern. "
„ *Wenn ein Student,*   *diese*   *stets vergisst,*
    wenn er Übungsaufgaben hat,   *obwohl sie wichtig sind*

Wie kann man Schachtelsatzstrukturen vermeiden?
1. Wenn Nebensätze und Infinitivklauseln attributive Funktion haben, kann man sie in nominale oder adjektivische Attribute umwandeln.
- „*Wer kennt den Autor, der das Buch geschrieben hat, das wir heute im Seminar besprechen?* "

- „Wer kennt den Autor des Buches, das wir heute im Seminar besprechen?"
- „Ein Student, der Übungsaufgaben, obwohl sie für den Studienerfolg wichtig sind, nie bearbeitet, wird scheitern."
- „Ein Student, der wichtige Übungsaufgaben nie bearbeitet, wird scheitern."

2. Wenn Nebensätze und Infinitivklauseln Satzgliedfunktion haben, kann man sie in nominale Satzglieder oder in eigenständige Sätze umwandeln.
- „Wir haben die Gartenparty, die gestern stattfinden sollte, weil es zu regnen begann, abgesagt."
- „Wir haben die Gartenparty, die gestern stattfinden sollte, wegen Regens abgesagt."
- „Wir haben die Gartenparty, die gestern stattfinden sollte, abgesagt. Denn es begann zu regnen."
- „Gestern sollte eine Gartenparty stattfinden. Weil es regnete, haben wir sie abgesagt."

3. Man kann „eingeschachtelte" Nebensätze in das Vor- oder das Nachfeld bewegen.
- „Wir haben die Gartenparty, weil es plötzlich zu regnen begann, abgesagt."
- „Wir haben die Gartenparty abgesagt, weil es plötzlich zu regnen begann."

Fünftes Kapitel: Text

1. Textlinguistische Grundlagen

Die Textlinguistik ist eine relativ junge sprachwissenschaftliche Disziplin, die sich in der zweiten Hälfte der 60er Jahre herausbildete. Sie entstand zunächst aus der Kritik an einer Sprachbeschreibung, die sich nur auf die Einheiten „Phonem", „Morphem", „Wort", „Phrase" und „Satz" bezog. Da der Satz lange Zeit die umfassendste Einheit der Sprachbeschreibung war, gelangten satzübergreifende Fragestellungen nicht in das Blickfeld der Sprachwissenschaft. Dieser Mangel machte eine grundsätzliche Erweiterung der Perspektive notwendig. Es sollten nun auch sprachliche Bezüge zwischen Sätzen erfasst werden können. Damit wurde der „Text" zu einem neuen Gegenstand der Linguistik.

1.1. Die Entwicklung der Textlinguistik
Wir erläutern drei textlinguistische Konzeptionen:
- den textgrammatischen Beschreibungsansatz
- den propositionalen Beschreibungsansatz
- den kommunikativ-pragmatischen Beschreibungsansatz

Zum textgrammatischen Beschreibungsansatz:
In der Textlinguistik der 60er Jahre[112] waren folgende Leitfragen wichtig:
- Welche systematischen Bezüge bestehen zwischen benachbarten Sätzen?
- Gibt es - ähnlich den Satzbaumustern - Textbildungsregeln, die den Bau eines Textes als eine geregelte Abfolge von Vertextungsschritten erklären können?

Die frühen textlinguistischen Ansätze beschränkten sich somit auf Fragen, die die grammatische Verknüpfung von Sätzen betrafen. Man spricht daher auch von Textgrammatik.[113] Textgrammatiker untersuchten die sprachlichen Mittel, die es ermöglichen, über die Satzgrenzen hinaus Zusammenhänge anzuzeigen. Diese sprachlichen Mittel nennt man Kohäsionsmittel. Entsprechende Kohäsionsmittel sind z.B. Konjunktionen, Subjunktionen, Bindeadverbien, Pronomen oder die Wiederaufnahme von Begriffen.
„Das Essen ist kalt. Deshalb mag ich es nicht."
In dieser Satzfolge werden als Kohäsionsmittel verwendet
- das Bindeadverb *„deshalb"*: Mit ihm zeigt der Sprecher einen logisch-semantischen Zusammenhang an, der zwischen den zwei Sätzen besteht.

---
[112] Gute Darstellungen der „frühen" Textlinguistik findet man in Dressler, 1978 und Gülich/Raible, 1977.
[113] Textualität wird hier vor allem grammatisch definiert. Vgl. hierzu Harweg, 1968; Weinrich, 1969.

- das Pronomen „*es*": Dieses Pronomen nutzt der Sprecher, um an das Thema des ersten Satzes *(„Das Essen")* anzuknüpfen und es fortzuführen.

Zum propositionalen Beschreibungsansatz:
Eine Folge von Sätzen ist dann ein Text, wenn zwischen den Sätzen ein Sinnzusammenhang besteht. Der Fachbegriff für einen solchen textuellen Sinnzusammenhang lautet Textkohärenz.
Textkohärenz ergibt sich nicht nur aus der Verwendung von Kohäsionsmitteln. Die folgenden Beispiele machen deutlich: Kohäsionsmittel sind weder eine hinreichende noch eine notwendige Bedingung dafür, dass eine Satzfolge kohärent ist.
- *„Es ziehen dunkle Wolken auf. Schließ doch besser das Cabrioletdach."*
Beide Sätze sind sprachlich nicht miteinander verknüpft. Kohäsionsmittel fehlen. Dennoch ist ein Zusammenhang erkennbar. Wenn man den Sprecher bittet, den Zusammenhang zwischen den Sätzen zu verdeutlichen, könnte er erklären: *„Die dunklen Wolken lassen vermuten, dass es bald regnet. Da das Verdeck geöffnet ist, wird das Wageninnere bei Regen nass. Um dies zu verhindern, habe ich vorgeschlagen, das Verdeck vorsorglich zu schließen."*
Jeder Leser, der über dieses Wissen verfügt, kann den Satzzusammenhang problemlos verstehen, auch ohne Verwendung von Kohäsionsmitteln. Wir können daher festhalten: Die Verwendung von Kohäsionsmitteln ist keine notwendige Bedingung für Textkohärenz:
- *„Schließen Sie bitte die Tür. Türen baut mein Nachbar. Nachbarn bereiten oft Ärger. Ärger habe ich nie. Ich liebe Gänsestopfleber."*
Diese Satzfolge ist durch das Kohäsionsmittel der Rekurrenz miteinander verknüpft. Jeder Satz nimmt jeweils ein Wort des Vorsatzes auf. Sprachlich-formal ist somit ein Zusammenhang zwischen den Sätzen gegeben. Dennoch ist es kaum möglich, einen Sinnzusammenhang zu entdecken.
Wir können daher festhalten: Die Verwendung von Kohäsionsmitteln ist keine hinreichende Bedingung für Textkohärenz.

Bei dem Versuch, das Phänomen der Textkohärenz genauer zu beschreiben, hat sich die Unterscheidung zwischen Oberflächen- und Tiefenstruktur eines Textes als hilfreich erwiesen.
- Die Oberflächenstruktur: Alle sprachlichen Mittel eines Textes bilden seine Oberflächenstruktur. Kohäsionsmittel sind sprachliche Mittel, die der Textverfasser nutzt, um die Kohärenz seines Textes deutlich zu machen. Sie sind Phänomene der Textoberfläche.

- Die Tiefenstruktur: Viele Informationen, die für das Textverstehen wichtig und unverzichtbar sind, bleiben oft ungesagt. Diese nicht ausgesprochenen Informationen liegen gewissermaßen unter der Textoberfläche. Sie bilden - zusammen mit den expliziten Textinformationen - die „semantische" Tiefenstruktur des Textes.

Mit diesem Zusammenhang von Tiefen- und Oberflächenstruktur befassen sich vor allem die propositionalen Textbeschreibungsansätze der 70er und 80er Jahre.[114] Die Vertreter dieser Konzeption sehen einen Text als „geordnete Menge von Propositionen, (...) die (...) durch logisch-semantische Relationen miteinander verbunden sind."[115]

Für die propositionale Textauffassung ist daher nicht nur die Analyse der einzelnen Satzproposition, sondern insbesondere die Analyse der propositionalen Verknüpfung der Sätze von Interesse. Dabei gilt es zu beachten, dass nicht alle Propositionen im Text vollständig expliziert werden.

Nehmen wir folgenden Text:
„Helga muss einen Kredit aufnehmen. Sie hat den Fernseher aus dem Fenster geworfen. Der Vater hatte den ganzen Abend Fußball geguckt. Die Hausratsversicherung wird nicht zahlen."

Die propositionale Struktur dieses Textes lässt z. B. folgende Leerstellen offen.
- Aus welchem Grund benötigt Helga einen Kredit?
- Was hat die Hausratsversicherung mit dem Fußballinteresse des Vaters und/oder dem zerstörten Fernseher zu tun?
- Wofür zahlen Hausratsversicherungen, wofür nicht?
- Wer zahlt, wenn die Versicherung nicht zahlt?

Um die Tiefenstruktur des Textes vollständig zu verstehen, muss der Leser auf eigenes Wissen zurückgreifen. Er benötigt dieses Wissen, um die propositionalen Leerstellen des Textes zu füllen. Nur wenn ihm dies gelingt, erschließt sich der folgende Textzusammenhang.
- Die Propositionen der Sätze zwei, drei und vier entfalten einen Zusammenhang, der den in Satz eins beschriebenen Sachverhalt erklärt. Dies erkennt der Leser, wenn er z. B. weiß,
  - dass Helga geschäftsfähig ist.

---

[114] Eine sehr gute Darstellung der propositionalen Textmodelle gibt Christmann, 1989, S. 49-75. Zum Begriff der Proposition: In der Terminologie der Sprechakttheorie bezeichnet die Proposition den Teil der sprachlichen Handlung, mit dem der Sprecher auf einen Redegegenstand Bezug nimmt (Referenz) und zu diesem Gegenstand etwas aussagt (Prädikation).
[115] Brinker, 1973, S. 21).

- dass Fernseher relativ teuer sind.
- der zerstörte Fernseher dem Vater gehört und dieser auf Ersatz besteht.
- Die Proposition des dritten Satzes liefert eine Begründung für das im zweiten Satz beschriebene Verhalten. Dies erkennt der Leser, wenn er weiß,
  - dass Helgas Vater fast jeden Abend Fußball schaut.
  - dass Helga Fußballübertragungen hasst.
  - dass Helga und ihr Vater deswegen schon oft Streit hatten.
  - dass Helga sehr impulsiv ist.
- Die Proposition des vierten Satzes behandelt die Frage der Schadensregulierung. Dies versteht der Leser nur, wenn er weiß,
  - dass Fernseher in der Regel zerstört sind, wenn man sie aus dem Fenster wirft.
  - dass Fernseher teuer sind.
  - dass es Hausratsversicherungen gibt, die Schäden an Hauhaltsgeräten (z.B. an einem Fernsehgerät) absichern.
  - dass die Versicherung bei mutwilligen Zerstörungen nicht zahlt.

Erst unter Rückgriff auf dieses Wissen rekonstruiert der Leser die Tiefenstruktur des Textes. Ein Text ist also dann kohärent, wenn ein Leser/Hörer mittels seiner Wissensbestände die vom Text nicht formulierten, unter der Textoberfläche verborgenen, aber zum Verstehen notwendigen Propositionen erschließen kann.[116]

Kintsch/Van Dijk bezeichnen diesen propositionalen Textzusammenhang als makropropositionale Struktur oder als Tiefenstruktur des Textes. Sie bildet die semantisch-thematische Textbasis und repräsentiert die globale Textbedeutung.[117]

Wenn diese globale Textbedeutung in einem Textsegment, etwa einer Überschrift, explizit gegeben ist, spricht van Dijk von Themawort oder Themasatz. Eine solche explizite Thema-Nennung hat erwartungs-strukturierende Funktion und unterstützt den Verstehensprozess des Lesers.

Zum kommunikativ-pragmatischen Beschreibungsansatz:
Textgrammatische und propositionale Konzeptionen beschreiben Texte vor allem hinsichtlich ihrer sprachlichen Form und ihrer thematischen Kohärenz.
Eine grundlegende Erkenntnis der linguistischen Pragmatik besteht jedoch darin, dass sprachliche Einheiten – also auch Texte – nicht nur hinsichtlich Form

---

[116] Man spricht in diesem Zusammenhang auch von Inferenz: Dieser Begriff bezeichnet kognitive Operationen, mit denen ein Leser auf sein Wissen zurückgreift und nicht explizite Informationen rekonstruiert und ergänzt. Zur Bedeutung der Inferenz innerhalb der propositionalen Textmodelle. Vgl. Schnotz, 1986.
[117] Kintsch/Van Dijk, 1978.

(Lokution) und Inhalt (Proposition), sondern auch hinsichtlich ihrer kommunikativen Intention zu betrachten sind. Dies bedeutet:
- Wer einen Text schreiben will, muss nicht nur wissen, wovon der Text handeln soll. Er muss auch wissen, welche kommunikativen Ziele er mit dem Text verwirklichen will.
- Wer einen Text verstehen will, muss nicht nur verstehen, wovon der Text handelt. Er muss auch verstehen, welche kommunikativen Intentionen der Autor mit diesem Text verfolgt.

Die kommunikationsorientierte Textlinguistik greift daher seit den 70er Jahren auf den von der Sprechakttheorie geprägten Begriff der Illokution zurück. In textlinguistischen Zusammenhängen wird allerdings nicht der Begriff der Text-Illokution, sondern der Begriff der Textfunktion verwendet.
Brinker[118] z.B. unterscheidet in enger Anlehnung an die Sprechakttypologie von Searle folgende Textfunktionen:
- die Informationsfunktion: z. B. Meldung, Bericht, Lehrbuch
- die Appellfunktion: Gebrauchsanweisung, Werbung, Wahlaufruf
- die Obligationsfunktion: Mietvertrag, Garantieerklärung
- die Kontaktfunktion: Kontaktanzeige, Stellenanzeige
- die Deklarationsfunktion: Urteilsspruch, Taufurkunde, Testament

Andere Klassifikationsversuche orientieren sich am Organon-Modell von Karl Bühler und unterscheiden
- die Funktion der Darstellung von Sachverhalten, Ereignissen oder Gegenständen.
- die Funktion des Ausdrucks von Emotionen, Einstellungen oder anderen Formen innerer Befindlichkeit.
- die Funktion des Appells an einen Rezipienten mit dem Ziel eine bestimmte Reaktion zu bewirken.

Mit solchen Klassifikationstypen lassen sich allerdings nur Großklassen von Textfunktionen beschreiben, da die meisten Texte mehrere kommunikative Funktionen erfüllen.
- Eine Stellenanzeige erfüllt Kontakt- und Selbstdarstellungsfunktion.
- Eine Wahlwerbeanzeige erfüllt Informations-, Appell- und Kontaktfunktion.
- Ein Reiseführer erfüllt Informations- und Appellfunktion.
- Eine Gebrauchsanweisung erfüllt Informations-, Appell- und Selbstdarstellungsfunktion.

---

[118] Brinker, ³1992, 104ff.

Texte sind also komplexe sprachliche Handlungen, die man dazu benutzt, komplexe kommunikative Absichten zu verwirklichen.[119] Die Qualität eines Textes bemisst sich daher auch daran, ob und inwieweit er geeignet ist, die jeweiligen kommunikativen Intentionen zu verwirklichen.

Die Frage, ob ein Text dazu geeignet ist, kommunikative Funktionen zu erfüllen, kann nicht nur unter Bezug auf textinterne Faktoren beantwortet werden. Denn jeder Text steht immer auch in übergeordneten Handlungszusammenhängen.
Zu diesen Handlungszusammenhängen zählt z. B.
- der Bezug zu anderen Texten: Ein Zeitungskommentar nimmt Bezug auf einen Zeitungsbericht. Er referiert auf das dort vermittelte Wissen oder setzt die Kenntnis der dort berichteten Fakten voraus.
- der Bezug zur Kommunikationssituation: Ein Mietvertrag erfüllt seine Aufgabe im Rahmen eines institutionalisierten, rechtlich geregelten Situationszusammenhang. Wenn der Mietvertrag z. B. die gesetzlichen Vorgaben zu den Kündigungsfristen missachtet, sind die im Vertrag formulierten Regelungen ungültig.
- der Adressatenbezug: Gebrauchsanleitungen oder Medikamentenbeipackzettel können ihren kommunikativen Zweck nur erfüllen, wenn die Verfasser dieser Texte die Wissensvoraussetzungen der Adressaten in angemessener Form berücksichtigen.

Daher lenkt die kommunikative Textkonzeption ihr Augenmerk auch auf textexterne Faktoren wie z. B. Adressatenbezug, Situationsbezug oder den Bezug eines Textes zu anderen Texten.

Was ist ein Text?
Vergleicht man die besprochenen Ansätze, so kann man mit Gansel feststellen: Die einzelnen Auffassungen zum Textbegriff sind nicht alternativ, sondern komplementär zu betrachten.[120] Diese Annahme prägt auch den hier vertretenen Textbegriff. Dieser geht davon aus, dass eine Folge von Sätzen dann einen Text bildet,
- wenn sie thematisch kohärent ist.
- wenn sie dazu dient, eine erkennbare kommunikative Aufgabe zu erfüllen.
- wenn sprachliche Mittel diese funktionalen und thematischen Zusammenhänge deutlich machen.

---

[119] Vgl. Motsch/Viehweger , 1981. Die Autoren untersuchen z. B. den Zusammenhang zwischen Textfunktion und untergeordneten Teilhandlungen. Dabei unterscheiden sie dominierende und subsidiäre Illokutionen.
[120] Vgl. Gansel, 2002, 46ff.

- wenn sie in systematischer Weise in relevante textexterne Faktoren wie z.B. Adressaten, Handlungssituation etc. eingebunden ist.

Wir erläutern diese einzelnen Merkmalsdimensionen:

- Thematische Kohärenz:
Texte sind sprachliche Einheiten, die mehr als einen Satz umfassen (können). Eine Satzfolge ist dann ein Text, wenn die Sätze in einem Sinnzusammenhang stehen. Man sagt: Die Sätze eines Textes sind kohärent.[121] Die Qualität eines Textes bemisst u.a. daran, ob und wie er seinen Lesern den jeweiligen Textzusammenhang zu verdeutlichen vermag. Wenn ein Leser keinen Sinnzusammenhang entdecken kann, wird er die Frage, ob die Satzfolge ein Text sei, wohl verneinen. Dies betrifft z.B. die folgenden Sätze:
„Heinz liebt Wein. Die Börse hat heute Ruhetag. Wunderliches wandelt sich zum Wunderbaren. Autofahren wird immer teurer. "

- Intentionalität:
Texte sind kommunikativ-funktionale Einheiten. Verfasser von Texten wollen mittels ihrer Texte kommunikative Ziele verwirklichen. Sie wollen z.B. über etwas informieren (z.B. mit einer Zeitungsmeldung), zu etwas anweisen (z.B. mit einer Gebrauchsanweisung), jemanden unterhalten (z.B. mit einem Witz), mit jemandem Kontakt aufnehmen (z.B. mit einer Stellenanzeige) oder eine geschäftliche Beziehung regeln (z.B. mit einem Mietvertrag). Die Qualität eines Textes bemisst sich u. a. daran, ob und inwieweit er geeignet ist, diese kommunikativen Ziele zu verwirklichen.

- Kohäsion:
Textautoren nutzen Kohäsionsmittel, um die thematischen und funktionalen Zusammenhänge zwischen Sätzen anzuzeigen. Kohäsionsmittel sind somit Wegweiser zur Textkohärenz und Textfunktion. Wichtige Kohäsionsmittel sind z.B. Pronomen, Konjunktionen oder explizite metakommunikative Formeln.

---

[121] Man findet in der Textlinguistik die Unterscheidung zwischen textgeleiteter und sinngeleiteter Kohärenz. Die textgeleitete Kohärenz untersuchen textlinguistische Ansätze, die semantisch orientiert sind. Sie wird gestiftet durch grammatisch Konnexion, die semantisch-lexikalische Isotopie des Textes, die propositionale Integration und das Textthema. Vgl. dazu Agricola, 1969; Brinker, 1973; Schmidt, 1973; Kognitiv orientierte Ansätze befassen sich mit wissensgeleiteter Kohärenz. Diese entsteht im Kopf des Lesers, indem er Textinformationen mit Wissensbeständen verknüpft. Vgl. hierzu Nussbaumer, 1991; Strohner, 1997.

Dies verdeutlicht das folgende Beispiel:
„Heinz liebt Rotwein. Deshalb fährt er jedes Jahr in ein anderes Weinanbaugebiet. So war er zum Beispiel 2002 im Rioja, 2003 im Burgund und 2004 im Piemont."
Das Pronomen *„er"* zeigt an, dass auch im zweiten Satz von der Person die Rede ist, die bereits im ersten Satz benannt worden ist. Die Konjunktion *„deshalb"* weist auf einen kausalen Zusammenhang hin. Der metakommunikative Hinweis *„zum Beispiel"* verdeutlicht die Funktion des letzten Satzes, den zuvor behaupteten Zusammenhang zu belegen.

- Kommunikationszusammenhang/Intertextualität:
Texte gelten als die oberste Organisationsform von Sprache. Sie sind nicht in derselben systematischen Weise Teil einer übergeordneten sprachlichen Einheit wie z. B. ein Morphem Teil eines Wortes, ein Wort Teil eines Satzglieds, ein Satzglied Teil eines Satzes oder ein Satz Teil eines Textes ist. Trotz dieser kommunikativen Autonomie stehen Texte in größeren intertextuellen und situativen Zusammenhängen.
  - Eine Theaterkritik ist eingeordnet in das Feuilleton einer Zeitung und muss die Vorgaben dieser Rubrik berücksichtigen.
  - Ein Kommentar ist Bestandteil der Kommentarseite oder der Kommentarrubrik und nimmt auf einen Bericht Bezug.
  - Eine Zeitungsmeldung ist eingebettet in das Nachrichtenumfeld der jeweiligen Zeitung und in das Nachrichtenumfeld der anderen Medien.
  - Ein Medikamentenbeipackzettel ist eingebunden in einen Kommunikationszusammenhang zwischen Arzt, Patient und Apotheker und muss zudem bestimmten rechtlichen Vorgaben genügen.
  - Eine Tischrede aus Anlass eines 75. Geburtstages ist eingebettet in die Vielzahl der kommunikativen Handlungen einer Geburtstagsfeier.

Diese textexternen Faktoren nehmen Einfluss auf textinterne Merkmale wie z. B. Thema und Inhalt, sprachliche Form oder kommunikative Intention.

1.2. Textkohäsion

Die sprachlichen Mittel, die zur Verfügung stehen, um Zusammenhänge zwischen den Sätzen eines Textes anzuzeigen, nennt man Kohäsionsmittel. Wir nennen die wichtigsten:

Rekurrenz
„Gestern habe ich einen Vogel beobachtet. Der Vogel war ein Spatz."
Rekurrenz ist die einfachste Form der Wiederaufnahme. Sie stiftet einen gemeinsamen referentiellen Bezug zwischen Sätzen durch Wiederholung eines Wortes. Dieses Mittel wird oft als stilistisch unbefriedigend empfunden.

Substitution
„Ich habe Blumenkohl gekocht. Dieses Gemüse ist sehr bekömmlich."
Substitution ist die Wiederaufnahme eines Textelementes durch ein anderes, das eine ähnliche Bedeutung hat. Dies gilt z.B. für Synonyme *(„Lenz", „Frühling"),* Unter- und Oberbegriffe *(„Petunien", „Balkonpflanzen"),* Lexeme eines Wortfeldes *(„essen", „speisen", „verzehren").* Beide Textelemente werden referenzidentisch verwendet.

Proformen
Proformen können selbst keine Referenz auf Außersprachliches herstellen. Sie gewinnen ihren referentiellen Bezug dadurch, dass sie sich auf ein anderes Textelement beziehen. Erst über dieses Textelement wird der Referenzbezug der Proform erkennbar.
Man unterscheidet u.a.
- Personalpronomen: *„Da ist Markus. Er ist Linguist."*
- Pronominaladverb: *„Fritz ist in Gießen. Dort gefällt es ihm."*
- Possessivpronomen: *„Die Frau konnte nicht laufen. Ihr Mann holte einen Rollstuhl."*
- Relativpronomen: *„Die Kinder unseres Nachbarn, die den Alarm ausgelöst haben, ..."*
- Indefinitpronomen: *„An der Demonstration nahmen Frauen und Männer teil. Einige waren vermummt."*

Proformen verweisen zumeist nach links. Man spricht von einem anaphorischen Verweis: *„Die Dame betrat das Hotel. Sie war elegant gekleidet."*
Seltener ist ein Rechtsverweis (Katapher): *„Sie glaubte, den Weg zu kennen. Deshalb hatte Frau Maier die Wanderkarte nicht eingesteckt."*

Proformen, Substitution und Rekurrenz sind wichtige Mittel der Koreferenz. Indem sie innerhalb eines Textes auf dieselben Referenzobjekte verweisen, stiften sie Zusammenhänge zwischen Sätzen.

Präpositionen
Präpositionen verdeutlichen Beziehungen zwischen Phrasen. Sie sind also Kohäsionsmittel, die Zusammenhänge innerhalb von Sätzen verdeutlichen. Wir geben einige Beispiele:
- Einschränkung: *„Man hörte nichts außer dem Ticken einer Uhr."*
- Abfolge: *„Nach dem Essen setzten sie die Besprechung fort."*
- Grund: *„Wegen schlechten Wetters wird der Start verschoben."*

Konjunktionen/Subjunktionen
Konjunktionen und Subjunktionen zählen zu den bekanntesten Kohäsionsmitteln. Sie zeigen logisch-semantische Verbindungen zwischen Elementen an. Konjunktionen verbinden gleichgeordnete Sätze, Satzglieder oder Satzgliedteile:
- Gleichgeordnete Hauptsätze: *„Ich fahre morgen. Denn das Wetter soll besser werden."*
- Gleichgeordnete Nebensätze: *„Ich fahre morgen, weil das Wetter besser wird und ich eine Mitfahrgelegenheit habe."*
- Gleichgeordnete Satzglieder: *„Mein Bruder lebt in Gießen und in Dresden."*
- Gleichgeordnete Satzgliedteile: *„Mein alter, aber intakter Computer steht zum Verkauf."*

Subjunktionen verbinden über- und untergeordnete Sätze: *„Ich esse, obwohl ich keinen Hunger habe."*

Bindeadverbien
Bindeadverbien bezeichnen ebenfalls logisch-semantische Beziehungen zwischen Sätzen. Im Unterschied zu Konjunktionen sind sie Satzglieder. Dies zeigt der Spitzenstellungstest.
- Konjunktion: *„Er aß. Aber er trank nicht."*
- Bindeadverb: *„Er aß. Trotzdem trank er nicht."*

Bindeadverbien, Präpositionen, Konjunktionen und Subjunktionen fungieren in Texten als Gedankenbrücken. Sie verdeutlichen den Zusammenhang zwischen Textelementen und sind somit wichtige Kohäsionsmittel, die das Verstehen des inneren Textzusammenhanges (Kohärenz) erleichtern. Aus diesem Grund geben wir an dieser Stelle eine kurze Darstellung der wichtigsten logisch-semantischen Beziehungen und ordnen ihnen exemplarisch sprachliche Mittel zu, die diese Beziehungen anzeigen können.

Logischer Bezug	Textbeispiel	Sprachliches Mittel
Reihung	Er aß viel _und_ trank dazu.	Konjunktion
Hinzufügung	Sie kannten das Land Bayern, _außerdem_ auch die Bewohner von Bayern.	Adverb
Entgegen-Setzung	Er ist ein ordentlicher Mensch, _aber_ sein Schreibtisch ist ein Chaos.	Konjunktion
Einschränkung	Man sah ihn nicht kommen, _allerdings_ hörte ich ihn.	Adverb
Vergleich	Er trank Wein, _wie_ andere Wasser trinken.	Subjunktion
Abfolge	Er arbeitete intensiv. _Danach_ entspannte er sich bei einem guten Glas Wein.	Adverb
	Nachdem die Arbeit beendet war, entspannte er sich.	Subjunktion
Begründung.	Er ging zum Arzt. _Denn_ er hatte Schmerzen.	Konjunktion
	Er ging zum Arzt, _weil_ er Schmerzen hatte.	Subjunktion
	Wegen seiner Schmerzen ging er zum Arzt.	Präposition
Zweck/Ziel	Er arbeitete viel, _um_ voran zu kommen.	Subjunktion
	Er unterstütze ihn, _damit_ er endlich einmal Erfolg hatte.	Subjunktion
	Er sollte Erfolg haben. _Dafür_ tat sie alles.	Adverb
Bedingung	_Wenn_ sie heute nicht kommt, verkaufe ich an eine andere.	Subjunktion
	Bei Frost wird der Gehsteig glatt.	Präposition
Folge	Es war kalt, _so dass_ es endlich schneien konnte.	Subjunktion
	Es war sehr kalt. _Infolgedessen_ konnte es endlich schneien.	Adverb
	Es war sehr kalt. _Das hatte zur Folge_, dass es schneite.	Brückenausdruck
Einräumung	_Obwohl_ er hart arbeitete, hatte er keinen Erfolg.	Subjunktion
	Er arbeitete hart. _Dennoch_ hatte er keinen Erfolg.	Adverb
	Trotz harter Arbeit hatte er keinen Erfolg.	Präposition

Ellipsen

„_Rom fand ich langweilig, Paris spannender._"

Ellipsen sind Auslassungen. Sie erzeugen ihre kohäsive Funktion, weil der Leser eine Auslassung als Suchanweisung wahrnimmt und Hinweise auf Art und Bedeutung des fehlenden Elementes im Kotext sucht. Auf diese Weise ergänzt der Leser des Beispielsatzes im zweiten - unvollständigen - Satz das fehlende Prädikat „_fand_" und das fehlende Subjekt „_ich_".

Brückenausdrücke
Dies sind komplexe sprachliche Formen, mittels derer ein Textautor auf andere Textelemente verweist. Zu diesem Zweck haben sich eine Reihe stereotyper Formeln herausgebildet. Wir geben einige Beispiele: *„wie oben bereits dargestellt"; „unter Punkt drei habe ich bereits ausgeführt"; „wir werden dies an drei Beispielen erläutern".*

Gliederung und Überschriften
Gliederungen führen dem Leser - schon vor der Textlektüre - die Sequenzierung und die Hierarchisierung der Textinhalte vor Augen. Überschriften stellen den Bezug zur Gliederung her und benennen das Thema eines Textes oder Textteils. Somit sind sie wichtige sprachliche Mittel zur Anzeige von Textzusammenhängen.

Paraverbale Kohäsionsmittel
Absätze, Unterstreichungen oder Fettdruck sind paraverbale Mittel, die ein Autor z.B. dazu nutzen kann, Sätze oder Satzteile hervorzuheben, um Textbausteine als Beispiel, Definition oder Zitat zu kennzeichnen. Indem ein Autor diese Mittel verwendet, gibt er Hinweise auf die Funktion der so gekennzeichneten Textelemente.

1.3. Textkohärenz

Kohäsionsmittel sind sprachliche Mittel, die wir verwenden, um Zusammenhänge zwischen Textelementen anzuzeigen. Die Verwendung von Kohäsionsmitteln ist allerdings weder hinreichend noch notwendig dafür, dass Leser einen Sinnzusammenhang zwischen den Elementen eines Textes erkennen können. Zwei Aspekte sind für das Erkennen der Textkohärenz von besonderer Bedeutung. Wer einen Text verstehen will, muss erkennen können,
- was Thema des Textes ist und in welchen Teilschritten das Thema behandelt wird.
- welche Funktion (d.h. welche kommunikative Aufgabe) ein Text erfüllt und in welchen Teilschritten der Text diese Aufgabe angeht.

Die thematische Organisation[122] ist ein Grundprinzip menschlicher Kommunikation. Daher gibt es auch eine Vielzahl von Ausdrücken, mit denen wir auf das Thema oder die Themenentwicklung einer Kommunikation Bezug nehmen.

---

[122] Es gibt drei weit verbreitete Auffassungen von Thema, die Propositionstheorie, die Fragetheorie und die Gegenstandstheorie. Typische Themaformulierungen, die diese Ansätze verdeutlichen können, sind:

- *„Hast du ein Thema für die Klausur gefunden?"*
- *„Das Thema müssen wir auch weiterhin verfolgen."*
- *„Bevor wir uns streiten, sollten wir das Thema wechseln."*
- *„Du hast das Thema verfehlt."*
- *„Wir sollten das Thema abschließen."*
- *„Komm endlich zum Thema!"*

Die Einigung auf ein gemeinsames Thema ist zentrale Voraussetzung für das Gelingen von Kommunikation. Denn nur auf diese Weise können Partner sicherstellen, dass sie nicht „aneinander vorbeireden". Dies gilt auch für den streitigen Dialog. Erst das gemeinsame Thema schafft die Voraussetzung dafür, dass Streitende ihre gegensätzlichen Meinungen artikulieren können, ohne dass der thematische Zusammenhang der Kommunikation verloren geht. Wenn Kommunikationspartner miteinander sprechen, gehen sie deshalb davon aus, dass sie ein gemeinsames Thema haben. Diese thematische Vorerwartung kann sich im Kommunikationsverlauf bestätigen, verändern oder als falsch erweisen. Wenn sie feststellen, dass sie über unterschiedliche Themen sprechen, wird die Verständigung über ein gemeinsames Thema das Thema der Kommunikation.

Bei der Behandlung eines Themas können sehr unterschiedliche Sachverhalte thematisch werden. Nehmen wir als Beispiel das Thema: *"Streit um Dosenpfand"*. Hier könnten folgende Aspekte relevant werden:
- die Energiebilanz von Einweg- und Mehrwegbehältern.
- die Frage der Abfallvermeidung.
- die volkswirtschaftlichen Kosten und die konjunkturellen Effekte.
- die Gewohnheiten der Verbraucher.
- die betriebswirtschaftlichen Belastungen für die Getränkeindustrie.
- die Praxistauglichkeit der gesetzlichen Vorschrift.
- die Alternativ-Vorschläge der Dosenpfand-Gegner.
- die Lobby-Arbeit der Getränke-Industrie.
- die Frage, ob nationale Lösungen in Zeiten der Globalisierung sinnvoll sind.
- die Durchsetzungsfähigkeit des Umweltministers.
- die Berechenbarkeit der deutschen Umweltpolitik.

- Wir haben über Steuerpolitik gesprochen. (Gegenstandstheorie).
- Wir haben über die Frage gesprochen, wie man die Steuerpolitik umsteuern muss. (Fragetheorie).
- Wir haben darüber gesprochen, dass die Steuerpolitik sich verschärft hat. (Propositionstheorie).

Die Themaformulierung der Gegenstandstheorie ist die offenste Möglichkeit der Themenangabe. Die beiden anderen Formulierungen sind spezifischer. Die Formulierung der Fragentheorie ist eher problem- oder informationsbezogen, die der Propositionstheorie eher thesenbezogen. Vgl. dazu: Fritz, 1994, S. 177 - 203.

Schon die Aufzählung macht deutlich, dass es sehr schwierig ist zu entscheiden, was noch zum Gegenstandsbereich des Themas gehört und was nicht.[123] Zweifelsohne stehen „Dosenpfand" und „Abfallvermeidung" in einem engeren Zusammenhang als „Dosenpfand" und „Konjunktureffekte". Dennoch ist es durchaus denkbar, dass ein Autor einen plausiblen und nachvollziehbaren Zusammenhang zwischen den zwei letztgenannten Aspekten aufzuzeigen vermag. Es ist also schwierig, thematische Zusammenhänge exakt einzugrenzen, und es ist unmöglich, aus einer Themenformulierung eine einzig richtige Thema-Behandlung abzuleiten.

Daraus ergeben sich zwei Konsequenzen:
- Ein Autor muss sein Thema inhaltlich plausibel behandeln. Dabei muss er die Erwartungen und das Wissen der Adressaten berücksichtigen. Dieser Aspekt der Plausibilität betrifft die Kohärenz der Themenbehandlung.
- Darüber hinaus muss er die plausible und sinnvolle Ordnung seines Textes durch Kohäsionsmittel deutlich machen. Diese sprachliche „Signalisierung" der Thema-Behandlung betrifft die Kohäsion eines Textes. Die dabei verwendeten Kohäsionsmittel sind sprachliche Mittel des Themenmanagements. Ein gutes Themenmanagement kann Verständlichkeitsprobleme vermeiden helfen. Sprachliche Mittel des Themenmanagements sind z.B. die Gliederung, Überschriften, Absätze, Brückenausdrücke und formale Gestaltungsmittel wie Schrifttyp, Fettdruck oder Unterstreichungen.

Die Art und Weise, in der ein Thema im Text behandelt wird, führt zu einer spezifischen Struktur des Textes. Diese ergibt sich aus der gedanklichen Ordnung der thematischen Aspekte. Dieser gedankliche Zusammenhang kann sehr unterschiedlichen Ordnungsaspekten folgen:
- Verschiedene Phasen eines Ereignisses: Das Fußballspiel, die Vorbereitung, die Vorberichterstattung, das Spiel selbst, das Ergebnis, die Folgen für den Verein, etc.
- Verschiedene Aspekte eines Gegenstandes: Die Universität, das Hauptgebäude, die Bibliothek, die Institute, die Mensa, etc.
- Pro- und Contra-Argumente zu einer These: Was spricht für und was gegen eine These?
- Vom Besonderen zum Allgemeinen: Zuerst Beispiele für eine Regel beschreiben, dann aus diesen Beispielen die Regelformulierung ableiten.
- Vom Allgemeinen zum Besonderen: Zuerst die Regelformulierung nennen, dann Beispiele für die Regelanwendung geben.

---

[123] Wichtige Aspekte der thematischen Relevanz werden unter der Überschrift „Qualitätskriterien guter Texte" erörtert.

Bezogen auf die Grundformen der Themenbehandlung haben Autoren unterschiedliche Klassifikationsvorschläge unterbreitet.
Brinker unterscheidet zwischen narrativen, deskriptiven, explikativen und argumentativen Formen der Themenbehandlung.[124]
Heringer[125] nennt
- die Thema-Erhaltung: Der Autor bleibt bei einem Thema und gibt - zum gleich bleibenden Thema - neue Informationen. In dem folgenden Satzzusammenhang trifft der Autor unterschiedliche Aussagen zum Thema „Universität":
„Die Universität wurde im 17. Jhdt. gegründet. Sie hat sich seitdem kontinuierlich entwickelt. Zunächst gab es nur eine medizinische Fakultät. Danach ...."

- die Thema-Entfaltung: Der Autor entfaltet das Thema, indem er neue Aspekte einführt. So umfasst z. B. das Thema „Gesetzentwurf der Regierung zum Dosenpfand" die folgenden weiterführenden thematischen Aspekte:
„Konsequenzen des Gesetzentwurfes für die Getränkeindustrie"; „die Reaktionen der europäischen Staaten auf die deutsche Regelung"; Chancen einer Klage vor dem europäischen Gesetzhof".
Bei der Thema-Entfaltung ist es wichtig, dass ein plausibler Zusammenhang zwischen den thematischen Aspekten besteht und der Textautor diesen Zusammenhang auch deutlich macht.

- die Thema-Erweiterung: Der Autor führt neue Themen ein und erweitert so das Themenspektrum. So kann man bei der Behandlung des Themas „Der heiße Sommer 2003 in Deutschland" das Themenspektrum um folgende Themen erweitern:
„die Klima-Entwicklung in anderen Teilen der Welt"; „Prognosen für die Gletscherschmelze"; „der mögliche Anstieg des Meeresspiegels und die Folgen für die pazifischen Inselstaaten"; „die Hoffnung Russlands, dass in Sibirien Weizen wächst."
Bei der Thema-Erweiterung ist es wichtig, die Themenübergänge kenntlich zu machen. Zu diesem Zweck muss der Autor
  - das neue Thema einführen.
  - den Übergang zu einem neuen Thema plausibel begründen.

---

[124] Brinker, ⁴1997, S. 145f.
[125] Heringer, 1989, S. 349f.

Textfunktion

Wir nutzen Texte, um kommunikative Aufgaben zu lösen. Man spricht auch von der kommunikativen Funktion[126] eines Textes. Beispiele für Textfunktionen sind
- Information: Entsprechende Texte sind z.B. Forschungstexte, Lehrtexte oder journalistische Texte.
- Kontakt: Diese Funktion erfüllen z.B. Einladungen, Stellenausschreibungen, Kontaktanzeigen.
- Ausdruck, Selbstdarstellung: Entsprechende Texte sind z.B. Erlebnis-Schilderungen, poetische Texte, Image-Anzeigen, Image-Broschüren.
- Appell, Steuerung: Entsprechende Texte sind Gebrauchsanweisungen, Arbeitsanweisungen, Wahlaufrufe, Werbung.

Diese Funktionstypen sind in Texten nur sehr selten exklusiv realisiert. Unterschiedliche Teile eines Textes können unterschiedliche Textfunktionen erfüllen. Dies zeigt sich z.B. bei
- Werbeanzeigen: Sie erfüllen Informations-, Appell- und Selbstdarstellungsfunktionen.
- Kontaktanzeigen: Sie erfüllen Kontakt- und Selbstdarstellungsfunktionen.
- Gebrauchsanweisungen: Sie erfüllen Kontakt-, Beschreibungs- und Anleitungsfunktionen, zudem auch die Funktion der Warnung vor Gefährdungen durch unsachgemäßen Gebrauch.

Funktionale Textbausteine

Die Teile eines Textes, die spezifische Funktionen im Rahmen des Textganzen erfüllen, nennt man funktionale Textbausteine. Die Abfolge der funktionalen Textbausteine bezeichnet man als die globale Sequenzierung[127] eines Textes. Wir geben einige Beispiele:

Funktionale Textbausteine einer Anzeigenwerbung sind
- das Bild: Es soll die Aufmerksamkeit der Rezipienten wecken und das Produkt mit positiven Assoziationen verknüpfen.
- die Headline: Sie hat die Funktion, die Aufmerksamkeit der Rezipienten auf bestimmte Produktwertversprechen zu fokussieren.
- der Fließtext (long/short copy): Er hat die Funktion, einzelne Produktwerte detaillierter und informationsreicher darzustellen.

---

[126] Die Funktion eines Textes und deren Bedeutung für die Kohärenz eines Textes wird insbesondere von den pragmatisch-kommunikativen Ansätzen der Textlinguistik untersucht. Vgl. dazu Brinker, ³1997; Feilke, 2000, S. 64-82.
[127] Schäflein-Armbruster, 1994. S. 493-518. Von der globalen ist die lokale Sequenzierung zu unterscheiden. Der letztgenannte Begriff bezeichnet die Abfolge der einzelnen Sätze im Text bzw. der einzelnen sprachlichen Handlungen im Dialog. Fragen der lokalen Sequenzierung haben wir im zweiten Kapitel „Sprachliches Handeln" erörtert.

- der Slogan: Er soll die Unterscheidbarkeit, Wiedererkennbarkeit und Einprägsamkeit des Produkts sichern.

Funktionale Textbausteine einer Bedienungsanleitung sind
- die Gliederung: Sie macht den Aufbau der Gebrauchsanweisung deutlich.
- die Gerätebeschreibung: Sie besteht zumeist aus einer Abbildung des Gerätes. Dieser Abbildung ist eine Benennungsleiste beigefügt. Dieser Text-Bild-Zusammenhang stellt das Gerät und seine Bedienungselemente vor.
- die Anleitung im engeren Sinne: Sie gibt dem Leser Hilfestellung bei Aufstellung, Inbetriebnahme, Benutzung und Fehlerbeseitigung.
- Warnhinweise: Dieser Baustein warnt vor unsachgemäßer Bedienung des Geräts.
- Hinweise zu Hersteller und Kundendienst: Dieser Baustein bewirbt die Herstellerfirma und gibt Hinweise zu Garantie, Kundendienst, zusätzlichen Produkten.
- das Schlagwortregister: Es erleichtert eine schnelle Orientierung im Text, wenn der Benutzer sich über einzelne Bedienungsschritte informieren will.
- das Register der Konventionen: Dieser Baustein erläutert die Bedeutung wichtige Symbole und Piktogramme, die in der Anleitung verwendet werden.

Will ein Textverfasser ein angemessenes Verständnis seines Textes sicherstellen, sollte er darauf achten,
- dass die Textbausteine in eine Abfolge gebracht werden, die für den Leser sinnvoll und nachvollziehbar ist. Dies ist ein Aspekt der Textkohärenz.
- dass die einzelnen Textbausteine hinsichtlich ihrer Funktion deutlich und explizit gekennzeichnet sind. Dieser Aspekt der sprachlichen „Signalisierung" der Textfunktionen betrifft die angemessene Verwendung von Kohäsionsmitteln. Wichtige Kohäsionsmittel, um die Funktion eines Bausteins anzuzeigen, sind Schrifttypen, Symbole, Fragen und Überschriften, die die Funktion benennen, oder Stichworte.

Textüberschrift: Thema und Funktion eines Textes
Oft ist das Thema eines Textes in der Überschrift formuliert. Die Überschrift ist eine knappe Beschreibung dessen, wovon der Text handelt oder handeln sollte. Für den Leser ist diese Beschreibung eine Ankündigung, die seine Erwartungen strukturiert und einen Verstehenshorizont öffnet. Textverfasser sollten die Erwartungen einlösen, die die Überschrift weckt. Für Autoren ist die themenbezogene Überschrift die Beschreibung einer kommunikativen Aufgabe, die es

zu lösen gilt. Eine Themenformulierung ist also für Autoren wie für Leser ein wichtiger Orientierungsrahmen.

Welche Ausdrücke können als Überschriften verwendet werden? Nehmen wir als Beispiel Überschriften aus der Tagespresse. Sie haben oft die sprachliche Form einer Nominalphrase.

„Kontroverse Bundestagsdebatte um den Haushaltsentwurf 2002."

Eine solche Überschrift informiert lediglich darüber, dass die genannte Bundestagedebatte Thema des Textes ist. Sie lässt jedoch offen, welche kommunikativen Ziele mit dem Text verbunden sind. Deutlich mehr Informationen geben die folgenden Formulierungen:

- *„Berichten, dass die Bundestagsdebatte um den Haushalt 2004 kontrovers verlaufen ist."*
- *„Kommentieren, dass die Bundestagsdebatte um den Haushalt 2004 kontrovers verlaufen ist."*
- *„Erläutern, warum die Bundestagsdebatte um den Haushalt 2004 kontrovers verlaufen ist."*

Diese ausführlicheren Formulierungen benennen
- die kommunikative Funktion, die der Text erfüllen soll. Diesen Bezug des Textes zu kennen, ist wichtig. Denn es macht einen bedeutenden Unterschied, ob der Verfasser eines Textes etwas berichtet, etwas erläutert oder etwas kommentiert.
- das Textthema. In den Beispielformulierungen wird das Thema bzw. der Gegenstand des Textes in der Form von Nebensätzen benannt.

- Beide Aspekte - Textthema und Textfunktion - sind wichtige textbezogene Informationen.

1.4. Text und Textsorte

Unterschiedliche Texte können gemeinsame Merkmale aufweisen, die es rechtfertigen, sie aus praktischen Gründen zu einer Textsorte zusammenzufassen. Die konkreten Texte sind dann Repräsentanten einer Textsorte.[128] Das Wissen um Textsorten gehört zum Alltagswissen. Dimter[129] hat aus Wörterbüchern mehr als 1600 Textsorten-Bezeichnungen aufgelistet, darunter 500 grundlegende. Dazu

---

[128] In diesem Zusammenhang ist die Unterscheidung der Begriffe Textmuster, Textklasse und Textsorte von Bedeutung: Der Begriff Textmuster (Textmusterwissen) bezeichnet kognitive Prozesse zur Produktion und zum Verstehen konkreter Textexemplare. Textklassen sind hierarchisch geordnete Zusammenhänge von Textsorten. Textsorten sind Klassen von niedrigerer Abstraktionsebene. Sie sind gebräuchliche Arten von Texten, die leicht identifizierbar und wieder erkennbar sind. Vgl. hierzu Heinemann/Heinemann, 2002, S. 141ff.
[129] Dimter, 1981, S. 33f.

zählen z.B. Erzählung, Bericht, Kommentar, Roman, Kurzgeschichte, Protokoll, Geschäftsbrief, Heiratsanzeige, Traueranzeige. So wie sich ein Textproduzent beim Schreiben - intuitiv oder bewusst - an den typischen Merkmalen einer Textsorte orientiert, kann der Rezipient einen Text als Realisierung einer Textsorte erkennen und deshalb Rezeptions- und Leseroutinen anwenden. Rolf definiert daher Textsorten als „Problemlösungsmuster für die Art, in der bestimmte, mit sprachlichen Mitteln verfolgte ... Ziele angestrebt werden können."[130]

Primär orientiert sich das Textsortenwissen an den sprachlichen Strukturen und den Inhalten von Texten. Wenn sprachliche Form und Inhalt nicht zueinander passen, erkennen wir diese Diskrepanz.

Textbeispiel:

„Im Kinderanfall unserer Stadtgemeinde ist eine hierorts wohnhafte, noch unbeschulte Minderjährige aktenkundig, welche durch ihre unübliche Kopfbedeckung gewohnheitsmäßig Rotkäppchen genannt wird. Der Mutter besagter R. wurde seitens derer Mutter ein Schreiben zustellig gemacht, in welchem ... .
Vor ihrer Inmarschsetzung wurde R. seitens ihrer Mutter über das Verbot betreffs Verlassens der Waldwege auf Kreisebene informiert. ... . Dieselbe machte sich infolge Nichtbeachtung dieser Vorschrift straffällig und begegnete einem polizeilich nicht gemeldeten Wolf ohne festen Wohnsitz. Dieser verlangte Einsichtnahme in das zu Transportzwecken von Konsumgütern dienende Korbbehältnis. ... "

Dieser Text formuliert das Subjet des Märchens vom „Rotkäppchen" in der typischen sprachlichen Form der Textsorte „Verwaltungstext". Die Diskrepanz ist unübersehbar.

Bei der Beschäftigung mit der Frage, ob und wie konkrete Texte einzelnen Textsorten zugeordnet werden können, hat die sprachwissenschaftliche Forschung unterschiedliche Klassifikationsvorschläge[131] erarbeitet. Ein geeigneter Weg zur Beschreibung von Textsorten besteht daher darin, diese unterschiedlichen Merkmale miteinander zu kombinieren.

---

[130] Rolf, 1983, S. 129.
[131] Man kann folgende Grundtypen von Textsortenzuordnungen unterscheiden: Additive Aufzählungen, Textsortenreihungen, lockere Zuordnungen von Textexemplaren zu Textgroßklassen, eindimensionale hierarchische Typisierungen, mehrdimensionale hierarchische Typisierungen. Heinemann/Heinemann, 2002, S. 161/162.

Heinemann/Viehweger[132] nennen folgende Merkmalsdimensionen:
- Funktionalität: Gibt es typische Ziele/kommunikative Zwecke, die mit den Texten einer Textsorte verfolgt werden und für diese Textsorte daher kennzeichnend sind?
- Situativität: Gibt es Kommunikationszusammenhänge, in die die Textexemplare einer Textsorte typischer Weise eingebettet sind?
- Thematizität: Gibt es typische Inhalte/Gegenstände, die in Texten einer Textsorte behandelt werden?
- Formulierungsadäquatheit: Gibt es typische Formulierungsmaximen (Kürze, Distanziertheit, Sachorientierung, etc.), die für die Textexemplare einer Textsorte kennzeichnend sind?

Einen vergleichbaren Kriterienkatalog nennt auch Bucher[133]. Seine Kriterien sind
- Kommunikationszusammenhang (Situation, Adressaten),
- Inhalt/Thema,
- Funktion/Zweck,
- Textstruktur (globale Sequenzierung),
- Sprachliche Form (Lexik, Syntax, Themenmanagement, Stil).

Mittels dieser Kriterien kann man folgende Fragen an einen Text richten:
- In welchen Kommunikationszusammenhängen wird der Text verwendet?
- Welche Themen und Inhalte werden im Text behandelt und welche Muster der Themenentfaltung weist der Text auf?
- Welche Zwecke und Intentionen werden mit dem Text verfolgt?
- Welche funktionalen Textbausteine weist der Text auf und wie sind diese Textbausteine sequenziert?
- Welche sprachlichen Mittel werden in dem Text verwendet?
- Welche typischen Verstehens- und Wissensvoraussetzungen macht der Text?

An Hand dieser Fragen versuchen wir nun eine Unterscheidung der Textsorten „Erzählung" und „Bericht".

---

[132] Heinemann/Viehweger, 1991, S. 147ff. Vgl. dazu auch das Textbeschreibungsmodell von Heinemann/Heinemann, 2002, S. 202ff.
[133] Bucher, 1986.

Der Kommunikationszusammenhang
Erste Unterschiede zwischen Erzählen und Berichten ergeben sich aus unterschiedlichen Kommunikationszusammenhängen. Man berichtet dem Vorgesetzten über den Stand der Arbeiten, die Presse berichtet über Tagesereignisse. Ein Minister lässt sich berichten. Berichtet wird also eher in institutionellen Kommunikationszusammenhängen. Es geht um die Vermittlung von Sachverhalten an einen Personenkreis, der mit Sachverhalten dieser Art befasst ist.
Seinen Kindern jedoch erzählt man eine lustige Geschichte. Man erzählt Witze. Man erzählt beim Bier ein ungewöhnliches Erlebnis. Das Erzählen ist eher informellen Situationen vorbehalten.

Thema und Themenentfaltung
Gegenstand des Erzählens wie auch des Berichtens ist eine zeitlich strukturierte Ereigniskette bzw. Handlungsfolge. Thema des Berichtens ist ein vergangenes und faktisches Geschehen. Berichtenswert sind solche Sachverhalte, für die - aus unterschiedlichsten Gründen - ein aktuelles Informationsinteresse besteht. Die Themenentfaltung des Berichtens folgt zumeist der Chronologie des zu Berichtenden.
In Erzählungen hingegen wird ein - faktisches oder fiktives - Geschehen zum Thema gemacht. Im Mittelpunkt steht eine besonders zu bewertende Handlung oder eine bemerkenswerte, ungewöhnliche Wendung „der Dinge". Diese bildet den „Relevanzpunkt der Erzählung, um dessentwillen erzählt wird.[134] Die Themenentfaltung der Erzählung folgt der Perspektive des Erzählers. Dem Erzähler bietet sich dabei die Möglichkeit des Perspektivwechsels (z.B. Erzählung aus der Sicht der verschiedenen, am Geschehen beteiligten Protagonisten) oder auch die Möglichkeit, durch Rückblenden oder Zeitsprünge die Erzählung von der Chronologie der Ereignisse zu lösen.

Zweck/kommunikative Funktion
Als Zwecke des Erzählens werden z.B. Unterhaltung, Anteilnahme, Erstaunen, Freude oder Mitfühlen genannt. Ist die Erzählung in einen Dialog oder eine Rede eingebunden, dient das Erzählen oft auch dazu, eine Behauptung zu belegen. Mit dem Erzählen ist zudem häufig der Zweck einer positiven Selbstdarstellung des Erzählers verbunden.[135]
Zentraler Zweck des Berichtens ist die sachangemessene, genaue und wahrheitsorientierte Information über ein Ereignis oder eine Ereignisfolge.

---

[134] Hoffmann, 1984, S. 57; Fritz, 1982, S. 277.
[135] Quasthoff unterscheidet Sprecher-orientierte (psychische und kommunikative Entlastung, Selbstdarstellung), Hörer-orientierte (Information, Unterhaltung) und Kontext-orientierte (Beleg, Erklärung) Funktionen. Quasthoff, 1980, S. 146 ff.

Textbausteine
Folgende Textbausteine des Erzählens werden häufig genannt:[136]
- die Orientierung über die Ausgangssituation
- die Darstellung einer Handlungs- und Ereignisfolge
- die Herausarbeitung des Relevanzpunktes der Komplikation
- die Auflösung der Komplikation
- der Ausklang in Form einer bestimmten Routineformel, einer Nutzanwendung oder einer Anregung

Der Unterschied zum Berichten zeigt sich wohl am ehesten in den funktionalen Textbausteinen der Komplikation und der Auflösung. Diese sind nicht konstitutiv für die Textsorte des Berichtens. Berichte schließen zudem nicht mit einer Nutzanwendung oder einer entsprechenden Moral ab. Allerdings kann ein Bericht das berichtete Geschehen begrifflich verdichten und zusammenfassen.

Sprachliche Form
Die sprachlichen Mittel des Berichtens zielen auf die sachangemesse Vermittlung eines Geschehens und des thematisch relevanten Wissens. Der Autor ist „auswechselbar". Er sollte nicht durch einen spezifischen, persönlichen Stil hervortreten. Typische sprachliche Mittel des Berichtens sind
- Konnektoren zur Anzeige chronologischer und kausaler Zusammenhänge.
- indirekte Rede.
- Quellenangaben.
- Modalitätsangaben zur Darstellung der Sicherheit und Verlässlichkeit der Informationen.
- Wahrnehmungsbehauptungen wie *„ich sah, dass ...", „ich konnte feststellen, dass ...".*

Die sprachlichen Mittel des Erzählens haben die Aufgabe, das Überraschende und das Ungewöhnliche des Geschehens sprachlich herauszuarbeiten. Deshalb finden wir in Erzählungen sprachliche Mittel wie z.B.
- die direkte Rede.
- die Wechselrede und weitere Mittel der Kontrastierung.
- das historische Präsens dort, wo das Geschehen szenische Qualität gewinnt.
- Ankündigungselemente wie *„und plötzlich", „auf einmal".*
- Interjektionen und Partikel, die den Eindruck spontan gesprochener Sprache unterstreichen.
- einen hohen sprachlichen Detaillierungsgrad, etwa bei Eintritt der Komplikation, um die Erzählzeit zu dehnen und den Leser „auf die Folter zu spannen".

---

[136] Vgl. hierzu Quasthoff, 1980; S. 217-241. Gülich/Hausendorf, 2000, S. 369-385; Labov/Waletzky, 1967.

- innere Monologe zur Darstellung von Gefühlen, Ängsten, Überraschung.
- Einleitungs- und Abschlussformeln, bewertende Formeln.

Die Aufzählung dieser unterscheidenden Merkmale vermittelt den Eindruck, als könne man die Textsorten des Erzählens und Berichtens immer problemlos gegeneinander abgrenzen. Wie schwierig eine solche Abgrenzung tatsächlich ist, soll das folgende Textbeispiel zeigen. Es ist Teil einer Reportage zur Situation Afghanistans im Jahre 1980.

„*12.25 Uhr vor dem lang gestreckten 'Haus des Volkes' in Kabul, das früher die Residenz des Präsidenten war. Hier wohnen heute hohe Offiziere und Berater, während im Keller rebellische Afghanen eingesperrt sind. Unmittelbar vor dem Haus haben sich sieben Afghanen versammelt, Zivilisten. Afghanische Wachposten, die Hand am Gewehr, fordern die Gruppe auf zu verschwinden - ohne Erfolg. Schon bald taucht ein Soldat auf. Er ruft mit drohender Miene: "burrou", persisch für "verschwindet". Doch trotz des Befehls: Die Gruppe rührt sich nicht vom Fleck.*
Plötzlich tritt einer aus der Gruppe vor und ruft: "Babrak Karmal wartan farosch" - Babrak Karmal hat das Vaterland verkauft. Der Afghane spuckt in Richtung des Wachtpostens. Der blickt drohend, feuert in die Luft und richtet sein Gewehr auf die Gruppe.
Sogleich rennen die Afghanen davon.

Die Flucht der Afghanen nach einem einzigen Schuss in die Luft ist heute symbolisch für die Stimmung in Kabul: ein gelegentlicher Bravado-Akt gärender Verzweiflung, gefolgt von lähmendem Schrecken. Die afghanische Bevölkerung ist zutiefst verängstigt."

Auf diese Geschichte treffen einige Merkmale des Erzählens zu. Dennoch ist eine Einordnung als Erzählung schwierig.

Kommunikationszusammenhang
Der Kommunikationszusammenhang ist durch den Publikationsort „Der Spiegel" und dessen Zielpublikum eingegrenzt. Dies ist ein journalistischer Kommunikationszusammenhang. Er verweist eher auf die Textsorte „Bericht". Denn in Presseorganen berichtet man über relevantes Geschehen. Man erzählt es nicht.

Thema
Ist das Ereignis berichtenswert? Die politische Lage in Afghanistan ist von öffentlichem, weltpolitischem Interesse. Daher ist ein Ereignis, das diese Lage widerspiegelt, sicherlich berichtenswert.
Ist das Ereignis aber auch erzählenswert? Ein möglicher Erzählwert ergibt sich aus der konfliktträchtigen Zuspitzung der Situation, die eine weitere Eskalation möglich erscheinen lässt. Diese Zuspitzung des Ereignisverlaufes ist mit erheblichen Risiken für die handelnden Personen verbunden. Aus dem Konflikt gehen Sieger und Verlierer hervor. Somit besitzt das Geschehen einen erzählerischen „Relevanzpunkt". Die Ereignisfolge weist also Merkmale auf, die sie erzählenswert machen.

Zweck/kommunikative Funktion
Verfolgt der Autor eher Zwecke des Erzählens oder eher Zwecke des Berichtens? Er will seine Leser über die dramatische Lage in Afghanistan informieren. Zu diesem Zweck verwendet er auch erzählerische Mittel, mit denen er die Dramatik der Situation zu unterstreichen sucht.

Textbausteine
Zunächst erfolgt eine Orientierung des Lesers. Das verstehensnotwendige Wissen wird bereitgestellt. Die weitere Darstellung der Ereignisse erfolgt chronologisch. Der zentrale Konflikt wird in der Form einer Komplikation zum „Relevanzpunkt" des Geschehens. Anschließend wird die Komplikation aufgelöst. In einem abschließenden Textbaustein wird das Geschehen bewertet. Somit finden wir im Text die erzähltypischen Textbausteine.

Die sprachliche Form
Der Verfasser setzt sprachliche Mittel des Erzählens ein. Man findet direkte Rede, die wörtliche Wiedergabe einer fremdsprachigen Äußerung, die Verwendung des Präsens, ein Ankündigungselement *(„plötzlich")*. Dennoch wird der sich zuspitzende Konflikt in der Komplikation erzählerisch kaum „ausgemalt".
- Der Erzähler hält deutliche Distanz zum Geschehen und zu den handelnden Personen. Er beschreibt das „äußerliche" Verhalten der Akteure und erst diese Beschreibungen erlauben Rückschlüsse auf deren Gefühle, Ängste und Aggressionen.
- Es finden sich kaum sprachliche Mittel, die Spannung erzeugen, Identifikation ermöglichen, den Adressaten unmittelbar ansprechen und die Figuren individualisieren.

- Es werden keine sprachlichen Mittel eingesetzt, um die Erzählzeit zu verlängern, die Auflösung des Konfliktes zu verzögern und so Spannung zu erzeugen.
- Die Komplikation findet eine undramatische Lösung.

Wir fassen zusammen:
Der Journalist hat einen Text für ein politisches Magazin verfasst. In der Presse berichtet man über das Geschehen in der Welt, man erzählt es nicht. Allerdings weist das Geschehen eine konfliktträchtige Zuspitzung auf. Es eignet sich für eine Erzählung. Der Autor stellt diese Zuspitzung in das Zentrum seines Textes. Er nutzt die spannungsgeladene, konfliktträchtige Situation, um seine Einschätzung der politischen Lage in Afghanistan plausibel zu machen. Zu diesem Zweck setzt er einige sprachliche Mittel ein, die typisch für das Erzählen sind. Der Kommunikationszusammenhang „Presse" setzt dem jedoch enge Grenzen. Denn der Autor ist den journalistischen Prinzipien der Wahrheit, Informativität und Sachangemessenheit verpflichtet. Es ergibt sich also ein Zielkonflikt zwischen den journalistischen Prinzipien und den Prinzipien des spannenden und unterhaltsamen Erzählens. Der Autor löst diesen Zwiespalt auf, indem er zwar erzählerische Mittel nutzt, sie aber nur zurückhaltend einsetzt.
Das Beispiel macht deutlich, dass Textsortengrenzen nicht problemlos zu definieren sind.

Woher rührt diese Schwierigkeit der Textsortenzuordnung?
- Bei der Unterscheidung der Textsorten des Berichtens und Erzählens geht es nicht um eine Unterscheidung von Gegensätzlichem, sondern um Unterscheidungen innerhalb eines gemeinsamen Musters. Denn die Textsorten des Berichts und der Erzählung beziehen sich gemeinsam auf die sprachliche Gestaltung eines Handlungs- bzw. Ereigniskomplexes.
- Textsorten sind virtuelle Phänomene. Die wissenschaftliche „Konstruktion" der Textsorten des Erzählens und Berichtens ist angesichts der Komplexität des tatsächlichen Erzählens und Berichtens eine verständliche Forschungsstrategie. Sie trägt dazu bei, wichtige Strukturen dieser Kommunikationsformen sichtbar und erlernbar zu machen. Das Wissen um solche Grundstrukturen kann die Rezeption und Produktion entsprechender Texte erleichtern. Andererseits hat jeder Autor die Möglichkeit, Textsortenmerkmale variabel zu kombinieren oder von ihnen abzuweichen. Gerade die kreative Variation und Abweichung von Textsortenvorgaben ist oftmals ein Charakteristikum guter Texte.

Probleme der Textsortenzuordnung

Dieses Problem der mangelnden Trennschärfe einer Textsortenklassifikation betrifft auch andere Textsorten. Nehmen wir als Beispiel die Textsorte „Brief". Ist ein Leserbrief, der zum Zwecke der Veröffentlichung an eine Zeitungsredaktion adressiert ist, noch ein Brief oder gehört er eher zur Textsorte der öffentlichen Zeitungstexte? Ein Leserbrief weist einerseits viele sprachliche Textsortenmerkmale des Briefes auf (Briefkopf, Anrede, Grußformel, Unterschrift, etc.). Er steht aber - im Unterschied zu vielen anderen Briefen - in einem öffentlichen Kommunikationszusammenhang. Dieser ist für viele Briefe eher untypisch und hat Folgen für Thema, Meinung und sprachliche Form.

- Das Thema eines Leserbriefes oder eines öffentlichen Briefes sollte öffentlich und journalistisch relevant sein.
- Die Sprache sollte standardsprachlichen Normen genügen.
- Meinungen und Bewertungen müssen „tauglich für die Öffentlichkeit" sein. Sie dürfen Personen und Personengruppen nicht verletzen oder verleumden.

Die Probleme von Textsortenzuordnungen verdeutlicht das folgende Schema.[137] Es zeigt, dass man ein konkretes Textexemplar durchaus mehreren Textsorten bzw. Großgruppen von Textsorten zuordnen kann.

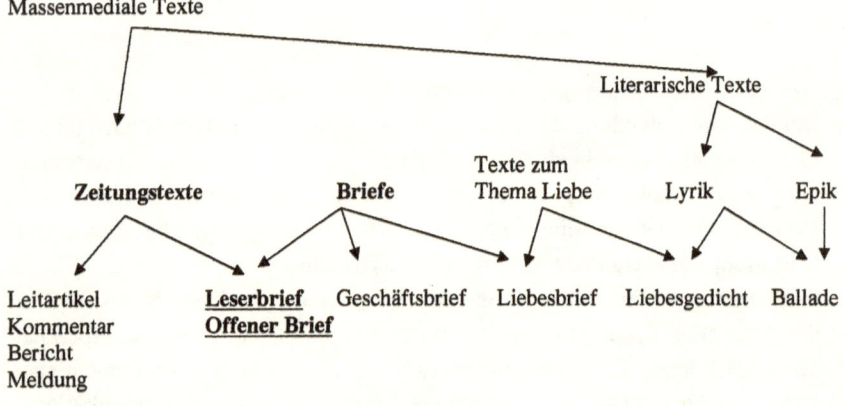

Wir halten fest:
- Die formalen und inhaltlichen Besonderheiten einer Textsorte haben sich in der Kommunikationsgeschichte einer Sprachgemeinschaft entwickelt. Sie stehen in einem mehr oder minder engen Zusammenhang zu den spezifischen kommunikativen Aufgaben, die Texte einer Textsorte zu erfüllen haben.

---

[137] Linke/Nussbaumer/Portmann, 1994, S. 253.

- Das Wissen um Textsorten erwirbt man im täglichen Umgang mit Texten. Die Mitglieder einer Sprachgemeinschaft verfügen daher über ein intuitives Textsortenwissen.
- Textsorten sind Problemlösungsmuster. Das Wissen um diese Musterlösungen kann bei der Textproduktion helfen. Es gibt Anhaltspunkte dafür, wie man bestimmte „typische" kommunikative Aufgaben (eine Gebrauchsanleitung geben, eine spannende Geschichte erzählen oder über einen Unfall berichten) durch Texte eines bestimmten Typs lösen kann.
- Dem Leser erleichtert das Wissen um typische Strukturen und Inhalte einer Textsorte die Orientierung in Texten.
- Jeder neue Text bestätigt, erweitert oder verändert dieses Wissen. Textsortengrenzen sind daher fließende Grenzen und Textsorten folglich keine fertigen Rezepte zur Lösung kommunikativer Aufgaben. Ein Autor hat immer die Wahl zwischen unterschiedlichen Gliederungsstrukturen, unterschiedlichen sprachlichen Formulierungen und unterschiedlichen Formen der Themenentfaltung.

1.5. Qualitätskriterien guter Texte

Wenn jemand handelt, befindet er sich oft in Situationen, in denen er sich zwischen verschiedenen Handlungsalternativen entscheiden muss. Bei der Entscheidung für eine der Alternativen kann man sich an Prinzipien - auch Maximen genannt - orientieren.
Entsprechende Prinzipien sind z.B.
- Sparsamkeit.
- Konsumbereitschaft.
- Nächstenliebe.
- Erfolg.
- Gerechtigkeit.
- Zuverlässigkeit.
- Umweltschutz.

Solche Prinzipien bieten eine Grundlage, um Handlungsalternativen zu bewerten und sich für eine der Alternativen zu entscheiden. Im Bereich des sprachlichen Handelns hat Grice[138] ein Konzept solcher Prinzipien und Maximen vorgelegt. Er formuliert zunächst ein allgemeines übergeordnetes Kooperationsprinzip. Dieses besagt: Kommunikationspartner formulieren und verstehen Beiträge unter der Annahme, dass sie grundsätzlich kooperativ gemeint sind.

---

[138] Vgl. dazu Grice, 1979, S. 249.

Das Kooperationsprinzip ist recht abstrakt. Grice entfaltet es daher in vier gesprächskonstituierenden Maximen (Konversationsmaximen).
Diese Maximen lauten:
1. Quantität (Informativität):
- Mache deinen Beitrag so informativ wie (für die gegebenen Gesprächszwecke) nötig.
- Mache deinen Beitrag nicht informativer als nötig.
2. Qualität (Wahrheit):
- Versuche deinen Beitrag so zu machen, dass er wahr ist
- Sage nichts, was du für falsch hältst.
- Sage nichts, wofür dir angemessene Gründe fehlen.
3. Relation (Relevanz):
- Sei relevant.
4. Modalität (Verständlichkeit):
- Vermeide Dunkelheit des Ausdrucks.
- Vermeide Mehrdeutigkeit.
- Sei kurz (vermeide unnötige Weitschweifigkeit).
- Der Reihe nach.
Grice hat untersucht, welchen Beitrag diese Maximen dabei leisten, gegenseitiges Verstehen zu ermöglichen.[139] Dies ist aber nur eine Form, in der die Prinzipien in der Kommunikation wirksam werden.

Die Qualitätskriterien und sprachliche Mittel ihrer Realisierung
Über diesen Zusammenhang hinaus können die von Grice formulierten Prinzipien auch als Qualitätskriterien für Kommunikation und damit auch als Qualitätskriterien für „gute" Texte fungieren.[140] Bezogen auf die Grice'schen Prinzipien bedeutet dies: Jemand, der gute Texte schreibt,
- sollte deutlich machen können, welchen Anspruch auf Wahrheit er für seine Aussagen geltend macht.
- sollte wissen, wie man Leser informativ weder überfordert noch unterfordert.
- sollte verständlich formulieren können.
- sollte zwischen thematisch relevanten und irrelevanten Aspekten unterscheiden und die Relevanz der von ihm behandelten thematischen Aspekte verdeutlichen können.

---

[139] Unter dieser Perspektive haben wir die Prinzipien bereits ausführlich im zweiten Kapitel „Sprachliches Handeln" erläutert.
[140] Bucher hat diese Maximen für die Beurteilung der Qualität von Pressetexten (Meldung, Bericht, Korrespondentenbericht) fruchtbar gemacht. Vgl. dazu Bucher, 1986. Heinemann/Heinemann beschreiben Qualitätskriterien für die Textsorte „Wissenschaftliche Hausarbeit". Heinemann/ Heinemann, 2002 S. 231.

Diese Qualitätskriterien sind sowohl für Leser als auch für Textverfasser von Bedeutung.
- Autoren können sich an den Kriterien orientieren, um ein erfolgreiches und sozial akzeptables Textangebot zu formulieren. Falls ein Text die Kriterien nicht hinreichend erfüllt, können Autoren die Kriterien als Orientierungsrahmen für die Überarbeitung und Optimierung eines Textes nutzen.
- Leser können die Kriterien dazu nutzen, um Texte hinsichtlich ihrer Qualität zu beurteilen, sie zu kritisieren oder Verbesserungsvorschläge zu unterbreiten.

Wir werden die genannten Prinzipien zunächst erläutern, ihnen dann zielführende sprachliche Mittel zuordnen und sie abschließend um zwei weitere Prinzipien ergänzen.

1. Wahrheit

Autoren sollten nichts behaupten, was sie für falsch halten. Wenn sie sich der Wahrheit einer Aussage nicht sicher sind, sollten sie den Wahrheitsanspruch und den Wirklichkeitsbezug der Aussagen deutlich machen. Zu diesem Zweck kann man eine Vielzahl sprachlicher Mittel nutzen.

Ein Autor kann das morphologische Mittel des Modus nutzen zum Ausdruck von
- Wunsch: *„Wäre der Versuch doch nur gelungen."*
- Distanzierung: *„Er sagt, dass der Versuch so gelinge."*
- Irrealität: *„Wenn seine Meinung eine Rolle spielen würde, wäre ich schon längst zurückgetreten."*

Er kann die Satzadverbien nutzen zum Ausdruck von
- Gewissheit: *„gewiss", „keinesfalls".*
- Erwartung: *„normalerweise".*
- Glauben: *„vielleicht", „möglicherweise".*
- Hoffnung: *„hoffentlich".*

Er kann sprechaktbezeichnende Verben einsetzen,
- die bei performativem Gebrauch anzeigen, mit welchem Wahrheitsanspruch er sich äußert: *„Ich behaupte/vermute/denke, dass ...."*
- die in Redewiedergabe anzeigen, mit welchem Wahrheitsanspruch sich ein Dritter geäußert hat: *„Er hat vermutet/behauptet, dass ...."*

Er kann Modalverben nutzen zum Ausdruck von
- Notwendigkeit: *„Diese Desorganisation muss zum Chaos führen."*
- Möglichkeit: *„Dieser Satz kann missverstanden werden."*
- Wunsch/Absicht: *„Er will morgen abreisen."*
- Wahrscheinlichkeit: *„Er muss gestern angekommen sein."*
- Hörensagen: *„Er will/soll gestern sein Ziel erreicht haben."*

Er kann explizite metakommunikative Äußerungen nutzen wie z.B.: *„Dessen bin ich mir nicht ganz sicher."*

Wenn ein Autor die Glaubwürdigkeit seiner Aussagen besonders unterstreichen will, kann er zudem folgende Mittel nutzen:
- Zitate
- Redewiedergaben
- Nennung glaubwürdiger Zeugen
- Bezugnahme auf anerkannte Experten oder Quellen
- die beglaubigende Verwendung von Bildern

2. Verständlichkeit[141]

Ein Autor sollte sich um Verständlichkeit bemühen. Verständlichkeitsprobleme können auf verschiedenen Textstrukturebenen auftreten. Auf der Ebene der Lexik können Verständlichkeitsprobleme verursacht sein durch
- Gebrauch von Fremdwörtern und abstrakten Begriffen: *„Delikt", „Sollwert".*
- komplexe Wortbildungen: *„Steuervergünstigungsabbaugesetz".*
- unbekannte oder missverständliche Fachbegriffe: *„Sachverhalt", „Tatbestand".*

Auf der Ebene der Syntax können Verständlichkeitsprobleme verursacht sein durch
- komplexe Phrasen: *„Der Verkauf der Beteiligungen des Bundes an zu privatisierenden Betrieben mit dem Ziel einer Reduzierung des Anteils der öffentlichen Hand am Bruttoinlandsprodukt".*
- strukturelle Mehrdeutigkeit der Phrasenstruktur: *„In der gestrigen Debatte wurde der Gesetzentwurf von Kanzler Schröder scharf kritisiert."*
- ein zu dicht besetztes Mittelfeld: *„Der Aufseher schlug den Sklaven heimlich und den Befehlen seines Herrn zuwider handelnd die Flucht vor."*

Auf der Ebene der Text- und Satzzusammenhänge können Verständlichkeitsprobleme verursacht sein durch
- eine inhaltlich unplausible Gliederung.
- Mängel im Themenmanagement: fehlende Überschriften, Teilüberschriften, Absätze.
- mangelnde Kennzeichnung der logisch-semantischen Beziehungen zwischen Phrasen und Sätzen.
- Unklarheiten in Referenz und Koreferenz: *„Mein Freund installiert mir neue Programme auf meinem Computer. Er arbeitet zu langsam."*

---

[141] Die Befolgung des Prinzips der Verständlichkeit zählt zu den notwendigen Voraussetzungen von Kommunikation. Seine besondere Bedeutsamkeit für die Kommunikation dokumentiert eine Vielzahl sprachwissenschaftlicher Untersuchungen zu diesem Thema. Vgl. u.a. Heringer, 1979; Straßner, 1982; Augst/Simon/Wegner, 1985; Lutz/Wodak, 1987; Narr, 1988; Schäflein-Armbruster, 1994.

3. Relevanz

Ein Autor muss zumindest zwei Dimensionen der Relevanz berücksichtigen.
- Thematische Relevanz: Er muss entscheiden, was aus seiner Sicht zum Thema gehört und was nicht. Mit dieser Frage befasst er sich u.a. in der Stoffsammlung.
- Sequentielle Relevanz: Er muss die ausgewählten - thematisch relevanten - Aspekte in eine hierarchische und sequentielle Beziehung setzen. Diese Umsetzung der Stoffsammlung leistet die Gliederung. Sie unterscheidet nach Ober- und Unterpunkten und legt fest, in welcher Reihenfolge die thematisch relevanten Aspekte behandelt werden. Erst die Gliederung gibt dem Text seine inhaltlich plausible, kohärente Struktur.

Ein guter Text sollte seinen Lesern den thematischen Aufbau und die sequentielle Relevanz der Textaussagen deutlich vor Augen führen. Hierzu kann ein Autor die sprachlichen Mittel des Themenmanagement nutzen. Hierzu zählen
- Überschriften und Teilüberschriften.
- Absätze, Schrifttypen, Unterstreichungen.
- sprachliche Ausdrücke, mit denen man Themenübergänge, Exkurse oder die Rückkehr zum Hauptthema explizit kennzeichnen kann: *„zurück zum Thema"; „in diesem Zusammenhang ist besonders wichtig, dass ...; um das zu erklären, muss ich weiter ausholen.*
- Abweichungen von der topologischen Grundreihenfolge der Satzgliedstellung: *„Du hast viel an mir getan."; „Viel hast du an mir getan."; „An mir hast du viel getan."; Getan hast du viel an mir."*
- Herausstellungsstrukturen: *„ Er hat am Dienstag gefehlt, wie immer."; „Sein Selbstbewusstsein, das kann ihm keiner nehmen."*
- Partikeln: *„ Wir mussten sogar unser Haus verkaufen."; "Sogar wir mussten unser Haus verkaufen."; „ Wir mussten unser Haus sogar verkaufen."*

Wenn ein Autor die Relevanz einiger Aussagen besonders unterstreichen will, kann er auch die folgenden Strategien nutzen. Er kann
- persönliche Betroffenheit darstellen.
- die Konsequenzen eines Ereignisses/Sachverhaltes herausstellen.
- die Aktualität, Innovativität oder Neuigkeit eines Sachverhaltes betonen.
- Neugier wecken, indem er Fragen aufwirft.
- auf die Konfliktträchtigkeit eines Sachverhaltes hinweisen.
- die Beteiligung öffentlich interessanter oder prominenter Personen an einem Sachverhalt herausstellen.

4. Informativität

Ein Autor sollte in seinem Text die Informationen anbieten, die seine Leser für ein angemessenes Verständnis benötigen. Informativität ist somit sehr eng mit dem Wissensstand der jeweiligen Leser verknüpft. Bei der Befolgung des Informativitätsprinzips kann ein Autor in den Zielkonflikt eines „Zuviel" oder eines „Zuwenig" an explizit formulierter Information geraten. Ein Zuviel an Explizitheit bewirkt - bei hohem Kenntnisstand der Leser - eine hohe Redundanz. Man erzählt, berichtet, schildert oder beschreibt Sachverhalte, die bereits bekannt und deshalb nicht mehr informativ sind. Dies bewirkt Langeweile. Nehmen wir den folgenden Text:

„Jemandem etwas zu rauben, ist verboten. Denn Raub ist ein Verbrechen. Man sollte Raub nicht mit Diebstahl verwechseln. Diebstahl ist zwar auch ein Verbrechen, aber ein anderes als Raub. Was also ist Raub? Wir geben eine Erklärung: Jemand nimmt einem anderen etwas weg, ... "

Der Autor dieses Textes benennt und beschreibt vieles, das er als bekannt unterstellen kann, z.B.
- dass Raub verboten ist.
- dass Raub ein Verbrechen ist.
- dass Diebstahl ein Verbrechen ist.
- dass Diebstahl und Raub unterschiedliche Verbrechen sind.

Ein Zuwenig an Explizitheit hingegen überfordert den Leser. Die Leser erfahren nicht, was erforderlich ist, um den Text adäquat zu verstehen. Dies verdeutlicht der folgende Satz:

„Unterschiedliche Sachverhalte können den Tatbestand des Raubs erfüllen."

Diesen Satz kann nur derjenige verstehen, der die juristischen Fachbegriffe *„Tatbestand"* und *„Sachverhalt"* kennt. Er muss wissen,
- dass der Begriff *„Sachverhalt"* das tatsächliche Geschehen bezeichnet.
- dass der Begriff *„Tatbestand"* auf die Gesamtheit der Kategorien Bezug nimmt, die der Gesetzgeber zur juristischen Einordnung eines Sachverhaltes vorgegeben hat.

Lesern, die dies nicht wissen, muss der Autor dieses Wissen explizit zur Verfügung stellen. Aus der Notwendigkeit eines adäquaten Wissensaufbaus ergeben sich u.a. auch bestimmte Sprechhandlungssequenzen wie
- zuerst etwas behaupten und dann begründen.
- zuerst etwas beschreiben und dann anleiten.
- zuerst über etwas berichten und dann bewerten.
- zuerst vor etwas warnen und dann zu riskantem Tun anleiten.

Die bisher genannten Kriterien der Wahrheit, Informativität, Relevanz und Verständlichkeit reichen allerdings nicht aus, um die Qualität eines Textes adäquat zu beurteilen. Leser wollen nicht nur, dass Texte wahr, verständlich, informativ und relevant sind. Sie wollen darüber hinaus auch
- unterhalten werden.
- Spannung erleben.
- bestimmte Sichtweisen auf einen Sachverhalt (des Betroffenen, des Täters, des Augenzeugen, etc.) vermittelt bekommen.
- Analysen, Kommentierungen und Bewertungen zu einem berichteten Geschehen erhalten.

Diese weitergehenden Ansprüche fassen wir unter die Qualitätskriterien des Delectare und der Perspektivierung.[142]

5. Delectare

Das Kriterium des Delectare bezieht sich auf die Attraktivität und den Spannungs- und Unterhaltungswert eines Textes. Texte werden auch deshalb gelesen, weil sie unterhalten, weil sie attraktiv sind oder weil sie Abwechslung bieten. Mittel unterhaltsamen Schreibens sind z.B.
- Personalisierung.
- unmittelbare Adressatenansprache.
- wörtliche Rede.
- moderate Verletzung von Schreibnormen (z.B. durch einen Wechsel der Stilebenen).
- Rätseleinstieg mit offenen Referenzen und das gezielte Verschweigen interessanter Information.
- originelle Wortneubildungen.
- satirische oder komische Überzeichnung von Figuren.

6. Perspektivierung

Das Kriterium der Perspektivierung bezieht sich auf die Art und Weise, in der ein Autor Sichtweisen einführt und Kommentierungen oder Wertungen vornimmt. Es ist weder möglich noch sinnvoll, die Vielfalt möglicher Perspektiven hier aufzuführen. Allerdings lassen sich grundlegende perspektivische Haltungen benennen, die zugleich auch Vorentscheidungen hinsichtlich der Art und Weise der Benennung, Verknüpfung und Gewichtung von Ereignisfakten sind.

---

[142] Vgl. hierzu Bucher, 1986.

Man unterscheidet
- eine nur an der Sache interessierte Perspektivierung, etwa in einem sachlichen Bericht.
- eine Stellung beziehende, parteiliche Perspektivierung, z.B. in einer Polemik.
- eine kritische, aber jederzeit distanzierte und überparteiliche Perspektivierung, etwa in einem Kommentar.
- eine auf Identifikation und „Mitfühlen" zielende Perspektivierung, etwa in einer emotionalisierenden Erzählung.

Ein wichtiges erzählerisches Mittel der Perspektivierung ist die Wahl eines „point of view" bzw. einer Erzählperspektive. Diese ergibt sich aus der Kombination zweier Merkmale:[143]
- Wer erzählt? Wählt man z.B. die „Ich-Perspektive", so ist der Erzähler zugleich auch Teil der Handlung. Wählt man ausschließlich die Perspektive der dritten Person, dann entwirft man einen Erzähler, der in der Handlung selbst nicht anwesend ist.
- Welchen Zugang hat der Erzähler zu den Figuren und Begebenheiten? Die auktoriale Erzählweise gewährt dem Erzähler volle Einsicht in alle inneren wie äußeren Vorgänge der erzählten Welt. Die personale Erzählweise erlaubt Einsicht in die innere Welt des Ich-Protagonisten. Die neutrale Perspektive folgt den Protagonisten „wie eine Kamera". Der Leser muss von den äußeren Aspekten der erzählten Welt auf die inneren schließen.

Die Kriterien der Perspektivierung und des Delectare setzen die anderen Qualitätskriterien nicht außer Kraft. Sie können jedoch mit ihnen in Konflikt geraten. Dieses Konfliktpotential zeigt sich z.B. in der kontrovers geführten Debatte zur Frage des „Infotainments" in der Fernsehberichterstattung.[144]

Der Textsortenbezug der Qualitätskriterien
Der Autor eines Textes kann in Prinzipienkonflikte geraten. Es gibt Schreibsituationen, in denen er entscheiden muss, welche Prinzipien eine größere und welche eine geringere Bedeutung besitzen. Wir geben einige Beispiele für solche Prinzipienkonflikte.

---

[143] Vgl. Vogt, 1996, S. 287-307.
[144] Ist die Fernsehberichterstattung ausschließlich den Prinzipien der Wahrheit, Relevanz, der Informativität und Verständlichkeit verpflichtet oder darf die Themenwahl (Human-Interest-Themen) und die Text- und Bildgestaltung (dramatisierende Montage der Bilder) auch dem Prinzip des Delectare folgen? Püschel zeigt, wie die tendenziell unterschiedliche Orientierung der öffentlich-rechtlichen und der privaten Nachrichtensendungen am Delectare- bzw. am Informativitätsprinzip nicht nur die Fernsehtextsorten verändert, sondern auch Einfluss nimmt auf unterschiedliche Formen der Konstruktion von Wirklichkeit. Püschel, 1992, S. 233-258.

- Delectare wichtiger als Informativität: In einer Erzählung kann die Verletzung des Informativitätsprinzips die Befolgung des Delectare erleichtern.
  - Der Erzähler wählt einen Erzähleinstieg mit offenen Referenzen und erhöht so die Spannung. Denn der Leser erfährt zunächst nicht, auf welche Nomen die verwendeten Personalpronomen referieren.
    „Da lag sie. Sie bewegte sich nicht. Warum stand sie nicht auf und warum war sie so bleich? War sie ohnmächtig? Ich trat näher. Und da wurde mir klar: Sie war eine Leiche!"
  - Der Erzähler „dehnt" die Erzählzeit, z.B. durch innere Monologe. Er erzeugt Spannung, indem er die Informationen über den weiteren Ereignisverlauf nur „zögerlich" präsentiert.
  - Der Erzähler erzählt nicht chronologisch, sondern „überspringt" eine Ereignisfolge, die er dem Leser zunächst verschweigt.
- Verständlichkeit wichtiger als Relevanz: Beim Schreiben eines Zeitungsberichtes zum Thema „Rentenreform" entscheidet sich ein Journalist dafür, relevante Detailfragen eines Gesetzentwurfes nicht zu erörtern, weil sie - wegen ihrer Komplexität - innerhalb des Beitrages nicht verständlich zu erläutern sind.
- Perspektivierung wichtiger als Wahrheit: Eine Nachrichtenredaktion entscheidet sich, eine „authentische" Filmsequenz über ein Massaker nicht auszustrahlen, weil sie diese „äußerst drastische" Perspektive auf das Geschehen den Zuschauern nicht zumuten will.

Die Frage, welche Qualitätskriterien bei der Erstellung eines konkreten Textes mehr oder weniger wichtig sind, steht in einem engen Zusammenhang zu der Textsortenzugehörigkeit eines Textes. Wir geben einige Beispiele, die diesen Zusammenhang von Textsorte und Qualitätskriterien deutlich machen:
- Ein gut gemachter Beitrag eines Wissenschaftsmagazins sollte vor allem informativ, verständlich und wahr sein. Zudem sollte der Beitrag ein gesellschaftlich relevantes Wissenschaftsthema behandeln.
- Ein guter Witz sollte vor allem kurzweilig, unterhaltsam und originell sein. Im Vordergrund steht das Delectare.
- Eine gute Werbeanzeige sollte durch attraktive Gestaltung (Delectare) die Aufmerksamkeit ihrer Leser finden und binden. Sie sollte zudem durch eine positive Attribuierung des Produktes (Perspektivierung) das Kaufinteresse wecken und durch überraschende und/oder innovative Aussagen (Informativität) das Produkt von konkurrierenden Produkten unterscheidbar machen.
- Eine gute Erzählung sollte einen Ereigniszusammenhang unterhaltsam und spannend (Delectare) erzählen. Sie kann durch innere Monologe die

„subjektive" Welt der Erzählfiguren nachzeichnen und Identifikationsangebote schaffen (Perspektivierung). Sie kann die Relevanz der erzählten Ereignisfolge unterstreichen, indem sie eine Moral oder Lehre formuliert.
- Ein guter Bericht sollte vor allem informativ sein, den Ereigniszusammenhang sachlich und distanziert (Perspektivierung) darstellen und nur die relevanten Ereignisaspekte zum Thema machen. Es sollte jederzeit deutlich sein, mit welchem Anspruch auf Wahrheit die Aussagen verknüpft sind.
- Für die Qualität einer Satire ist die überzeichnete und überraschende Darstellung von Personen und Sachverhalten (Perspektivierung) wichtiger als der Anspruch auf Wahrheit.

Diese Beispiele machen deutlich: Die genannten Qualitätskriterien für gute Texte besitzen - je nach Textsortenzugehörigkeit des konkreten Textexemplars - unterschiedliches Gewicht. Ob und in welchem Umfang die einzelnen Prinzipien Geltung beanspruchen können, hängt also von der konkreten Schreibaufgabe ab.

2. Texte planen, Texte verfassen, Texte überarbeiten
2.1. Der Schreibprozess

In der Schreibforschung wird der Schreibprozess erforscht und modellhaft dargestellt. Der Schreibprozess umfasst planerische, formulierende und überarbeitende Schritte. Dennoch wurde lange Zeit übersehen, dass die Textformulierung nur ein - allerdings wichtiger - Schritt der Textproduktion ist.[145]

Der Schreibprozess umfasst mindestens folgende Teilschritte:[146]
- Inhalte finden, bewerten und ordnen: Schreibanfängern bereitet es oft Schwierigkeiten, genügend Inhalte zu finden, über die sie schreiben könnten. Ihre Suche nach den Inhalten ist oft assoziativ. Die Fähigkeit, Inhalte systematisch suchen und erfassen zu können, ist noch nicht weit entwickelt. Daher sollte der Deutschunterricht Schüler dazu anleiten, Suchprozesse gezielt und systematisch anzugehen. Sie müssen lernen, thematisch relevante Informationen zu identifizieren, zu erschließen, zu bewerten und zu ordnen.

- Den Text planen: Der Schreiber muss die ausgewählten Inhalte - in Bezug auf Thema, Leser und Ziel des Schreibens - in eine geeignete Reihenfolge bringen. Dies ist vor allem eine Aufgabe der Gliederung.

---
[145] Vgl. Baurmann, J./Ludwig, O., 1996, S. 13-22.
[146] Vgl. dazu Becker-Mrotzek, M., 1997, S.109 ff.

- Den Text verfassen: Ein Text muss auf seinen verschiedenen Ebenen sprachlich ausgestaltet werden. Wörter und Phrasen werden zu größeren syntaktischen Einheiten zusammengefügt. Die Sätze und Teilsätze werden zu Textbausteinen und zu einem zusammenhängenden Ganzen vertextet. Dabei müssen - im Vergleich zur gesprochenen Sprache - strengere Konventionen des Sprachgebrauches berücksichtigt werden. Kompetente Schreiber müssen daher über eine Vielfalt von Routinen verfügen. Diese betreffen u.a.
  - die Schreibmotorik.
  - die Anwendung orthographischer Kenntnisse.
  - den Wortschatz.
  - die Satzmuster.
  - die lokale Sequenzierung.
  - die Kohäsionsmittel.
  - die Themenentfaltung und das Themenmanagement.
  - die Sequenzierung und Kennzeichnung der funktionalen Textbausteine.

- Den Text überarbeiten: Während des Schreibens und nach dem Schreiben finden korrigierende und redigierende Aktivitäten statt. Nach der Niederschrift eines Textes lassen sich zwei unterschiedliche Bearbeitungsschritte unterscheiden.
  - Das Berichtigen: Bei Berichtigungen geht es um „falsch" oder „richtig". Der Berichtigende orientiert sich am „Richtigen". Es geht dabei um die korrekte Ausführung der Buchstaben, die Einhaltung der Regeln der Interpunktion, der Orthographie, der Grammatik und enger stilistischer Konventionen wie Anrede oder Grußformel.
  - Das Optimieren: Das Optimieren befasst sich mit dem Verhältnis des Geschriebenen zu den Zielen und Zwecken des Schreibers, zum Wissen und Glauben der intendierten Leser und zu den Konventionen der Textsorte. Eine genaue Abgrenzung zum Berichtigen ist nicht immer möglich. Das Berichtigen operiert eher auf der Oberfläche des Textes. Das Optimieren hingegen zielt eher auf die Verständlichkeit, die Informativität, die Relevanz oder die Attraktivität eines Textes.

Zwei wichtige Kenntnis- und Fertigkeitsbereiche des Schreibens sind das Textmusterwissen und die Orientierung hin auf einen potentiellen Leser. Kompetente Schreiber nutzen dieses Wissen und diese Fertigkeit bei der Planung, der Formulierung und der Überarbeitung des Textes. Schreibanfänger und ungeübte Schreiber tun sich hier schwer. Dies zeigt sich u.a. daran, dass sie selbst einfache Textnormen nicht beachten und die Adressatenorientierung weder bei der Formulierung noch bei der Ordnung des Textes hinreichend berücksichtigen.[147]

Ein Unterricht, der die Teilprozesse des Planens, Formulierens und des Überarbeitens in den Blick nimmt, zielt nicht auf ein Textverfassen „in einem Wurf". Ihm ist es wichtig, die einzelnen Teilfertigkeiten Schritt für Schritt einzuüben.[148] Dies hat folgende Vorteile:
- Die einzelnen Teilhandlungen werden bewusst gemacht und einzeln eingeübt. Dadurch wird der komplexe Gesamtprozess dem Schüler durchsichtig gemacht. Dies trägt dazu bei, dass der Schüler den Schreibprozess besser verstehen lernt.
- Die Komplexität des Schreibprozesses wird reduziert. Der Lerner kann die einzelnen Teilhandlungen sukzessive abarbeiten.
- Die Kenntnis der Teilprozesse und deren systematische Einübung unterstützt die Fähigkeit, die Teilschritte einzeln kontrollieren und in ihrer Ausführung optimieren zu können.

Das Ziel aller Teilprozesse des Schreibens ist der gute Text. Daher muss jeder Textproduktion und jedem Teilschritt auch eine Vorstellung vom „guten Text" zugrunde liegen. Daher ist das Wissen um die Qualitätskriterien guter Texte und um die entsprechenden sprachlichen Mittel von erheblicher Bedeutung für das Lehren und Lernen des Schreibens.[149] Daraus folgt:
- Schüler sollten wissen, welche Qualitätskriterien eine gute Erzählung, eine gute Schilderung, ein guter Bericht oder eine gute Gebrauchsanweisung erfüllen muss.
- Schüler sollten die sprachlichen Mittel kennen, die ein verständliches, informatives, unterhaltsames oder perspektivierendes Schreiben ermöglichen.

---

[147] Feilke unterscheidet in der Schreibentwicklung vier Textordnungsmuster. Die Stufen drei und vier nennt er das formal-systematische Muster und das linear-dialogische Muster. Erst auf diesen Stufen entwickeln Schreiber die Fähigkeit, Textmusterwissen anzuwenden und die Perspektive potentieller Leser einzunehmen. Zugleich zeigt Feilke, dass eine Vielzahl von Schreibern diese Stufen der Schreibfähigkeit nicht erreichen. Vgl. dazu Feilke, 1988, 1989.
[148] Ossner unterstreicht die Bedeutung der Institution „Schule" für die Schreibentwicklung und verlangt von den Lehrkräften die Fähigkeit, „das Komplexphänomen Schreiben zu dekomponieren." Ossner, 2000, S. 84.
[149] So formuliert z.B. Nussbaumer: „Ich stelle mir (...) vor, dass in einem Schreibunterricht ein Modell von Texteigenschaften, von Textqualitäten eine Rolle spielen könnte (...). Nussbaumer, [5]2000, S. 105. Eine ähnliche Position vertritt Hoppe: „Im Zentrum der Förderung der konzeptionellen Teilprozesse steht die Aufgabe, die Schreibenden mit den Erwartungen vertraut zu machen, die die Bewertenden an ihre Produkte stellen. Idealtypische Texte können dabei als Muster und Beispiele fungieren. (...) Der Verzicht auf Standards (...) erschwert Vergleichbarkeit, gerechte Bewertung und Lernen." Hoppe, 2003, S. 307. Vgl. dazu auch Kast, 1999, S. 27-29.

- Schüler sollten diese sprachlichen Mittel bei der Planung, der Textformulierung und der Textüberarbeitung nutzen können.

Wir halten fest: Wichtige Phasen des Schreibprozesses sind
- die Vorbereitung und Planung.
- die Formulierung.
- die Berichtigung und Optimierung eines Textes.

Für diese drei Teilprozesse werden wir - exemplarisch - Lernziele und Übungsformen vorstellen.

2.2. Texte planen: Ziele und Übungsformen.

Eine der ersten Aktivitäten beim Schreiben ist die Sammlung und Ordnung der Inhalte.[150] Bezogen auf diesen Teilschritt des Schreibprozesses erläutern wir
- die Cluster-Methode als Verfahren der Stoffsammlung.
- das Mind-Mapping als ein Verfahren, die Stoffsammlung themenrelevant zu ordnen.
- den Zusammenhang von Gliederung, Textsorte und sequentieller Relevanz.

Stoffsammlung: Die Cluster-Methode

„Das Clustering ist ein nicht lineares Brainstorm-Verfahren, das mit der freien Assoziation verwandt ist. Durch die blitzartig auftauchenden Assoziationen, in deren geordneter Vielfalt sich unversehens Muster zeigen, wird die Arbeitsweise des bildlichen Denkens sichtbar."[151]

Lutz von Werder stellt in seinem Modell des Clustering die Verfahrensweise dieser Cluster-Methode dar. Um ein Kernwort, das den zentralen Textgegenstand bezeichnet, werden spontan Assoziationsketten gebildet und notiert. Dies soll möglichst schnell und spontan geschehen, damit die Kontrollmechanismen des reflektierten Bewusstseins ausgeschaltet werden. Clustering soll das bildliche Denken befördern und die „Zensur" des begrifflichen Denkens umgehen.

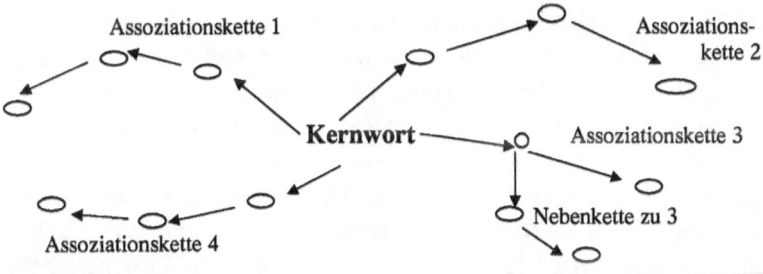

---

[150] Für das Identifizieren und Erschließen relevanter Inhalte ist eine entwickelte Lesekompetenz eine zentrale Voraussetzung. Vgl. dazu die Ausführungen dieses Kapitels zum Thema „Texte verstehen".
[151] Rico, 1984, S. 24.

Einige Anmerkungen zum Clustering:
- Sehr wichtig ist die Wahl des Kernwortes. Je klischeebehafteter ein Begriff ist, desto häufiger werden die Klischees dann auch von den Schülern präsentiert. Wer etwa in der Adventszeit den Begriff „Tannenbaum" vorgibt, wird sehr viele ähnliche Cluster erhalten. In solchen Fällen nützt das Clustern nur wenig, da die gewünschte Vielfalt der Assoziationen nicht erreicht wird.
- Man kann - statt eines Kernwortes - auch mit Sätzen, Bildern, Fotos oder Objekten als Cluster-Zentrum arbeiten. Rico schlägt auch Gegensatz-Cluster vor wie „Macht/Ohnmacht" oder „Trennung/Vereinigung".
- Obwohl das Clustering ein individuell-subjektives Verfahren ist, kann es als Gruppen- oder Klassenclustering eingesetzt werden.
- Viele Schüler verzichten auf die Richtungspfeile bei der Verbindung der Begriffe zu einer Assoziationskette. Dies erhöht die Schnelligkeit und Spontaneität der Assoziationen.
- Nicht alles, was im Clustering assoziiert wird, muss für das spätere Schreiben verwendet werden. Dies ergibt sich schon aus der Tatsache, dass das Clustering spontan und unkontrolliert vonstatten gehen soll.

Das fertige Cluster dokumentiert und „sozialisiert" das Vorwissen der einzelnen Schüler. Die individuellen Assoziationen stehen so zur Weiterarbeit zur Verfügung. Die Ergebnisse des Clustering können im Klassenplenum, aber auch in der Gruppen- und Partnerarbeit Basis sein für weitere Auswahlprozesse.

Ordnen der Stoffsammlung: Mind-Mapping[152]

Mind-Mapping und Clustering sind eng miteinander verwandt. Nach Lipp[153] ist das Mind-Mapping das Verfertigen einer Gedankenlandkarte. Man beginnt - wie beim Clustering - damit, dass man ein Kernwort oder Kernsatz in die Mitte eines leeren Blattes schreibt. Der Unterschied zum Cluster ist insbesondere, dass die optische Darstellung auf eine hierarchische Ordnung der Gedanken zielt und eine am Textthema orientierte Strukturierung der Assoziationen verlangt.

Man könnte also auch sagen: Eine Mind-Map ist ein strukturiertes und gegliedertes Cluster. Sie bringt die unverbundenen, assoziativ gewonnenen und ungeordneten Aufzeichnungen eines Clusters (oder eines Stichwortzettels) in eine räumliche und - zum Teil auch schon - hierarchisierte Beziehung. Mind-Mapping ist somit ein Verfahren für das Entwickeln und das Ordnen der Gedanken. Am Ende des Verfahrens steht die Mind-Map. Sie ist das Produkt des Mind-Mapping und eine erste Darstellung des systematischen Zusammenhanges

---

[152] Vgl. Buzan/Buzan, 1996.
[153] Lipp, 1994, S 22.

zwischen den assoziierten Ideen und Konzepten. Sie kann weiter entwickelt und bis zu einer elaborierten mentalen Landkarte ausgebaut werden. Als solche kann sie Grundlage für die Gliederung eines Textes und - in gelungenen Entwürfen - graphischer Bestandteil eines Textes sein. Daher bietet es sich an, assoziative Cluster thematisch zu strukturieren, indem man sie in eine Mind-Map überführt.

Ein Beispiel: Ein beliebtes Thema für das 5./6. Schuljahr ist die Beschreibung eines tatsächlichen oder ausgedachten Lieblingsplatzes. Schüler können nun das Mind-Mapping dazu nutzen, ihre ersten Gedanken und Vorstellungen zu den Beschreibungsmerkmalen ihres Lieblingsplatzes zu systematisieren. Der Lehrer kann - wie im folgenden Beispiel - die Mind-Map-Struktur vorgeben und diese vorgegebene Struktur durch die Schüler ausbauen bzw. ausfüllen lassen.

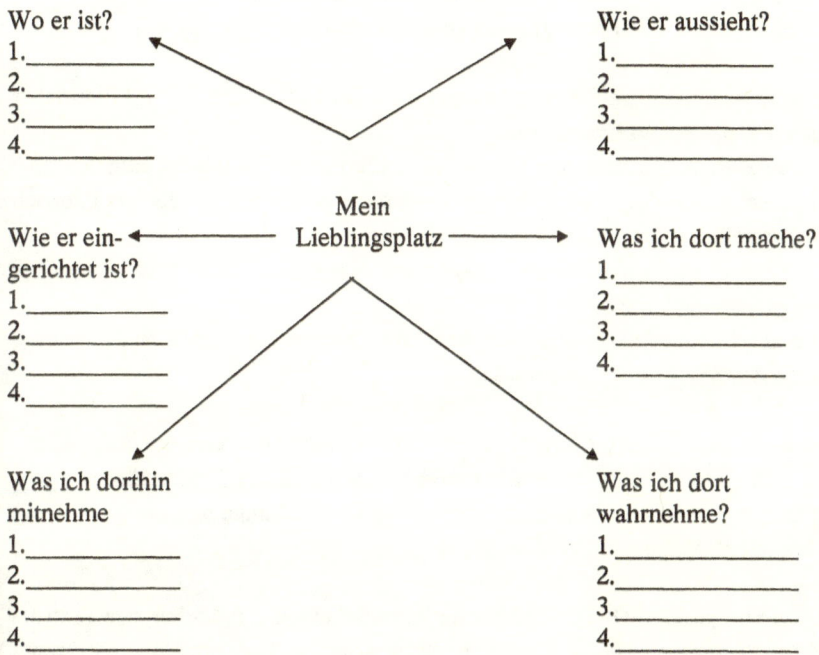

Mind-Mapping kann auch ohne eine solche Vorstrukturierung angewendet werden, etwa indem die Schüler frei und ohne Vorgabe eine mentale Landkarte zu einer Themenformulierung entwerfen. Dies setzt allerdings voraus, dass die Schüler bereits gelernt haben, das Verfahren anzuwenden.

Gliederung und sequentielle Relevanz

Die Umsetzung der Stoffsammlung in eine Sequenzfolge (globale Sequenzierung) ist Aufgabe der Gliederung. Gliederungspunkte stehen für Textbausteine und legen den inhaltlich-thematischen und funktionalen Zusammenhang zwischen den noch zu formulierenden Textbausteinen fest. Jede Gliederung ist somit auch eine Entscheidung hinsichtlich der sequentiellen Relevanz der einzelnen Textbausteine.

Am Beginn einer jeden Gliederung steht eine genaue Analyse der Themenformulierung. Dies ist erforderlich, weil Themenformulierungen oftmals schon eine Gliederungsstruktur nahe legen. So ergeben sich aus den folgenden zwei Themenformulierungen unterschiedliche Gliederungen, obwohl beide auf denselben Textgegenstand „ *Verkehrsübungsplatz* " Bezug nehmen.

„*Erzähle, was du auf dem Verkehrsübungsplatz erlebt hast.*"
„*Beschreibe, wie der Verkehrsübungsplatz gestaltet ist.*"

Die erste Themenformulierung verlangt eine Erlebniserzählung und legt daher folgende Gliederungsstruktur nahe:
- In einer Exposition werden Ort, Zeit und Figuren der Handlung eingeführt.
- In einer chronologischen Abfolge werden die erlebten Episoden erzählerisch dargestellt.
- In einer Komplikation wird das Besondere, das Erzählenswerte der Episodenfolge herausgearbeitet.
- Im abschließenden Textbaustein kann eine Nutzanwendung, eine Lehre oder eine Anregung formuliert werden.

Die zweite Formulierung fordert eine Beschreibung. Diese kommunikative Aufgabe zielt daher auf die Information und Orientierung des Lesers über die geographische Lage des Übungsplatzes, seine Größe, die Länge und die Anordnung der Übungsstrecken.

Dies zeigt: Konkrete Texte sind häufig Realisierungen standardisierter Textsorten. Die Zuordnung eines Textes zu einer solchen Textsorte legt bestimmte Gliederungsmöglichkeiten nahe. Das Wissen um solche textsortentypischen Gliederungsmöglichkeiten kann daher das Planen und Verfassen von Texten erheblich erleichtern. Es gibt Textverfassern Entscheidungshilfen für die konkrete Gliederung an die Hand.

Für eine Regelerläuterung sind z.B. folgende Gliederungsmöglichkeiten typisch:
- Vom Besonderen zum Allgemeinen: Bei dieser Sequenzierung werden zunächst Einzelfälle vorgestellt, die dann unter einer Regelformulierung zusammengefasst werden.
- Vom Allgemeinen zum Besonderen: In dieser Reihenfolge werden zunächst die Regelformulierungen vorgestellt und dann an Beispielen veranschaulicht.

Die erste Reihenfolge ermöglicht dem Leser ein entdeckendes Lesen, weil er bei der Lektüre der konkreten Beispiele eigene Hypothesen und Annahmen zur Regelformulierung entwerfen kann. Ob und inwieweit diese zutreffen, kann er an der abschließend präsentierten Regelformulierung überprüfen. Die zweite Reihenfolge wählt den umgekehrten Weg. Sie gibt die abstrakte Regelformulierung vor und konkretisiert diese dann an Beispielen.

Das Wissen um textsortenspezifische Gliederungsmöglichkeiten ist nicht nur Orientierungshilfe für standardisierte Gliederungen, sondern kann auch Grundlage sein für den Entwurf kreativer und origineller Texte. Denn nur derjenige, der solche Muster kennt, kann
- gezielt von Mustern abweichen.
- Muster kreativ variieren und kombinieren.
- durch planvolle Abweichungen vom Muster kommunikative Effekte wie Spannung, Überraschung oder Neugier erzielen.

Wir verdeutlichen dies am Beispiel der der Textsorte „Erzählung":
Die typische Gliederung einer Erzählung folgt der Chronologie der Ereignisse. Es wird „eins nach dem anderen" erzählt. Allerdings sind Abweichungen von diesem Standardmuster möglich. Solche Abweichungen müssen schon im Planungsprozess der Gliederung bedacht und vorbereitet sein. So kann der Autor z.B. vom Ende einer Episodenfolge ausgehen und erzählen, wie es dazu gekommen ist, oder er kann aus der "lückenhaften" Erlebnisperspektive eines Betroffenen erzählen. Im letztgenannten Fall folgt der Erzähler der Erlebnisperspektive einer Figur und lässt die Episoden aus, die dem Erleben seiner Figur nicht zugänglich sind. Ein solches erzähltechnisches Vorgehen verletzt zwar das Informativitätsprinzip, weil es dem Leser Informationen vorenthält, kann dadurch aber Neugier wecken und Fragen aufwerfen.

Ein Beispiel:
„Der 20. Oktober war für mich ein rabenschwarzer Tag. Zunächst fing alles ganz gut an. Die Arbeit in der Firma ging flott von der Hand. Der Chef war zufrieden und die Kunden auch. ...

Und abends saß ich dann vor dem Fernseher. Das entspannende Ende eines erfolgreichen Tages, so dachte ich noch.
Dann aber ein Riesenknall. Es wurde rabenschwarz um mich.
Als ich wieder zu mir kam, fehlte mir jede Orientierung.
Wo war ich? Auf keinen Fall in meinem Zimmer! Mein Schädel brummte.
Was war passiert und wie konnte ich Genaueres erfahren? Panik ergriff mich. Ich rief um Hilfe. Keine Reaktion. Nur Stille.
Was tun? Ich versuchte es noch einmal. Endlich kam jemand. Ein blonder Engel, ganz in Weiß gekleidet, beugte sich über mich.
Und jetzt erfuhr ich alles: Ich lag mit einer Gehirnerschütterung im Krankenhaus. Eine Gasexplosion war es, die mich krankenhausreif gemacht hatte. Die Zuleitung war undicht und ... . "

2.3. Texte formulieren: Ziele und Übungsformen

Wir erörtern zwei methodische Vorgehensweisen, die die Formulierungsfähigkeit der Schüler stärken können:[154]
- Die analytische Vorgehensweise: Die Schüler sollen anhand von Textanalysen und Textvergleichen die Mittel identifizieren, beschreiben und begrifflich einordnen, die einen „gut gemachten" Text auszeichnen.
- Die produktive Vorgehensweise: Schüler formulieren Texte oder Textbausteine. Dabei lernen sie, die sprachlichen Mittel der Verständlichkeit, der Informativität, der Relevanz oder des Delectare gezielt anzuwenden und auf ihre Effizienz zu überprüfen.

1. Die analytische Vorgehensweise: Textanalyse und Textvergleich

Analytische Übungen können auf fast alle Textphänomene aufmerksam machen. Wichtig ist, dass die Schüler - durch Fragen oder Auswertungsraster geleitet - die Phänomene selbst entdecken und beschreiben. Es sollte also ein induktives Vorgehen gewählt werden. Wir verdeutlichen die Möglichkeiten des analytischen Vorgehens und des Textvergleichs am Beispiel von vier Lernzielbereichen. Die Schüler sollen
- Kohäsionsmittel der Koreferenz und der logisch-semantischen Bezüge erkennen, beschreiben und klassifizieren können.
- sprachliche Mittel des Delectare, der Verständlichkeit und der Informativität erkennen und beschreiben können.

---

[154] Dieses Vorgehen folgt dem textlinguistischen Ansatz der Schreibdidaktik. In Textvergleichen werden spezifische Kenntnisse über Textualität und textkonstituierende Elemente herausgearbeitet, mit Blick auf die Textproduktion systematisiert und in Formulierungsversuchen erprobt. Vgl. Kast, 1999, S. 32.

- den Zusammenhang von Satzgliedstellung und Wissensaufbau erkennen und beschreiben können.
- Abweichungen von der topologischen Grundreihenfolge als Mittel der Relevanz und des Delectare erkennen und beschreiben können.

Kohäsion: Konjunktionen, Subjunktionen und Bindeadverbien als Wegweiser zur Textkohärenz

Texte schwacher Schreiber sind u.a. dadurch gekennzeichnet, dass sie Sätze nur aneinanderreihen, ohne die Satzzusammenhänge explizit deutlich zu machen.

In den Ausführungen zur Textlinguistik haben wir auf die Bedeutung der logisch-semantischen Konnektoren, auch „Gedankenbrücken" genannt, hingewiesen. Sie sind für den Leser „Wegweiser" zur Textkohärenz.

Es ist daher eine wichtiger Baustein der Formulierungsfähigkeit, logisch-semantische Beziehungen zwischen Sätzen korrekt identifizieren und die entsprechenden Kohäsionsmittel einfügen zu können.

Schüler sollten deshalb zwei Kompetenzen erwerben:
- Sie sollen logisch-semantische Beziehungen unterscheiden, klassifizieren und benennen können.
- Sie sollen die jeweiligen logisch-semantischen Beziehungen durch die Wahl angemessener sprachlicher Formen ausdrücken können.

Hierbei helfen Textvergleiche. Durch den Vergleich der folgenden Texte lernen Schüler, Kohäsionsmittel zu identifizieren, in ihrer Funktion zu beschreiben und grammatisch einzuordnen.

Text 1:
„*In den Ferien ging ich oft mit meinen Freunden zum Tennis. Ich war ein miserabler Spieler und stand meistens abseits von den anderen. Meine Freunde spielten tolle Matches. Dirk kam auf mich zu. Wir trainierten miteinander. Das haben wir oft wiederholt. Ich spiele regelmäßig mit meinen Freunden. Vergangene Woche standen sie ganz sprachlos da. Ich hatte gewonnen. Übung macht den Meister."*

Text 2:
In den Ferien ging ich oft mit meinen Freunden zum Tennis, <u>obwohl</u> ich ein miserabler Spieler war. Ich stand <u>deshalb</u> meistens abseits, <u>während</u> meine Freunde tolle Matches spielten. <u>Aber dann</u> kam Dirk auf mich zu. Wir trainierten miteinander. <u>In der Folgezeit</u> haben wir das oft wiederholt. <u>Inzwischen</u> spiele ich regelmäßig mit meinen Freunden. Vergangene Woche standen sie ziemlich sprachlos da. <u>Denn</u> ich hatte gewonnen. <u>Das zeigt:</u> Übung macht den Meister.

Wenn die Schüler durch den Textvergleich die markierten Kohäsionsmittel identifiziert, beschrieben und benannt haben, können sie die Ergebnisse ihrer Arbeit in ein Konnektorenschema eintragen. Dies kann wie folgt aussehen:

Kohäsionsmittel	Logisch-semantische Beziehung	Grammatische Kategorie/ Wortart
Obwohl	*„Obwohl"* zeigt an, dass der Nebensatz etwas benennt, das den „normalen" Erwartungen widerspricht. Einen solchen Zusammenhang nennt man „konzessiv".	*„Obwohl"* leitet einen Nebensatz ein. Es ist eine Subjunktion.
Deshalb	*„Deshalb"* zeigt an, dass im vorherigen Satz ein Grund genannt wird. Der mit „deshalb" eingeleitete Satz benennt eine Folge. Einen solchen Zusammenhang nennt man „kausal".	*„Deshalb"* kann vor dem finiten Verb stehen. Es ist ein Bindeadverb.
Während	*„Während"* zeigt Gleichzeitigkeit an. Einen solchen Zusammenhang nennt man „temporal".	*„Während"* leitet einen Nebensatz ein. Es ist eine Subjunktion.
Aber	*„Aber"* zeigt an, dass in dem Satz etwas beschrieben wird, das dem bisherigen Verhalten entgegengesetzt ist. Einen solchen Zusammenhang nennt man „adversativ".	*„Aber"* leitet einen Hauptsatz ein. Es kann nicht allein vor dem finiten Verb stehen. Es ist eine Konjunktion.
Dann	*„Dann"* zeigt an, dass die im Satz bezeichnete Handlung nachzeitig ist. Einen solchen Zusammenhang nennt man „temporal".	*„Dann"* steht im Vorfeld eines Hauptsatzes. Es kann dort alleine stehen und ist deshalb ein Bindeadverb.
In der Folgezeit	*„In der Folgezeit"* zeigt Nachzeitigkeit (s.o.) an. Einen solchen Zusammenhang nennt man „temporal".	*„In der Folgezeit"* ist ein Präpositionalphrase. Man nennt solche verknüpfenden Phrasen Brückenausdrücke.

In solche Schemata tragen die Schüler nach und nach die Konnektoren ein, die sie kennen lernen. Später können sie diese Konnektorenschemata zu Rate ziehen, wenn sie einen Text schreiben bzw. überarbeiten. Es erinnert sie daran, dass die logisch-semantischen Beziehungen zwischen Sätzen deutlich gemacht werden können, und hilft ihnen bei der semantisch angemessenen Verknüpfung der Sätze.

Kohäsion: Koreferenz und Referenzketten
Schreiber können mit unterschiedlichen Begriffen auf ein- und dasselbe Objekt Bezug nehmen und so Sätze verknüpfen. Man sagt: Die unterschiedlichen Begriffe koreferieren. Wichtige Mittel der Koreferenz sind
- Rekurrenz: *"Ein Mann kam in den Laden. Der Mann wollte ein Brot kaufen."*
- Substitution: *"Der Mann kaufte ein Brot. Das Baguette war noch warm und knusprig."*
- Proformen: *"Das Baguette war noch warm und knusprig. Es duftete köstlich."*
- Bindeadverbien: *"Er setzte sich auf eine Parkbank. Dort ließ er es sich schmecken."*

Nehmen wir folgenden Text:
"Patienten können von ihren Ärzten erwarten, dass sie ihnen die ganze Wahrheit sagen. Nur so können sie von ihrem Selbstbestimmungsrecht Gebrauch machen. Der Begriff „Selbstbestimmungsrecht" bezeichnet das Recht des Patienten, selbst darüber zu entscheiden, ob eine bestimmte Behandlung stattfinden soll oder nicht. Dies setzt eine umfassende Aufklärung des Patienten voraus. Im Rahmen dieser ärztlichen Informationspflicht wird dem Kranken mitgeteilt, welche Risiken eine Behandlung mit sich bringt und welche Gefahren drohen, wenn sie unterbleibt. Nach Ansicht der höchsten deutschen Gerichte, die sich mehrfach mit diesem Themenkreis befasst haben, ist es dabei möglich, jedem Kranken „im Großen und Ganzen" klar zu machen, was mit ihm geschieht. Im Rahmen der gesetzlichen Aufklärungspflicht unterliegen Ärzte sehr strengen und hohen Anforderungen."
Der Zusammenhang dieses Textes wird durch verschiedene Referenzketten hergestellt. Diese beziehen sich auf folgende Referenzbereiche:
- Arzt/Ärzte,
- Patienten,
- Aufklärungspflicht,
- höchste deutsche Gerichte.

Die entsprechenden Referenzketten eines Textes können Schüler durch Pfeile sichtbar machen. Eine solche Darstellung macht die Vertextungsleistung dieser Mittel besonders anschaulich. Wir verdeutlichen dies am Beispiel der Referenzkette „Patienten".

„Patienten können von ihren Ärzten erwarten, dass sie ihnen die ganze Wahrheit sagen. Nur so können sie von ihrem Selbstbestimmungsrecht Gebrauch machen. Der Begriff „Selbstbestimmungsrecht" bezeichnet das Recht des Patienten, sich selbst zu entscheiden, ob eine bestimmte Behandlung stattfinden soll oder nicht. Dies setzt eine umfassende Aufklärung des Patienten voraus. Im Rahmen dieser ärztlichen Informationspflicht wird dem Kranken mitgeteilt, welche Risiken eine Behandlung mit sich bringt und welche Gefahren drohen, wenn sie unterbleibt. Nach Ansicht der höchsten deutschen Gerichte, die sich mehrfach mit diesem Themenkreis befasst haben, ist es dabei möglich, jedem Kranken „im Großen und Ganzen" klar zu machen, was mit ihm geschieht. Im Rahmen der gesetzlichen Aufklärungspflicht unterliegen Ärzte sehr strengen und hohen Anforderungen."

Die Ausdrücke, die in den jeweiligen Beispieltexten die Referenzketten bilden, können Schüler z.B. in ein Schema wie das folgende eintragen.

Arzt/Ärzte	Patienten	Aufklärungspflicht	Höchste deutsche Gerichte
	Rekurrenz: „Patienten"		
	Substitution: „Kranker"		
	Pronomen: „sie", „sich", „ihm"		

Eine Identifizierung, Beschreibung und Benennung der sprachlichen Mittel sollte abschließend in eine Systematik münden. Diese kann später in produktiven Übungen genutzt werden.

Sprachliche Mittel des Delectare, der Verständlichkeit und der Informativität
Wir stellen im Folgenden fünf Textfassungen einer Begriffserläuterung zum Thema „*Was ist Raub?*" vor. Der Vergleich dieser oder anderer Textvarianten kann Schülern die sprachlichen Mittel des Delectare, der Verständlichkeit und der Informativität vor Augen führen. Zunächst stellen wir eine verständlich und sachlich formulierte Fassung der Begriffserläuterung vor. Sie entspricht folgendem Textsortenmuster:
- Der zu erläuternde Begriff „*Raub*" wird durch die Verwendung eines Oberbegriffes als Gewaltverbrechen eingeordnet.
- Anschließend wird das Gewaltverbrechen „*Raub*" detailliert erläutert, indem kennzeichnende Merkmale benannt und beschrieben werden.
- Abschließend veranschaulicht der Text den Begriff an einem Beispiel.

Text (1):
„*Was ist Raub?*
Raub ist ein Gewaltverbrechen, das durch folgende Merkmale gekennzeichnet ist:
- *Jemand nimmt einer anderen Person etwas weg.*
- *Er will es behalten, obwohl es nicht sein Eigentum ist.*
- *Er wendet dabei Gewalt an oder droht sie an.*
Beispiel: Ein Bankräuber zielt mit einer Pistole auf eine Bankkassiererin. Er droht, sie zu erschießen, wenn sie ihm nicht den Inhalt der Kasse aushändigt. Die Kassiererin gibt ihm den Inhalt der Kasse."[155]

Indem Schüler diese Textvariante mit den nachfolgenden Textfassungen vergleichen, können sie sprachliche Mittel des attraktiven, des verständlichen und des informativen Schreibens selbständig entdecken, beschreiben, benennen und klassifizieren. Die folgenden Textfassungen verdeutlichen also sprachliche Mittel des Delectare-, des Verständlichkeits- und des Informativitätsprinzips.

1. Das Prinzip des Delectare
Welche sprachlichen Mittel kann man nutzen, um unterhaltsam und attraktiv zu schreiben? Einige solcher Mittel können Schüler in Textvergleichen eigenständig entdecken, z. B. dann, wenn sie die erste Textfassung zum Thema „Raub" mit der folgenden Variante vergleichen.

---

[155] Dieses und die folgenden Textbeispiele zum Thema „Raub" sind veränderte Fassungen der Textbeispiele in Langer et al., [4]1994, S. 13-21.

Text (2):
„Was ist Raub?
Nimm an, Du hast keinen Pfennig Geld in der Tasche.
„Aber was ist das?"
Da geht eine alte Dame mit ihrer Handtasche über die Straße. Gerade hat sie die Sparkasse verlassen. Du überlegst nicht lange: ein kräftiger Schlag auf den Arm, und schon bist du mit der Tasche auf und davon. „Haltet den Dieb!", ruft die Dame.
Sie weiß es nicht besser.
„Haltet den Räuber!", müsste sie rufen.
Denn wenn man Gewalt anwendet oder mit Gewalt droht, ist es kein Diebstahl, sondern Raub.
Und wie endet die Geschichte? Meistens im Knast!"

Ein Textvergleich verweist die Schüler auf die folgenden sprachlichen Mittel des Delectare:
- Die Verletzung textsortenbezogener Normen: Der Leser erwartet die Erläuterung eines juristischen Tatbestandes. Der juristische Tatbestand „Raub" wird jedoch - entgegen der Leser-Erwartung - mittels einer fiktiven Geschichte anschaulich gemacht. Der Text folgt - wider Erwarten - dem Textmuster einer Erzählung.
- Personalisierung und unmittelbare Adressatenansprache: Der Text bietet dem Leser die fiktive Rolle des Täters zur Übernahme an. Mit dieser Ansprache weicht der Autor von den üblichen Personenkonstellationen einer Erzählung ab.
- Die Verwendung innerer Monologe und wörtlicher Rede: „Aber was ist das?"; „Haltet den Dieb!"
- Die Verwendung einer Ellipse zur Kennzeichnung der schnell entschlossenen Tat: „Ein kräftiger Schlag auf den Arm".
- Der überraschende Wechsel sprachlicher Handlungsmuster: Der Autor wechselt - obwohl die Komplikation der Erzählung noch nicht aufgelöst ist - aus dem Handlungsmuster des Erzählens in das des Belehrens. Die Belehrung ordnet den fiktiven Sachverhalt in einen juristischen Tatbestand ein („Denn wenn man Gewalt anwendet oder mit Gewalt droht, ist es kein Diebstahl, sondern Raub.").
- Das überraschende Ende: Nach der juristischen Belehrung scheint der Text seinen Zweck erfüllt zu haben. Mit einer Frage („Und wie endet die Geschichte?") kehrt der Autor jedoch zurück zum Handlungsmuster „Erzählen". Allerdings liefert er keinen konkreten Abschluss der Geschichte,

sondern nur einen statistisch-wahrscheinlichen. Damit verletzt er das Erzählmuster und schafft einen abschließenden Überraschungseffekt.

2. Das Prinzip der Verständlichkeit
Wir geben zwei Beispiele. Die Verständlichkeitsprobleme der Textfassung (3) sind durch mangelnde inhaltlich-thematische Ordnung, die der Textfassung (4) durch zu hohe syntaktische Komplexität verursacht.

Text (3):
„Jemand wendet gegenüber einer anderen Person Gewalt an. Das ist Raub. Er entwendet dabei etwas und will es für sich behalten. Zum Beispiel ein Bankräuber, der den Bankangestellten mit einer Pistole bedroht. Auch wenn man nicht Gewalt anwendet und nur damit droht, ist das Raub."

Der Textvergleich zeigt, dass Text (3) insbesondere die „sequentielle" Relevanz verletzt.
- Der zu erläuternde Begriff wird erst im zweiten Satz eingeführt.
- Das Tatbestandsmerkmal „Anwendung oder Androhung von Gewalt" wird diskontinuierlich im ersten und letzten Satz des Textes behandelt.
- Das anschauliche Beispiel kann diesen Mangel nicht ausgleichen. Es ist schlecht platziert, da das Tatbestandsmerkmal „Gewaltandrohung" erst anschließend benannt wird.

Der folgende Text zeigt, dass eine hohe syntaktische Komplexität das Textverstehen erschweren kann und dass syntaktische Einfachheit ein Mittel verständlichen Schreibens ist.

Text (4):
„Raub ist dasjenige Delikt, das jemand durch eine Entwendung eines ihm nicht gehörenden Gegenstandes unter Anwendung oder unter Androhung von Gewalt einer anderen Person gegenüber begeht und bei dem er die Intention einer rechtswidrigen Aneignung verfolgt."

Welche Strukturen sind für die Komplexität verantwortlich?[156]
- Das komplexe Satzgefüge besteht aus einem Hauptsatz und zwei Relativsätzen. Die Relativsätze sind dem Hauptsatz unter- und einander beigeordnet.

---

[156] Die Überarbeitung und Optimierung solcher syntaktisch-komplexer Strukturen behandeln wir im Abschnitt „Texte überarbeiten".

- Das Satzgefüge enthält Präpositional- und Genitivphrasen. Es ist nicht deutlich, wo ein Satzglied endet und wo ein neues Satzglied beginnt. Ist die Präpositionalphrase *„unter Anwendung oder unter Androhung von Gewalt"* ein eigenständiges Satzglied oder Präpositionalattribut zu *„Entwendung"*?

3. Das Prinzip der Informativität
Viele Texte sollen ihre Leser informieren. Insbesondere für informierende Texte gilt: Sie dürfen nicht ausschließlich Neues formulieren, sondern müssen immer auch auf bereits bekannte Information verweisen. Ein Autor, der diesen Grundsatz nicht berücksichtigt, überfordert seine Leser. Dies zeigt die folgende Textvariante zum Thema „Raub".

Text (5):
„Was ist Raub? Wenn jemand fremdes Eigentum entwendet, erfüllt dies den Tatbestand des Diebstahls. Aber erst, wenn das Tatbestandsmerkmal „Gewalt" hinzukommt, entspricht der Sachverhalt dem Tatbestand des Raubes."

Dieser Text überfordert diejenigen Leser, die nicht wissen,
- was die juristischen Fachbegriffe *„Tatbestand"* und *„Sachverhalt"* bezeichnen.
- dass das Tatbestandsmerkmal *„Gewalt"* sowohl die Anwendung wie die Androhung von Gewalt umfasst.

Dieses Wissen ist jedoch erforderlich, um den Text angemessen verstehen zu können.
Es gibt eine große Zahl an Textsorten, für die Verständlichkeit und Informativität zentrale Prinzipien darstellen. Daher steht für solche Textvergleiche eine große Auswahl an Texten zur Verfügung.
- Öffentlichkeit und Medien: Nachrichtenmeldungen, Berichte, Kommentare.
- Verwaltung: Verwaltungsformulare, Verwaltungsvorschriften, Protokolle.
- Wirtschaft: Gebrauchsanweisungen, Werbung, PR-Broschüren.
- Gesundheitsbereich: Medikamentenbeipackzettel.
- Bildung: Schulbuchtexte, wissenschaftliche Hausarbeiten.

Satzgliedstellung, Informativitätsprinzip und Wissensaufbau
Wenn man Äußerungen oder Sätze nach ihrem Mitteilungswert gliedert, bezeichnet man das Verhältnis von „Bekanntem" zum „noch nicht Bekannten" als die Thema-Rhema-Gliederung eines Satzes.[157]

---

[157] Vgl. Engel, 1988, S. 72-74.

- Das Thema ist dasjenige, wovon bereits die Rede war oder was als bekannt unterstellt werden kann. Thematische Satzglieder haben also einen geringen Mitteilungswert.
- Das Rhema hingegen ist der noch unbekannte Kern der Satzaussage. Rhematische Satzelemente zeichnen sich also durch einen höheren Mitteilungswert aus.

In Sach- und Informationstexten, z.B. in Zeitungsmeldungen, ist die Thema-Rhema-Gliederung ein wichtiger Aspekt des Wissensaufbaus.

- Das Thema steht tendenziell im Vorfeld des Satzes, also am Anfang der Äußerung.
- Das Rhema - also das, was über das Thema neu ausgesagt wird - steht tendenziell gegen Ende der Äußerung.

Man spricht daher auch vom steigenden Mitteilungswert der Elemente im Satz von links nach rechts. Diese topologische Informationsverteilung sichert z.B. in Meldungen und Berichten zunächst das gemeinsame Ausgangswissen und präsentiert dann - wohl dosiert - neue, bisher nicht bekannte Informationen.

Dies zeigt der folgende Text.
„Daimler-Chrysler unter Druck
Stuttgart – *Der deutsch-amerikanische Automobilhersteller Daimler-Chrysler* rechnet wegen der anhaltend starken Preiskämpfe mit deutlich weniger operativem Gewinn als bisher erwartet. *Die Chrysler Group* werde für das zweite Quartal einen operativen Verlust von rund einer Milliarde Euro ausweisen. *Dies* teilte Daimler-Chrysler in Stuttgart mit. *Die Nachricht* setzte am Mittwoch den gesamten Sektor an der Börse unter Druck. *Die Aktie* des Konzerns stürzte ab. DW"

- Der erste Satz nimmt im Vorfeld den aus der Überschrift bekannten Firmennamen wieder auf und gibt dann die neue Information einer Gewinnwarnung.
- Auch der zweite Satz thematisiert im Vorfeld *„die Chrysler Group"* und präsentiert dann im Mittelfeld - als neue Information - den Zeitraum und den Umfang der erwarteten Verluste (*„...für das zweite Quartal einen operativen Verlust von rund 1 Milliarde €"*).
- Im dritten und vierten Satz referieren das Demonstrativpronomen *„dies"* und die Nominalphrase *„die Nachricht"* auf den nunmehr bekannten Sachverhalt (*„operativer Verlust"*). Erst danach werden informative Hinweise auf den Ort der Pressekonferenz und auf die Folgen an der Börse vermittelt.

Der folgende Text ist eine Abwandlung der Zeitungsmeldung. Diese Textvariante zeigt, dass die Abweichung von der Thema-Rhema-Gliederung den Wissensaufbau und damit auch die Verständlichkeit des Textes betrifft.

„*Daimler-Chrysler-Aktie unter Druck*
Stuttgart – Mit deutlich weniger operativem Gewinn als bisher erwartet rechnet wegen der anhaltend starken Preiskämpfe in den USA <u>der deutsch-amerikanische Automobilhersteller</u>. Einen operativen Verlust von rund einer Milliarde Euro werde <u>die Chrysler Group</u> für das zweite Quartal ausweisen. In Stuttgart teilte Daimler-Chrysler <u>dies</u> mit. Am Mittwoch setzte <u>die Nachricht</u> den gesamten Sektor an der Börse unter Druck. Die Aktie des Konzerns stürzte ab. DW"

Dieser Text verletzt konsequent das Thema-Rhema-Prinzip. Die Satzglieder im Vorfeld der Sätze verweisen nicht auf das bereits Bekannte. Stattdessen platziert der Autor im Vorfeld neue, bisher noch nicht thematisierte Informationen. Die thematischen Satzglieder hingegen sind im Mittel- oder Nachfeld positioniert.

- Der Ausdruck „*Mit deutlich weniger operativem Gewinn als bisher erwartet*" bezeichnet einen Sachverhalt, der in der Überschrift noch nicht Thema war. Die Wiederaufnahme der bereits benannten Firma hingegen erfolgt erst am Ende des Mittelfeldes.
- Die Präpositionalphrasen „*in Stuttgart*" und „*am Mittwoch*" verletzen ebenfalls die Thema-Rhema-Abfolge. Sie verdrängen die thematischen, weniger informationsreichen Satzglieder „*dies*" und „*die Nachricht*" ins Mittelfeld.

Ein Vergleich solcher Texte macht Schülern folgendes deutlich: Ein Text, dessen Sätze stets mit einem neuen Rhema beginnen, besitzt einen eher sprunghaften Wissensaufbau. Er verletzt das Informativitätsprinzip und ist daher schwieriger zu verstehen.

Topologie und die Prinzipien der Relevanz und des Delectare
Die Thema-Rhema-Gliederung ist allerdings keine Gesetzmäßigkeit. Sie ist eher eine Regelmäßigkeit, die für Sach- und Informationstexte charakteristisch ist und die dem Leser die Informationsentnahme erleichtert.[158] In Texten anderer

---

[158] Die kommunikative Funktion des Vorfeldes variiert natürlich auch nach der Textsortenzugehörigkeit eines Textes. So bilden Zeitangaben bei chronologisch strukturierten Texten ein wichtiges Element, das häufig im Vorfeld steht. „*Zuerst nehmen Sie von ½ Liter Milch 4 Esslöffel ab und rühren damit das Puddingpulver und den Zucker an. Danach bringen Sie die übrige Milch zum Kochen. Dann .... Zum Schluss füllen Sie den Pudding in eine Glasschale und stellen ihn kalt. Nach 40 Minuten ist er fertig.*"

Textsortenzugehörigkeit kann die strikte Orientierung an der Thema-Rhema-Abfolge die Attraktivität und die Aussagekraft mindern.
Dies zeigt der folgende Text von Ingeborg Bachmann[159] insbesondere dann, wenn man ihn mit einer veränderten Fassung vergleicht, die der topologischen Grundreihenfolge der Thema-Rhema-Gliederung entspricht.

Originaltext	Textvariante mit Grundreihenfolge
„Von der obersten Terrasse habe ich springen wollen, zu Fuß bin ich die Hintertreppe hinaufgegangen, für die Dienstboten, und habe an der Tür gehorcht, auf das Lachen in meinen Zimmern, das hat mich entmutigt. Einen Leichnam, gleich nach dem Frühstück, hättest du schlecht ertragen."	*„Ich habe von der obersten Terrasse springen wollen, ich bin zu Fuß die Hintertreppe für die Dienstboten hinaufgegangen und habe an der Tür auf das Lachen in meinen Zimmern gehorcht, das hat mich entmutigt. Du hättest einen Leichnam, gleich nach dem Frühstück, schlecht ertragen."*

Folgende Satzglieder stehen im Originaltext nicht in der topologischen Grundposition:
- *„Von der obersten Terrasse...."*: Die Vorfeldstellung dieses Ausdrucks macht dem Leser die Ernsthaftigkeit deutlich, mit der das „lyrische Ich" die Suizidabsicht verfolgt. Denn die Wahl der *„obersten Terrasse"* macht es besonders wahrscheinlich, dass der Todessprung gelingt.
- *„... für die Dienstboten..."*: Die Positionierung dieses Ausdrucks im Nachfeld unterstreicht die Heimlichkeit, mit der das „lyrische Ich" das Vorhaben in die Tat umsetzen will.
- *„..., auf das Lachen in meinen Zimmern, ..."*: Mit der Positionierung im Nachfeld unterstreicht die Ich-Erzählerin die Unverfrorenheit ihres Geliebten, der sich in *„ihren eigenen Zimmern"* mit einer anderen vergnügt.
- *„Einen Leichnam, gleich nach dem Frühstück, ..."*: Der in das Vorfeld bewegte Ausdruck unterstreicht in komprimierter Weise das Tragisch-Komische dieser Szene. Die sich anbahnende Tragödie wendet sich ins Komische. Denn sogar bei der Planung des Selbstmordes nimmt das „lyrische Ich" auf die Empfindlichkeiten des untreuen Geliebten Rücksicht.

---

[159] Bachmann, 2000, S. 125.

Der Textvergleich zeigt: Die Abweichung von der topologischen Grundreihenfolge
- „bewegt" einzelne Satzglieder in den Aufmerksamkeitshorizont des Lesers.
- unterstreicht die Relevanz dieser Satzglieder für die Aussagekraft des Gedichtes.
- ist ein Mittel ästhetisch-attraktiven Schreibens.

Die Abweichung von der topologischen Grundreihenfolge ist somit ein sprachliches Mittel zur Befolgung des Relevanz- und des Delectare-Prinzips.

2. Die produktive Vorgehensweise: Texte formulieren

Ziel der produktiven Übungen ist die Fähigkeit, einen Text oder einen Textbaustein formulieren zu können. Produktive Schreibaufgaben müssen nicht immer darauf zielen, einen Text als Ganzen zu verfassen. Sie können auch „nur" zum Ziel haben, einen funktionalen Textbaustein zu gestalten. Gerade die Beschränkung auf einzelne - funktional eingegrenzte - Textbausteine ermöglicht die genaue Formulierung von Schreibaufgaben, die auf spezifische Qualitätskriterien und die zugehörigen sprachlichen Mittel zielen.

Die Textschablone: Themenentfaltung und funktionale Textbausteine

Eine gute Möglichkeit, das Formulieren eigener Texte zu üben, bieten Textschablonen.[160] Eine Textschablone besteht in der Regel aus einem Textschema und einen Beispieltext. Sie konturiert eine prototypische Lösung für eine bestimmte kommunikative Aufgabe, indem sie dem Schüler ein Textsortenmuster unmittelbar vor Augen führt. Aus diesem Grund eignen sich Textschablonen in besonderer Weise für das Erlernen und Erproben standardisierter Textmuster.

Wir verdeutlichen die Methode am Beispiel einer Erläuterung mit dem folgenden Thema:

„Erläutere, warum sich viele Unfälle gerade bei Routinetätigkeiten ereignen. Ziehe Schlussfolgerungen."

Die nachfolgend abgedruckte Schablone gliedert einen Beispieltext in einzelne Textbausteine. Die Aufgabe der Schüler besteht zunächst darin,
- herauszufinden, welche Funktionen die einzelnen Textbausteine erfüllen.
- die Funktion der einzelnen Textbausteine zu benennen.
- diese Benennungen in die erste Spalte der Schablone einzutragen.

---

[160] Vgl. dazu Piepho, 1988, S. 383-394.

Die Textschablone:

Funktionale Textbausteine	Beispieltext
Einführung in das Thema	*Viele Unfälle ereignen sich dann, wenn man am wenigsten damit rechnet.*
Eingrenzung auf einen Beispielfall	*Das gilt zum Beispiel für Unfälle im Haushalt.*
Genaue Darstellung des Beispiels	*So wollte meine Schwester vor kurzem nur ein Wort im Wörterbuch nachschlagen Sie ist erst 12 Jahre alt und - für ihr Alter - klein gewachsen. Wie so oft ist sie auf ihren kleinen Sitzhocker gestiegen, um das Buch aus dem Regal zu holen. Diesmal aber gab es einen lauten Knacks. Ein Hocker-Bein war abgebrochen und meine Schwester lag ziemlich benommen auf dem Boden, zusammen mit dem Wörterbuch. Passiert ist ihr Gott sei Dank nichts.*
Schlussfolgerung	*Was zeigt das Beispiel: Wie meiner kleinen Schwester geht es vielen. Denn gerade im normalen Alltag und bei Routinetätigkeiten erkennen wir oftmals nicht die Risiken, die wir eingehen. Und viele Risiken sind unnötig. Sie resultieren daraus, dass wir unsachgemäße Hilfsmittel, wie z.B. einen Hocker, verwenden. Erst diese machen die Tätigkeit zu einer riskanten Tätigkeit. Denn: Hätte sie eine kleine Leiter benutzt, wäre der Unfall nicht passiert.*

Nach der Erarbeitung und Benennung der funktionalen Textbausteine schreiben die Schüler einen parallel strukturierten Text. Bei der Lösung dieser Aufgabe nutzen sie ihr neu erworbenes Textsortenwissen.

Folgende Themenformulierungen könnten zu eigenen Textproduktionen anleiten:
- *„Erläutere, warum sich gerade auf Autobahnen Verkehrsunfälle mit schweren Personenschäden ereignen. Ziehe Schlussfolgerungen."*
- *„Erläutere, warum immer mehr Eltern ihre Kinder verspätet einschulen. Ziehe Schlussfolgerungen."*

Erzählen lernen: Der Wechsel der Erzählperspektive

Eine andere Möglichkeit, den Prozess des Formulierens durch einen vorgegebenen Text zu steuern, ist die des Perspektivenwechsels. Grundlage ist ein vorgegebener Erzähltext. Wir geben ein Beispiel:[161]

„Ein dreister Kunde.
Signor Veneranda trat in einen Kurzwarenladen und verlangte von der Verkäuferin, die ihm entgegenkam, ein Taschentuch. „Was für ein Taschentuch möchten Sie haben?" erkundigte sich die Verkäuferin, nahm einige Schachteln von

---

[161] Manzoni, 1983, S. 132.

den Regalen und zeigte verschiedene Arten von Taschentüchern. „Irgendein Taschentuch", sagte Signor Veneranda. Er nahm ein Taschentuch aus der Schachtel, faltete es auseinander, putzte sich die Nase und gab es der Verkäuferin zurück. „Aber ... ", stammelte die Verkäuferin verlegen. „Was heißt ‚aber'?" fragte Signor Veneranda.
„Sie haben es benutzt", sagte die Verkäuferin und nahm das Taschentuch vorsichtig zwischen zwei Finger. „Sie haben das Taschentuch dazu benutzt, um sich die Nase zu putzen!"
„Was hätte ich mir denn mit dem Taschentuch putzen sollen? Vielleicht die Ohren?" fragte Signor Veneranda verwundert. „Was putzen Sie sich mit Taschentüchern?"
„Die Nase", stotterte die Verkäuferin, „aber .... "

Manzoni erzählt diese Geschichte aus der Perspektive eines nicht-beteiligten Dritten. Die Aufgabe der Schüler besteht darin, einen Wechsel der Erzählperspektive zu vollziehen, indem sie die vorgegebene Geschichte entweder aus Sicht der Verkäuferin oder aus der Perspektive des Signor Veneranda gestalten.
Diese Aufgabenstellung vereinfacht das schriftliche Formulieren eines Textes, indem sie die Schüler „auf der Spur" eines bereits vorgegebenen Textes durch den Schreibprozess leitet. Da die Schüler die Episodenfolge nicht neu erfinden müssen, können sie sich auf die Qualitätskriterien und sprachlichen Mittel konzentrieren, deren gezielte Veränderung die Schreibaufgabe verlangt.

Ein solches Vorgehen zielt auf folgende Fähigkeiten und Fertigkeiten:
- Die Schüler sollen eine Ereignisfolge perspektivisch, d.h. aus der unterschiedlichen Sicht der Beteiligten, betrachten können.
- Sie sollen erkennen, dass - je nach Sichtweise - unterschiedliche Ereignisaspekte für die Erzählung relevant werden und sich daher auch der Relevanzpunkt des Erzählens, also das „Erzählenswerte", verändert.
  - Aus Sicht von Signor Veneranda könnten Ereignisaspekte im Vordergrund stehen, die die Hilflosigkeit oder die Naivität der Verkäuferin aufzeigen.
  - Aus der Perspektive der Verkäuferin könnten Ereignisaspekte im Vordergrund stehen, die die Unverschämtheit und Unverfrorenheit des Kunden verdeutlichen.
- Die Schüler sollen die jeweils relevanten Ereignisaspekte in den Aufmerksamkeitshorizont des Lesers „bewegen" können. Hierzu können sie u.a. die topologischen Möglichkeiten des deutschen Satzbaus nutzen.

- Die Schüler sollen den Relevanzpunkt der Erzählung mit den Mitteln des spannenden und unterhaltsamen Erzählens sprachlich gestalten können.
- Die Schüler sollen aus der Perspektive eines „Ich-Erzählers" die inneren Vorgänge einer Figur zum Gegenstand des Erzählens machen können.

Von der Erzählung zum Bericht: Die Kriterien der Relevanz und der Wahrheit

An der Erzählung „Ein dreister Kunde" kann eine weitere Möglichkeit geleiteten Schreibens verdeutlicht werden. Diese zielt auf die Transformation eines Erzähltextes in die Form eines Zeitungsberichtes. Die Schreibaufgabe lautet:
- Lies die Erzählung „Ein dreister Kunde".
- Schreibe die Fakteninformationen heraus, die für einen Zeitungsbericht von Bedeutung sind. Orientiere Dich an den fünf „W's": Wer, was, wann, wo, warum.
- Schreibe einen Zeitungsbericht, der seine Leser darüber informiert, dass ein dreister Kunde sein Unwesen in Kurzwarenläden treibt.

Indem Schüler diese Arbeitsanweisung befolgen, lernen sie,
- dass ein Textsortenwechsel das Gewicht der Qualitätskriterien verändert. Die Textsorte „Bericht" stellt besonders hohe Anforderungen an die Befolgung der Prinzipien der Informativität und der Wahrheit.
- dass die Bedeutsamkeit des Informativitätsprinzips eine spezifische Gliederung und Ordnung eines Berichts nahe legt.
    - Die Überschrift will Aufmerksamkeit für das Thema gewinnen.
    - Der Untertitel gibt weitere Informationen zum Thema.
    - Der Kurztext gibt kurze Fakteninformationen zu den handelnden Personen, zu Ort, Zeit und Art des Geschehens.
    - Der Bericht-Text konkretisiert und vertieft diese Informationen. Darüber hinaus vermittelt er Hintergrundwissen.
    - Die Satzgliedstellung folgt weitgehend dem „Thema-Rhema-Prinzip".
- dass die Geltung des Wahrheitsprinzips eine Verwendung spezifischer sprachlicher Mittel nahe legt. Entsprechende Mittel zur Befolgung des Wahrheitsprinzips sind z.B.
    - die Verwendung von Konnektoren, um chronologische und kausale Zusammenhänge anzuzeigen.
    - die indirekte Rede.
    - Quellenangaben.
    - Modalitätsangaben zur Darstellung der Sicherheit und Verlässlichkeit der Informationen.

- Wahrnehmungsbehauptungen wie *„ich sah, dass ... ", „ich konnte feststellen, dass ... ".*

Vom Dialog zur Erzählung: Sprachliche Mittel der Perspektivierung, der Relevanz und des Delectare

Das folgende Beispiel bezieht sich auf die Kommunikationsform des Erzählens. Vorgegeben ist ein Dialog. Dieser Dialog bildet einen Rahmen, in den ein außergewöhnliches Geschehen eingebettet werden soll.

Der Dialog:

Hans:	*Hallo Inge. Wie geht's?*
Inge:	*Danke, kann nicht klagen. Ich hab's nur leider sehr eilig.*
Hans:	*Wo soll es denn so schnell hingehen?*
Inge:	*Ich muss dringend meine Schwester anrufen, habe aber dummerweise mein Handy vergessen. Also suche ich verzweifelt eine Telefonzelle.*
Hans:	*Schade, ich hätte dich gerne zu einer Tasse Kaffee eingeladen. Das neue Cafe hier ist jetzt schon berühmt für seinen Schweizer Schümli.*
Inge:	*Oh Gott!!! Was ist das???*
Hans:	*Wo denn? Was meinst du?*
Inge:	*Mein Gott, schau doch. ...*

...
...
...

Hans:	*Dann sollten wir jetzt schnell in das Cafe gehen!*
Inge:	*Wieso das denn?*
Hans:	*Da kannst du dann telefonieren.*
Inge:	*Was? Mit meiner Schwester? Da gibt's doch jetzt wirklich Wichtigeres.*
Hans:	*Klar, das weiß ich auch! Nein! Wir rufen den Notarzt und dann auch noch die Polizei!!*
Inge:	*OK! Und dann?*
Hans:	*Nun, wenn die hier sind, können wir eh' nicht mehr helfen. Dann trinken wir unseren Kaffee.*

Der Dialog dient als Anlass, eine Erzählung zu schreiben. Allerdings lässt er offen, was das „Erzählenswerte" der Geschichte sein könnte. Der Dialog bildet lediglich den Rahmen. Innerhalb dieses Rahmens können und müssen die Schüler inhaltlich und erzähltechnisch kreativ sein.

- Der Rahmen lässt erstens offen, was das „Erzählenswerte", das „Relevante" der Geschichte sein könnte. Die Schüler müssen daher eine relevante Ereignisfolge konstruieren. Darüber hinaus müssen sie die sprachlichen Mittel des Relevanzprinzips und des Delectare nutzen,
  - um das Erzählenswerte der Ereignisfolge deutlich zu machen.
  - um den Relevanzpunkt der Geschichte unterhaltsam zu entfalten.
- Der Rahmen lässt zweitens offen, aus welcher Perspektive die Geschichte erzählt wird. Diese Offenheit ergibt sich aus der Aufgabe, einen Dialog in eine Erzählung zu transformieren. Die Schüler müssen daher entscheiden,
  - aus welcher Perspektive sie erzählen. Wählt ein Schüler die „Ich-Perspektive", ist der Erzähler zugleich Teil der Handlung. Wählt er ausschließlich die Perspektive der dritten Person, dann entwirft er einen Erzähler, der in der Handlung selbst nicht anwesend ist.
  - welchen Zugang der Erzähler zu den Figuren und Begebenheiten hat. Die auktoriale Erzählweise gewährt dem Erzähler volle Einsicht in alle inneren und äußeren Vorgänge der erzählten Welt. Die personale Erzählweise erlaubt Einsicht in die innere Welt des Ich-Protagonisten. Die neutrale Perspektive folgt den Protagonisten „wie eine Kamera".
  - wie die Erzählperspektive erzählerisch gestaltet wird. Die Schüler müssen also entscheiden, welche sprachlichen Mittel der Perspektivierung sie einsetzen wollen.

Eine solche Transformation eines Dialogs in eine Erzählung ist eine anspruchsvolle Aufgabe. Daher sollte man sie in leistungsschwächeren Gruppen durch Fragen erleichtern. Die einzelnen Fragen haben dabei die Funktion, den Schreibprozess zu strukturieren. Sie leisten dies, indem sie die Entscheidungen explizit benennen, die ein Schüler treffen muss, bevor er mit dem Schreibprozess beginnen kann. Die Beantwortung der Fragen führt zu einem „Geschichten- und Erzählgerüst". Entsprechende Fragen könnten lauten:
- Aus wessen Sicht willst du die Geschichte schreiben?
  Aus der Sicht
  - von Hans?
  - von Inge?
  - eines dritten Beobachters?

Zur Einleitung:
- Welche Personen sind beteiligt?
- Wo und wann geschieht es?

Zum Hauptteil:
- Wie entwickelt sich das Gespräch?
- Warum will Hans mit Inge Kaffee trinken?
- Was passiert plötzlich?
- Was ist an dem Geschehen so außergewöhnlich?
- Warum ist Inge so überrascht?
- Warum sieht Hans nicht, was passiert?
- Was geht „in den Köpfen" von Hans und Inge vor?
- Warum macht Hans diesen Vorschlag?
- Wie reagiert Inge auf den Vorschlag von Hans?

Zur Moral/Schlussfolgerung:
- Kannst du aus der Geschichte eine Moral, eine witzige Abschlussbemerkung, eine originelle Schlussfolgerung ziehen?

2.4. Texte überarbeiten: Ziele und Übungsformen

In teilproduktiven Übungsformen sollen Schüler vorgegebene oder eigene Texte neu gestalten und optimieren. Sie lernen dabei, die sprachlichen Mittel des verständlichen, informativen oder unterhaltsamen Schreibens teilproduktiv anzuwenden und Texte hinsichtlich dieser Kriterien zu beurteilen und zu verbessern. Diese Übungsformen sind daher in besonderer Weise dazu geeignet, die Fähigkeit zur Textüberarbeitung zu schulen.

Textoptimierung und die verbalen und paraverbalen Mittel des Themenmanagement

Grundlage ist ein Text, in dem alle verbalen und paraverbalen Mittel des Themenmanagements und der Leserführung wie Überschrift, Zwischentitel, Absätze, Zeilenumbruch, Fettdruck oder Kursivdruck fehlen. Die Textgestaltung gibt also keinerlei Hinweise, die das Textverstehen erleichtern. Die Aufgabe der Schüler besteht darin, den Text zu optimieren, indem sie das Themenmanagement verbessern und die Textstruktur durch Absätze, durch Fettdruck oder durch Zwischenüberschriften kennzeichnen. Zu diesem Zweck müssen die Schüler zunächst erkennen,

- zu welcher Textsorte der Text gehört.
- für wen der Text geschrieben ist.
- was Thema, Inhalt und Funktion des Textes ist.
- wie der Text sein Thema entfaltet und was Gegenstand der einzelnen Textabschnitte ist.
- welche Aufgaben die einzelnen Textbausteine für den Textzusammenhang erfüllen.
- wie die einzelnen Textbausteine zusammenhängen.
- welche Detailinformationen in den einzelnen Textabschnitten wichtig sind.

Indem die Schüler den Text optimieren, lernen sie,
- das Thema des Textes als Überschrift zu formulieren.
- den Text in Abschnitte zu gliedern.
- Teilüberschriften zu den Abschnitten zu formulieren.
- wichtige Informationen durch Layout und andere Mittel herauszustellen.

Wir geben ein Textbeispiel[162] und einen Optimierungsvorschlag:
„Immer weniger Kunden der Deutschen Bahn zahlen den normalen Fahrpreis. Rund drei Millionen Fahrgäste besitzen eine BahnCard, fahren also ein Jahr lang zum halben Preis. Darüber hinaus bietet die Deutsche Bahn eine Fülle von Möglichkeiten, kostengünstig zu verreisen. Broschüren mit allen Angeboten gibt es gratis bei den Fahrkartenverkaufsstellen und Agenturen mit DB-Lizenz. ZUG stellt Ihnen einige attraktive Beispiele vor. Der günstige Sparpreis lohnt sich bei weiteren Reisen und gilt für das Wochenende bzw. für Reisen über das Wochenende hinaus. Eine Person bezahlt dann für die Hin- und Rückreise 99 €, Mitfahrer (2. - 5. Person) 49 €, mitreisende Kinder im Alter von 4 bis 11 Jahren 25 €. Allein reisende Kinder zahlen die Hälfte des Sparpreises. Für den ICE gelten die gleichen Bestimmungen. Unterschiedlich ist nur der Preis: Für eine Person kostet das Ticket 149 €, für Mitfahrer 79 € und für mitfahrende Kinder 39 €. Für den ICE-Supersparpreis gelten die gleichen Richtlinien wie für den Sparpreis; nur ist er noch billiger. Der ICE-Supersparpreis bietet sich an für alle Reisenden, die nicht in der Zeit von Freitagmorgen, 10 Uhr, bis Montagmorgen 3 Uhr, mit dem ICE fahren wollen. Vom 2. bis 5. Oktober und vom 2. bis 6. Januar gilt dieses Angebot nicht. In der Zeit von 19 Uhr abends bis 2 Uhr morgens gilt das Guten-Abend-Ticket: für jedermann und für jede Strecke und für fast jeden Zug. Ausgenommen sind der InterCityNight, Schlaf- und Liegewagen, Autoreisezüge und Sonderzüge. Das Ticket kostet nur 29 €. Wollen Sie an Freitagen und Sonntagen fahren, wird das Ticket pauschal um 7 € teurer. Wer beim Reisen Gesellschaft hat, profitiert vom Mitfahrerpreis. Wenn bis zu 5 Erwachsene und 1 Kind gemeinsam hin- und zurückfahren, zahlt nur die erste Person (Erwachsener) den vollen Preis. Alle anderen fahren für die Hälfte des Fahrpreises mit,

---

[162] Das Textbeispiel ist die gekürzte Fassung eines Textes von Westhoff, [5]2001, S. 114.

Kinder zwischen 4 und 11 Jahren zahlen nur ein Viertel. Voraussetzung für den Mitfahrerpreis ist ein regulärer Fahrpreis von mindestens 25 € in der 2. Klasse oder mindestens 39 € in der 1. Klasse. Dies gilt auch für die Sparpreise. "

Ein optimierter Text könnte folgende Gestalt haben:

Heiße Preise für kühle Rechner

Immer weniger Kunden der Deutschen Bahn zahlen den normalen Fahrpreis. Rund drei Millionen Fahrgäste besitzen eine BahnCard, fahren also ein Jahr lang zum halben Preis. Darüber hinaus bietet die Deutsche Bahn eine Fülle von Möglichkeiten, kostengünstig zu verreisen. Broschüren mit allen Angeboten gibt es gratis bei den Fahrkartenverkaufsstellen und Agenturen mit DB-Lizenz. ZUG stellt Ihnen einige attraktive Beispiele vor.

DER SPARPREIS: Der günstige Sparpreis lohnt sich bei weiteren Reisen und gilt für das Wochenende bzw. für Reisen über das Wochenende hinaus. Für die Hin- und Rückreise zahlt
- eine Person 99 €.
- Mitfahrer (2. - 5. Person) 49 €.
- mitreisende Kinder im Alter von 4 bis 11 Jahren 25 €.

Allein reisende Kinder zahlen die Hälfte des Sparpreises. Für den ICE gelten die gleichen Bestimmungen. Unterschiedlich ist nur der Preis: Das Ticket kostet für
- eine Person 149 €.
- für Mitfahrer 79 €.
- für mitfahrende Kinder 39 €.

DER ICE-SUPERSPARPREIS: Für den ICE-Supersparpreis gelten die gleichen Richtlinien wie für den Sparpreis, nur ist er noch billiger. Für die Hin- und Rückreise bezahlen
- eine Person 115 €.
- Mitfahrer 59 €.
- mitreisende Kinder 29 €.

Der ICE-Supersparpreis bietet sich an für alle Reisenden, die nicht in der Zeit von Freitagmorgen, 10 Uhr, bis Montagmorgen 3 Uhr, mit dem ICE fahren wollen. Vom 2. bis 5. Oktober und vom 2. bis 6. Januar gilt dieses Angebot nicht. ...

Die einzelnen Schüler oder die einzelnen Arbeitsgruppen werden unterschiedliche Optimierungsvorschläge unterbreiten. Daher bietet es sich an, die Textvarianten hinsichtlich ihrer Verständlichkeit, ihrer Leserführung oder ihrer Attraktivität zu vergleichen und - begründet - zu bewerten. Ein solches Vorgehen unterstützt einen bewussten Umgang mit den vielfältigen Mitteln des Themenmanagement.

Textoptimierung und das Prinzip der Verständlichkeit

Wenn Schüler die grammatischen Mittel verständlichen Schreibens kennen, können sie komplexe und schwer verständliche Texte selbstständig überarbeiten und optimieren. Das folgende Textbeispiel weist insbesondere auf die

Bedeutung grammatischen Wissens und grammatischer Fertigkeiten für die Textüberarbeitung hin.

„*§ 57 StVZO: Die Anzeige der Geschwindigkeitsmesser darf vom Sollwert abweichen in den letzten beiden Dritteln des Anzeigebereiches - jedoch mindestens von der 50 km/h-Grenze ab, wenn die letzten beiden Drittel des Anzeigebereiches oberhalb der 50 km/h-Grenze liegen, - 0 bis +7 vom Hundert des Skalenendwertes.*"[163]

Eine fundierte Textoptimierung verlangt mindestens folgende Schritte:
- Analyse der Satzgliedstruktur
- Analyse der grammatischen Form der Satzglieder
- Analyse der syntaktischen Funktion der Satzglieder
- Beschreibung der Verständlichkeitsprobleme
- Gezielte Verwendung sprachlicher Mittel des verständlichen Schreibens bei der Textoptimierung

Der Satz hat folgende Satzgliedstruktur:

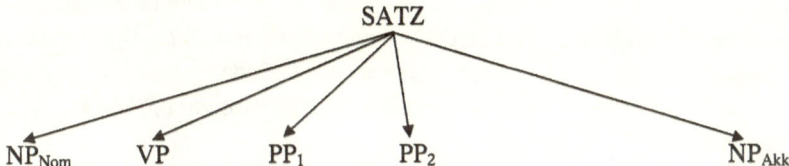

Wenn man den Phrasenkategorien die syntaktischen Funktionen zuordnet, ergibt sich folgende Tabelle:

Phrasen-kategorie		Satzglied-funktion	Frageprobe
NP_{Nom}	Die Anzeige der Geschwindigkeitsmesser	Subjekt	Wer/Was?
VP	darf ... abweichen	Prädikat	darf was?
PP_1	vom Sollwert	Präpositonalobjekt	wovon?
PP_2	in den letzten beiden Dritteln des Anzeigen-Bereiches - jedoch mindestens von der ... Grenze ab, wenn ... -	Adverbiale Bestimmung	in welchem Bereich?
NP_{Akk}	0 bis +7 von Hundert des Skalenendwertes.	Adverbiale Bestimmung	um wie viel?

---

[163] Das Textbeispiel stammt aus: Langer/Schulz v. Thun/Tausch, [4]1990, S. 13.

Die Verständlichkeitsprobleme dieses Textes sind auf zwei Strukturebenen zu finden.

1. Syntaktische Komplexität
- Die Bestimmung der Satzglieder zeigt zunächst, dass sie als Nominal- bzw. als Präpositionalphrasen realisiert sind und z. T. eine komplexe Phrasenstruktur aufweisen.
- Die erste Präpositionalphrase ist Objekt. Dies ist daran zu erkennen, dass der präpositionale Anschluss *„von"* durch die Valenz des Verbs *„abweichen"* vorgegeben ist. Zudem ist die Präpositionalphrase nicht tilgbar.
- Die zweite Präpositionalphrase bereitet Verständlichkeitsprobleme. Der Grund ist ihre sehr komplexe Struktur. Sie besteht aus einer Präpositionalphrase, einem Genitivattribut und einer umfangreichen Rechtserweiterung mit Nebensatz *(„... wenn die letzten beiden Drittel oberhalb ... liegen, ... ")*. Die Tilgungsprobe zeigt: Die Präpositionalphrase hat die syntaktische Funktion einer Adverbialbestimmung. Sie kann getilgt werden, ohne dass der Satz ungrammatisch wird.
- Auch die abschließende Nominalphrase *„0 bis +7 von Hundert des Skalenendwertes"* ist tilgbar. Ihre syntaktische Funktion als adverbiale Bestimmung ist dennoch schwer zu erschließen. Dies hat zwei Gründe:
  - Sie steht am Ende des Satzes und daher weit entfernt vom Prädikat *„darf abweichen"*.
  - Die Struktur der Nominalphrase ist eher untypisch für die syntaktische Funktion einer adverbialen Bestimmung. Eine Ersatzprobe verdeutlicht die syntaktische Funktion:
    „Die Anzeige darf vom Sollwert abweichen ...   0 bis +7 Prozent. "
    „Die Anzeige darf vom Sollwert abweichen ...   sehr deutlich. "
    „Die Anzeige darf vom Sollwert abweichen ...   um 5 km/h. "

2. Lexik und Wortstruktur

Verständlichkeitsprobleme in Lexik und Wortstruktur ergeben sich vor allem durch die Verwendung abstrakter Komposita wie *„Sollwert"*, *„Anzeigebereich"* und *„Skalenendwert"*. Solche abstrakten Begriffe sind deshalb schwer verständlich, weil sich deren konkrete Bedeutung erst aus dem Verständnis des Kontextes ergibt. So bezeichnet der Begriff *„Sollwert"* in einem Text über Ozonbelastungen etwas anderes als in einem Text über die Anzeige von Geschwindigkeitsmessern und Messtoleranzen.

Ein weiteres Verständlichkeitsproblem könnte sich aus der Kurform *„StVZO"* ergeben. Diese Kurzform ist nur Fachleuten bekannt.

Nach der Analyse ist eine Textoptimierung möglich. Bei der Bearbeitung des Textbeispiels können die Schüler folgende Mittel verständlichen Schreibens anwenden lernen:
- Sie erweitern komplexe nominale Strukturen zu eigenständigen, aber syntaktisch einfacheren Sätzen.[164]
- Sie verdeutlichen die Gliederung und Ordnung des Textes durch Teilüberschriften und Absätze.
- Sie vermeiden mehrdeutige Komposita und Abstrakta, indem sie diese Begriffe durch konkretere ersetzen.

Optimierungsvorschlag:
„Die Anzeige der Geschwindigkeitsmesser darf von der tatsächlichen Geschwindigkeit abweichen.
- *Umfang der Abweichung:*
Die Abweichung darf 0 bis +7 Prozent des Skalenendwertes betragen.
- *Bereich der Abweichung:*
Diese Abweichung darf in den letzten beiden Dritteln des Anzeigebereiches auftreten. Wenn die letzten beiden Drittel oberhalb der 50 km/h-Grenze liegen, darf die Abweichung ab 50 km/h auftreten."

Topologie und die Prinzipien der Relevanz, der Informativität und des Delectare
In der folgenden Übung lernen Schüler die topologischen Möglichkeiten des Deutschen zu nutzen. Sie sollen einzelne Sätze und deren Satzgliedstellung so planen und gestalten, dass sie sich optimal in einen vorgegebenen Textrahmen einpassen.
Zu diesem Zweck ist in dem folgenden Beispiel jeder zweite Satz in seine Satzbausteine zerlegt und die Satzgliedfolge aufgelöst.

„An diesem Morgen würde Helga zu spät kommen.
- *WAR KLAR, DAS, IHR, WIE KLOSSBRÜHE.*
Ungeduldig sah sie auf die Uhr.
- *BEGANN, DER UNTERRICHT, IN EINER VIERTELSTUNDE.*
Amanda aber saß seelenruhig auf ihrem neuen Spielzeug, einem Hometrainer.
- *WANDTE SICH, HELGA, ZUR TÜR, WÜTEND.*
Das war ja voll peinlich mit der.
- *WAR GEWORDEN, AMANDA, EINE RICHTIGE TRÖDELTANTE.*

---
[164] Vgl. dazu die Ausführungen zur Nominalphrase im vierten Kapitel.

Ständig erreichten sie das Klassenzimmer nur noch keuchend und mit Seitenstichen.
- WOLLTE ERLEBEN, HELGA, DAS, NICHT NOCH EINMAL."

Die Schüler haben die Aufgabe, die Satzgliedfolge eines jeden zweiten Satzes zu planen und zu gestalten. Dabei müssen sie mindestens folgende Aspekte in ihre Überlegungen einbeziehen:
- Delectare: Attraktiv schreiben durch Variation der Satzmuster.
- Informativität und Wissensaufbau: Sätze kommunikativ-sinnvoll mit dem Vorsatz verknüpfen.
- Relevanz: Bedeutsame Inhalte durch die Satzgliedstellung betonen.

Eine optimierte Textvariante könnte lauten:[165]
„An diesem Morgen würde Helga zu spät kommen.
Das war ihr klar wie Kloßbrühe.
Ungeduldig sah sie auf die Uhr.
In einer Viertelstunde begann der Unterricht.
Amanda aber saß seelenruhig auf ihrem neuen Spielzeug, einem Hometrainer.
Wütend wandte sich Helga zur Tür.
Das war ja voll peinlich mit der.
Amanda war eine richtige Trödeltante geworden.
Ständig erreichten sie das Klassenzimmer nur noch keuchend und mit Seitenstichen.
Das wollte Helga nicht noch einmal erleben."

Nach Abschluss einer solchen Übung vergleichen die Schüler ihre unterschiedlichen Textentwürfe, begründen die jeweils gewählte Satzgliedstellung und diskutieren deren kommunikative Effekte.

3. Texte lesen

3.1. Psychologische Grundlagen des Textverstehens

Das Lesen ist in einer schriftbasierten Kultur zentrale Voraussetzung gesellschaftlich-kultureller Teilhabe. Diese Aussage beansprucht auch innerhalb der modernen Mediengesellschaft Gültigkeit. Nach wie vor nimmt das Lesen eine Schlüsselrolle ein, da die Nutzung der modernen digitalen Medien in hohem

---

[165] Solche Übungen lassen sich sehr gut mit Satzgliedkarten durchführen. Jedes Satzglied steht auf einer eigenen Karteikarte und kann als Satzbaustein verwendet werden.

Maße von der Lesekompetenz abhängig ist. Die gegenwärtige Medienentwicklung ist eben nicht gekennzeichnet von einer Marginalisierung der Schrift, sondern von einer zunehmenden Integration von Schrift, Bild, Ton, Musik und Animation in multimedialer Umgebung. Insgesamt hat dies zur Konsequenz, dass das Lesen – insbesondere von Informationstexten – im Kontext der digitalen Medien keineswegs an Bedeutung verliert.[166]

Das Lesen ist eine komplexe Fertigkeit. Sie setzt sich aus einer Vielzahl von Teilkompetenzen zusammen. Um den Begriff und das Phänomen des Lesens und des Textverstehens deutlich zu machen, beginnen wir mit einem Beispiel: Jemand nimmt Rauch am Horizont wahr. Dieser Rauch wird für einen Betrachter dann bedeutungsvoll, wenn er um den Zusammenhang von Rauch und Feuer weiß. Nun könnte der Rauch aus einer Fabrikanlage stammen, Folge eines Waldbrands oder eines Osterfeuers sein.
Wenn der Betrachter aber weiß,
- dass in Richtung des Rauches ein Waldgebiet liegt,
- dass eine lange Trockenperiode vorherrscht,
- dass zur Zeit vor Waldbrandgefahr gewarnt wird,

wird er den Rauch als Anzeichen eines Waldbrandes verstehen.
Die Umweltdaten („Rauch") werden also dadurch bedeutsam, dass ein verstehendes Subjekt Wahrgenommenes und eigene Wissensbestände zu einem sinnvollen Zusammenhang ordnen kann.
Gleiches gilt für das Verstehen von Texten. Auch das Textverstehen ist ein Prozess, bei dem das verstehende Subjekt Wissen benötigt, um Textdaten bedeutungsvoll zu machen.

Nehmen wir folgenden Text:
„Mein Magen knurrte. Kurz entschlossen betrat ich das Restaurant. Eine 3/4 Stunde später fühlte ich mich bereits viel wohler. Ich verabschiedete mich mit einem ordentlichen Trinkgeld von dem Ober des gemütlichen, gut-bürgerlichen Speiselokals."
Ein Leser dieser Zeilen versteht viel mehr, als die Sätze explizit ausdrücken. Er versteht u.a.,

---

[166] Die Lesekompetenz ist wichtiger, integraler Baustein einer allgemeinen Medienkompetenz. Was das Lesen literarischer Texte betrifft, deutet sich allerdings eine zentrale Verschiebung des Literarischen in der Mediengesellschaft an. Denn das Narrativ-Literarische wird nicht mehr nur bzw. nicht mehr in erster Linie durch Literatur „im klassischen Sinne" vermittelt. Träger des Literarischen sind längst auch Film, Fernsehen, Video, DVD, etc. Daher könnte speziell das literarische Lesen, das über lange Zeit den Kern des Begriffes Lesekompetenz bildete, eher an Bedeutung verlieren und in einer generellen literarischen Rezeptionskompetenz aufgehen. Vgl. dazu Schreier/Rupp, 2002, S. 254f./261ff.; zusammenfassend auch Bonfadelli, 1999, Kap.3.

- dass der Ich-Erzähler hungrig war.
- dass der Ich-Erzähler im Restaurant eine Mahlzeit zu sich genommen hat.
- dass er das Essen sitzend eingenommen hat.
- dass das Essen von einem Ober serviert wurde.
- dass der Erzähler bei Betreten des Lokals hungrig und dies für ihn ein unangenehmer Zustand war.

Wer Texte versteht, versteht also mehr, als in den Texten explizit ausgedrückt ist. Dieses „Mehr des Verstehens" kann man auch am Beispiel von Verstehenslücken deutlich machen. Jemand hört im Radio die Meldung:
„Schwerer ... auf der A3, 6 Kilometer ... ."
Obwohl einzelne Satzelemente wegen einer Empfangsstörung akustisch unverständlich sind, kann der Hörer problemlos die Wörter „Unfall" und „Stau" ergänzen. Zudem weiß er, dass „A 3" eine Autobahn bezeichnet.

Der Hörer/Leser greift also beim Verstehen auf Wissensbestände zurück. Dieses Wissen wird durch die Textlektüre aktiviert und versetzt ihn in die Lage, die im Text nicht explizite, aber verstehensnotwendige Information durch Inferenzen zu erschließen. Der Begriff der Inferenz[167] entstammt der Kognitionspsychologie. Er bezeichnet kognitive Operationen innerhalb des Verstehensprozesses, mit denen Leser nicht explizite Informationen rekonstruieren und ergänzen.

Dabei nutzen sie u.a.
- Weltwissen: Leser des Restaurant-Textes wissen z.B.,
  - dass Magenknurren ein Anzeichen für Hunger ist.
  - dass man Restaurants aufsucht, um den Hunger zu stillen.
  - dass eine 3/4 Stunde als Zeitspanne für ein Mittagsmahl ausreicht.
  - dass Hunger ein nicht angenehmer Zustand ist und man sich wohler fühlt, wenn der Hunger gestillt ist.
- sprachgebundenes Wissen: Leser des Textes wissen,
  - dass die Attribute „gemütlich" und „gut-bürgerlich" zusammen mit dem Bezugsnomen „Speiselokal" einen bestimmten Typus von Restaurant bezeichnen, an dem gewöhnlich an Tischen und nicht an Stehtheken gespeist wird.
  - dass der Komparativ „wohler" auf einen nicht explizit benannten vorherigen Zustand des „Nicht-so-wohl-Seins" verweist.

---

[167] Zur Funktionen von Inferenzen in den unterschiedlichen kognitionspsychologischen Modellen des Textverstehens vgl. Schnotz, 1986.

Zur Beschreibung solcher Wissensstrukturen wird in der Kognitionspsychologie der Begriff „Schema" verwendet.[168] Schemata sind Organisationseinheiten des Wissens. Sie gelten als zentrale Elemente der Informationsverarbeitung. Folgende Annahmen liegen dem Schema-Konzept zugrunde:
1. Schemata sind Wissensstrukturen im Gedächtnis, in denen typische Zusammenhänge eines Realitäts- oder Erfahrungsbereiches repräsentiert sind. So integriert z.B. das Restaurant-Schema die Vielzahl der Erfahrungen, die jemand bei Restaurantbesuchen gemacht hat, in einen kohärenten Zusammenhang.
2. Schemata ermöglichen die Eingliederung neuer Informationen in die bestehende Wissensstruktur. Neue Restaurant-Erfahrungen können daher das Restaurant-Schema verändern.
3. Schemata erzeugen Erwartungen. Wenn man in einem Restaurant nach einem Aperitif gefragt und zur Speisekarte eine Weinkarte gereicht wird, erwartet man eine bestimmte Art von Service und eine bestimmte Preisstruktur.

Schematheoretische Ansätze zum Textverstehen gehen von der Annahme aus, dass das Verstehen und Behalten von Textinformationen davon abhängt, ob es dem Leser gelingt, textrelevante Schemata zu aktivieren. Sie modellieren das Textverstehen als ein Wechselspiel zweier Verarbeitungsprozesse, die man als daten- und wissensgeleitete Prozesse bezeichnet.[169] In den datengeleiteten Prozessen aktivieren die gelesenen Textdaten (bottom up) die Schemata der Wissensstruktur, die zu den Textdaten passen. In den wissensgeleiteten Prozessen werden die aktivierten Wissensbestände dazu genutzt, die Textdaten in das vorhandene Wissen einzuordnen. Die aktivierten Schemata erfüllen dabei u.a. folgende Funktionen:
- Sie lenken die Aufmerksamkeit und helfen, Wichtiges von Unwichtigem zu unterscheiden.
- Sie schließen Verstehenslücken, indem sie dazu genutzt werden, fehlende oder unvollständige Textinformationen inferentiell zu rekonstruieren.
- Sie ermöglichen es, konkrete Daten zu verallgemeinern.
- Sie fungieren als Erinnerungshilfen. Da Verstandenes in die kognitive Struktur des Lesers eingeordnet und dort vernetzt wird, bilden sich Erinnerungszusammenhänge.

---

[168] Der Begriff „Schema" hat in der Psychologie eine lange Tradition. Selz bezeichnet 1922 „Schema" als gegliederte Repräsentation des Wissens über ein Ereignis und beschreibt Formen der Schema-Aktivierung für stereotype Handlungsfolgen. Selz, 1922.
Bartlett untersucht 1932 die Rolle von Schemata bei der Erinnerung zuvor gehörter Geschichten. Zuhörer erinnern nur den Kern der Geschichte und nutzen Schemata, um den vergessenen Rest der Geschichte zu rekonstruieren. Bartlett, 1932.
[169] Zur Bedeutung dieser Prozesse für das Lesen vgl. Christmann/Groeben, 1999, S. 147f.

- Sie steuern die Erwartung und werden dazu genutzt, Hypothesen darüber zu bilden, wie der Text weiter gehen könnte.

Das skizzierte kognitionspsychologische Modell des Textverstehens kann man wie folgt darstellen:

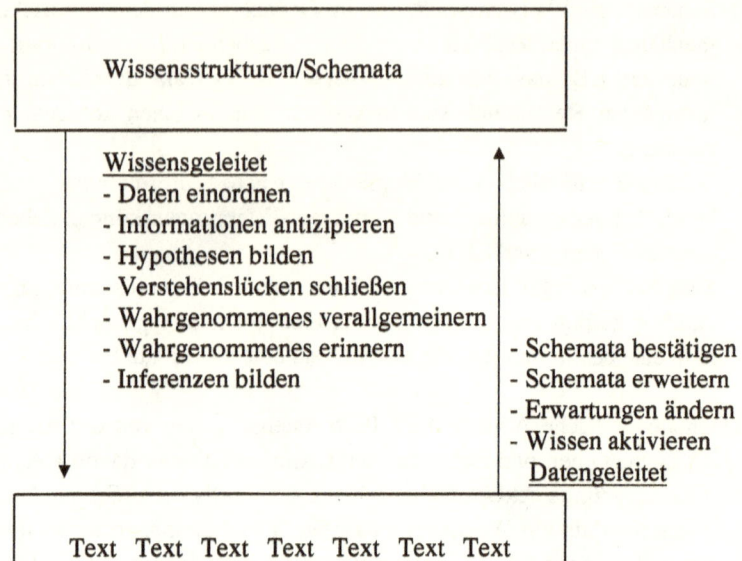

Das Textverstehen ist somit ein Prozess, der Wissen voraussetzt. Kompetente Leser benötigen spezifische Wissensbestände. Erst dieses Wissen ermöglicht ein adäquates Textverstehen.

3.2. Wissensbestände und Teilkompetenzen des Textverstehens

Die Feststellung, dass wissensgeleitete Prozesse beim Lesen eine wichtige Rolle spielen, führt zu der Frage, welche Wissensbestände von Bedeutung sind. Man unterscheidet
- sprachliches Wissen: Dieses Wissen betrifft u.a. das lexikalische Wissen, das Wissen um die Wahrscheinlichkeit von Wortkombinationen, um typische Satzverläufe, Satzverbindungen und Textsorten.
- Welt- und Fachwissen: Über das sprachliche Wissen hinaus muss ein kompetenter Leser auch über ein nicht-sprachliches Welt- und Fachwissen verfügen. Dieses benötigt er, um den thematischen Sinnzusammenhang eines Textes zu verstehen oder interpretierend zu erschließen.

- prozedurales Wissen:[170] Leser müssen ihr Leseverhalten den jeweiligen Lesezwecken anpassen können. Zu diesem Zweck benötigen sie prozedurales Wissen. Dazu gehört vor allem ein Wissen um den Zusammenhang von Lesezweck und Lesestil.

Sprachliche Wissensbestände
Diesen Wissensbereich[171] gliedern wir in
- das lexikalische Wissen.
- das Wissen um die Wahrscheinlichkeit von Wortkombinationen.
- das Wissen über typische Satzverläufe und Satzmuster.
- das Wissen um Kohäsionsmittel und Satzzusammenhänge.
- das Wissen um globale Sequenzmuster und Textsorten.

1. Das lexikalische Wissen
Das Kurzzeitgedächtnis kann nur 5 – 9 Einheiten speichern. Wie können wir trotz dieser begrenzten Speicherkapazität Wörter problemlos lesen und im Gedächtnis behalten, die mehr als 9 Buchstaben umfassen? Die Forschung erklärt dies mit dem Wortüberlegenheitseffekt.[172] Dieser besagt: Buchstaben können leichter erkannt und behalten werden, wenn sie als Teile von Wörtern dargeboten werden. Kompetente Leser erkennen und behalten Wörter also nicht als Folge einzelner Buchstaben, sondern als ganzheitliche Einheiten. Sie haben einen direkten visuellen Zugang zu den Wörtern, die im Gedächtnis (im mentalen Lexikon) gespeichert sind. Bei neuen, komplexen Wortbildungen, die aus bereits bekannten Morphemen bestehen, gelingt der Zugang über die morphologische Struktur. Nur bei gänzlich neuen Wörtern nutzen Leser den indirekten Zugang über das phonologische System und die Graphem-Phonem-Korrespondenzen.

2. Das Wissen um die Wahrscheinlichkeit von Wortkombinationen
Im Leseprozess werden Wörter nicht isoliert, sondern im semantischen Kontext verarbeitet. Analog zu dem „Wortüberlegenheitseffekt" ist also zu fragen, ob es

---

[170] Auf der Ebene des Wissens unterscheidet man – zusätzlich zu der Unterscheidung in sprachliches und Weltwissen – ein prozedurales und ein deklaratives Wissen. Deklaratives Wissen ist ein Wissen um Fakten, Daten, Ereignisse, also ein „eher statisches" Wissen, ein „Wissen, *dass* ...". Prozedurales Wissen ist ein dynamisches Handlungswissen, also ein „Wissen, *wie* ...". Prozedurales Wissen versetzt uns in die Lage, ein Handlungsziel durch Nutzung adäquater Mittel zu verwirklichen. Prozedurales Wissen erlernt man bevorzugt durch Handeln. Vgl. Friederich, 1995.
[171] Die Wissensbestände, die der visuellen Analyse (Buchstabenerkennung) und der phonologischen Rekodierung zugrunde liegen, blenden wir hier aus. Diese sind eher Gegenstand des basalen Schriftspracherwerbs. Vgl. Richter/Christmann, 2002, S. 34f.
[172] Vgl. Klicpera/Gasteiger-Klicpera, ²1998, S. 66-71.

auch einen „Kontextüberlegenheitseffekt"[173] gibt. Dieser zeigt sich z.B. darin, dass man im Kontext des Nomens *„Künstler"* eher das Adjektiv *„begnadet"* und im Umfeld des Nomens *„Strafgefangener"* eher *„begnadigt"* erwartet. Auch in dem folgenden Satz bereitet es keine großen Probleme, die fehlenden, nur durch Anfangsbuchstaben angedeuteten Worte zu ergänzen.
'Faktisch gen...... der Schimmer eines Buchstabens, um die Identität des folgenden W...... zu erk........'
Der Kontext ist insbesondere für das Verstehen mehrdeutiger Wörter bedeutsam. In solchen Fällen wird er von den Lesern dazu genutzt, vorherzusagen, welche der möglichen Wortbedeutungen wahrscheinlich ist.
„Ich habe mir einen neuen Flügel gekauft."
„Sie hat sich den Flügel gebrochen."

3. Das Wissen um Satzverläufe und Satzmuster
Das Verstehen der syntaktischen Struktur eines Satzes erfordert, dass der Leser diejenigen Wörter und Wortgruppen identifiziert, die im Satz eine syntaktische Funktion (Subjekt, Objekt, adverbiale Bestimmung, Prädikat, Attribut) erfüllen. Die Frage nach der Verstehensrelevanz syntaktischer Analysen wurde vielfach untersucht. Insgesamt weisen die Befunde darauf hin, dass das Wissen um den typischen Verlauf von Sätzen und die Verarbeitung der syntaktischen Struktur umso wichtiger wird, je uneindeutiger der semantische und je komplexer der syntaktische Kontext ist. Eine Unterstützung des Verstehens durch die Syntax ist also bei mehrdeutigen und strukturell komplexen Sätzen von größerer Bedeutung als bei einfachen und semantisch eindeutigen Sätzen.[174] Zudem ermöglicht das Wissen um typische Satzmuster und Satzverläufe eine höhere Lesegeschwindigkeit.

4. Das Wissen um Kohäsionsmittel und die lokale Sequenzierung
Wer liest, muss Verbindungen zwischen Sätzen erkennen und herstellen können. Die sprach- und textpsychologische Forschung zeigt, dass Leser eine satzübergreifende Textbedeutung aufbauen.[175] Zu diesem Zweck nutzen sie die Kohäsionsmittel eines Textes. Sie stützen sich also auf die Hinweise, die der Text in Form von Koreferenz, Substitution, Proformen, logisch-semantischen Gedankenbrücken und/oder durch eine geordnete Thema-Rhema-Folge anbietet. Eine Vielzahl empirischer Untersuchungen belegt die Bedeutsamkeit dieser

---

[173] Eine Vielzahl von Untersuchungen zeigen, dass die Wortidentifikation durch den Kontext erleichtert wird. Einen Überblick über entsprechende empirische Studien gibt Rayner/Pollatsek, 1989 S. 220 ff. Auch Richter/Christmann, 2002, S. 29f.
[174] Vgl. Christmann/Groeben, 1999, S. 156f.; Richter/Christmann, 2003, S. 30f.
[175] Vgl. dazu Christmann, 1989, S. 49 - 94.

Kohäsionsmittel.[176] Wenn der Autor solche Hinweise nicht gibt, muss der Leser die Verknüpfungen durch eigene Schlussfolgerungsprozesse herstellen.

5. Das Wissen um globale Sequenzmuster und Textsorten
Ein weiterer, die Satzgrenzen überschreitender Kenntnisbereich ist das Wissen um Textualität und Textsorten. Hierzu zählt u.a. das Wissen
- um den typischen Aufbau einer Textsorte.
- um textsortenspezifische Funktionen.
- um typische Themen und Themenentfaltungen.

Dieses Wissen bezieht sich auf die globale Ordnung von Texten, die eine spezifische konventionalisierte Struktur aufweisen wie z.B. Erzähltexte, Werbetexte, Gebrauchsanweisungen, Kommentare, Gesetzestexte oder Forschungsberichte. Es wird angenommen, dass dieses Wissen von Lesern genutzt wird, um textsortenspezifische Erwartungen auszubilden, die den Leseprozess steuern.[177]

Welt- und Fachwissen
Das Lesen - insbesondere von Informationstexten - dient vornehmlich dem Wissenserwerb. Es setzt seinerseits aber auch Wissen voraus. Nur mit einem adäquaten inhaltlichen Vorwissen kann echtes Textverständnis erreicht werden. Wer z.B. einen Text über den Zusammenhang von Treibhausgasen und Klimaveränderung verstehen will, benötigt ein entsprechendes themenbezogenes Vorwissen. Durch diese Vertrautheit mit dem Thema verfügen Leser über ein „inneres" themenbezogenes Modell, in das sie neue Textinformationen einordnen und nicht explizit Mitgeteiltes verstehen bzw. erschließen können. Insgesamt ist die Bedeutsamkeit des themenbezogenen Vorwissens für die Qualität des Textverstehens sehr gut belegt.[178]

Aus der Relevanz thematischen Vorwissens für das Textverstehen folgt jedoch nicht, dass diejenigen Texte am verständlichsten sind, die ausschließlich Wissen anbieten, über das die potentiellen Leser bereits verfügen. Der Grund dafür ist, dass solche Texte dem Leser keine neuen Informationen vermitteln. Dies führt zu einer kognitiven Unterforderung und zu einer mangelnden Lesemotivation.

---

[176] Für einen Überblick vgl. Garrod/Sanford, 1994; bezogen auf die Thema-Rhema-Struktur vgl. Schnotz, 1994.
[177] Die kognitionspsychologische Textverstehensforschung spricht in diesem Zusammenhang von Superstrukturen. Die Bedeutung solcher satzübergreifender „Superstrukturen" für die Textverarbeitung findet am deutlichsten in der Theorie der „mentalen Modelle" Berücksichtigung, so z.B. in dem Situationsmodell von Kintsch/van Dijk, 1983. Die Relevanz von Superstrukturen wurde vor allem am Beispiel von Erzähltexten belegt. Einen guten Überblick über empirische Arbeiten zu diesem Thema geben Hoppe-Graff, 1984 und van den Broek, 1994.
[178] Vgl. die Zusammenfassung von Schiefele, 1996; auch Christmann/Groeben, 2003, S. 155ff.

Prozedurales Wissen

Unterschiedliche Leser haben unterschiedliche Leseziele. Manchmal möchte ein Leser nur erfahren, worum es in einem Text geht. Da kann es schon genügen, die Überschrift und den Anfang und das Ende eines Textes zu lesen. In anderen Zusammenhängen sucht ein Leser nach ganz bestimmten Informationen und „überfliegt" den Text, um zu erkennen, ob - und wenn ja - an welcher Stelle die gesuchte Information zu finden ist. Dies zeigt: Leser verfolgen Lesezwecke.[179] Der Begriff des Lesezwecks bezeichnet die Absicht des Lesers, einem Text bestimmte Informationen, Bestätigungen, Wirkungen oder Belege abzugewinnen. Man kann z.B. lesen, um
- Handlungsempfehlungen zur Lösung einer bestimmten Aufgabe zu erhalten.
- sich über etwas zu informieren, z.B. um Einzelheiten eines Sachzusammenhanges besser kennen zu lernen.
- bestehende Auffassungen zu bestätigen.
- sich zu unterhalten.
- ästhetische Erfahrungen zu machen.
- sich zu bilden.
- eine Textsorte kennen zu lernen.
- sich einen ersten Überblick über einen Text zu verschaffen.
- etwas über Absichten und Stil eines Autors zu erfahren.
- Argumente in einer strittigen Frage zu sammeln.
- eine Fremdsprache besser zu lernen.

Lesezwecke stehen in engem Zusammenhang mit dem Textsortenwissen. Nehmen wir als Beispiel einen Zeitungskommentar.[180] Ein kompetenter Leser von Zeitungskommentaren weiß,
- dass er sich in Kommentaren über ein öffentlich verhandeltes und wahrscheinlich kontroverses Thema informieren kann.
- dass er erfahren kann, was an dem jeweiligen Thema öffentlich interessant und was strittig ist.
- dass er unterschiedliche, öffentlich verhandelte Sichtweisen auf das Thema kennen lernen kann.
- dass er hier mögliche Lösungsvorschläge kennen lernen kann.
- dass unterschiedliche publizistische Organe auch unterschiedliche gesellschaftspolitische Positionen verkörpern und es daher zwischen Zeitung und Kommentarperspektive einen Zusammenhang gibt.

---

[179] Es sollte daher – auch im Unterricht – nie ohne einen vereinbarten oder einen implizierten Zweck gelesen werden.
[180] Zur kommunikativen Funktion von Zeitungskommentaren vgl. Ramge, 1994; Ramge/Schuster 2001.

Wenn ein Leser also die Textsorte „Kommentar" kennt, kann er Erwartungen ausbilden. Er weiß, welche Lesezwecke er bei der Lektüre einer solchen Textsorte verfolgen kann.

Lesezweck und Lesestil
Der Lesezweck bestimmt den Lesestil. Erfahrene und kompetente Leser haben immer mehrere Lesestile zur Verfügung. Die Fähigkeit, diese zweckbezogen auswählen und anwenden zu können, ist somit ein wichtiger Baustein der Lesekompetenz. Wir unterscheiden fünf Lesestile.[181]

1. Das orientierende Lesen
Dieser Lesestil dient dem Zweck, sich einen ersten globalen Überblick über einen Text zu verschaffen. Der Leser will erkennen, worum es in einem Text geht. Das Ziel des orientierenden Lesens ist erreicht, wenn der Leser erkannt hat, was Thema des Textes ist.

2. Das suchend-selektive Lesen
Das suchende Lesen setzt voraus, dass der Leser bereits inhaltliche Fragestellungen an den Text heranträgt. Er Leser macht sich auf die Suche, um Antworten auf seine Fragestellungen zu finden. Entsprechende Fragestellungen könnten lauten:
- Was erfahre ich im ersten Romankapitel über die Romanfiguren?
- Welche arbeitsmarktpolitischen Positionen finde ich in den Parteiprogrammen und wie werden diese Positionen begründet?
- Wie definieren verschiedene Autoren den Begriff des Zeichens? Welche Argumente für oder gegen eine gebrauchstheoretische Semantik führen sie ins Feld?
- Wie kann ich das Reinigungsprogramm dieser Kaffeemaschine starten?

Der jeweilige Fragehorizont steuert die Aufmerksamkeit des Lesers. Das suchende Lesen ist somit ein Lesen, das den Text mit Blick auf spezifische Informationsinteressen „ausbeutet".

---

[181] Zusammenhänge zwischen Lesestil und Lesezweck werden vor allem in Veröffentlichungen zur Lesedidaktik des Fremdsprachenunterrichtes hergestellt. Vgl. dazu Piepho, 1985; Lutjeharms, 1988; Stiefenhöfer, 1986; Storch, 1999. Einige kurze Hinweise zu Lesestrategien finden sich auch bei Heinemann/Heinemann, 2002, S. 171/172. Die kognitionspsychologische Forschung spricht in diesem Zusammenhang von einem „exekutiven Metawissen". Dieser Begriff bezeichnet die Fähigkeit kompetenter Leser, die Leseaktivität ziel- und aufgabenbezogen zu strukturieren. Vgl. Christmann/Groeben, 1999, S. 145 -223. Vgl. auch: Deutsches Pisa-Konsortium (Hrsg.), 2001, S. 78 – 97. In dieser Studie werden das suchende, das textbezogen-interpretierende und das kritisch-analytische Lesen mittels Lesekompetenz-Skalen untersucht.

Dem orientierenden und dem selektiven Lesen ist gemeinsam, dass die Leser möglichst schnell, also unter Ausnutzung möglichst weniger Textdaten, ihr Informationsinteresse befriedigen wollen.

3. Das textbezogen-interpretierende Lesen
Dieses Lesen zielt darauf, ein ganzheitliches Verständnis des Textes zu entwickeln. Dieses Verständnis kann unterschiedliche Detaillierungsgrade aufweisen. Das textbezogen- interpretierende Lesen kann z.B. darauf zielen,
- den Hauptgedanken des Textes und den Zusammenhang der wichtigen themenrelevanten Aussagen zu erfassen.
- den Stellenwert einzelner Textbausteine für den Gesamtzusammenhang des Textes zu verstehen.
- die Entfaltung des Themas und die Beziehung der Textbausteine zueinander zu erkennen.
- die Argumentationsführung eines Textes detailliert nachzuvollziehen.
- Thema, Handlungsstruktur und Erzählperspektive eines Romans zu erkennen.

4. Das analytisch-kritische Lesen
Dieses Lesen setzt ein umfassendes Textverständnis voraus. Der Text wird kritisch reflektiert und bewertet. Diese kritische Reflexion und Bewertung eines Textes kann sich auf sehr unterschiedliche Strukturebenen eines Textes beziehen, z.B.
- auf den Inhalt des Textes: Wie verhalten sich die zentralen Aussagen des Textes zu anderen, konkurrierenden Meinungen?
- auf die Funktion des Textes: Welche Absichten verfolgt der Autor? Ist die Absicht erkennbar? Verschleiert der Autor seine Absichten und Ziele?
- auf die sprachliche Form des Textes: Unterstützt die sprachliche Form die Verständlichkeit des Textes?
- auf den Zusammenhang unterschiedlicher Textstrukturebenen: Entsprechen die sprachliche Form und die Art der Themenbehandlung einer Rede dem öffentlichen Kommunikationszusammenhang, in dem sie steht? Erlauben Thema, Themenbehandlung, Handlungsstruktur und Erzählperspektive die Zuordnung dieses Romans zur problemorientierten Kinder- und Jugendliteratur?

Wer zu kritischem Lesen anleiten will, sollte immer auch angeben, welche der Textstrukturebenen Gegenstand eines solchen kritischen Lesens werden soll.

5. Das konzentrische Lesen
Oftmals ist eine Kombination verschiedener Lesestile sinnvoll, z.B. von der globalen Orientierung über das selektiv-suchende Lesen hin zum kritischen Lesen. Ein solches Lesen, das unterschiedliche Lesestile kombiniert, bezeichnet man als konzentrisches Lesen. Dabei werden einzelne Lesestile in eine Reihenfolgebeziehung gesetzt.[182] Das orientierende Lesen ist zumeist der Ausgangspunkt. Leser wollen zunächst wissen, worum es in einem Text geht. Obwohl man eigentlich noch nichts Genaueres weiß, aktiviert dieses erste Verstehen themenbezogene Wissensbestände. Von hier geht die Motivation aus, weiteres zu unternehmen,
- um Teilinformationen selektiv zu identifizieren und zu verstehen.
- um den Text insgesamt zu verstehen.
- um den Text kritisch zu beurteilen.

Die bisherigen Ausführungen zeigen, dass das Lesen eine komplexe Fertigkeit ist. Die Fähigkeit, Texte verstehen zu können, setzt sich aus einer Vielzahl von Teilfertigkeiten zusammen. Die Schule und schulische Leselehrgänge müssen Schüler in die Lage versetzen, diese Teilfertigkeiten so koordinieren und anwenden zu können, dass ein zweckrationales, flüssiges, die Informationsangebote und die Qualität eines Textes erfassendes Lesen gelingt.

Wir werden exemplarisch einige Übungen zum Leseverstehen vorstellen. Diesen Übungen ist gemeinsam, dass sie das Lesen selbst zum Gegenstand des Lehrens und Lernens machen.[183] Ziel der Übungen ist somit die Fähigkeit, Wissensbestände und Lesestile zweckbezogen für das Verstehen oder Erschließen von Texten nutzen zu können.

Solche Übungen zum Leseverstehen sind in der Fachliteratur nicht einheitlich systematisiert. Grundsätzlich lassen sich jedoch folgende Übungstypen und Übungsziele unterscheiden:[184]
- Übungen, die auf die Entwicklung wort- und satzbezogener Lesefertigkeiten zielen.

---

[182] Daraus folgt für den Leseunterricht: Schüler sollten lernen, dass es nicht nur **eine** richtige, **eine** hochwertige Form des Lesens gibt. Stattdessen sollten sie lernen, mit adäquaten Lesestilen ihre Lesezwecke möglichst optimal zu erreichen.
[183] Bezogen auf diese Fertigkeiten sollten Schüler metakognitive Strategien entwickeln. Dies bedeutet: Man liest besser, wenn man weiß, was man tut. Die PISA-Studie zeigt diesen Zusammenhang von Strategiewissen, Strategienutzung und Lesekompetenz auf. Artelt et al., 2001, S. 271-300.
[184] Übungstypologien, die dieses Ziel verfolgen, sind insbesondere in der Fremdsprachendidaktik entwickelt worden. Vgl. dazu die Überblicksdarstellung von Ehlers, 2003, S. 287-292.

- Übungen, die auf das Erkennen satzübergreifender Verbindungen (lokale Sequenzierung) und auf das Erkennen funktionaler Textbausteine (globale Sequenzierung) zielen.
- Übungen, die auf die Entwicklung eines flexiblen Leseverhaltens zielen. Hierzu zählt vor allem die Fertigkeit, das Leseverhalten den jeweiligen Lesezwecken anzupassen.

3.3. Wortbezogene, satzbezogene und satzübergreifende Lesefertigkeiten: Ziele und Übungsformen

Nutzung des Kontextes für die Worterschließung

Die Fähigkeit, den semantischen und syntaktischen Kontext für die Worterkennung nutzen zu können, ist bei Muttersprachlern in der Regel gut entwickelt. Dennoch können Muttersprachler auch in diesen Kenntnisbereichen erhebliche Fertigkeitsdefizite aufweisen. Die folgende Übung arbeitet mit einem Lückentext. Sie zielt auf die Fertigkeit der Schüler, den semantischen und den grammatisch-syntaktischen Kontext für das Erschließen von Wörtern und Wortfolgen nutzen zu können.

„Mann oder Frau: Wer hat sein Auto besser im Griff?
Eine Studie der Aral: Frauen verursachen weniger Unfälle als Männer.
Dpa. Frankfurt, 9. November. Es war eine wagemutige Fahrt und die Sensation schlechthin. Vor genau 100 Jahren schnappte sich Berta Benz den Wagen ihres Mannes und fuhr ohne sein Wissen mehr als 100 Kilometer von Mannheim nach Pforzheim. Das war für damalige Verhältnisse eine_____(1) "Fernfahrt", die sich bis dahin noch niemand zugetraut hatte. Das Vorurteil "Frau am Steuer - nicht geheuer " war also schon damals nicht gerechtfertigt. Eine Studie zu diesem Thema hat jetzt Aral vorgestellt. Das_____(4) ist: beide Geschlechter sind entsprechend ihrer Fahrleistungen _____(5) häufig an Unfällen beteiligt. Mann und Frau fahren - so das Ergebnis dieser Studie - gleich gut oder schlecht.
Allerdings sind Frauen weniger oft an schweren Unfällen beteiligt als ihre _____(6) Kollegen. Nun wehren sich Männer gern mit dem _____(7), die Frauen führen auch weniger. Dem _____(8) jedoch die Aralstudie: Auch im Verhältnis zur Fahrleistung ist die Beteiligung von Frauen _____(9) schweren Unfällen deutlich geringer. "[185]

---

[185] Gekürzte und veränderte Fassung eines Textes aus Westhoff 1997, S. 98f.

In einem ersten Schritt sollen die Schüler die Überschrift dazu nutzen, um Vorerwartungen zu Thema und Textsorte zu formulieren. Dies fördert die Fähigkeit des orientierenden Lesens. Anschließend lesen sie den Text mit dem Ziel, die fehlenden Wörter zu ergänzen. Folgende Fragen sind dabei für jede Wortlücke zu beantworten:
- An welcher Position im Satz steht das fehlende Wort?
- Bezieht sich das gesuchte Wort auf ein benachbartes Wort? Um welche Art von Beziehung könnte es sich handeln?
- Zu welcher Wortart könnte das fehlende Wort gehören?
- Gibt der Text Hinweise auf Art und Bedeutung des fehlenden Wortes? Welche Informationen sind dies?
- Wie könnte das fehlende Wort lauten?

Diese Fragen leiten die Schüler dazu an, den semantischen und den grammatisch-syntaktischen Kontext für ihre Voraussagen zu nutzen. Wir geben eine exemplarische Lösung zur ersten Wortlücke:
- Das gesuchte Wort steht zwischen dem Artikel *„eine"* und dem Nomen *„Fernfahrt"*.
- Zwischen Artikel und Nomen stehen zumeist Adjektive, die sich auf das nachfolgende Nomen beziehen. Adjektive, die diese Aufgabe erfüllen, sind Attribute.
- Das fehlende Wort könnte sich daher auf das Nomen *„Fernfahrt"* beziehen.
- Auf das Nomen *„Fernfahrt"* folgt ein Relativsatz. Er bezieht sich ebenfalls auf *„Fernfahrt"* und macht deutlich, dass die damalige Fahrt der Berta Benz etwas war, das sich bis dahin noch niemand zugetraut hatte. Das fehlende Adjektiv könnte etwas Ähnliches bezeichnen, z.B. dass mit der Fernfahrt ein Wagnis verbunden war, dass sie zur damaligen Zeit ungewöhnlich war.
- Mögliche Wörter, die in der Lücke stehen könnten, sind somit *„mutige"*, *„gewagte"*, *„riskante"* Fernfahrt.

Das oben angeführte Übungsbeispiel setzt voraus, dass die Schüler unterschiedliche Wortarten und syntaktische Beziehungen kennen und für die Bedeutungserschließung nutzen können. Falls solche umfassenden wort- und satzgrammatischen Kenntnisse noch nicht gegeben sind, kann man den Schwierigkeitsgrad der Übungen reduzieren. Man kann die Arbeit mit Lückentexten z.B. einschränken
- auf eine einzige syntaktische Funktion einer Wortart, etwa das attributiv gebrauchte Adjektiv und seine Funktionen in einer spezifischen Textsorte (Gebrauchsanweisungen, Werbeanzeigen oder Personencharakterisierungen).

- auf sprachliche Mittel der Koreferenz wie etwa Rekurrenz, Substitution und Proformen.
- auf Kohäsionsmittel, die logisch semantische Beziehungen zwischen Sätzen anzeigen, wie Konjunktionen, Subjunktionen, Bindeadverbien und explizit metakommunikative Formeln.

Die lokale und globale Sequenzierung eines Textes erkennen können
1. Zur lokalen Sequenzierung

Einen Text zu verstehen, heißt immer auch, die semantischen Relationen zwischen aufeinander folgenden Sätzen zu verstehen. Die thematischen und logisch-semantischen Beziehungen zwischen den einzelnen Sätzen eines Textes sind Aspekte der lokalen Sequenzierung. Um diese „flüssig" zu erschließen, müssen Leser die Kohäsionsmittel eines Textes nutzen können.

Für die Schulung dieser Fähigkeit eignen sich Übungen, in denen Schüler Einzelsätze oder Satzabschnitte in eine sinnvolle Reihenfolge bringen.

Wir geben ein Beispiel:

(1) *„Ihr Traum ist es, einmal Holzmöbel zu bauen und später eine eigene Werkstatt zu haben."*
(2) *„Elke ist sechzehn und steht kurz vor dem Realschulabschluss."*
(3) *„Ihre Mutter meint, Schreiner sei doch kein Beruf für eine junge Frau: Den ganzen Tag im Arbeitsanzug, mit Schwielen an den Händen."*
(4) *„Denn selbstständig zu sein, das ist ihr großes Ziel."*
(5) *„Und im Büro hätte sie auch Gelegenheit, einen netten Mann kennen zu lernen."*
(6) *„Ihr Vater ist der gleichen Meinung."*
(7) *„Sie weiß genau, was sie werden will."*
(8) *„Aber es gibt ein Problem: Ihre Eltern finden das gar nicht gut."*
(9) *„Deshalb schlägt er vor, Elke solle doch Bürokauffrau werden."*

Um die Reihenfolgebeziehungen der Sätze zu erkennen, müssen Schüler die sprachlichen Mittel identifizieren und nutzen, die ihnen Hinweise auf eine sinnvolle Verknüpfung geben. In dem Beispieltext findet man
- pronominale Wiederaufnahmen: *„Elke", „sie", „ihr Traum", „Vater", „er"*.
- Rekurrenz: *„Büro", „Bürokauffrau"*.
- Konjunktionen: *„denn", „aber", „und"*.
- Bindeadverbien: *„deshalb"*.
- Substitution durch Verwendung von Ober- und Unterbegriffen: *„Eltern", „Mutter", „Vater", „Beruf", „Schreiner", Bürokauffrau"*.
- Bedeutungsähnlichkeit: *„selbständig", „eigene (Werkstatt)", „(etwas nicht gut) finden", „meinen", „Meinung"*.

Bei der Lösung dieser Aufgabe sollen die Schüler erkennen, dass die Kohäsionsmittel wichtige Wegweiser des Textverstehens sind. Zu diesem Zweck
- unterstreichen sie die sprachlichen Mittel, die ihnen - Satz für Satz - entscheidende Hinweise für die Lösung der Aufgabe gegeben haben.
- beschreiben sie den Satzzusammenhang, den das jeweilige sprachliche Mittel anzeigt.
- klassifizieren sie die identifizierten und beschriebenen Kohäsionsmittel.

Eine sinnvolle Satzfolge könnte lauten:
(2) *„Elke ist sechzehn und steht vor dem Realschulabschluss."*
(7) *„Sie weiß genau, was sie werden will."*
(1) *„Ihr Traum ist es, einmal Holzmöbel zu bauen und später eine eigene Werkstatt zu haben."*
(4) *„Denn selbständig zu sein, das ist ihr großes Ziel."*
(8) *„Aber es gibt ein Problem: Ihre Eltern finden das gar nicht gut."*
(3) *„Ihre Mutter meint, Schreiner sei doch kein Beruf für eine junge Frau: Den ganzen Tag im Arbeitsanzug, mit Schwielen an den Händen."*
(6) *„Ihr Vater ist der gleichen Meinung."*
(9) *„Deshalb schlägt er Elke vor, Bürokauffrau zu werden."*
(5) *„Und im Büro hätte sie auch Gelegenheit, einen netten Mann kennen zu lernen."*

2. Zur globalen Sequenzierung
Für das Erkennen des globalen Textaufbaus, also die Abfolge funktionaler Textbausteine, sind ähnliche Übungsformen sinnvoll.
- Die Schüler erhalten die einzelnen Abschnitte eines Textes. Ihre Aufgabe besteht darin, eine angemessene Reihenfolge zu rekonstruieren und diese Reihenfolge - unter Verweis auf Kohäsionsmittel und inhaltlich-thematische Aspekte (Themenentfaltung) - zu begründen.
- Die Schüler erhalten einen Text, der keinerlei Gliederungsmerkmale und Zwischenüberschriften aufweist. Ihre Aufgabe besteht darin, den Text in Textabschnitte zu gliedern und die gewählte Gliederung anhand von sprachlichen und inhaltlichen Merkmalen zu begründen.
Diese Übungsformen lenken die Aufmerksamkeit der Schüler auf die sprachlichen Mittel des Themenmanagements, führen ihnen sprachliche Form und Funktion dieser Mittel vor Augen und schulen die Fertigkeit, diese Mittel bei der Textlektüre zu nutzen.

3.4. Die Fähigkeit zu flexiblem Leseverhalten: Ziele und Übungsformen

Schüler sollen lernen, den Lesestil dem jeweiligen Lesezweck anzupassen. Daher stellen wir im Folgenden exemplarisch einige Übungsformen vor, die zu einem zweckrationalen und flexiblen Leseverhalten anleiten können.

Zeitungsberichte: selektiv-suchendes und analytisch-kritisches Lesen
Schüler erhalten Überschriften zu Zeitungsartikeln. Sie lesen die Überschriften und formulieren Informationsfragen, die sie aus den Überschriften ableiten. Die Formulierung solcher Leitfragen zwingt die Schüler dazu, die ansonsten eher impliziten Vorerwartungen an Text und Textinhalt explizit zu benennen. Die formulierten Fragen bilden dann den Leitfaden für das selektiv-suchende Lesen.
- Selektiv-suchendes Lesen: Der Text wird – unter Zeitvorgabe – daraufhin befragt, ob er die erwarteten Informationen enthält. Die Antworten, die der Text auf die zuvor formulierten Fragen gibt, werden unterstrichen und später schriftlich festgehalten.
- Kritisch-analytisches Lesen: Das kritisch-analytische Lesen könnte eine kritische Würdigung des Zusammenhanges von Überschrift und Text zum Thema haben. Zu diesem Zweck sollen die Schüler zu folgenden Fragen Thesen formulieren und begründen.
  - Thema und Überschrift: Wird die Überschrift der Bedeutung und der Relevanz des Themas gerecht?
  - Leseinteresse und Überschrift: Ist die Überschrift in der Lage, das Interesse der Leser zu wecken?
  - Textinformation und Überschrift: Entspricht das Informationsangebot des Textes den Informationsbedürfnissen, die durch die Überschrift evoziert worden sind?

Positive wie negative Kritik am Titel muss mit Textbelegen begründet werden. Abschließend können Verbesserungsvorschläge für Überschrift oder Text formuliert werden.

Selektiv-suchendes Lesen: Vom Zeitungsbericht zur Zeitungsmeldung
Aus einem detaillierten Zeitungsbericht sollen die Informationen herausgearbeitet werden, die für eine kurze Zeitungsmeldung wichtig sind. Dies erfordert die Formulierung von Informationsfragen und ein selektiv-suchendes Lesen, das auf die Beantwortung dieser Fragen zielt. Die Übung setzt folgendes Textsortenwissen voraus:
- Eine Zeitungsmeldung ist eine journalistische Textsorte, die überwiegend Faktenwissen über Ereignisse vermittelt.

Eine Meldung teilt mit,
- was sich ereignet hat.
- wo sich etwas ereignet hat.
- wann sich etwas ereignet hat.
- wer an dem Ereignis beteiligt war.

- Der Bericht unterscheidet sich von der Meldung darin, dass in ihm - zusätzlich zum Faktenwissen - Hintergrundwissen vermittelt wird. Daher wird im Bericht auch mitgeteilt
  - wie ein Ereignis verlaufen ist und wie Einzelaspekte des Ereignisses zusammenhängen.
  - welche Ursachen und Folgen das Ereignis hat oder haben könnte.
  - in welchen größeren Zusammenhängen das Ereignis steht.

Verfügen die Schüler über dieses Textsortenwissen, können sie die entsprechenden Leitfragen (W-Fragen) selbst formulieren und diese zur Grundlage ihres selektiv-suchenden Lesens machen. Verfügen sie nicht über dieses Wissen, muss der Lehrer die Fragen vorgeben.

Die Schüler lesen den Bericht und unterstreichen nur diejenigen Textstellen, die auf die W-Fragen zur Zeitungsmeldung antworten. Bei dieser Übung lernen die Schüler,
- dass das suchend-selektive Lesen konkrete Fragestellungen voraussetzt.
- wie man Leitfragen zu einem Text zu formuliert.
- wie man die gesuchten Informationen im Text identifiziert. Sie lernen nach Kernwörtern und/oder Referenzketten zu suchen, Anfangs- und Schlusssätze von Abschnitten besonders zu beachten, u.a.m.

Die Übung vermittelt - über den Lernzielbereich des selektiven Lesens hinaus - ein Textsortenwissen über Zeitungsberichte und Zeitungsmeldungen. Die Schüler lernen, dieses Wissen um die Struktur einer Textsorte für das orientierende oder selektiv-suchende Lesen zu nutzen. Sie erfahren,
- dass die Überschrift und der Untertitel eines Berichts erste Informationen zum Thema des Textes geben.
- dass der erste Textabschnitt eines Berichts Antworten auf das „Wer?", „Was?", „Wann?" und „Wo?" gibt.
- dass der weitere Text Hintergrundinformationen liefert.

Vom selektiv-suchenden zum textbezogen-interpretierenden Lesen
Die folgende Übung hat das selektiv-suchende und das textbezogen-interpretierende Lesen zum Ziel. Textgrundlage ist eine kleine literarische Erzählung von Peter Bichsel. Die Lektüre-Aufgabe wird durch eine Textschablone entlastet.[186] Diese strukturiert den Text, fokussiert die Aufmerksamkeit der Schüler auf spezifische Textinformationen und leitet zu einem selektiv-suchenden Lesen an.

„San Salvador"[187]
Er hatte eine Füllfeder gekauft.
Nachdem er mehrmals seine Unterschrift, dann seine Initialen, seine Adresse, einige Wellenlinien, dann die Adresse seiner Eltern auf ein Blatt gezeichnet hatte, nahm er einen neuen Bogen, faltete ihn sorgfältig und schrieb: „Mir ist es hier zu kalt", dann, „ich gehe nach Südamerika", dann hielt er inne, schraubte die Kappe auf die Feder, betrachtete den Bogen und sah, wie die Tinte eintrocknete und dunkel wurde (in der Papeterie garantierte man, dass sie schwarz werde), dann nahm er seine Feder erneut zur Hand und setzte noch großzügig seinen Namen Paul darunter.
Dann saß er da.
Später räumte er die Zeitungen vom Tisch, überflog dabei die Kinoinserate, dachte an irgendetwas, schob den Aschenbecher beiseite, zerriss den Zettel mit den Wellenlinien, entleerte seine Feder und füllte sie wieder. Für die Kinovorstellung war es jetzt zu spät.
Die Probe des Kirchenchores dauerte bis neun Uhr, um halb zehn würde Hildegard zurück sein. Er wartete auf Hildegard. Zu allem Musik aus dem Radio. Jetzt drehte er das Radio ab.
Auf dem Tisch, mitten auf dem Tisch, lag nun der gefaltete Bogen, darauf stand in blauschwarzer Schrift ein Name Paul.
„Mir ist hier kalt", stand auch darauf.
Nun würde also Hildegard heimkommen, um halb zehn. Es war jetzt neun Uhr. Sie läse seine Mitteilung, erschräke dabei, glaubte das mit Südamerika nicht, würde dennoch die Hemden im Kasten zählen, etwas müsste ja geschehen sein.
Sie würde in den „Löwen" telefonieren.
Der „Löwen" ist mittwochs geschlossen.
Sie würde lächeln und verzweifeln und sich damit abfinden, vielleicht.

---

[186] Textschablonen sind Strukturskizzen von Texten. Sie bieten vielfältige Möglichkeiten, den inhaltlichen und formalen Aufbau eines Textes oder einer Textsorte zu didaktischen Zwecken kenntlich zu machen. Zudem erleichtern sie die Orientierung im Text und somit auch die - in den jeweiligen Übungen geforderte - Textarbeit. Vgl. dazu Piepho, 1988, S. 383-394.
[187] Bichsel, 1964.

Sie würde sich mehrmals die Haare aus dem Gesicht streichen, mit dem Ringfinger der linken Hand beidseitig der Schläfe entlang fahren, dann langsam den Mantel aufknöpfen.
Dann saß er da, überlegte, wem er einen Brief schreiben könnte, las die Gebrauchsanweisung für den Füller noch einmal - leicht nach rechts drehen -, las auch den französischen Text, verglich den englischen mit dem deutschen, sah wieder seinen Zettel, dachte an Palmen, dachte an Hildegard.
Saß da.
Und um halb zehn kam Hildegard und fragte: „Schlafen die Kinder?"
Sie strich sich die Haare aus dem Gesicht."

- Thema der Geschichte ist der Konflikt „Fortgehen oder Bleiben". Dieser Konflikt hat seine Ursache in dem Gegensatz zwischen der konkreten Lebenssituation des Protagonisten, seinem monotonen Alltag und dem Wunschtraum eines Lebens in Wärme. Diese den Text bestimmende Polarität zwischen „Fortgehen" und „Bleiben" strukturiert auch die Schablone.

Die Textschablone:

Was will der Mann? Was tut er?	Warum?	Welche Textstellen belegen das?	Warum taugt die Textstelle als Beleg?
Ein Mann will fortgehen.	- Wegen des gleichförmigen und monotonen Alltags. - Wegen der Langeweile. - Weil er sich einen Traum erfüllen will. - Wegen der Kälte, die er zu Hause verspürt.		
Dennoch bleibt er.	- Aus Schwäche. - Aus Vertrautheit mit seiner Frau. - Aus Pflichtbewusstsein. - Aus Angst. - Aus Bequemlichkeit. - Wegen lieb gewonnener Gewohnheiten. - etc.		

Die Aufgabe der Schüler besteht darin,
- den Text selektiv-suchend zu lesen.
- diejenigen Textstellen zu markieren, die als Belegstellen für die in der Schablone angeführten Motive fungieren können.
- diese Textstellen in die Schablone einzutragen.
- explizit zu begründen, warum die jeweilige Textstelle als Beleg fungieren kann.

Die Ergebnisse des selektiv-suchenden Lesens werden in die Schablone eingetragen. Sie können im Unterrichtsverlauf als Prüffläche für weitere Deutungsschritte und Interpretationen dienen. Dazu können folgende Aufgabenstellungen anleiten:
- Lies deine Anmerkungen noch einmal durch.
- Fasse kurz zusammen, warum der Mann gehen will und warum er dennoch bleibt.
- Beschreibe den Konflikt, in dem der Mann steht.
- Löst der Mann den Konflikt?
- Wenn ja, in welcher Weise löst er den Konflikt?
- Finde im Text weitere Hinweise für die Richtigkeit deiner Deutung.
- Gibt es sprachliche Hinweise im Text, die andere oder ergänzende Deutungen nahe legen?

Diese Fragen leiten über zu einem textbezogen-interpretierenden Lesen. Weitere Merkmale des Textes werden dabei in die erste Deutung eingeordnet oder zu einer Revision der Deutung genutzt.

Orientierendes, suchendes, textbezogen-interpretierendes und kritisches Lesen

Der folgende Übungstext ist die Zusammenfassung einer empirischen Studie.[188] Wir benutzen erneut eine Textschablone.

Text	Welche Funktion hat der Textbaustein? Worum geht es?	Was sind die wichtigsten Informationen?
Mit der im Sommer 2000 durchgeführten Welle der ARD/ZDF-Langzeitstudie Massenkommunikation liegen Daten aus drei Jahrzehnten über die Nutzung und Bewertung der Medien durch die Bundesbürger vor. Der Beitrag stellt Langzeittrends von 1970 bis		

---

[188] van Eimeren/Ridder, 2001, S. 587.

2000 dar. Er schließt an den Ergebnisbericht „Massenkommunikation 2000" in Media Perspektiven 3/2001 an. Wie bei allen Langzeitstudien mussten bei der Fortschreibung der Befunde über die betrachteten sieben Erhebungswellen inhaltliche und methodische Brüche in Kauf genommen werden.

    Das Fernsehen erlitt in den vergangenen 30 Jahren deutliche Bindungsverluste, die seine Entwicklung weg vom Besonderen hin zum Alltäglichen widerspiegeln. Daher überrascht nicht, dass es trotz dieser Verluste erheblich intensiver genutzt wird als früher. Insbesondere seit 1990 ist ein starker Anstieg an Reichweite und Sehdauer zu verzeichnen, wobei der Nutzungszuwachs vor allem tagsüber bis zum späten Nachmittag stattfand. Dennoch bleibt es im Medienalltag der Bürger ein Freizeitmedium, dessen Hauptnutzungszeit am Abend liegt.

    Der Hörfunk konnte dagegen sowohl an Bindung als auch an Reichweite und Hördauer deutlich hinzugewinnen. Die oft genannte ‚Renaissance' des Hörfunks beginnt schon 1970 und ist auf den Funktionswandel des Radios zum Tagesbegleiter in und außerhalb der Freizeit zurückzuführen.

    Die Tageszeitung verliert bei konstanter Bindung an Reichweite, aber nicht an Lesedauer. Es lesen weniger Menschen Zeitung, dafür aber umso länger. Auch Bücher und Zeitschriften, die seit 1980 mit erhoben wurden, verzeichnen eine konstante Nutzungsdauer. Im Multimediazeitalter wird also nicht weniger gelesen, der Zeitaufwand für die gedruckten Medien steigt allerdings trotz des Angebotswachstums nicht.

    Vergleichsweise niedrig ist auch der Zeitaufwand für die zeitautonom nutzbaren auditiven und visuellen Speichermedien (CD, Video, Internet).

Im seit 1980 um 45 % gewachsenen Gesamtzeitbudget der Bundesbürger für Mediennutzung können sich Fernsehen und Hörfunk mit bis heute nahezu konstanten Anteilen als die dominierenden Medien behaupten, vermutlich weil sie als „Allround-Medien" auch unter sich wandelnden gesellschaftlichen Bedingungen weiterhin zentrale Informations- und Unterhaltungsbedürfnisse der Menschen befriedigen.

Die Textschablone veranschaulicht den prototypischen Aufbau eines solchen Textes in
- Einführung in Thema und Methode,
- Ergebnisdarstellung,
- zusammenfassende Wertung.

Die Schablone umfasst drei Spalten:
- In der ersten Spalte sind die Textbausteine des Originaltextes im Wortlaut abgedruckt.
- Die zweite Spalte ist leer. Hier sollen die Schüler die kommunikative Funktion und die Teilthemen des jeweiligen Textbausteins benennen.
- Die dritte Spalte ist ebenfalls leer. In dieser Spalte sollen die Schüler die wichtigsten Informationen des jeweiligen Textbausteins zusammenfassen.

Die von den Schülern ausgefüllte Textschablone könnte wie folgt aussehen:

Text	Welche Funktion hat der Textbaustein? Worum geht es?	Was sind die wichtigsten Informationen?
Mit der im Sommer 2000 durchgeführten Welle der ARD/ZDF-Langzeitstudie Massenkommunikation liegen Daten aus drei Jahrzehnten über die Nutzung und Bewertung der Medien durch die Bundesbürger vor. Der Beitrag stellt Langzeittrends von 1970 bis 2000 dar. Er schließt an den Ergebnisbericht „Massenkommunikation 2000" in Media Perspektiven 3/2001 an. Wie bei allen Langzeitstudien mussten bei der Fortschreibung der Befunde über die betrachteten sieben Erhebungswellen inhaltliche und methodische Brüche in Kauf genommen werden.	**Funktion des Textes:** Einführung in das Thema. **Gegenstand des Textes:** Langzeitstudie zum Thema „Massenkommunikation"	- Langzeittrends der Mediennutzung seit 1970 - Hinweis auf Methode
Das Fernsehen erlitt in den vergangenen 30 Jahren deutliche Bindungsverluste, die seine Entwicklung weg vom Besonderen hin zum Alltäglichen widerspiegeln. Daher überrascht nicht, dass es trotz dieser Verluste erheblich intensiver genutzt wird als früher. Insbesondere seit 1990 ist ein starker Anstieg an Reichweite und Sehdauer zu verzeichnen, wobei der Nutzungszuwachs vor allem tagsüber bis zum späten Nachmittag stattfand. Dennoch bleibt es im Medienalltag der Bürger ein Freizeitmedium, dessen Hauptnutzungszeit am Abend liegt.	**Funktion:** Ergebnisdarstellung **Gegenstand:** Fernsehen	- Bindungsverluste - Reichweite steigend insbesondere seit 1990 - Nutzungszuwachs tagsüber

Der Hörfunk konnte dagegen sowohl an Bindung als auch an Reichweite und Hördauer deutlich hinzugewinnen. Die oft genannte ‚Renaissance' des Hörfunks beginnt schon 1970 und ist auf den Funktionswandel des Radios zum Tagesbegleiter in und außerhalb der Freizeit zurückzuführen.	**Gegenstand:** Hörfunk	- Bindung und Reichweite konstant - der Tagesbegleiter inner- und außerhalb der Freizeit
Die Tageszeitung verliert bei konstanter Bindung an Reichweite, aber nicht an Lesedauer. Es lesen weniger Menschen Zeitung, dafür aber umso länger. Auch Bücher und Zeitschriften, die seit 1980 mit erhoben wurden, verzeichnen eine konstante Nutzungsdauer. Im Multimediazeitalter wird also nicht weniger gelesen, der Zeitaufwand für die gedruckten Medien steigt allerdings trotz des Angebotswachstums nicht.	**Gegenstand:** Tageszeitung/Buch	- konstante Bindung und Nutzungsdauer - leichte Reichweitenverluste - Im Multimediazeitalter wird nicht weniger gelesen
Vergleichsweise niedrig ist auch der Zeitaufwand für die zeitautonom nutzbaren auditiven und visuellen Speichermedien (CD, Video, Internet).	**Gegenstand:** Speichermedien	- Vergleichsweise geringer Zeitaufwand
Im seit 1980 um 45 % gewachsenen Gesamtzeitbudget der Bundesbürger für Mediennutzung können sich Fernsehen und Hörfunk mit bis heute nahezu konstanten Anteilen als die dominierenden Medien behaupten, vermutlich weil sie als ‚Allround-Medien' auch unter sich wandelnden gesellschaftlichen Bedingungen weiterhin zentrale Informations- und Unterhaltungsbedürfnisse der Menschen befriedigen.	**Funktion:** Zusammenfassung **Gegenstand:** Die Medien im Vergleich.	- Fernsehen und Hörfunk als die dominierenden Medien, da Allround - Medien

Bei der Bearbeitung der Aufgabe lernen die Schüler, unterschiedliche Lesestile anzuwenden.

- Orientierendes Lesen, um Textfunktion und Textgegenstand zu erkennen: Die Schüler lesen den ersten Textbaustein und unterstreichen die relevanten Textstellen. Funktion und Gegenstand des ersten Textbausteins werden in Stichworten in die zweite Spalte eingetragen. Erste Informationserwartungen werden als Fragen formuliert.

- Suchendes und orientierendes Lesen:
Die Schüler lesen die nachfolgenden Absätze, erschließen deren Funktion und Teilthemen und benennen sie in der zweiten Spalte. Die Schüler haben nun einen ersten globalen Überblick über den Text gewonnen.

- Suchendes und textbezogen-interpretierendes Lesen:
  Die Schüler kennen nun das Hauptthema, die Themenentfaltung und den funktionalen Textaufbau. Die weitere Lektüre ist von folgender Leitfrage geprägt: Was erfahren wir über die einzelnen Medien? Die Schüler lesen den Text erneut und fassen in der dritten Spalte die wichtigsten Informationen zusammen.

- Kritisches Lesen:
  Das kritische Lesen kann sich mit unterschiedlichen Aspekten des Textes befassen. Es kann sich z.B. beziehen
  - auf das Informationsangebot des Textes.
  - auf die Gliederung und Ordnung des Textes.
  - auf die Textgestaltung.

  Folgende Fragen können zu einem solchen kritischen Lesen anleiten:
  - Gibt dir der Text die Informationen, die du erwartet hast?
  - Welche wichtigen Informationen fehlen aus deiner Sicht? Begründe, warum diese Informationen wichtig sein könnten.
  - Stimmen die Daten zur Mediennutzung mit den Ergebnissen anderer Studien überein? Vergleiche den Text mit anderen Studien.
  - Ist das Thema inhaltlich plausibel entfaltet? Welche Gliederungsschritte erscheinen Dir sinnvoll, welche nicht? Begründe.
  - Ist der Text übersichtlich gestaltet? Welche Mittel des Themenmanagement sind gut, welche schlecht eingesetzt?

Über die Schulung der Lesefertigkeiten hinaus entwickeln die Schüler in der Textarbeit ein textsortenbezogenes Wissen. Sie lernen den prototypischen Aufbau der jeweils behandelten Textsorte kennen und nutzen ihn für die Verwirklichung ihrer Leseziele.

Leseübungen mit Textschablonen sind auf vielfältige Textsorten anwendbar, z.B. Erzählungen, Protokolle, Gebrauchsanweisungen oder Lehrbuchtexte. Gut geeignet sind Textexemplare solcher Textsorten, die eine klare Strukturierung aufweisen.

Graphische Schemata und ganzheitlich-interpretierendes Lesen
Einen Text zu verstehen, heißt, seine inhaltliche Struktur zu erkennen. Ein ganzheitliches Textverstehen zeigt sich daher in der Fähigkeit, die Bezüge zwischen den wichtigsten Textaussagen schematisch darstellen zu können. Eine solche graphische Darstellung veranschaulicht dann die inhaltliche Struktur eines

Textes.[189] In Leselehrgängen kann man solche graphischen Schemata auch dazu nutzen, Schüler zu einem ganzheitlichen Textverstehen anzuleiten.

Das ausgewählte Textbeispiel gehört zur Textsorte der Beschreibung. Es hat den Verlauf einer Tarifverhandlung zum Thema.

Spielregeln von Tarifverhandlungen

Bevor die alten Tarifverträge auslaufen, müssen neue Verträge geschlossen werden. Daher beginnen Gewerkschaften und Arbeitgeber eine neue Tarifverhandlung vor Ablauf der geltenden Tarifverträge. Thema der Verhandlungen sind in der Regel höhere Löhne und/oder veränderte Arbeitsbedingungen. Diese Verhandlungen folgen bestimmten Spielregeln.

Die Tarifverhandlungen beginnen mit einer ersten Zusammenkunft der Tarifparteien. Sie formulieren ihre Forderungen und Angebote und suchen Einigungsmöglichkeiten. Wenn die Parteien zu weit auseinander liegen und eine Einigung nicht absehbar ist, sind sie oft begleitet von gezielten Warnstreiks. Die Gewerkschaften wollen so ihren Forderungen Nachdruck verleihen.

Wenn eine Einigung gelingt, kommt es zu einem neuen Tarifvertrag. Finden die Tarifparteien hingegen keinen Kompromiss, so erklärt eine der Parteien das Scheitern der Verhandlungen. In einem solchen Fall ist es dann möglich, einen neutralen Schlichter einzuschalten. Dessen Aufgabe besteht darin, in einem Schlichtungsverfahren die Kompromissbereitschaft der Parteien auszuloten und einen Vorschlag zu unterbreiten, der für beide Parteien noch annehmbar ist.

Allerdings kann das Schlichtungsverfahren auch scheitern.

Wird der Streik gebilligt, - und das ist meist der Fall - dann wird in ausgewählten Betrieben und Regionen gestreikt. Das bedeutet: Die Gewerkschaftsmitglieder legen ihre Arbeit nieder. Dem Streik können die Arbeitgeber gezielte Aussperrungsmaßnahmen entgegensetzen, um mehr Druck gegenüber den Streikenden zu erzeugen. Wie lange dieses Wechselspiel von Streik und Aussperrung dauert, lässt sich nicht vorhersagen. Das hängt zum einen davon ab, wie weit Forderungen und Angebote auseinander liegen. Zum anderen ist dies natürlich eine Frage der Streikkasse, die der Gewerkschaft zur Verfügung steht, und der Streikbereitschaft der Mitglieder.

Nach einer gewissen Zeit nehmen die Tarifparteien die Verhandlungen wieder auf. In der Regel kommt es dann auch zu einer Einigung. Diese Einigung muss u.a. von den Gewerkschaftsmitgliedern in einer Urabstimmung gebilligt werden. Wenn diese dem erzielten Kompromiss zustimmen, ist der Streik beendet. Die Einzelheiten des Kompromisses werden vertraglich fixiert. Der neue Tarifvertrag ist – nach Unterschrift der Parteien – vereinbart und tritt zu einem festgelegten Zeitpunkt in Kraft.

---

[189] Vgl. Kast, 1999.

Das Gedankengerüst einer solchen Verlaufsbeschreibung ist recht gut in der Form eines Fluss- bzw. Verlaufsdiagramms darzustellen. Ein solches Diagramm hat folgende Struktur:
Einzelne Kästen symbolisieren die jeweiligen Verfahrensschritte, hier die eines Tarifkonfliktes. Pfeile verbinden diese Kästen. Sie sind z. T. durch die Symbole (+) und (-) gekennzeichnet.
- Ein unmarkierter Pfeil bedeutet: (a) führt zu (b).
- Ein mit (+) markierter Pfeil bedeutet: Wenn (a) erfolgreich, dann führt dies zu (b).
- Ein mit (-) markierter Pfeil bedeutet: Wenn (a) nicht erfolgreich führt das zu (b).

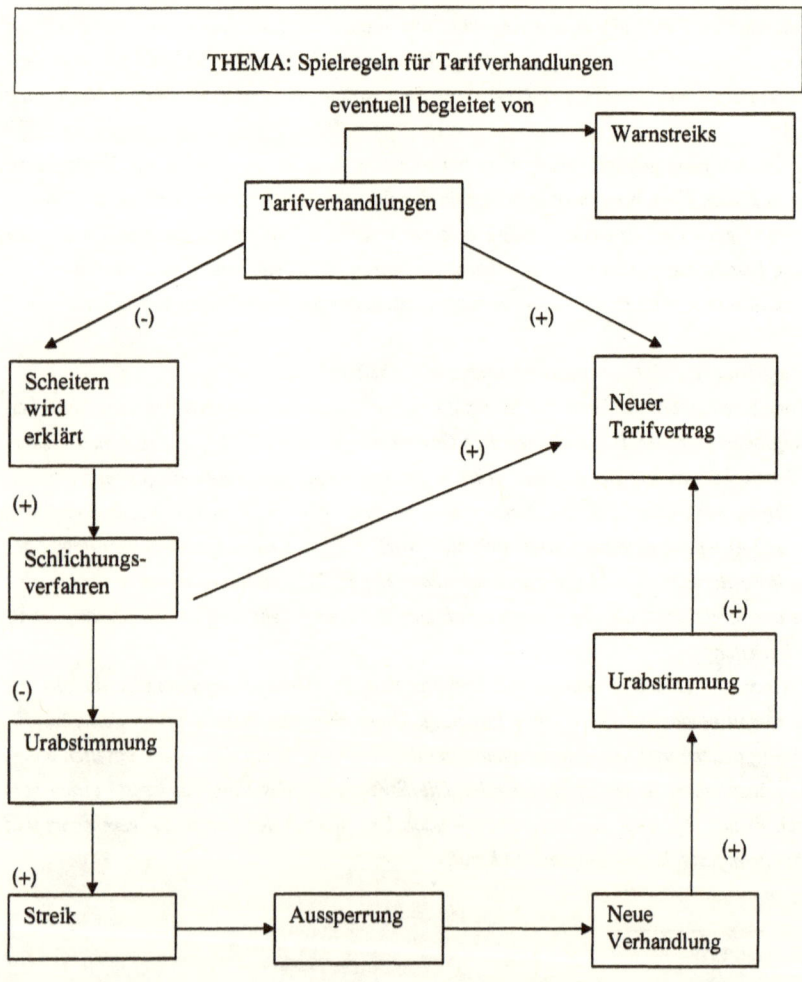

Die Schüler erhalten den Text und ein „leeres", noch nicht ausgefülltes Flussdiagramm. Dieses gibt lediglich Hinweise auf die Relationen, die zwischen den noch unbekannten Hauptgedanken des Textes bestehen. Die inhaltliche Substanz dieser Hauptgedanken müssen die Schüler lesend erschließen. Die Aufgabe besteht also darin, die Hauptaussagen des Textes zu erfassen und in das leere Diagramm einzutragen. Ein auf den Beispieltext bezogenes und von den Schülern ausgefülltes Flussdiagramm könnte wie das voran stehende aussehen.

Für eine solche Bearbeitung der Aufgabe sind verschiedene Lesestile erforderlich.
- Orientierendes Lesen: Zunächst lesen die Schüler den ersten Textabschnitt und formulieren eine Hypothese zum Thema des Textes. Die Thema-Formulierung tragen sie in den „Thema-Kasten" ein.
- Ganzheitlich-interpretierendes Lesen: Im weiteren Verlauf strukturiert das Flussdiagramm den Leseprozess. Die Schüler lesen den Text Abschnitt für Abschnitt und füllen die Kästen des Diagramms aus. Dabei unterstreichen sie diejenigen Textstellen,
    - die die Hauptgedanken des Textabschnittes bezeichnen.
    - die die Beziehung zwischen den Hauptgedanken deutlich machen.
  Dies sind u.a.
- Textstellen, an denen ein neuer Textgegenstand eingeführt wird, etwa gekennzeichnet durch den Gebrauch des unbestimmten Artikels wie bei *„ein neutraler Schlichter", „ein Schlichtungsverfahren", „eine Einigung"*, etc.
- Referenzketten, die die Beibehaltung eines Themas anzeigen. Eine der Referenzketten lautet: *„Tarifparteien", „Tarifverhandlungen", „Tarifverträge"*.
- Kohäsionsmittel, die logische semantische Beziehungen zwischen den Hauptgedanken des Textes anzeigen.
- Absätze, Teilüberschriften.

Die Fähigkeit, solche Indikatoren nutzen zu können, ist eine wichtige Teilkompetenz des ganzheitlich-interpretierenden Lesens. Die Schüler lernen,
- sprachliche wie paraverbale Kohäsionsmittel zu identifizieren.
- Kohäsionsmittel zur Orientierung im Text zu nutzen.
- wichtige Informationen von unwichtigen zu trennen.
- die wichtigsten Teilschritte der thematischen Entfaltung auf den Begriff zu bringen.
- die Hauptinformationen eines Textes zu ordnen und zueinander in Beziehung zu setzen.
- den Inhalt eines Textes graphisch-visuell darzustellen.

Solche Diagramme können für die verschiedensten Leseaufgaben genutzt werden. Die Struktur der jeweils verwendeten Diagramme ist abhängig von Thema und Funktion des Übungstextes.

Literaturverzeichnis

Agricola, E.: Semantische Relationen im Text und im System. Halle, 1969.

Altmann, G.T.M./Steedman, M.: Interaction with context during human sentence processing. In: Cognition 30/1988, S. 191-238.

Arnold, H. L. et al. (Hrsg.): Grundzüge der Literaturwissenschaft. München 1996.

Augst, G.: Der Buchstabe. In: Drosdrowski, G. (Hrsg.): DUDEN. Grammatik der deutschen Gegenwartssprache. Mannheim, Wien, Zürich, ^{4}1984, S. 59 – 87.

Augst, G./Simon, H./Wegner, I.: Wissenschaft im Fernsehen - verständlich? Frankfurt/M. 1985.

Austin, J. L.: Zur Theorie der Sprechakte (How to do things with words). Deutsche Bearbeitung: Savigny, E. von, Stuttgart 1972.

Bachmann, I.: „Auf der obersten Terrasse". In: Moser, I./Bachmann, H./Moser, Chr. (Hrsg.): Ingeborg Bachmann: Ich weiß keine bessere Welt. Unveröffentlichte Gedichte. München, Zürich 2000.

Bartlett, F.C.: Remembering. A Study in Experimental and Social Psychology. Cambridge 1932.

Baurmann, J./Ludwig, O.: Schreiben: Texte und Formulierungen überarbeiten. In: Praxis Deutsch, H 137/1996, S. 13-22.

Baurmann, J./Eisenberg, P./Kempcke, G.: Wörterbücher und ihre Nutzung. In: Praxis Deutsch, H 182/2001, S. 4-13.

Bausch, K. et al. (Hrsg.): Handbuch Fremdsprachenunterricht. Weinheim, Basel ^{4}2003.

Becker-Mrotzek, M.: Schreibentwicklung und Textproduktion. Opladen 1997.

Beißwenger, M. (Hrsg.): Chat-Kommunikation. Stuttgart 2001.

Berkemeier, A./Hoppe, A. (Hrsg.): Grammatik und Grammatikunterricht. Mitteilungen des Deutschen Germanistenverbandes 1/2001, Bielefeld 2001.

Bichsel, P.: Eigentlich möchte Frau Blum den Milchmann kennenlernen. Olten/Freiburg 1964.

Biere, B. U.: Verständlich-Machen. Tübingen 1989.

Bierwisch, M.: Schriftstruktur und Phonologie. Probleme und Ergebnisse der Psychologie. In: Bransford, J. D. et al.: Sentence Memory. A Constructive Versus Interpretative Approach. Cognitive Psychology 3/1972, S. 193 - 203.

Bonfadelli, H.: Leser und Leseverhalten heute - Sozialwissenschaftliche Buchlese(r)forschung. In: Franzmann, B. et al. (Hrsg.): Handbuch Lesen. 1999, S. 86 -144.

Boueke, D.: Reflexion über Sprache. In: Hopster, N. (Hrsg.): Handbuch Deutsch für Schule und Hochschule. Sekundarstufe I. Paderborn 1984, S. 334-372.

Brinker, K.: Zum Textbegriff in der heutigen Linguistik: In: Sitta, H. et al. (Hrsg.): Studien zur Texttheorie und zur deutschen Grammatik. Düsseldorf 1973.

Brinker, K.: Linguistische Textanalyse. Eine interdisziplinäre Einführung. Berlin ⁴1997.

Brinker, K. et al. (Hrsg.): Text- und Gesprächslinguistik. Berlin, New York 2000.

Bucher, H.-J.: Pressekommunikation. Grundstrukturen einer öffentlichen Form der Kommunikation aus linguistischer Sicht. Tübingen 1986.

Buzan, Th./Buzan, B.: Das Mind-Map-Buch. Die beste Methode zur Steigerung Ihres geistigen Potentials. Landsberg a. Lech. 1996.

Carrol, L.: Alice hinter den Spiegeln. Ulm 1974.

Christmann, U.: Modelle der Textverarbeitung: Textbeschreibung als Textverstehen. Münster 1989.

Christmann, U./Groeben, N.: Psychologie des Lesens. In: Franzmann, B. et al. (Hrsg.): Handbuch Lesen. München 1999, S. 145-223.

Christmann, U.: Aspekte der Textverarbeitungsforschung. In: Brinker, K. et al. (Hrsg.): Text- und Gesprächslinguistik. Berlin, New York 2000.

Christmann, U./Groeben, N.: Anforderungen und Einflussfaktoren bei Sach- und Informationstexten. In: Groeben, N./Hurrelmann, B. (Hrsg.): Lesekompetenz. Weinheim/München 2002, S. 150-174.

Chrystal, D.: Die Cambridge Enzyklopädie der Sprache. Köln 1998.

Clement, D.: Linguistisches Grundwissen. Opladen 1996.

Coltheart, M.: Lexical access in simple reading tasks. In: Underwood, G. (Hrsg.): Strategies of information processes. London 1978.

Dehn, M. et al.: Lesesozialisation, Literaturunterricht und Leseförderung. In: Franzmann et al. (Hrsg.): Handbuch Lesen. München 1999, S. 568-639.

Deutsches PISA-Konsortium (Hrsg.): PISA 2000. Basiskompetenzen von Schülerinnen und Schülern im internationalen Vergleich. Opladen 2001.

Dimter, M.: Textklassenkonzepte heutiger Alltagssprache. Tübingen 1981.

Dressler, W. (Hrsg.): Textlinguistik. Darmstadt 1978.

Duden. Grammatik der deutschen Gegenwartssprache. Mannheim ⁵1995.

Edelhoff, Chr. (Hrsg.):Authentische Texte im Deutschunterricht. München 1985.

Ehlers, S.: Übungen zum Leseverstehen. In: Bausch, K. et al. (Hrsg.): Handbuch Fremdsprachenunterricht. Weinheim, Basel ⁴2003, S. 287-292.

Ehlich, K. (Hrsg.): Erzählen in der Schule. Tübingen 1984.

Ehlich, K./Hoppe, A. (Hrsg.): Propädeutik des wissenschaftlichen Schreibens. Mitteilungen des Deutschen Germanistenverbandes 2/2003.

Eisenberg, P.: Orthographie und Schriftsystem. In: Günther, K.-B./Günther, H. (Hrsg.): Schrift, Schreiben, Schriftlichkeit. Tübingen 1983, S. 41-68.

Eisenberg, P.: Die Grapheme des Deutschen und ihre Beziehung zu den Phonemen. In: Baurmann, J./Günther, K.-B./Knoop, U. (Hrsg.): Aspekte von Schrift und Schriftlichkeit. Hildesheim 1988, S. 139–154.

Eisenberg, P.: Grundriss der deutschen Grammatik. Stuttgart ^{3}1994.

Eisenberg, P./Menzel, W.: Grammatik-Werkstatt. Basisartikel. In: Praxis Deutsch, Heft 129/1995, S. 14-23.

Engel, U.: Deutsche Grammatik. Heidelberg ^{2}1991.

Erben, J.: Einführung in die Wortbildungslehre. Berlin ^{4}2000.

Feilke, H.: Ordnung und Unordnung in argumentativen Texten. Zur Entwicklung der Fähigkeiten, Texte zu strukturieren. In: Der Deutschunterricht, H 3, S. 65-81.

Feilke, H.: Some aspects of writing developments. In: Boscolo, P. (Hrsg.): Writing: Trends in European Research. Padova 1988, S. 91-102.

Feilke, H./Portmann, P.-R. (Hrsg.): Schreiben im Umbruch. Schreibforschung und schulisches Schreiben. Stuttgart ^{5}2000.

Feilke, H.: Die pragmatische Wende in der Textlinguistik. In: Brinker, K. et al. (Hrsg.): Text- und Gesprächslinguistik. Berlin, New York 2000, S. 64-82.

Flämig, W.: Grammatik des Deutschen. Berlin 1991.

Fleischer, W./Barz, I.: Wortbildung der deutschen Gegenwartssprache. Tübingen 1992.

Franzmann, B. et al. (Hrsg.): Handbuch Lesen. München 1999.

Frege, G.: Über Sinn und Bedeutung. In: Frege, G.: Funktion, Begriff, Bedeutung. Hrsg. von Patzig, G., Göttingen 1980, S. 40-65.

Friederich, H. (Hrsg.): Politische Medienkunde Bd.III. Tutzing 1977.

Friederich, H. F.: Training und Transfer reduktiv-organisierender Strategien für das Lernen mit Texten. Münster 1995.

Frith, U.: Beneath the surface of developmental dyslexia. In: Patterson, K. E. et al. (Hrsg.): Surface dyslexia: Neuropsychological and cognitive studies of phonological reading. London 1985.

Fritz, G./Hundsnurscher, F.: Sprechaktsequenzen. In: Der Deutschunterricht 27/1975, S. 81-103.

Fritz, G.: Kohärenz. Tübingen 1982.

Fritz, G./Muckenhaupt, M: Kommunikation und Grammatik. Tübingen 1984.

Fritz, G./Hundsnurscher, F. (Hrsg.): Handbuch der Dialoganalyse. Tübingen 1994

Gadler, H.: Praktische Linguistik. Tübingen 1986.
Gansel, C./Jürgens, F.: Textlinguistik und Textgrammatik. Eine Einführung. Opladen 2002.
Garfield J. L.: Modularity in knowledge representation and natural language understanding. Cambridge 1989.
Garrod, S. C./Sanford, J. A.: How discourse representation affects language processing. In: Gernsbacher, M. A. (Hrsg.): Handbook of psycholin guistics. San Diego 1994, S. 675-698.
Gast, W.: Film und Literatur. Einführung in Begriffe und Methoden der Filmanalyse. Frankfurt 1993.
Gebauer, G.: Wortgebrauch, Sprachbedeutung. Beiträge zu einer Theorie der Bedeutung im Anschluss an die spätere Philosophie Ludwig Wittgensteins. München 1971.
Geier, M.: Linguistik. Was sie kann, was sie will. Hamburg 1998.
Gloning, T.: Bedeutung, Gebrauch und sprachliche Handlung. Tübingen 1996.
Grice, H. P.: Logik und Konversation. In: Meggle, G. (Hrsg.): Handlung, Kommunikation, Bedeutung. Frankfurt/M. 1979, S. 243-265.
Groeben, N.: Leserpsychologie. Textverständnis - Textverständlichkeit. Münster 1982.
Groeben, N./Hurrelmann, B. (Hrsg.): Lesekompetenz. Bedingungen, Dimensionen, Funktionen. Weinheim/München 2002.
Gross, H.: Einführung in die germanistische Linguistik. München ^{3}1998 (neu bearbeitet von Fischer, K.).
Gülich, E./Raible, W.: Linguistische Textmodelle. Grundlagen und Möglichkeiten. München 1977.
Gülich, E./Hausendorf, H.: Vertextungsmuster Narration. In: Brinker, K. et al. (Hrsg.): Text- und Gesprächslinguistik. Berlin, New York 2000, S. 369-385.
Günther, K.- B./Günther, H. (Hrsg.): Schrift, Schreiben, Schriftlichkeit. Tübingen 1983.
Harweg, R.: Pronomina und Textkonstitution. München 1968.
Heinemann, W./Viehweger, D.: Textlinguistik. Eine Einführung. Tübingen 1991.
Heinemann, M./Heinemann, W.: Grundlagen der Textlinguistik. Tübingen 2002.
Hentschel, E./Weydt, H.: Handbuch der deutschen Grammatik. Berlin/New York 1990.
Heringer, H. J.: Verständlichkeit. Ein genuiner Forschungsbereich der Linguistik? In: Zeitschrift für germanistische Linguistik 7/1979, S. 255-278.
Heringer, H. J.: Wege zum verstehenden Lesen. Lesegrammatik für Deutsch als Fremdsprache. München 1987.

Heringer, H. J.: Lesen lehren lernen. Eine rezeptive Grammatik des Deutschen. Tübingen 1988.

Heringer, H. J.: Grammatik und Stil. Praktische Grammatik des Deutschen. Bielefeld 1989.

Hess-Lüttich, E. W. B. (Hrsg.): Medienkultur - Kulturkonflikt. Opladen 1992.

Hindelang, G.: Einführung in die Sprechakttheorie. Tübingen 1983.

Hofer, A.: Lesenlernen: Theorie und Unterricht. Düsseldorf 1976.

Hoffmann, L.: Berichten und Erzählen. In: Ehlich, K. (Hrsg.): Erzählen in der Schule. Tübingen 1984, S. 55-66.

Hoppe, A.: Grundlinien in der Entwicklung des Schreibunterrichts der letzten 40 Jahre: didaktische Theoriebildung und Schulpraxis. In: Mitteilungen des Deutschen Germanistenverbandes. 2-3/2003, S. 160-172.

Hoppe, A.: Wie können Schüler/innen zu effizientem Schreiben von Texten und insbesondere wissenschaftlichen Texten qualifiziert werden? In: Mitteilungen des Deutschen Germanistenverbandes. 2-3/2003, S. 300- 316.

Hoppe-Graff, S.: Verstehen als kognitiver Prozess. Psychologische Ansätze und Beiträge zum Textverstehen. Zeitschrift für Literaturwissenschaft und Linguistik 55/1984, S. 10-37.

Hopster, N. (Hrsg.): Handbuch Deutsch für Schule und Hochschule. Sekundarstufe I. Paderborn 1984.

Huth, L./Krzeminski, M.: Zuschauerpost - ein Folgeproblem massenmedialer Kommunikation. Tübingen 1981.

Kast, B.: Vom Wort zum Satz zum Text. Methodisch-didaktische Überlegungen zur Schreibfertigkeit im Anfängerunterricht. In: Fremdsprache Deutsch, 1/1989, S. 9-16.

Kast, B: Fertigkeit Schreiben. München 1999.

Keller, R.: Zeichentheorie. Tübingen 1995.

Kilian, J.: T@stentöne. Geschriebene Umgangssprache in computervermittelter Kommunikation. Historisch-kritische Ergänzungen zu einem neuen Feld der linguistischen Forschung. In: Beißwenger, M. (Hrsg.): Chat-Kommunikation. Stuttgart 2001, S. 55-78.

Kintsch, W./van Dijk, T.: Toward a model of text comprehension and text production. In: Psychological Review. 1978, S. 363-394.

Klicpera, Chr./ Gasteiger-Klicpera, B.: Psychologie der Lese- und Schreibschwierigkieten. Weinheim 1998.

Koch, P./Oesterreicher, W.: Schriftlichkeit und Sprache. In: Günther, H./Ludwig, O. (Hrsg.): Schrift und Schriftlichkeit. Ein interdisziplinäres Handbuch internationaler Forschung. Erster Halbband. Berlin 1994, S. 587-604.

Kohrt, M.: Problemgeschichte des Graphembegriffs und des frühen Phonembegriffs. Tübingen 1985.

Krippendorff, K.: Der verschwundene Bote. Metaphern und Modelle der Kommunikation. In: Merten, K. et al. (Hrsg.): Die Wirklichkeit der Medien. Eine Einführung in die Kommunikationswissenschaft. Opladen 1994, S. 79 - 113.

Labov, W./Waletzky, J.: Narrative analysis: Oral versions of personal experience. In: Helm, J. (Hrsg.): Essays on the verbal and visual arts. Seattle/London 1967, S. 12-44.

Langer et al.: Verständlichkeit in Schule, Verwaltung, Politik und Wissenschaft. München/Basel 1974.

Langer,I./v.Thun, F./Tausch, R.: Sich verständlich ausdrücken. München ^{4}1990.

Levin, H. et al.: Constraints and the eye-voice span in right and left embedded sentences. In: Language and speech. 15/1972, S. 30-39.

Lieber, M./Posset, J.: Texte schreiben im Germanistikstudium. München 1988.

Linke, A. et al.: Kohärenz durch Präsuppositionen. In: Der Deutschunterricht 40/1988.

Linke, A. et al.: Studienbuch Linguistik. Tübingen ^{3}1996.

Lipp, U.: Mind-Mapping in der Schule. Gedanken-Landkarten als visuelle Lernhilfe. In: Pädagogik. 10/1994.

Lühr, R.: Neuhochdeutsch. München 1986.

Luhmann, N.: Einfache Sozialsysteme. In: Zeitschrift für Soziologie 1/1972, S. 51-65.

Luhmann, N.: Die Unwahrscheinlichkeit der Kommunikation. In: ders.: Soziologische Aufklärung 3. Opladen 1981.

Lutjeharms, M.: Lesen in der Fremdsprache. Bochum 1988.

Lutz, B./Wodak, R.: Information für Informierte. Linguistische Studien zu Verständlichkeit und Verstehen von Hörfunknachrichten. Wien 1987.

Manzoni, C.: 100 x Signor Veneranda. München 1983.

Meggle, G. (Hrsg.): Handlung, Kommunikation, Bedeutung. Frankfurt/M. 1979.

Meibauer, J.: Pragmatik. Tübingen 1999.

Menzel, W.: Die Stellung der Satzglieder im Satz. In: Praxis Deutsch 129/1995, S. 51-57.

Merten, K. et al. (Hrsg.): Die Wirklichkeit der Medien. Eine Einführung in die Kommunikationswissenschaft. Opladen 1994.

Merten, K.: Einführung in die Kommunikationswissenschaft. Bd.1. Münster 1999.

Miller, G.A.: The Magical Number Seven, Plus or Minus Two. Some Limits on Our Capacity for Processing Information. In: Psychological Review. 63/1956, S. 81-97.

Motsch, W./Viehweger, D.: Sprachhandlung, Satz und Text. In: Rosengren, I. (Hrsg.): Sprache und Pragmatik. Lund 1981, S. 125-154.

Muckenhaupt, M.: Der Ärger mit Worten und Bildern. Probleme der Verständlichkeit und des Zusammenhanges von Text und Bild. In: Kodikas/Code 2, S.187-209.

Muckenhaupt, M.: Fernsehnachrichten. Gestern und heute. Tübingen 2000.

Muth, K.: Alle haben Angst vor Sebastian. Modelle konstruktiven Umgangs mit Konflikten entwickeln. In: Praxis Deutsch H 174/2002, S. 29-34.

Nagel, L.: Charles Sanders Peirce. Frankfurt, New York 1992.

Narr, A.: Verständlichkeit im Magazinjournalismus. Probleme einer rezipientengerechten Berichterstattung im Hörfunk. Frankfurt/Bern/New York/Paris, 1988.

Nussbaumer, M.: Was Texte sind und wie Texte sein sollen. Tübingen 1991.

Nussbaumer, M.: Lernerorientierte Textanalyse - Eine Hilfe zum Textverfassen? In: Feilke, H./Portmann, P.-R. (Hrsg.): Schreiben im Umbruch. Schreibforschung und schulisches Schreiben. Stuttgart ^{5}2000.

Odgen, C.K./Richards I. A.: The meaning of meaning. New York 1923.

Ossner, J.: Gibt es Entwicklungsstufen beim Aufsatzschreiben? In: Feilke, H./Portmann, P.R. (Hrsg.): Schreiben im Umbruch. Schreibforschung und schulisches Schreiben. Stuttgart ^{5}2000, S. 74-86.

Paul, H.: Prinzipien der Sprachgeschichte. Halle a. d. S. ^{5}1920.

Pelz, H.: Linguistik. Eine Einführung. Hamburg ^{3}1996.

Piepho, H. E.: Schreiben im Unterricht ‚Deutsch als Fremdsprache'. In: Lieber, M./Posset, J. (Hrsg.): Texte schreiben im Germanistikstudium. München 1988, S. 383-394.

Püschel, U.: Von der Pyramide zum Cluster. Textsorten und Textsortenmischung in Fernsehnachrichten. In: Hess-Lüttich, E. W. B. (Hrsg.): Medienkultur - Kulturkonflikt. Opladen 1992 S. 233-258.

Quasthoff, U.: Erzählen in Gesprächen. Tübingen 1980.

Ramge, H.: Alltagsgespräche. Frankfurt/M. 1978.

Ramge, H.: Auf der Suche nach der Evaluation in Zeitungskommentaren. In: Moilanen, M./Tiittula, L. (Hrsg.): Überredung in der Presse. Texte, Strategien, Analysen. Berlin/New York 1994, S. 101-120.

Ramge, H./Schuster, B.-M.: Kommunikative Funktionen des Zeitungskommentars. In: Leonhard et al. (Hrsg.): Medienwissenschaft. Ein Handbuch zur Entwicklung der Medien und Kommunikationsformen. 2. Teilbd. Berlin 2001.

Rayner, K./Pollatsek, A.: The psychology of reading. London 1989.

Richter, T./Christmann, U.: Lesekompetenz: Prozessebenen und interindividuelle Unterschiede. In: Groeben, N./Hurrelmann, B.: Lesekompetenz. Weinheim/München 2002, S. 25-59.

Rico, G. L.: Garantiert schreiben lernen. Sprachliche Kreativität methodisch entwickeln - auf der Grundlage der modernen Gehirnforschung. Reinbek 1984.

Roelcke, Th.: Fachsprachen. Berlin 1999.

Rolf, E.: Die Funktion der Gebrauchstextsorten. Berlin/New York 1983.

Rolf, E.: Sagen und Meinen. Paul Grice Theorie der Konversations-Implikaturen. Opladen 1994.

Sandig, B.: Stilistik der deutschen Sprache. Berlin/New York 1986.

Saussure, F. de: Grundfragen der allgemeinen Sprachwissenschaft. Berlin 1967.

Schäflein-Armbruster, R.: Dialoganalyse und Verständlichkeit. In: Fritz, G./Hundsnurscher, F. (Hrsg.): Handbuch der Dialoganalyse. Tübingen 1994. S. 493-518.

Scheckel, R.: Bildgeleitete Sprachspiele. Tübingen 1981.

Scheerer-Neumann, G.: Schriftspracherwerb: "The State of the Art" aus psychologischer Sicht. In: Huber, L. et al. (Hrsg.): Einblicke in den Schriftspracherwerb. Braunschweig 2002, S. 31-46.

Schiefele, U.: Motivation und Lernen mit Texten. Göttingen 1996.

Schnotz, M.: Kohärenzbildung beim Aufbau von Wissensstrukturen mit Hilfe von Lehrtexten. DIFF-Forschungsbericht 36, Tübingen 1986.

Schnotz, M.: Aufbau von Wissensstrukturen. Weinheim 1994.

Schreier, M./Rupp, G.: Ziele/Funktionen der Lesekompetenz im medialen Umbruch. In: Groeben, N./Hurrelmann, B. (Hrsg.): Lesekompetenz. Weinheim/München 2002, S. 251-275.

Searle, J. R.: Sprechakte. Ein sprachphilosophischer Essay. Frankfurt 1971, (amerikanisches Original 1969).

Searle, J. R.: Linguistik und Sprachphilosophie. In: Bartsch, R./Vennemann, T. (Hrsg.): Linguistik und Nachbarwissenschaften. Kronberg, 1973, S. 113-126.

Searle, J. R.: Eine Klassifikation der Illokutionsakte. In: Kussmaul, P. (Hrsg.): Sprechakttheorie. Ein Reader. Wiesbaden 1980, S. 82-108.

Selz, O.: Zur Psychologie des produktiven Denkens und Irrtums. Bonn 1922.

Shannon, C. E./Weaver, W.: The Mathematical Theory of Communication. Urbana 1949.
Sitta, H. et al. (Hrsg.): Studien zur Texttheorie und zur deutschen Grammatik. Düsseldorf 1973.
Sommerfeld, K.-E./Starke, G.: Einführung in die Grammatik der deutschen Gegenwartssprache. Tübingen ³1997.
Sowinski, B.: Textlinguistik. Stuttgart 1983.
Sowinski, B.: Stilistik. Stuttgart 1991.
Sperber, D./Wilson, D.: Relevance. Communication and Cognition. Oxford 1986.
Stiefenhöfer, H.: Lesen als Handlung. Weinheim 1986.
Storch G.: Deutsch als Fremdsprache - Eine Didaktik. München 1999.
Straßner, E.: Fernsehnachrichten. Eine Produktions-, Produkt- und Rezeptionsanalyse. Tübingen 1982.
Strohner, H.: Textverstehen. Kognitive und kommunikative Grundlagen. Tübingen 1990.
Strohner, H.: Kognitive Systeme. Eine Einführung in die Kognitionswissenschaft. Opladen 1997.
Tesnière, L.: Grundzüge der strukturellen Syntax. Stuttgart 1980.
Thomé, G.: Orthographieerwerb. Frankfurt 1999.
Trubetzkoy, N. S.: Grundzüge der Phonologie. Göttingen ⁷1989.
Van den Broek, P.: Comprehension and memory of narrative texts. In: Gernsbacher, M. A. (Hrsg.): Handbook of psycholinguistics, San Diego 1994, S. 539-588.
Van Dijk, T. A./Kintsch, W.: Strategies on Discourse Comprehension. New York 1983.
Van Eimeren, B./Ridder, Chr.-M.: Trends in der Nutzung und Bewertung der Medien 1970 bis 2000. In: Media-Perspektiven 11/2001, S. 587.
Vogt. J:. Grundlagen narrativer Texte. In: Arnold, H. L. et al. (Hrsg.): Grundzüge der Literaturwissenschaft. München 1996, S. 287-307.
Volmert, J. (Hrsg.): Grundkurs Sprachwissenschaft Literatur: München ²1997.
Weinrich, H.: Textlinguistik: Zur Syntax des Artikels in der deutschen Sprache. In: Jahrbuch für internationale Germanistik 1969, S. 61-74.
Weisgerber, L.: Von den Kräften der deutschen Sprache. Band 1: Grundzüge der inhaltsbezogenen Grammatik. Düsseldorf ³1968.
Westhoff, G.: Didaktik des Leseverstehens. Ismaning ⁵1995.
Westhoff, G.: Fertigkeit Lesen. München ⁵2001.

Wilson, P. T./Anderson, R. C.: What they don't know will hurt them: The role of prior knowledge in comprehension. In: Orasanu, J. (Hrsg.): Reading comprehension. From research to practice. Hillsdale 1987.

Wittgenstein, L.: Philosophische Untersuchungen. Werkausgabe Bd. 1. Frankfurt a. M. 1984.

Wöllstein-Leisten, A. et al.: Deutsche Satzstruktur. Grundlagen der syntaktischen Analyse. Tübingen 1997.

Zimmer, D. E.: Deutsch und anders. Die Sprache im Modernisierungsfieber. Hamburg 1997.